평생교육 프로그램 개발론

홍미경 이추강 김종표 공저

THEORY OF
LIFELONG EDUCATION PROGRAM DEVELOPMENT

양 성 원

Preface

머리말

평생교육 현장에서 끊임없이 학습하고, 프로그램을 개발하는 우리들은 참으로 의미 있는 영역에서 활동한다는 생각에 행복하다. 급변하는 지식기반사회로의 대전환 시대에서 가치 있는 혁신, 성과 그리고 변화를 기대한다는 것은 프로그램 개발 과정에 다양한 정보, 기술 그리고 디지털을 적재적소에 얼마나 잘 융복합하여 활용하는가가 중요한 역량이다. 우리는 이를 연구하고, 학습하며, 프로그램을 디자인 씽킹(Design Thinking) 하는 과정에서 고통과 희열을 맛보면서 프로그램 개발자로서의 역량을 증진하게 된다.

"프로그램 개발자에게 디자인 씽킹(Design Thinking)은
프로그램을 사랑(love) 하는 것이 아니라 좋아(like) 하는 것이다."

이 책은 전체 4부로 구성되어 있다. 제1부는 이해 부분으로 평생교육과 프로그램 개발에 대한 이해로 평생교육의 역할, 프로그램 개발의 개념 및 유형을 다루었다. 제2부는 이론 부분으로 프로그램을 개발하는데 기초가 되는 이론, 모형, 접근방법에 관한 부분을 다루었다. 즉, 끊임없이 변화하는 사회와 지속적인 수요자의 요구변화에 주춧돌이 되어줄 이론과 접근 방법들을 다루었다. 제3부는 실천 부분으로 프로그램을 개발하는데 필요한 방법과 단계들을 다루었다. 특히, 이 부분에서는 기업체, 공공기관, 평생교육기관, 학교 등 현장에서 실제로 필요한 자원관리 및 마케팅을 실제적인 내용으로 자세하게 다루어 프로그램 개발자는 물론 실무자에도 도움이 될 수 있도록 하였다. 제4부는 적용 부분으로 프로그램을 직접적으로 활용할 수 있는 직접적인 사례와 개발자의 역할, 과제 및 전망을 다루었다. 제시된 사례는 프로그램 개발의 전 단계와 활용할 수 있는 양식 등을 제시하여 교육 현장에서의 지도는 물론 평생교육 현장에서 즉시 활용할 수 있도록 구성하였다.

이 책은 이제까지 프로그램 개발 단계에 집중한 다른 책과는 달리 평생교육기관, 기업체, 공공기관 등의 운영자와 실무자, 학교 및 연구기관의 교수와 연구자들에게 이론과 실천을 넘어 실무에서 부딪쳤던 크고 작은 어려움과 답답함에 도움이 되며, 프로그램을 개발하고 운영하는데 유용한 길라잡이가 될 수 있기를 기대한다.

끝으로 이 책이 나오기까지 도움을 주신 많은 분께 감사드린다. 먼저 강의와 학습을 통해 만났던 학습자, 평생교육 관련 현장에서 지금 이 시간에도 열정과 헌신으로 프로그램 관련 업무를 수행하고 있는 개발자, 따뜻한 사랑과 격려로 가르치는 일에 애정과 심혈을 기울이는 교수자가 있었기에 가능했다.

출판계의 어려움에도 불구하고 이 책 출판을 지원해 주신 양성원 강철원 대표님과 직원들께 감사하는 마음을 전한다. 또한, 이 책이 완성되기까지 애써 주신 김은철 선생님, 노영규 선생님, 안덕수 선생님의 노고와 평생교육 현장의 다양한 사례를 공유해 주신 진정욱 대표님과 최진근 센터장님께 감사의 마음을 전한다.

"처음부터 끝까지 기도 가운데 이 책을 기획하고 집필하여 마칠 수 있도록 인도해 주신 하나님께 감사와 영광을 드립니다."

2023년 8월

저자 일동

Contents

차 례

PART 4 평생교육 프로그램 개발의 실제

PART 1

평생교육 프로그램의 이해

Chapter 01

평생교육의 이해

학습목표

1. 평생교육에 대한 다양한 학자들의 의미를 이해하고 설명할 수 있다.
2. 평생교육의 특성을 이해하고 제시할 수 있다.
3. 평생교육의 역할을 이해하고 설명할 수 있다.

1. 평생교육의 개념

19세기 중반부터 민중 교육이라는 이름으로 주도됐던 평생교육은 농민들과 그 자녀들의 교육을 위해 스스로 학교를 만들고 교육조직을 구성했는데, 이러한 활동에는 성별과 관계없이 학습자들이 참여하였고 그 흐름은 20세기 전반까지 지속되었다. 한숭희에 의하면 UNESCO나 OECD에서 '평생학습(lifelong learning)'이 소개되기 이전부터 우리나라는 평생학습사회를 구축하기 시작하였으며(한숭희, 2010: 159), 린네(Rinne)는 평생교육의 원리가 학교의 오래된 관행에 대한 도전(Rinne, 1998: 117-118)이라고 하였는데 이는 평생교육이 우리 사회에서 일찍부터 태동하였음을 말해 주고 있다.

평생교육의 다양한 의미를 학자별로 정리하면 다음과 같다.

첫째, 노울즈(Knowles)의 견해는 모든 교육의 조직 원리를 생각하게 하는 평생교육은 사고의 기본 전제가 되며, 변화 교육을 가속하는 세계에서 평생 이루어져야 하는 과정이다. 따라서 교육은 주로 탐구기술을 개발하는 데 관심을 가져야 하며, 성인교육은 주로 자발적인 탐구자의 자원과 지원 제공으로 관심을 가져야 한다(Knowles, 1980: 19).

둘째, 랭그랑(Lengrand)의 견해는 개인이 전 생애에 걸쳐 경험하게 되는 수직적 차원의 교육과 수평적 차원의 교육 통합이며, 개인이 더 자신과 대립하지 않는 방식으로 여러 단계의 교육을 조화롭게 조정하는 노력을 의미한다(Lengrand, 1975: 57).

셋째, 김종서의 견해는 개인과 공동체 차원에서 삶의 질을 높이는 평생교육은 태아에서 무덤까지 삶의 전 영역을 통해 이루어지는 수직적 교육의 통합이고, 학교와 직장 등 모든 기관과 장소에서 이루어지는 수평적 교육의 통합이며, 계획적인 교육이든 우발적인 교육이든 모두를 포함하고, 국민 모두에게 교육 기회에 대한 균등과 균형을 이루어야 하며, 학교 교육의 의미를 평생교육의 관점에서 찾아야 하고, 교육환경으로 사회를 만들기 위해 노력하여야 하며, 누구나 쉽게 접근할 수 있도록 다양성과 융통성을 부여하여야 한다(김종서 외, 2000: 17-22).

넷째, 김한별의 견해는 개인의 생애 발달 과정 전체에서 의식적으로 이루어지는 평생교육은 변화과정의 모든 형태를 말하는데 이는 특별한 교육 과정과 결과를 판단하는 가치의 성격과 정당성을 전제하여야 한다(김한별, 2014: 34).

이상의 평생교육에 대한 개념은 개인의 생애 발달 전 과정에서 이루어지는 수직적 교육과 수평적 교육을 포함하며, 형식적 교육과 비형식적 교육을 포함하는 자발적이고 자율적인 교육 활동으로 정의한다고 볼 수 있다.

2. 평생교육의 특성

인간이 학습하고자 하는 의욕은 본능적이며, 어떤 특정의 상황에 부딪쳤을 때는 스스로 동기화가 되어 자발적으로 학습하려는 의욕을 갖게 된다. 이러한 학습동기는 학습자가 평생을 통하여 학습에 참여할 수 있도록 학습 행동을 유발하고, 학습 방향을 제시하며, 학습이 지속해서 이루어질 수 있도록 하는 원동력이다(홍미경, 2018: 22). 또한, 국민들의 행복지수 순위는 평생학습 참여율 수준과 많은 부분 일치하고 있어 양자 간 의미를 OECD는 말하고 있으며 이를 국가별로 살펴보면 평생학습 참여율 수준이 높은 국가들의 경우 GDP뿐만 아니라 국민 행복 지수도 최상위권임을 알 수 있다(교육부, 2013: 2). 따라서 생애 단계별 평생교육 확대는 국민의 행복과 경제활동 참여에 대한 요구를 높일 수 있다.

평생교육의 특성을 제시하면 다음과 같다.

① 자기주도적 교육

교육자 중심에서 학습자 중심으로의 변화로 학습자의 자율적 학습을 강조하고, 학습자의 자유의지를 통해 학습활동에 능동적으로 참여하여 학습자 스스로 학습 요구 진단 –학습목표 설정–관련 학습자원 선택–학습전략 수립–학습 실행 후 평가하는 과정에서 타인의 도움을 받거나 혹은 자신이 전적으로 학습을 진행해 자기주도가 가능하게 하는 교육이다(Knowles, 1975: 39-43).

② 경험학습 교육

개인이 학습과 경험을 통해 시간적 · 공간적 생활영역에서 수행되는 포괄적인 의미로 학습자가 학습과 경험을 통해 끊임없이 변화하는 과정을 통해 학습은 지식을 생산하는 과정이 되고, 지식은 학습자의 경험으로부터 나오며, 경험은 전환을 통해 지식을 창조하는 과정으로 변화하는 사회에 부응하는 새로운 방안의 기초가 되는 교육이다(Kolb, 1984: 30-41).

③ 학습동기 부여 교육

학습자가 평생을 통하여 학습에 참여할 수 있도록 학습 행동을 유발하고, 학습 방향을 제시하며, 학습이 지속해서 이루어질 수 있도록 동기를 부여하여 알고자 하는 요구를 학습자 스스로 해소(解消)하게 하는 교육이다.

④ 쌍방향 교육

교수자 · 학습자 모두의 정보와 활동이 되는 교수–학습 환경, 학습자 중심의 교육 형태와 학습자 요구에 부합되는 교육 방법과 적합한 자료, 가정 · 학교 · 기관 · 지역사회 등을 제한하지 않는 상호협력과 다양한 역할, 사람 · 장소 · 시간 등을 수직적이고 수평적으로 통합, 형식 · 비형식 · 무형식 교육의 형식을 개방하는, 즉 시간과 공간 그리고 방법과 형식을 통합하는 교육이다.

⑤ 전 생애 교육

평생교육은 개인의 성장발달과 함께 이어지므로 잉태되면서 죽음에 이르기까지의 전 생애에 걸쳐 학습이 이루어지는 중요한 과정이므로 개인의 생애 단계와 연관 지어 학습자를 바라보고, 단계별로 학습자가 성취하여야 할 과제를 학습을 통해 변화와 성장을 경험할 수 있도록 환경을 조성하는 교육이다.

⑥ 전 영역 교육

학교 교육을 포함한 모든 영역의 계속된 교육이며, 근로 청소년 및 노인교육, 근로자를 위한 기업교육, 취업 및 전직 교육 등 학습자의 특성, 태도, 경험 등 모든 영역을 고려하고, 학습을 통해 자신감과 성취감을 불어넣으며, 사회의 필요성에 대처하는 융통성 있는 교육이다.

⑦ 인간 성장 교육

평생교육은 개인 및 공동체 차원에서 인간의 성장을 다루는 모든 교육을 통합하여 삶의 질을 향상하고, 세대별 관계성을 고려하여 유기적인 연결 고리로 세대 간 교육을 통해 개인과 사회가 동반 성장(同伴成長)할 수 있도록 잠재력을 끌어내 주체적인 존재로서의 학습변화를 추구하는 교육이다.

3. 평생교육의 역할

급격하게 변화하고 있는 사회 환경만큼이나 빠르게 발전하고 있는 평생교육은 학습자에게 변화하는 사회환경과 인식에 적극적으로 대응할 수 있도록 미래의 교육 실무를 위한 성장과 역동성에 기반하여 지속적인 학습과 더불어 살아가는 사회공동체를 형성하여 다양한 영역에서 개인, 지역사회, 기관, 국가, 사회가 서로 협력함으로써 평생교육의 패러다임을 변화시키고 있다.

롱워스(Longworth)의 여덟 가지 평생교육을 기반으로 평생교육의 역할을 설명하면 다음과 같다(Longworth, 1999: 11).

첫째, 해방(LIBERATES)으로 지식의 공간을 탐구하도록 우리의 마음을 자유롭게 한다.

이는 사회, 경제, 정치, 문화 등 다양한 영역에서 서로 영향을 주고받는 세계화(globalization)는 단일을 다양화로, 나를 우리로, 차별을 차이로 전환시켜 세계 속에서 개인으로 삶을 영위할 수 있도록 공간과 문화를, 지식과 기술을, 사람과 양식을 빠르게 변화시켜 개인이 추구하는 학습을 지식의 우주란 공간에서 상호작용하고, 탐구함으로써 마음을 자유롭게 하여 스스로 해방자가 될 수 있도록 한다.

둘째, 강화(EMPOWERS)로 우리의 꿈의 실현을 가능하도록 한다.

이는 끊임없는 발전을 요구하면서 갈수록 치열해지는 노동시장에서 유연성과 신속한 적응력을 강화하여 적극적인 사회참여가 가능하도록 교육은 인간에게 변화의 능력에 긍정적으로 대처함으로써 권한을 강화해, 살아가면서 부딪치는 다양한 상황에서 필요한 정보와 자원에 접근하여 의사결정 과정에 적극적으로 참여하여 자신의 꿈을 실현할 수 있도록 힘을 실어 줄 수 있다.

셋째, 일깨움(AWAKENS)으로 휴머니스트의 타고난 창의력과 상상력을 불러일으킨다.

이는 빠르게 변화하고 복잡해지는 사회에서 단순히 배우고 익히는 주입식 교육에서 벗어나 지속적인 학습과 경험을 통해 필요한 때에 시기적절하게 활용할 수 있도록 고정관념에서 벗어나 창의력과 상상력을 불러일으켜 자연스럽게 일깨우고 자유롭게 학습함으로써 건설적이고 희망적인 능력을 갖추고 자율적인 존엄성과 사회적 연민을 공유하는 인도주의적 가치(Humanitarian values)를 지향할 수 있도록 한다.

넷째, 해제(RELEASES)로 우리 모두의 내면에 잠재되어 있는 잠재력을 계발할 수 있게 해 준다.

이는 개인이 가지고 있는 자질과 요구를 계발하여 지속적으로 탐구하고 개인의 내면에 잠재되어 있는 잠재력을 생애단계에 따라 계발할 수 있도록 교육활동을 통해 자발적이고 자주적으로 성장하고 발달할 수 있도록 다양한 환경이나 상황을 실생활과 연계하여 기회를 넓히고 가능성을 높임으로써 미래학습을 촉진하여 건강한 사회 구성원으로 성장할 수 있도록 지역과 사회에 상호작용하여 함께할 수 있도록 한다.

다섯째, 영양분(NOURISHES)으로 우리가 알고 궁금해하는 그 굶주림에 활력을 준다.

이는 교육과 직업으로의 접근 기회를 평등하게 제공할 수 있도록 성별, 인종, 지역, 경제 등으로 인해 알고자 하는 학습의 기회를 제한하거나 능력과 성취에 따른 기회를 제한하지 않도록 평등이란 기회의 영양분을 제공하여 알고자 하는 학습의 즐거움과 궁금함으로부터의 해방을 위해 적극적인 참여로 지식을 전수하고 지혜를 얻어 삶의 활력을 높임으로써 창조적으로 자신의 미래를 대비할 수 있도록 한다.

여섯째, 영감(INSPIRES)으로 우리의 내부를 발견하고자 하는 정신에 활력을 불어넣는다.

이는 빠르게 발전하는 평생학습의 개념을 변화하는 인식과 실천에 대한 최신 정보를 제공할 수 있도록 대중 속으로(into the public), 지역 속으로(into the community), 사회 속으로(into the society), 세계 속으로(into the world), 미래 속으로(into the future) 들어가 협력하여 대중 철학으로 자리할 수 있도록 내부를 발견하고 활력을 넣어 행함이 있는 역동적인 기반으로 구축할 수 있도록 한다.

일곱째, 육성(NURTURES)으로 성숙한 지성 안에서 성장과 이해를 지속시킨다.

이는 더불어 살아가는 사회에서 다양한 환경과 문화를 존중하고 이해하며 소외되는 사람 없이 모두가 평등한 사회인으로 학습하고 성장하여 생애단계별로 교육, 직업, 복지 등 다양한 서비스 영역을 적절하게 공급함으로써 가능성을 높이고 지식과 지성 안에서 그들의 문화, 윤리, 가치 등을 중요시함으로써 독자적이고 자주적으로 발달하여 일생에 거쳐 함께 성장하는 사회인으로 자리할 수 있도록 한다.

여덟째, 성장(GROWS)으로 평생 학습자에게 '충분한 학습이란 없다'란 것을 일깨워 준다.

이는 교육을 통해 성숙에 이르는 꿈의 크기와 모양이 변화되므로 학습자에게 생애단계별로 필요한 교육의 기회를 제공하여 꿈이 자라 꽃이 피고 열매가 맺힐 수 있도록 일생에 걸쳐 자아실현을 위한 교육은 지속하여야 하며, 글로벌 인재로 양성하여 스스로 경쟁할 수 있는 능력을 강화하고 경쟁력을 높일 뿐 아니라 적극적인 시민 권리를 촉진하여 삶의 질을 향상함으로써 사회에 기여할 수 있도록 한다.

정리하기

19세기 중반부터 민중 교육이라는 이름으로 주도되었던 평생교육은 농민들과 그 자녀들의 교육을 위해 스스로 학교를 만들고 교육조직을 구성했는데, 이러한 활동에는 성별과 관계없이 학습자들이 참여하였고 그 흐름은 20세기 전반까지 지속되었다. 따라서 평생교육은 개인의 생애 발달 전 과정에서 이루어지는 수직적 교육과 수평적 교육을 포함하며, 형식적 교육과 비형식적 교육을 포함하는 자발적이고 자율적인 교육 활동으로 정의한다고 볼 수 있다.

인간이 학습하고자 하는 의욕은 본능적이며, 어떤 특정의 상황에 부닥쳤을 때는 스스로 동기화가 되어 자발적으로 학습하려는 의욕을 갖게 된다. 이러한 학습동기는 학습자가 평생을 통하여 학습에 참여할 수 있도록 학습 행동을 유발하고, 학습 방향을 제시하며, 학습이 지속해서 이루어질 수 있도록 하는 원동력이다. 평생교육의 특성으로는 자기주도적 교육, 경험학습 교육, 학습동기 부여 교육, 쌍방향 교육, 전 생애 교육, 전 영역 교육, 인간 성장 교육이다.

급격하게 변화하고 있는 사회 환경만큼이나 빠르게 발전하고 있는 평생교육은 학습자에게 변화하는 사회환경과 인식에 적극적으로 대응할 수 있도록 미래의 교육 실무를 위한 성장과 역동성에 기반하여 지속적인 학습과 더불어 살아가는 사회공동체를 형성하여 다양한 영역에서 개인, 지역사회, 기관, 국가, 사회가 서로 협력함으로써 평생교육의 패러다임을 변화시키고 있다. 평생교육의 역할을 설명하면, 첫째, 자유주의자(LIBERATES)로 지식의 공간을 탐구하도록 우리의 마음을 자유롭게 한다. 둘째, 강화(EMPOWERS)로 우리의 꿈의 실현을 가능하도록 한다. 셋째, 일깨움(AWAKENS)으로 휴머니스트의 타고난 창의력과 상상력을 불러일으킨다. 넷째, 해방(RELEASES)으로 우리 모두의 내면에 잠재되어 있는 잠재력을 개발할 수 있게 해 준다. 다섯째, 영양분(NOURISHES)으로 우리가 알고 궁금해하는 그 굶주림에 활력을 준다. 여섯째, 영감(INSPIRES)으로 우리의 내부를 발견하고자 하는 정신에 활력을 불어넣는다. 일곱째, 육성(NURTURES)으로 성숙한 지성 안에서 성장과 이해를 지속시킨다. 여덟째, 성장(GROWS)으로 평생 학습자에게 '충분한 학습이란 없다'란 것을 일깨워 준다.

연구문제

1. 평생교육에 대한 다양한 학자들의 의미를 설명하여 보시오.

2. 평생교육의 특성 7가지를 제시하여 보시오.

3. 롱워스의 여덟 가지 평생교육을 기반으로 한 평생교육의 역할을 설명하여 보시오.

Chapter 02

평생교육 프로그램 개발의 이해

학습목표

1. 평생교육 프로그램의 개념을 이해하고 설명할 수 있다.
2. 평생교육 프로그램 개발의 개념을 이해하고 설명할 수 있다.
3. 평생교육 프로그램의 유형을 이해하고 설명할 수 있다.

1. 평생교육 프로그램의 개념

일상생활에서 우리의 경험은 학습이며, 경험에 의해 영향을 받는 학습은 유전적, 육체적 및 생물학적 신체와 지식, 기술, 태도, 가치, 감정, 의미, 신념 및 감각의 마음 전체가 삶의 과정을 통해 사회적 상황을 경험하고, 그 내용은 인지적, 감정적, 실제적으로 또는 어떤 조합을 통해 변형되어 개인의 삶에 통합됨으로써 끊임없이 변화하고 경험하는 사람, 즉 학습을 통해 끊임없이 변화하고 발전하며, 학습을 통해 성인세대와 문화의 영향력을 서로 주고받는 과정을 통해 사람이 되는 법을 배운다(Jarvis, 2010: 38-39). 한편, 프로그램의 사전적 의미는 진행 계획이나 순서이며, program은 pro(앞에)와 gram(쓰다)의 합성어로 그 어원을 살펴보면 pro(앞에)와 graphein(쓰다)에서 유래된 용어이다. 즉, 프로그램은 진행될 일이나 활동을 순서에 따라 짜 놓은 진행 계획이나 순서로 넓은 의미에서는 미리 계획한 대로 움직인다는 의미를 포함한다. 그러므로 평생교육 프로그램의 궁극적인 목표는 자신의 경험과 타인의 삶, 사회 · 문화적인 영향력, 학교생활이나 직장생활 등 일상생활을 통해 의식적·무의식적으로 다양한 방식을 학습하고 경험하도록 미리 계획하고 이를 통해 끊임없이 배우고 성장하는 과정을 거치면서 완성되어 가는 계획된 설계라고 할 수 있다.

1) 프로그램의 의미

프로그램의 의미를 학자별로 정리하면 다음과 같다.

첫째, 성낙돈 등의 견해를 살펴보면, 사회 전체와 개인 전체를 연계하여 교육활동이 총체적으로 수행되는 과정을 통해 모두의 삶의 질을 향상시키고 유지하며, 완전한 인간을 지향하며, 삶의 터 곳곳이나 한복판에서 그때그때 생애단계별로 조직, 기획되는 것이 프로그램이다(성낙돈 외, 2011: 21-22).

둘째, 김진화의 견해를 살펴보면, 앞으로 단순하게 진행될 사건이나 절차, 활동과 순서만을 강조한 일상적 의미와 시간에 따라 단순하게 진행될 활동을 지칭한 교육적 의미 그리고 사전에 계획한 학습결과 성취를 위해 조직화된 체계적 설계로 학습 내용, 방법, 활동, 과정, 학습자 참여 등을 통합하는 하나의 체계화된 교육적 실체이다. 즉, 평생교육 프로그램은 삶의 한복판에서 생애단계별로 기획됨으로써 삶의 질 향상과 완전한 인간 지향을 감당하는 총체적 교육활동이다(김진화, 2003: 21-25).

셋째, 보일(Boyle)의 견해를 살펴보면, 일반적으로 특정 목표를 달성하기 위한 구조화된 학습 기회로 여러 가지 다양한 생각, 사상, 실천을 전달하는 데 지속적으로 사용된다. 또한, 프로그램을 수행하는 평생교육기관을 평생교육센터, 교회 및 대중 매체 등 다양한 민간 및 공공조직을 포함하는 광범위한 확대 조직으로 설명, 즉 프로그램은 계획된 일련의 학습 결과물이다(Boyle, 1981: 4-5).

이상의 프로그램에 대한 개념을 정리하면 프로그램은 개인적 측면으로는 학교교육과 직장생활 등을 포함하여 일상생활에서 경험하는 학습과 관계를 다양한 방식과 형태로 습득한 경험과 관계를 통해 영향력을 주고받으며, 지속적으로 변화하는 과정이다. 또한, 조직적 측면으로는 목적을 달성하기 위해 수행될 계획된 설계로 조직의 계획된 활동을 수행하기 위해 학습 내용과 방법, 교수자와 학습자, 자원과 기술 등을 포함하는 종합적인 설계도라고 정의할 수 있다.

2) 커리큘럼과 프로그램

'달리다'를 의미하는 라틴어 'currere'와 '과정'으로 번역되는 관련 명사에서 유래된 커리큘럼은 수년에 걸쳐 그 의미가 미묘하게 변하였으며 과거에는 교수 프로그램의 내용을 강조하였다면 이제는 모든 학습 경험을 지칭하는 전체 학습 상황의 관점으로 정의할 수 있다. 반면, 프로그램은 교육 기관에서 제공하는 안내서 또는 그 일부일 수도 있고 등록 후 편성되는 실제 과정 수를 나타낼 수도 있는데 여기서 과정은 기관 내 개인이 학습한 학습 과정일 수도 있고 특정 상황 그룹에 제공되는 단일 과정일 수도 있다(Jarvis, 2010: 227-228).

〈표 2-1〉 커리큘럼과 프로그램

구분	커리큘럼	프로그램
주 관심	교과목	개인 요구와 문제
학점 인정	학점화	비학점화
설계자	선정된 전문가, 자문위원	학습자, 평생교육사
주제	전문가에 의해 판단된 지식, 기술, 태도, 가치 등	학습자의 요구와 문제 해결에 도움이 되는 것
초점	내용중심	문제중심
장점	• 명맥한 학습목표와 방향 제시 • 학습내용이 체계적이고 조직화된 계열성을 지님	• 학습자 경험 최대한 활용 • 학습자 요구 즉각 부응

2. 평생교육 프로그램 개발의 개념

1) 평생교육 프로그램 개발의 개념

평생교육 프로그램 개발이란 좁은 의미로는 평생교육기관 및 조직의 목적을 달성하기 위해 학습자 등의 변화 촉진과 교수-학습체계를 기획하거나 설계하여 제공하는 학습활동이고, 넓은 의미로는 좁은 의미를 포함하여 평생교육 프로그램의 기획 및 설계뿐 아니라 일련의 과정인 기획－설계－개발－홍보－실행－평가의 전 과정을 포함한다. 즉, 조직의 목적을 달성하기 위한 제반 활동으로 전체 프로그램의 순환적 과정을 포괄하는 의도적이고 구체적인 학습활동이다.

또한, 프로그램 개발은 사람과 지역사회의 건강을 개선하기 위해 시도하는 교육 프로그램의 계획으로 여기서 말하는 건강은 존재의 상태, 조건, 상황이다. 따라서 상황을 변화시키기 위해서는 사람들이 필요로 하는 지식, 태도, 기술을 설명할 수 있어야 하고, 이렇게 필요한 변화는 효과적인 프로그램 개발의 핵심적이고 중요한 과제이다. 보일은 용어의 혼란을 피하기 위해 프로그래밍을 프로그램 개발과 동의어로 사용하였으며, 프로그램 개발을 위해 정의한 일련의 의도적인 조치 및 결정을 살펴보면 다음과 같다(Boyle, 1981: 4-6).

첫째, 변경하거나 개선해야 할 문제 및 상황을 분석하고, 해석 및 의사결정을 위한 조직 구조를 개발한다.

둘째, 사람과 지역사회에 대한 연구와 분석에 자원을 효과적으로 활용한다.

셋째, 프로그램과 프로그램 실행을 통해 달성하고자 하는 성과를 확인한다.

넷째, 학습자가 적절한 학습 경험에 폭넓게 참여할 수 있도록 교육 계획을 설계한다.

다섯째, 컨퍼런스, 회의, 워크숍, 개별 상담, 라디오 및 텔레비전 프로그램을 활용한 학습기회를 제공하도록 설계된 실천계획을 실행한다.

여섯째, 프로그램의 가치에 대해 효과적인 판단을 내릴 수 있도록 적절한 책임 접근법을 개발한다.

일곱째, 프로그램의 가치를 재무의사결정자(금융 의사 결정권자), 참여자 및 기타 관심 있는 개인 및 그룹에게 전달한다.

프로그램 개발과 함께 사용하고 있는 프로그래밍은 교육 기관, 교육자 및 교육 프로그램의 계획, 설계, 실행, 평가 및 회계처리에 대한 학습자의 개별적이고 협력적인 노력이 포함된다. 이 과정에는 교육자, 학습자, 학습자 그룹 및 제도화된 학습자 시스템의 계획, 조정 및 협력 활동을 모두 포함하여 교육 전략을 설계하고 실행한다. 경험에서 얻은 피드백과 교훈은 교육 기관 자체의 후속 변화 및 개선에 사용될 수 있다. 프로그래밍에 포함되는 내용은 다음과 같다(Boone et al., 2002: 1-3).

첫째, 교육 기관의 맥락(미션 및 비전, 가치, 철학, 목적 및 목표)에 대한 철저한 이해와 헌신을 개발한다.

둘째, 조직의 외부 환경을 스캐닝(scanning)하고 이해한다.

셋째, 조직의 외부 환경 내에서 현재 및 새로운 공공 및 학습자 시스템을 연구, 분석 및 도표화(mapping)한다.

넷째, 조직의 사명과 사용 가능한 자원을 기반으로 공공 및 학습자 시스템과 이해관계자 그룹을 식별하고 순위를 정한다.

다섯째, 공공 및 학습자 시스템의 공식 그리고 비공식 리더와 관련 이해 관계자 그룹의 대변인을 확인한다.

여섯째, 공공 및 이해관계자 대변인의 리더와 인터페이싱(Interfacing) 하고 대화하여 공공 및 학습자 시스템의 특정한 요구를 협력적으로 확인, 평가 및 분석한다.

일곱째, 대중의 요구를 계획된 프로그램으로 변환하고 통합한다.

여덟째, 계획된 프로그램을 수행하기 위해 실행 계획을 설계하고 시행한다.

아홉째, 공공 및 학습자 시스템을 대상으로 행동 변화에 영향을 미치는 계획 및 프로그램의 영향과 행동 계획을 평가한다.

열째, 프로그램 검토, 조직 개선, 공공 및 학습자 시스템 그리고 그들의 지도자, 이해관계자 그룹, 성인 교육 조직, 자금 출처, 전문직 및 지배 집단(governance group)에 대한 회계처리를 위해 평가 결과, 학습된 교훈 및 피드백을 사용한다.

2) 평생교육 프로그램 개발을 위한 핵심 개념

프로그램 개발은 본질적으로 효과적인 평생교육 프로그램을 달성하기 위해 실행 과정을 설계하고 구현하는 기술이다. 따라서 양질의 프로그램을 달성하기 위해서는 실행 과정을 설계하는 것이 중요하다. 이를 위한 계획의 핵심 개념 15가지를 살펴보면 다음과 갈다(Boyle, 1981: 42-50).

① 프로그램 개발을 위한 철학적 기반 구축

평생교육 프로그램의 철학을 개발하는 것은 도전적이고 어려운 책임이지만 프로그램 개발에서 절차와 실행이 개인적인 신념에 크게 영향을 받음으로 평생교육 프로그래머는 교육, 학습자, 프로그래머 및 프로그래밍에 대한 신념을 명확하게 확인하여야 한다.

프로그램 개발의 중요한 목표는 현재 학습자를 위해 더 나은 프로그램을 설계하는 것뿐만 아니라 잠재적인 학습자까지도 포함하여야 한다.

② 사람과 지역사회의 문제 및 요구 또는 우려 사항에 대한 상황 분석

교육 프로그램의 궁극적인 목표는 사람에게 도움이 될 무언가를 성취하도록 돕는 것이므로 개선이 필요한 문제, 상황, 우려 사항 등을 확인하는 것은 프로그램 개발에 있어 중요한 과제이다. 프로그래머는 프로그램 개발 전 요구 등을 확인하고 상황분석 및 철저한 이해를 통해 사용가능한 기능과 자원의 우선순위를 설정하는데 이때 다음 사항을 고려하여야 한다.

- 누가 참여할 것인가?
- 그들의 역할과 책임은 무엇인가?
- 관련된 사람들을 어떻게 구성하는가?
- 영향받는 대상 및 지역사회를 어떻게 연구하고 분석해야 하는가?
- 연구 및 분석을 위해 필요한 영역과 문제 영역을 어떻게 분류하는가?

③ 잠재적 학습자 참여

잠재적인 학습자가 프로그램의 개발 과정에 참여한다는 것은 그룹과 개인의 참여를 장려하고 관련된 사람들에게 다양한 방식으로 영향을 미치는 과정이다. 따라서 참여에는 광범위한 활동이 포함되며, 참여하는 목적이 활용되는 방법 및 자원과 일치하는 것이 필수적이다.

④ 잠재적 학습자의 지적, 사회적 개발 수준

학습은 적극적인 과정이며 실행은 교사보다는 학습자에게 초점을 맞추어야 한다. 활동적인 학습 과정을 위해 프로그래머가 학습자 사이에 존재하는 개인차, 성인과 아동의 차이, 사회 경제적 배경 및 이전 직업경험에 대한 다른 태도 등을 확인하는 것은 프로그램 개발 과정에 중요한 영향을 미치므로 중요하다.

⑤ 프로그램 목표 결정 시 조사하고 분석할 요인

교육자의 지속적인 과제는 교육 프로그램의 목표 개발을 위한 다양한 자료 분석과 연구이다. 프로그램의 실행 수행에 앞서 목표를 명확하게 설정하고, 달성해야 할 목표에 대한 가치 판단은 교육 프로그램의 전체 범위에서 가장 중요한 의미를 지닌다. 목표는 계획된 교육 활동에 대한 전체적인 가이드 역할을 하므로 신중하고 정확하게 이루어져야 한다.

⑥ 제도적, 개별적 제약조건 인식

평생교육 프로그래머는 제도적, 개별적 제약이 많은 경우 다양한 단계에서 다양한 방식으로 프로그램 개발 과정에 들어가지만 제약이 이상적인 프로그램의 개발을 방해한다는 것을 인식해야 한다. 많은 경우 효과적인 프로그램의 개발 절차를 통해 제약을 피할 수 있지만 다른 상황에서는 제약조건을 인식하고 프로그램 개발 프레임 워크의 일부로 수용하여야 한다.

⑦ 프로그램 우선순위 결정 기준

우선순위 결정은 요구 설명, 목표 지정, 대상 고객 확인, 사용 가능한 자원 정의 및 필요한 조치 결정을 포함하여 프로그램 개발의 모든 단계에서 발생하는 의사 결정의 지속적인 과정이다. 우선순위 결정의 첫 번째 주요 작업은 의사 결정의 기초로 사용될 기준을 확인하는 것이며 효과적인 기준은 의사 결정 과정을 보다 합리적이고 수용 가능하게 만드는 데 도움이 된다.

⑧ 계획한 프로그램의 강도(경직성) 또는 유연성 정도

프로그램 개발에 있어 특히 중요한 개념은 유연하고 역동적인 상태를 유지하는 것이다. 모든 목표와 절차를 효과적으로 결정하고 통제하는 것은 어렵지만 프로그램은 특정 요구를 충족시키고 가장 적절한 교육 경험과 자원을 활용하기 위해 개발되어야 한다.

그러므로 목표와 방법 모두에 대한 지속적인 평가, 대체 방법 탐색, 참여 과정에 내포된 재검토는 높은 수준의 유연성을 필요로 한다.

⑨ 공식, 비공식 권한 상황에 대한 정당성 및 지원

합법성은 주제, 역량, 시간 또는 에너지의 중요한 자원은 아니지만 합법화를 얻지 못하면 모든 자원을 프로그램에 투입하는 것을 저해할 수 있다. 어떤 경우에는 동일한 권한 구조가 지역사회 또는 협회 내의 모든 프로그램을 합법화하는데 지역사회에서는 산업 발전, 보건, 레크리에이션, 학교 등 특정 종류의 프로그램에 대한 합법화 구조가 더 자주 존재할 수 있다.

⑩ 학습 경험 선택(선정) 및 구성

학습은 경험을 통해 새로운 행동 패턴을 습득하는 것이고, 행동은 행동뿐 아니라 사고와 느낌의 방식을 포함하며, 학습자는 교사가 하는 일의 결과가 아니라 학습자가 하는 일의 결과로 학습한다. 프로그래머는 학습자를 위한 다양한 참여 활동(관찰, 듣기, 생각, 쓰기, 질문 및 토론)을 준비하여 학습자가 스스로 경험을 선택하고 구성할 수 있도록 지원하며 학습자가 학습과정에 참여할 수 있도록 한다. 그러므로 학습 경험은 학습자와 학습 내용 사이의 정신적, 신체적 상호작용이다.

⑪ 적절한 방법, 기법 및 장치를 사용한 교수설계(학습설계) 확인

교수설계는 가장 적절한 최선의 접근 방식이 없기 때문에 어렵지만 평생교육 프로그래머는 학습자의 적절한 노력을 이끌어낼 수 있는 학습 활동을 설계할 책임이 있다. 프로그래머는 프로그램 개발을 위해 결정을 내릴 때 사고, 분석, 연습, 명확화 및 비평과 같은 경험에 학습자의 참여를 가장 효과적으로 촉진하는 방법, 기술 및 장치의 조합을 확인하려는 시도를 해야 하지만 가장 중요한 고려 사항은 학습자가 경험하는 것이다.

⑫ 효과적인 우선순위 홍보 활용

평생 교육 프로그램은 수많은 다른 프로그램과 경쟁하지만 치밀하게 계획하고 시행된 홍보 활동을 통해 의도한 대상에게 프로그램을 전하고 그들의 관심을 이끌어낼 수 있다. 홍보(promotion)는 광고, 홍보 활동, 마케팅 및 뉴스의 요소를 포함하는 의사소통의 노

력이다. 성공적인 홍보 활동은 홍보 목표, 청중 및 미디어 특성, 요구 및 기한을 고려한 체계적이고 포괄적인 계획에서 시작되고, 목표 청중에게 다양한 의사소통 채널과 기술을 사용하여 전달하며, 신뢰성과 수용성을 높이기 위해 메시지에 충분한 중복성을 제공한다.

⑬ 프로그램 지원에 필요한 자원 확보

지속적인 교육을 위한 적절한 재정 자원 획득은 항상 어려우므로 프로그래머는 양질의 프로그램을 제공하기 위해 필요한 자원을 매우 잘 알고 있어야 한다. 프로그램 개발 과정은 연속성과 적절한 재정적 자원을 얻기 위한 조직의 노력을 촉진할 정당성과 기타 지원활동을 제공해야 하며, 적절한 시기에 영향력 있는 의사 결정권자의 참여는 더 큰 이해와 수용을 제공할 것이다.

⑭ 효과, 결과 및(또는) 영향 결정

체계적인 평가는 비용이 많이 들고 어렵지만 매우 중요하므로 프로그래머는 조직의 요구를 충족시키기 위해 적절한 응용 프로그램을 만들어야 한다. 프로그램 평가는 프로그램의 가치(worth)나 가치(value)를 판단하는 과정으로 볼 수 있으며, 평가는 표준 또는 기준을 설정하고, 기준에 대한 증거를 수집하며, 이 비교가 무엇을 밝혀냈는지 판단하는 것이다.

⑮ 적절한 의사결정자에게 프로그램의 가치 전달

공공 기금이 평생교육의 많은 프로그램에 지원되므로 지원 프로그램에 대한 결정권자가 프로그램의 가치와 한계를 명확하게 이해하는 것은 중요하다. 의사 결정권자와 의사소통하는 데 사용할 수 있는 방법에는 비공식적인 대면 접촉에서부터 공식적인 연구 보고서에 이르기까지 다양하다. 따라서 프로그래머는 의사 소통에 필요한 다양한 개인 및 그룹을 위해 가장 적절한 콘텐츠와 매체를 사용하여 계획을 개발해야 한다.

3. 평생교육 프로그램의 유형

끊임없이 변화하는 사회에 둘러싸여 살고 있는 우리는 주변 세상에 적응하면서 빠르게 변화하는 증가 속도에 따라 우리도 함께 적응 속도를 증가시켜야 한다. 프로그램 개발 문제는 변화의 기초로서 지속적인 방향과 적응이 필요하다. 개인, 그룹, 지역사회 및 국가는 어떤 유형의 변화를 수반할 것인지에 대해 보이지 않는 일련의 문제에 직면해 있으므로 프로그램 개발은 개인, 그룹, 지역사회 및 국가의 주요 문제를 확인한 후 그들이 성공적으로 문제를 해결하거나 대처할 수 있도록 도와야 한다.

프로그램을 이해하기 위한 중요한 방법 중 하나는 다른 유형의 모든 프로그램을 분류하고 이해하는 것이다. 다양한 유형의 프로그램을 이해한다는 것은 프로그램의 유형과 목표가 제공하는 학습 기회의 성격 및 설계, 목표 달성에 필요한 자원, 프로그램의 개발 역할에 영향을 미치기 때문에 중요하다. 프로그램의 제도적 유형에서 지식이나 훈련 분야에 기초하는 목표는 관련된 사람들과 지역사회의 이익 및 요구로부터 발전하여야 한다(Boyle, 1981: 6-8).

다음은 프로그램 유형의 비교 분석과 프로그램 개발 모델의 유사점과 차이점이다.

〈표 2-2〉 프로그램 유형의 비교 분석

Factors	Program Types		
	Developmental	Institutional	Informational
주 순위	개인, 그룹, 지역사회의 문제 정의 및 해결	개인의 기본 능력, 기술, 지식, 역량의 성장과 향상	정보의 교환
목표 출처	학습자(clients) 요구나 문제로 개발	지식 분야와 교육자로부터 개발	연구 결과, 법률 및 규정에서 사용가능한 정보로부터 파생
지식 사용	지식이나 내용은 문제 해결을 돕기 위해 사용. 이는 목적을 위한 수단	• 내용이나 지식의 숙달에 초점. • 프로그램은 목적을 어떻게 달성할 것인가에 초점	즉시 사용할 수 있도록 내용을 학습자(clients)에게 전달

Factors	Program Types		
	Developmental	Institutional	Informational
학습자 참여	문제나 필요성, 프로그램의 범위와 성격 결정에 관여	학습자의 경험 구현에 관여	주로 정보의 수신자로 참여
프로그래머 역할	요구조사부터 평가과정까지 전체 교육 과정 촉진. 다른 역할로 승진, 합법화, 결과 전달 포함	교육 과정을 통해 지식 전달	정보 요구 사항에 대한 답변 제공
효과 기준	문제 해결의 질과 개인, 그룹, 지역사회가 어느 정도 문제 해결 능력을 개발했는가에 따라 효과 결정	학습자(clients)는 내용, 원하는 역량을 얼마나 잘 숙달하였는가에 따라 효과가 결정	도달한 사람 수와 배포된 정보의 양에 따라 효과 결정

출처: Boyle(1981: 6-8).

1) 프로그램 개발 모델의 유사점과 차이점

프로그램 개발 모델의 유사점과 차이점을 이해하기 위해 제시한 모델을 살펴보면, 가장 기본적인 유사점은 모든 모델들이 그 근본 뿌리를 타일러(Tyler)의 교육과정 개발 과정에 두고 있다는 것과 타일러의 연구가 그 기반을 교육과정에 대한 듀이(Dewey)의 고전적이고 획기적인 설명에 두고 있다는 것이다. 또한, 소크(Sork)는 계획 실행을 위한 전제 조건으로서 계획 세우기가 발생될 수 있다는 맥락 안에서 사회문화, 경제, 정치, 기술력의 역학관계를 분석하고 이해하는 것의 중요성을 매우 강조하면서 상황분석을 통해 프로그램 개발자는 프로그램에 참여할 수 있는 사람, 참여자들의 개인적 및 사회적 특성, 열망뿐 아니라 프로그램 개발 과정에 참여자를 개입시킬 수 있는 가능한 전략에 대해 더 잘 알게 된다고 하였다. 모든 모델에 존재하는 기본 과정 요소는 문제 및 요구 정의, 목적, 목표 및 수단의 공식화, 정규 및 비정규 학습 전략, 명시적 또는 암묵적 평가이다. 프로그램 개발 모델의 유사점과 차이점은 〈표2-3〉과 같다.

〈표 2-3〉 프로그램 개발 모델의 유사점과 차이점

Author	Context	Client System Orientation	Scope	Main Themes
Tyler(1949)	초등, 중등 및 고등 교육	취학 전, 중등 및 대학 학위를 추구하는 학생	정규 교육	네 가지 기본 교육과정 구축 문제
Lippitt, Watson, & Westley(1958)	일반 성인 교육, 지역사회 개발, 성인 학습 그룹	성인 학습자, 지역사회 그룹, 학습자 그룹	비정규 교육	계획된 변화
Beal, Blount, Powers & Johnson(1966)	협력 확장, 지역사회 개발	성인 학습자 시스템: 조직된 학습자 그룹, 제도화된 학습자 시스템(가족, 지역사회 등)	비정규 교육	사회적 행동
Freire(1970)	지역사회, 더 큰 정치 영역	소외된 사회 분야	정규 및 비정규 교육	다양한 형태의 비정규 교육에서 소외된 이들의 해방과 인간화
Boone, Dolan & Shearon(1971)	성인 교육, 확장 작업, 지역사회 개발	성인 학습자, 조직된 성인 학습자 그룹, 제도화된 학습자 시스템	프로그램 및 그룹 학습 경험	사회 시스템 분석, 지도자 개입, 요구분석, 공식적인 체계적 교육과정 개발, 변화 주체를 위한 "과정적 과제", "체감된 필요"
Knowles(1970)	포괄적인, 모든 성인 학습자 맥락에 적용 가능	성인 학습자, 조직된 성인 학습자 그룹	정규 및 비정규 교육	자기주도학습 안드라고지
Kidd(1973)	일반 성인 교육	성인 학습자	정규 교육	학습 처리 과정에 학습자의 참여
Boyle(1981)	협력 확장, 평생 교육	성인 학습자, 성인 학습자 그룹	정규 및 비정규 교육	계획된 교육 프로그램 활동을 통한 평생 교육
Brookfield(1986)	포괄적인, 모든 학습자 맥락 포함	성인 학습자, 성인 학습자 그룹	정규 교육	성찰적 실천; 학습 촉진의 핵심; 교수-학습 과정의 협력
Cervero & Wilson(1994)	포괄적인, 모든 학습자 맥락 포함	성인 학습자, 성인 학습자 그룹, 제도화된 학습자 시스템	정규 및 비정규 교육	사회활동으로서의 계획; 제도적 및 사회적 맥락에서 협력과 협상
Caffarella(1994)	포괄적인	성인 학습자, 성인 학습자 그룹	정규 교육	대화형 프로그램 계획; 계획은 상호작용하는 요소의 복합체
Hole(1996)	포괄적인, 모든 성인 학습자 맥락에 적용 가능	성인 학습자	정규 및 비정규 교육	상황별 맞춤형 계획 교육
Sork(2000)	포괄적인	성인 학습자, 성인 학습자 그룹	정규 교육	사회정치, 기술, 윤리 영역은 프로그램 개발의 주요 결정 요소

출처: Boone et al.(2002: 36-38).

2) 우리나라의 평생교육 프로그램 분류

우리나라의 평생교육 프로그램 분류체계 및 분류표(KLPCS, Korean Lifelong education Program Clasification Scheme)는 대분류와 중분류로 설계되었으며 대분류는 「평생교육법」의 평생교육 6대 영역을 근거로 하여 기초문해교육(01), 학력보완교육(02), 직업능력교육(03), 문화예술교육(04), 인문교양교육(05), 시민참여교육(06)으로 체계화하였으며, 중분류는 대분류의 각 영역별로 각각 3개의 프로그램으로 범주화하고 총 18개의 프로그램으로 분류체계를 설계한 후 코드번호를 부여하였다(평생교육진흥원, 2009: 49).

〈표 2-4〉 우리나라의 평생교육 프로그램 6진 분류표

대분류	중분류
기초문해교육(01)	문자해득 프로그램(11), 기초생활기술 프로그램(12), 문해학습계좌 프로그램(13)
학력보완교육(02)	초등학력보완 프로그램(21), 중등학력보완 프로그램(22), 고등학력보완 프로그램(23)
직업능력교육(03)	직업준비 프로그램(31), 자격인증 프로그램(32), 현직직무역량 프로그램(33)
문화예술교육(04)	레저생활스포츠 프로그램(41), 생활문화예술 프로그램(42), 문화예술향상 프로그램(43)
인문교양교육(05)	건강심성 프로그램(51), 생활소양 프로그램(52), 인문학적 교양 프로그램(53)
시민참여교육(06)	시민책무성 프로그램(61), 시민리더역량 프로그램(62), 시민참여활동 프로그램(63)

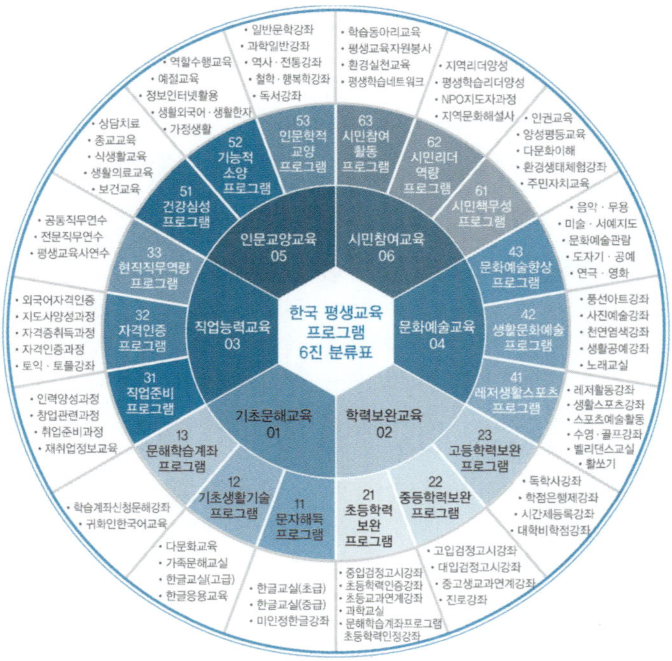

[그림 2-1] 우리나라의 평생교육 프로그램 6진 분류표

출처: 평생교육진흥원(2009: 55-69).

정리하기

프로그램은 개인적 측면으로는 학교교육을 포함하여 직장생활 등을 포함한 일상생활에서 경험하는 학습과 관계를 다양한 방식과 형태로 습득한 경험을 관계를 통해 영향력을 주고 받으며 지속적으로 변화하는 과정이며, 조직의 측면으로는 목적을 달성하기 위해 수행될 계획된 설계로 조직의 계획된 활동을 수행하기 위해 학습 내용과 방법, 교수자와 학습자, 자원과 기술 등을 포함하는 종합적인 설계도라고 정의할 수 있다.

평생교육 프로그램 개발이란 좁은 의미로는 평생교육기관 및 조직의 목적을 달성하기 위해 평생교육 프로그램을 통한 학습자 등의 변화 촉진과 교수-학습체계를 기획하거나 설계하여 제공하는 학습활동이고, 넓은 의미로는 좁은 의미를 포함하여 평생교육 프로그램의 기획 및 설계뿐 아니라 일련의 과정인 기획-설계-개발-홍보-실행-평가의 전 과정을 포함하며 조직의 목적을 달성하기 위한 제반 활동으로 전체 프로그램의 순환적 과정을 포괄하는 의도적이고 구체적인 학습활동이다.

평생교육 프로그램 개발을 위한 15가지 핵심 개념은 프로그램 개발을 위한 철학적 기반 구축, 사람과 지역 사회의 문제 및 요구 또는 우려 사항에 대한 상황 분석, 잠재적 학습자 참여, 잠재적 학습자의 지적, 사회적 개발 수준, 프로그램 목표 결정 시 조사하고 분석할 요인, 제도적, 개별적 제약조건 인식, 프로그램 우선순위 결정 기준, 계획한 프로그램의 강도 또는 유연성 정도, 공식, 비공식 권한 상황에 대한 정당성 및 지원, 학습 경험 선택 및 구성, 적절한 방법, 기법 및 장치를 사용한 교수설계 확인, 효과적인 우선순위 홍보 활용, 프로그램 지원에 필요한 자원 확보, 효과, 결과 및(또는) 영향 결정, 적절한 의사결정자에게 프로그램의 가치 전달이다.

프로그램을 이해하기 위한 중요한 방법 중 하나는 다른 유형의 모든 프로그램을 분류하고 이해하는 것이다. 다양한 유형의 프로그램을 이해한다는 것은 프로그램의 유형과 목표가 제공하는 학습 기회의 성격 및 설계, 목표 달성에 필요한 자원, 프로그램의 개발 역할에 영향을 미치기 때문에 중요하다. 프로그램의 제도적 유형에서 지식이나 훈련 분야에 기초하는 목표는 관련된 사람들과 지역사회의 이익 및 요구로부터 발전하여야 한다.

프로그램 개발 모델의 유사점과 차이점을 이해하기 위해 제시한 13개 모델을 살펴보면 가장 기본적인 유사점은 타일러의 교육과정 개발 과정에 기본 뿌리를 두고 있는 것과 타일러의 연구가 교육과정에 대한 듀이의 고전적인 세미나에 기반을 두고 있음을 알 수 있다. 또한, 소크는 계획이 실행되기 위한 전제 조건으로 일어날 맥락 안에서 사회 문화, 경제, 정치, 기술력의 역학관계를 분석하고 이해하는 것의 중요성을 매우 강조하면서 상황 분석을 통해 프로그래머는 프로그램에 참여할 수 있는 사람, 개인 및 사회적 특성, 열망뿐 아니라 프로그램 개발 과정에 개입하기 위한 가능한 전략에 대해 더 잘 알게 된다고 하였다. 모델에 존재하는 요소의 유사성으로는 문제 및 요구 정의, 목적, 목표 및 수단의 공식화, 공식 및 비공식 학습 전략, 명시적 또는 암묵적 평가이다.

연구문제

1. 평생교육 프로그램에 대한 다양한 학자들의 의미를 설명하여 보시오.

2. 평생교육 프로그램 개발을 위한 15가지 핵심 개념을 설명하여 보시오.

3. 프로그램 개발 모델의 유사점과 차이점을 설명하여 보시오.

PART 2

평생교육 프로그램 개발의 이론 및 접근방법

Chapter 03

평생교육 프로그램 개발 이론

학습목표

1. 전통적 이론을 이해하고 설명할 수 있다.
2. 상호작용 이론을 이해하고 설명할 수 있다.
3. 비판적 이론을 이해하고 설명할 수 있다.

프로그램을 개발하기 위해서는 먼저 관련 용어를 개념화하고, 필요한 이론 및 모델을 선정하며, 프로그램을 실행할 환경을 다양하게 고려하여야 한다. 평생교육 프로그램이 실행되는 환경은 매우 다양하기 때문에 프로그램 및 서비스를 일관되게 적용하는 것이 어렵다. 따라서 프로그램 개발자는 환경, 기관 및 이해관계자, 프로그램의 특성 등을 다양하게 고려하고, 빠르게 변화하는 사회변화와 교육현장을 파악하며, 프로그램이 가지는 가치와 방향성을 가지고 이론 및 모델을 선정하여야 한다. 이 과정에서 개발자는 이론 및 모델의 유사점 및 차이점, 변화 원리 및 특성, 접근방법 및 절차, 요소 및 현상 등을 검토하여 프로그램에 가장 적합한 이론 및 모델을 제시하여야 한다.

다음은 프로그램의 개발에 기초가 되는 다양한 이론 및 모델 중 타일러와 분(Boone)을 중심으로 한 전통적 이론, 훌(Houle)과 카파렐라(Caffarella)를 중심으로 한 상호작용 이론, 서베로와 윌슨(Cervero & Wilson), 프레이리(Freire)를 중심으로 한 비판적 이론을 살펴보고자 한다(Boone et al., 2002, 15-49).

1. 전통적 이론

전통적 이론에서 볼 때 프로그램 개발 내용은 실질적인 정보 제공과 주요 활동의 효과적인 수행에 필요한 기술적 과정으로 프로그램 개발은 순차적이고 단계적으로 이루어지는 절차이다. 또한, 합리성에 기초를 둔 교육으로 효율성 증진과 개발 절차 및 관련 지식 제공에 초점을 두며, 가장 오래되고 많이 활용되는 이론 중 하나이다. 따라서 개발자는 프로그램 개발을 위한 상황적 제약 및 환경을 고려하고, 전문가로서의 지식과 기술, 자질과 역량 증진으로 실제 현장에서 실행할 수 있는 질 높은 프로그램을 체계적이고 전문적으로 개발할 수 있어야 한다(Tyler, 2013, 63-103; Boone et al., 2002, 26-30).

1) 타일러의 이론

타일러가 1940년대에 개발한 타일러 모델은 과학적 접근 방식에서 볼 때 프로그램 개발의 전통적인 모델이고, 이론적 근거로서 볼 때 가장 오래된 프로그램 개발 이론이다. 이 모델은 연역적이고, 선형적이며, 일반적인 영역에서 구체적인 영역으로 이동, 즉 처음부터 끝까지 특정한 순서를 수반하므로 프로그램 개발자에게 무엇을 해야 하는지뿐만 아니라 어떻게 해야 하는지를 제시한다. 따라서 개발자가 이를 사용하여 프로그램을 개발할 경우 산출량과 효율성을 높일 수 있으며, 프로그램 개발 과정의 필수 단계를 분석하는 데 도움이 될 수 있다.

타일러는 그의 저서에서 근본적인 질문, 즉 프로그램 개발 모델에서 중요한 질문 4가지를 다음과 같이 제시하였다.

첫째, 기관(또는 조직)은 어떤 교육적인 목적 및 목표를 달성해야 하는가?
둘째, 이러한 목적 및 목표를 달성할 수 있는 교육적 학습 경험은 무엇인가?
셋째, 이러한 교육 경험을 어떻게 효과적으로 조직할 수 있는가?

넷째, 이러한 목적 및 목표의 달성 여부를 어떻게 평가하는가?

타일러의 모델은 기관(또는 조직)의 사명, 목적 및 목표에 따라 프로그램을 어떻게 계획할 것인가를 의미한다. 이 모델은 [그림 3-1]과 같이 자료 출처(자료원)는 교육 목적 및 목표를 수립하기 위해 세 가지 출처(자료원), 즉 학습자, 사회, 교과(소재/주제 Subject matter)로부터 자료를 수집하며, 두 개의 면(screens)을 성공적으로 통과하는 일반 목표(또는 교육 목표)이다. 기술적 접근을 고수하는 타일러는 자신의 모델에서 교육 철학과 학습 심리학을 모두 고려하면서 조직적인 경험을 고려하였다. 이러한 접근 방식에서 프로그램 요소는 다양한 학습 경험을 지도하고 연계하는 데 중요한 역할을 한다.

또한, 타일러는 교육 기능을 계획하기 위해서는 세 가지 자원인 학습자, 동시대의 삶, 교육 분야에 대한 전문가로서의 사고를 사용하고, 프로그램 개발자는 학습자, 사회, 교과의 세 가지 자료 출처에서 자료를 수집해야 한다. 자료 출처로서의 학습자는 대상의 요구와 관심사를 이해하는 데 도움이 되고, 사회는 과제와 요구를 학습자에게 지식, 기술, 태도로 제공함으로써 목적 및 목표 개발에 도움이 되며, 교과의 자료 수집 단계를 살펴보면 다음과 같다.

1단계는 목적 및 목표 확인이다. 중요하지 않거나 모순되는 요인 확인, 대상의 행동 변화는 각 그룹의 적절한 목적 및 목표를 결정한다.

2단계는 학습 경험 선정이다. 학습 경험 또는 학습자와 환경의 외부 조건 사이의 상호작용은 학습자가 자신에 대한 긍정적인 태도를 개발하고, 문제 해결에 유용한 지식을 습득함으로써 교육 목적 및 목표에 영향을 준다.

3단계는 학습 경험 조직이다. 학습 경험은 사상과 개념이 교과 내 내용과 연계되는 방식으로 체계적이어야 한다.

4단계는 평가이다. 프로그램의 목적 및 목표가 달성되었는지에 대한 효과를 확인하는 것도 중요하다.

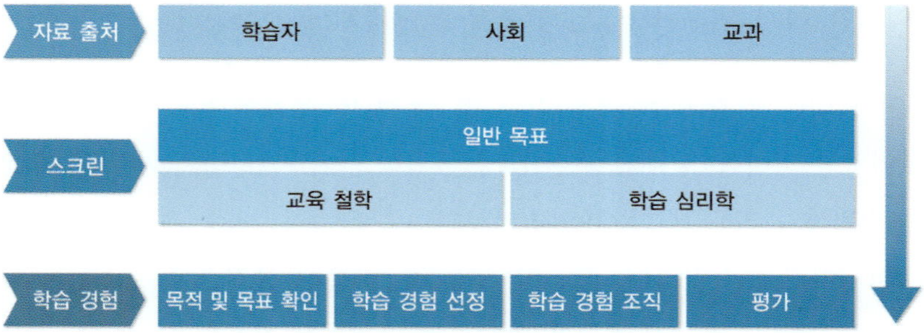

[그림 3-1] 타일러 모델

타일러의 효과적인 프로그램 개발을 위해서는 학습 경험을 다양하게 통합하여 실행하여야 하는데 이때 통합은 어떻게 조직할 것인가를 고려한 후 효과적인 학습 경험을 위해 조직은 시간적 및 공간적 관계를 고려하여 다양한 경험을 축적하여야 한다. 효과적인 학습 경험을 조직하기 위한 기준은 다음과 같다.

첫째, 계속성이다. 계속성은 프로그램 과정의 요소가 수직적으로 어떻게 관계하는지를 강조하는 것으로 여러 시간 동안 동일한 기술을 지속적으로 실행하는 것을 의미한다.

둘째, 계열성이다. 계열성은 계속성을 넘은 의미로 단순한 반복 학습은 지식, 기술, 태도 등을 개발할 수 없으므로 지속적인 경험, 폭넓은 학습으로 단순한 반복이 아닌 연속적인 심화 학습으로 학습 경험을 수반한 수준 높은 단계를 의미한다.

셋째, 통합성이다. 통합성은 프로그램 과정의 경험을 수평적으로 어떻게 관계하는지를 강조하는 것으로 교과 사이의 지식이 서로 조화롭게 확대되는 것으로 단순히 특정 교과에만 적용되는 것이 아니라 다양한 상황에서 사용되는 포괄적인 지식을 의미한다.

2) 분의 이론

분은 프로그램의 개발 과정에서 개념적 모델의 적용 방법을 설명하였는데 이 모델은 관련 분야의 전문가들에 의해 생성된 많은 개념, 구성 요소 및 이론에서 도출되었으며, 다양한 기관 및 조직 환경에서 적용 가능성과 유용성 평가에 초점을 맞춘 여러 응용 연구 및 프로그램을 통해 확인 및 검증되었다. 또한, 이 모델은 시스템 사고에 기반한 보다 유연하고 개념적인 접근 방식과 개별화된 프로그램 개발 상황에 대한 진단(diagnosis) 및 정보에 입각한 반응을 통해 대상 학습자 시스템의 행동에 계획적이고 의도된 변화가 야기되도록 설계되었으며, 과정에는 계획, 설계 및 실행, 평가 및 책임이 포함된다. 따라서 개발자가 이를 활용하여 프로그램을 개발할 경우 개념적 및 과정 지향적 관점에서 상황을 보고 접근할 수 있는 수준으로 사고하고 향상시키는 데 도움이 될 수 있다(Boone et al., 2002, 41-48, 205).

분의 프로그램 개발 과정은 크게 프로그램 계획, 프로그램 설계 및 실행, 프로그램 평가 및 책임이며, 그 하위 과정을 살펴보면 [그림 3-2]와 같다.

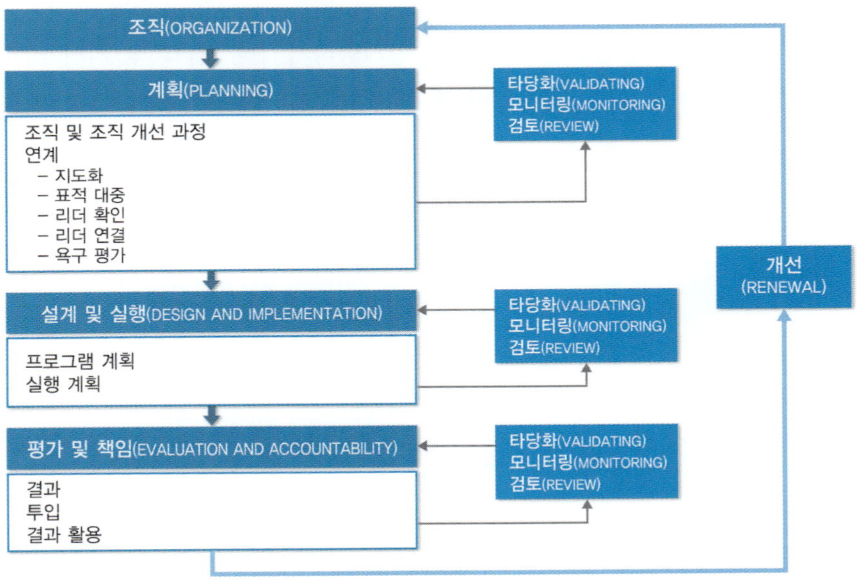

[그림 3-2] 분 모델

첫째는 프로그램 계획으로 조직 및 조직 개선 과정과 조직 및 대중 연계이다.

① 조직 및 조직 개선 과정: 조직의 기능 이해 및 헌신, 조직의 구조 이해 및 전념, 조직의 관리 과정을 위한 지식 및 기술 습득, 프로그램 개발을 위해 검증된 틀(프레임워크)의 이해 및 적용, 조직 개선의 이해 및 헌신

② 조직 및 대중 연계: 조직의 외부 환경의 지속적인 검색(scan), 조직의 현재 및 신흥 대중의 연구, 분석 및 지도화(map), 대상 대중 및 이해관계자 그룹의 확인 및 우선순위, 대상 대중의 리더 및 이해관계자 그룹의 연결 및 대화, 대상 대중의 요구 확인, 평가 및 분석에 리더 및 이해관계자 참여

둘째는 프로그램 설계 및 실행으로 프로그램 계획과 실행 계획이다.

① 프로그램 계획: 표현 요구를 분석 요구로 변환하고 요구 구조 구축, 분석 요구에 대한 학습자 목표를 공식화하고 병렬 및 연계 목표 구조 정렬, 목표에 적합한 학습 경험을 선택하고 병렬 및 연계된 변화 전략 구조 배열, 학습자의 목표 결과를 선택하고 병렬 및 연계된 결과 구조 정렬

② 행동 계획: 행동 계획을 실행하기 위한 인적 자원 및 기타 자원을 조달, 개발 및 배치, 계획된 프로그램과 행동 계획을 마케팅하기 위한 전략 및 기법을 개발 및 실행, 형성 평가 및 기타 수단을 통해 행동 계획의 실행 모니터링, 피드백을 사용하여 행동 계획 및 계획된 프로그램 변화

셋째는 프로그램의 평가와 책임이다.

① 평가: 프로그램 결과를 결정, 측정 및 평가, 프로그램 입력 평가, 의사결정의 상대적 효과 분석 및 평가

② 책임: 결과를 대중, 기관(또는 조직), 이해관계자 등에게 보고, 결과를 프로그램의 수정 및 개정, 조직 개선을 위해 활용

3) 타일러 모델과 분 모델의 유사점 및 차이점

평생교육에서 프로그램 개발을 개념화한 후 이를 실행할 때 직면하게 되는 어려움 중 하나는 개발된 프로그램이 실행되는 환경이 매우 다양하기 때문에 이론이나 모델을 일관되게 적용하기 어렵다는 것이다. 따라서 프로그램 개발자는 많은 모델 및 이론에 대한 유사점과 차이점을 이해하고 분석하여 프로그램의 실행 환경 및 상황에 가장 적합한 모델을 구별하여 제공할 수 있어야 한다. 이 장에서 살펴본 타일러와 분 모델의 유사점 및 차이점은 〈표 3-1〉과 같다.

〈표 3-1〉 타일러와 분 모델의 유사점 및 차이점

분류	상황 (Context)	대상 체계 방향 (Client System Orientation)	범위 (Scope)	주된 주제 (Main Themes)
Tyler (1949)	초등, 중등 및 고등 교육 (Elementary, secondary, and higher education)	취학 전, 중등 및 고등 교육 이후의 학위 취득 학습자 (Pre-school, secondary, and post-secondary degree-seeking students)	정규 교육 환경 (Formal education settings)	4가지 기본 프로그램 구축 질문 (Four basic curriculum-building questions)
Boone et al. (1971)	성인 교육, 확장 사업, 지역사회 개발 (Adult education, extension work, community development)	성인 학습자, 조직된 성인 학습자 그룹, 제도화된 학습자 시스템 (Adult learners, organized adult learner groups, institutionalized learner systems)	프로그램 및 그룹 학습 경험 (Program and group learning experiences)	사회 시스템 분석, 리더 개입, 요구분석, 형식적이고 체계적인 프로그램 개발, "변화 주체를 위한 과정 과업", "느낀 요구" (Social system analysis, leader involvement, needs analysis, formal systematic curriculum development, "processual task for change agents", "felt needs")

출처: Boone et al.((2002: 36-38) 재구성.

첫째, 타일러 모델이다. 타일러는 학습 경험을 효과적인 교육으로 구성하는 데 적용할 수 있는 개념을 정의하였으며, 조직에 대한 그의 기준은 계속성, 계열성 및 통합성이고, 이러한 기준 내의 학습 요소는 가치, 기술 및 개념이다.

둘째, 분 모델이다. 분 등은 보다 정교한 요구 확인 및 목표 정의 작업을 실행하기 위해 네 가지의 기본적인 과정 과업을 제시하였으며, 보다 형식적인 교육 방법과 응용된 가치 기반 및 관점을 의미 있게 통합하였다.

2. 상호작용 이론

전통적인 이론이 프로그램 개발 과정에서 절차나 순서를 강조하는 선형적인 과정이라면 상호작용 이론은 프로그램을 개발하는 다양한 상황 및 특정 상황에서 개발자의 판단 능력, 개발자와 학습자 간 상호작용, 개발자 · 학습자 · 조직 간 합의, 현실적인 사회 상황 및 문화적 가치 등 여러 가지 상황이 고려되므로 순환적 및 역동적이고 융통성 및 유연성이 강조되며, 개발 과정에서 일어나는 상호작용을 중시하는 이론이다.

1) 훌의 이론

훌은 그의 모델에서 교육 실무에 가장 일반적인 11개의 교육 계획 범주를 제안하였으며, 11개의 개별 범주를 밝히기 위해 모든 형태를 초월하는, 즉 범주는 외형이 아니라 계획과 통제에 관한 권한과 방향의 원천에 의해 결정된다고 하였다. 그는 "어느 것이 다른 것보다 낫습니까?"가 아니라 "하나의 범주가 어떤 상황에서 다른 범주보다 더 낫습니까?"이어야 한다는 핵심 질문의 중요성을 설명하였다. 따라서 개발자는 프로그램 설계 시 과정의 전반적인 조화를 이루기 위해 학습 및 교육 상황에 적용할 수 있는 범주의 유형을 이해하고, 대상의 요구 및 역량 그리고 이용가능한 구체적이고 특별한 교육 자원에 의해 초래되는 변화를 수용하기 위해 모든 계획과 절차를 지속적으로 재구성하여야 한다(Houle, 1996: 41-70).

훌은 11개의 교육 계획 범주가 현재 실무에서 가장 일반적인 범주라고 제안하면서 이를 〈표 3-2〉와 같이 4개 부문으로 분류하였다.

〈표 3-2〉 교육 설계 상황의 주요 범주

분류	내용
개인 (Individual)	C-1 개인이 스스로 활동을 설계한다. C-2 개인 및 그룹이 다른 개인을 위해 활동을 설계한다.
그룹 (Group)	C-3 그룹은 자체적으로 활동을 설계한다. C-4 교수자 및 학습자 그룹이 학습자 그룹을 위해 종종 함께 활동을 설계한다. C-5 위원회(committee)는 더 큰 그룹을 위한 활동을 설계한다. C-6 둘 이상의 그룹이 결합하여 프로그램을 개선하는 활동을 설계한다.
기관 (Institution)	C-7 새로운 기관(또는 조직)이 계획되었다. C-8 기관은 새로운 유형의 활동을 설계한다. C-9 기관은 기존 유형으로 새로운 활동을 설계한다. C-10 둘 이상의 기관이 결합하여 프로그램을 개선하는 활동을 설계한다.
대중 (Mass)	C-11 개인, 그룹 또는 기관이 대중을 위한 활동을 설계한다.

훌 모델의 프레임워크 및 구성요소를 살펴보기 전에 모델과 관련된 두 가지 일반화를 살펴보면, 첫째, 모델의 어떤 부문을 다양한 범주에 적용할 때 어떤 부문이 다른 부문보다 더 작은 역할을 할 수 있다는 것이고, 둘째, 구성요소는 논리적 단계의 순서가 아니라 상호작용하는 요소의 복합체로 이해되어야 한다.

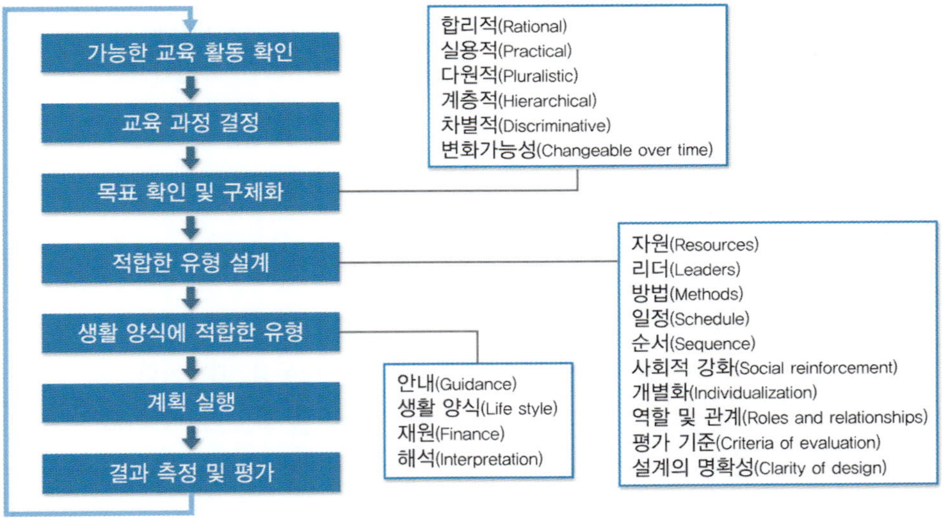

[그림 3-3] 훌 모델

첫째, 가능한 교육 활동을 확인한다. 교수 및 학습하고자 하는 자극은 개인, 그룹 및 기관의 생활 양식 내부 또는 외부에 있는 거의 모든 자원에서 유발될 수 있다. 사람들은 요구 및 결핍 또는 바람 및 기회를 통해 능력이나 유용성 증가의 필요성을 느끼고, 잠재적인 교육 활동은 이러한 자기 인식의 결과로 확인 및 촉진시킬 수 있다.

둘째, 진행하기로 결정한다. 진행에 대한 결정은 일반적으로 주관적인 판단의 문제이다. 왜냐하면 긍정적 또는 부정적 선택이 그 자체로 또는 최선의 대안으로 고려될 때 현명할 것이라는 점을 미리 입증하는 것은 불가능하기 때문이다. 선택을 하는 사람은 상황의 모든 측면을 고려한 다음 무엇을 해야 할지 균형 있게 결정해야 한다. 일반적으로 개인은 그러한 결정을 내리는 데 도움이 되는 명문화된 방침의 혜택 없이 활동하는데 불행하게도 많은 기관 또한 방침이나 지도 원칙 없이 프로그램을 제공하는 것에 대한 결정을 내린다. 원칙에 입각한 방침이라 할지라도 구체적인 적용에 대해서는 해석이 있어야 하며, 그러한 해석은 항상 주관적이다.

셋째, 목표를 확인하고 구체화한다. 교육 활동에서 목표가 수행하는 역할을 이해하는 것은 복잡한 일이다. 이러한 분석이 어려운 이유는, 첫째, 그것은 항상 활동의 표면이 아닌 중심에 있다는 것이고, 둘째, 그것은 6개 요소의 동시 상호작용에 의해 정의되기 때문이다. 따라서 프로그램 개발자는 일반적인 목표를 확인해야 하지만 각각의 행동에 대한 구체적인 목표도 정의하여야 한다.

① 합리적이다. 목표는 논리적 양식을 부과한다.
② 실용적이다. 목표는 달성 가능하다.
③ 다원적이다. 목표는 하나 이상의 결과를 반영한다.
④ 계층적이다. 목표의 일부는 다른 것에 포함된다.
⑤ 차별적이다. 목표는 일부 행동을 지시하고, 다른 행동을 배제한다.
⑥ 변화가능하다. 학습자와 교수자는 교육 경험에 영향을 받고, 그에 따라 목표를 조정한다.

넷째, 적합한 유형을 설계한다. 모든 교육 활동은 다양한 요소에 통일성을 부여하는 특징적인 양식이나 형태를 가지고 있다. 각 요소는 순서에 관계 없이 개별적으로 고려되거나 계획될 수 있지만 성공적인 프로그램은 교육이 실행되는 상황에서 모든 요소의 협력 및 융합을 요구한다.

① 자원이다. 자원은 교육 활동에서 지원 및 도움을 위해 사용할 수 있는 환경의 모든 사물, 사람 및 다른 측면일 수 있다.
② 리더이다. 어떤 의미에서 리더는 학습자가 습득해야 할 지식이나 역량을 소유하고 있기 때문에 학습 자원이 되며, 이러한 지식이나 역량은 학습 활동의 전체 과정을 결정하는 데 큰 도움이 될 수 있다.
③ 방법이다. 방법이 다른 요소와 밀접한 관련이 있음에도 불구하고 대부분의 상황에서 여러 가지 방법이 사용될 수 있으므로 일반적으로 다양하면서 독립적으로 고려되어야 한다. 방법을 선택함에 있어 어느 하나의 방법이 우월하지 않기 때문에

다양한 요인을 고려하여야 하며, 즉각적인 설정에 가장 적합한 방법을 선택하는 것이 중요하다.

④ 일정이다. 일정은 대상자의 복잡한 생활 양식, 학습자의 목표, 자원 및 요구 등을 고려하여야 하므로 단순히 기관의 임의적인 요구 사항을 반영하여 일정을 설정하는 것은 현명하지 못한 일이다. 전체 일정을 있는 그대로 수용할 수 있지만, 프로그램을 새롭게 계획하는 경우는 활동이 얼마나 지속되어야 하는지, 언제 실행해야 하는지를 결정해야 한다.

⑤ 순서이다. 내용이 학습되는 체계를 순서라고 하는데 이러한 순서는 이른 것에서 늦은 것, 단순한 것에서 복잡한 것, 쉬운 것에서 어려운 것, 특수한 것에서 일반적인 것, 또는 일반적인 것에서 구체적인 것 등 논리적 원리에 따라 발생할 수 있지만, 일반적인 지침은 학습자가 있는 곳에서 시작하여 거기서부터 진행하는 것이다.

⑥ 사회적 강화이다. 공통의 목적을 위해 모인 다양한 성격의 상호작용은 집단 정체성의 정신이나 느낌을 만들어 낼 수 있다. 긍정적인 사회 분위기를 위해 다양한 유형 요소를 설계할 때 리더와 학습자 간의 협업을 조언하는데 일반적으로 학습은 긍정적인 사회적 강화에 의해 향상된다.

⑦ 개별화이다. 사람은 고유하고 독특한 방식으로 학습하는데, 개발자는 어렵지만 학습자의 개별 요구와 능력을 수용할 수 있도록 노력해야 한다. 하지만, 교육의 복잡성, 그룹의 규모, 사용할 수 있는 시간의 제약 등은 개별화의 장벽일 수 있지만, 학습자에게 다가가기 위해 노력과 다양한 요소를 고려하는 것은 매우 중요하다.

⑧ 역할과 관계이다. 역할은 상황에서 개인이 기대되는 행동이고, 다른 사람과의 관계에서 영향을 미치며, 상황에 따라 사람들은 다른 역할을 한다. 따라서, 사회적 상호작용에서 모호성과 좌절감을 줄이기 위해 상황이 허용하는 한 의무와 책임을 명확하게 이해하고, 특정 행동 기대치를 명시하는 것은 학습 과정에 도움이 된다.

⑨ 평가 기준이다. 프로그램을 평가하는 데 사용될 기준, 규칙 또는 검사(tests)는 교육 활동이 시작되기 전에 지정되어야 한다. 그러나 사전에 기준을 설정하는 것은 활동이 진행됨에 따라 기준을 변경하는 것을 배제하지 않지만, 초기에 평가 기준을

설정하지 않으면 유형의 다른 요소를 구성하기 어려울 수 있다.

⑩ 설계의 명확성이다. 유형의 모든 요소들의 특정 배열을 설계라 칭한다. 학습자는 설계에 수반되는 의미를 정확히 이해하여 활동 진행 위치, 적절한 역할 기대, 교육 측정 기준, 이러한 요소와 유형의 다른 요소 간의 관계를 확인할 수 있도록 조언한다. 따라서 학습자가 명확한 설계를 인식할 때 전체 교육 활동에서 성공을 경험할 가능성이 더 높다.

다섯째, 유형은 더 큰 생활 양식에 적합하다. 학습자, 교수자 및 기관 직원은 프로그램 계획의 이 단계에 참여하고, 학습자는 교육 활동에 맞게 일정과 우선 순위를 조정해야 하며, 교수자는 활동이 학습자에게 어떤 영향을 미칠 수 있는지뿐만 아니라 그들의 삶에 미치는 영향도 고려해야 한다.

① 안내이다. 학습자에게 요건, 교육비 및 일정에 대한 정보를 제공하는 것은 프로그램을 제공하는 데 있어 최소한의 노력이다. 안내에는 학습자의 요구와 흥미에 대한 진지한 관심이 포함되며, 전형적인 직원의 역량 수준을 초과할 가능성이 있는 대인 관계가 포함될 수도 있다. 따라서 개발자는 현재 및 잠재 고객을 확인하고, 학습자의 요구를 발견하며, 그들이 가장 적합한 것을 찾을 수 있도록 관심을 가지고 접근할 수 있어야 한다.

② 생활 양식이다. 생활 양식은 새로운 활동을 위한 시간 및 자원을 허용할 수 있도록 의식적인 조정이 필요하다. 교육 활동은 대상자의 생활에 단순히 추가되는 것이 아니므로 이를 추가하거나 대체하기 위해서는 생활 양식이 바뀌어야 한다. 따라서, 개발자는 새로운 프로그램을 개발할 경우 학습자가 추가할 수 있도록 다양한 방안을 신중하게 고려하여야 한다.

③ 재원이다. 성인의 경우 교육비 외에도 주거비, 양육비, 통신비 등 매우 다양하므로 추가되는 교육 활동 비용은 인적 자원을 구축할 수 있음에도 불구하고 초기 비용 지불이 어렵거나 재원이 제한적일 수 있다. 따라서 재원 조달의 부적절성, 지출에 대한 비현실적인 기대, 불안정한 자금 조달 유형은 불충분한 계획으로 이어질 수 있으므로 대상자의 눈높이, 다양한 환경 요인 등을 고려하여 학습자를 유입할 수 있는 방안 모색이 요구된다.

④ 해석이다. 일반적으로 대중이 이해하고 동의할 수 있도록 교육 활동을 대중에게 해석해야 하는데 이것은 기관이 제공하는 활동과 학습자가 이를 이용하는 것을 합법화하는 일종의 홍보 활동이다. 따라서 개발자는 적절한 해석이 학습 활동의 성공에 매우 중요하고, 이를 촉진하거나 축소할 수 있으므로 설계의 일부로 이해하여 이것을 적극적으로 고려하여야 한다.

여섯째, 계획을 실행한다. 아무리 계획이 잘 설계되었다 하더라도 변경이 필요할 것으로 예상하여야 한다. 따라서 문제 및 기회를 조정하기 위해서는 지속적인 적응이 필요하며, 변화하는 상황에 맞게 조정할 필요가 있는지 확인하기 위해서는 목적과 유형을 주기적으로 재조정하는 것이 현명하다.

일곱째, 결과를 측정하고 평가한다. 활동에 대한 평가는 일반적으로 일종의 객관성을 포함하는 측정과 전체 활동에 대한 보다 주관적인 평가를 요구하는 평가 모두를 포함해야 하며, 교육 활동의 평가는 객관적인 측정이 사용되는 경우에도 주관성을 필요로 한다. 평가자가 평가와 관련된 가치 판단에 민감하게 반응하는 한 잘못 해석할 가능성은 거의 없을 것이다.

여덟째, 교육 주기를 반복한다. [그림 3-3]은 아래쪽에서 위쪽으로 이동하는 긴 선이 포함되는데 이 선은 하나의 교육 활동이 다음 계획에 적용하고 있음을 나타낸다. 새로운 교육 활동의 가능성 측면에서 상황을 살펴보면, 프로그램 계획의 주기가 다시 시작되고, 진행하기로 결정되면 새로운 설계가 생성되어야 한다. 어떤 경우에는 그 결정이 측정 및 평가와 관계없이 자동적으로 이루어지며 심지어는 그 결정이 일어나기도 전에 내려질 수도 있다.

2) 카파렐라의 이론

카파렐라는 1994년 처음 도입된 이후 프로그램 계획의 상호작용 모델의 변화 과정, 실무자에게 유용하고 실행가능한 자원이 되는 주요 요인, 모델의 구성 요소를 구성하고 있는 주요 작업에 대한 설명, 개발자가 프로그램을 개발하고 실행하는 방법에 대한 영향 등을 설명하였으며, 실무자의 목소리뿐만 아니라 기본 지식을 공유하여 상호작용 모델이 어떻게 구성되고 발전했는지에 대한 이해를 제공하였다. 그녀는 프로그램 계획의 상호작용 모델은 두 가지의 주요 출처에서 파생, 즉 첫째는 프로그램 계획 접근법 및 모델 그리고 각 접근법과 관련된 개념 및 아이디어에 대한 고전적이고 현대적인 설명이고, 둘째는 프로그램 개발자들의 실제 경험이다. 이 모델의 핵심은 유연성이다. 따라서 개발자는 프로그램 설계 시 끊임없이 변화하는 조직, 다양하게 증가하고 있는 학습자의 요구 및 문제 그리고 프로그램이 실행되는 환경, 계획 방법 및 글로벌 변화, 기술이 계획 및 관리에 미치는 영향 등을 이해하여야 한다(Caffarella, 2002: 29-35, 366-367).

카파렐라는 다른 모델과 프로그램 계획의 상호작용 모델의 차이점을 다음과 같이 설명하였다.

첫째, 모델에는 시작이나 끝이 없다. 이 모델은 단계별 과정보다는 오히려 모든 구성요소을 적용하거나 계획 상황에 따라 순서와 조합으로 사용할 수 있다.

둘째, 프로그램을 계획하는 과정은 본질적으로 사람들의 활동이다. 프로그램 계획은 교수자, 학습자, 조직 및 기타 이해관계자 간의 협상 활동이 되며, 이들 모두는 자신의 신념과 주변 환경에 따른 조건(맥락)을 가져오므로 개발자는 구성요소와 작업을 조정할 수 있는 모델을 사용한다.

셋째, 교육 및 훈련 프로그램의 세계화가 증가함에 따라 이 모델의 상호작용적 특성을 통해 개발자는 프로그램을 계획하고 수행할 때 상황적 요인과 문화 간의 차이 및 가치를 고려할 수 있도록 한다.

넷째, 프로그램 개발자는 프로그램 계획에 있어 상호작용 모델이 유용하고 실용적인 도구임을 알게 된다. 이 모델은 수행해야 할 작업을 설명하고, 각 구성요소를 다루는 방법에 대해 구체적이고 실용적인 제안을 제공한다.

카파렐라 프로그램 계획의 상호작용 모델에 기반이 되는 9가지의 주요 가정을 살펴보면 다음과 같다.

첫째, 학습과 변화에 집중한다. 교육 프로그램은 참가자가 실제로 무엇을 배우는지, 학습 결과가 참가자, 조직 또는 사회적 문제 및 규범에 어떻게 변화되는지에 초점을 둔다. 프로그램 개발자는 왜 이 일을 하고 있는지 이해하고, 프로그램 결과로 어떤 변화가 일어날 것인지 또는 일어날 수 있는지 명확하게 설명할 수 있어야 하며, 긍정적이든 부정적이든 의도하지 않은 변화가 발생할 수 있음을 인지해야 한다.

둘째, 학습자로서 대상에 대해 알려진 것을 적용한다. 학습과 그들의 학습에 미치는 영향 요인을 명확하게 이해하는 것은 프로그램 계획에 있어 기본이다. 프로그램 개발자는 행동, 기술, 가치와 신념의 변화 같은 기본적인 지식을 고려하고, 다양한 학습 방법을 인정하며, 프로그램에 통합한다.

셋째, 문화적 차이를 존중하고 고려한다. 프로그램 개발자는 계획 과정에서 다양한 형태의 문화적 차이에 민감할 필요가 있으므로 서로 다른 문화권 사람들이 어떻게 소통하고, 참여하며, 존중하고, 관계를 맺는지 인식 및 이해하고 설계할 수 있어야 한다.

넷째, 프로그램 계획은 본질적으로 상황에 따라 다르다. 즉, 사회적, 경제적, 문화적, 정치적 풍토 내에서 프로그램을 계획한다. 프로그램 맥락을 고려할 때, 프로그램 개발자는 기술적으로 유능하고, 정치적으로 정통하며, 윤리적이어야 한다. 권력과 이해관계의 중요성을 인식한다.

다섯째, 관계 구축이다. 프로그램 개발자들은 프로그램 계획 및 실행 과정 전반에 걸쳐 업무 관계 구축의 중요성은 프로그램 개발자들이 과정의 핵심 부분으로 강조해 왔다. 프로그램 개발자는 계획 과정 전반에 걸쳐 관계 구축에 대한 결정을 내릴 때 민족성, 성별, 인종, 계급 및 사회 규범과 같은 다양한 요소들이 작용한다는 것을 인정한다.

여섯째, 기술 활용이다. 사용가능한 기술 도구 및 프로그램에 대한 지식과 익숙함은 물론 잠재적 용도는 프로그램 계획 실행의 기본이다. 프로그램 개발자는 프로그램 참가자의 학습 요구와 관련하여 최선의 결정을 내리고, 새로운 지식과 기술을 학습하도록 지원하며, 더 많은 대중에게 다가가는 등 프로그램 계획의 모든 측면에서 기술을 사용한다.

일곱째, 윤리적인 것은 기본이다. 프로그램 기획자가 윤리적으로 행동하는 것은 매우 중요하다. 개발자는 본질적으로 윤리적인 문제에 대한 해결책을 찾기 위해 개인적, 조직적, 광범위한 환경적 가치와 신념의 복잡한 배열을 통해 작업한다.

여덟째, 다양한 방법으로 작업한다. 다양한 성공을 보장하는 교육 프로그램을 계획하는 단 하나의 방법은 없기 때문에 교육 프로그램을 설계하는 것은 결코 엄격한 관행이 아니다. 오히려 프로그램 개발자는 다양한 도구 및 방법 등 자원을 적재적소에 활용하고, 새로운 지식과 기술을 접목하여 어렵지만 조화롭고 균형 잡힌 프로그램을 설계할 수 있도록 노력하여야 한다.

아홉째, 프로그램 개발자가 학습자임을 이해한다. 하나 이상의 계획 모델을 지침으로 사용하는 개인은 훈련을 통해 보다 효과적인 프로그램 개발자가 되는 방법을 배울 수 있다. 시행착오를 통해 기술을 통합하고, 다양한 방법을 수용하며, 관계를 구축하고, 문화적 경계를 넘고, 계획 당사자 간 협상을 통해 과정의 다양한 구성요소와 작업의 균형을 맞추는 데 능숙해진다.

프로그램 계획의 상호작용 모델은 다양한 환경에서 교육 프로그램을 계획하는 전문가들에게 지침이다. 이 모델은 권력 및 관심, 기술, 학습, 관계 구축, 문화적 차이의 5가지 지식 영역과 상황 분석, 확고한 지원 체계 구축, 아이디어 및 요구의 분류 및 우선순위 결정, 프로그램 목적 및 목표 개발, 교수 계획 설계, 학습 전이 계획 수립, 세부 항목, 마케팅 캠페인 계획, 프로그램 평가 계획 수립, 형식 및 일정 그리고 프로그램 선정, 예산 준비 및 관리의 11개 요소로 구성되며, 표준모델의 시행(구현)을 통해 추구하는 결과는 개인, 조직, 지역 사회 및 사회 환경에서 변화를 촉진하고 영향을 미치는 것이다.

[그림 3-4] 카파렐라 모델

3) 홀 모델과 카파렐라 모델의 유사점 및 차이점

교육 활동의 분석과 계획은 인간 경험의 실제 상황과 지속적인 변화에 기반해야 하며, 교육 활동을 이해하거나 계획하기 위해서는 모든 상황이 독특하기 때문에 가능한 현실에 집중해야 한다. 교육은 조작적이라기보다는 협동적이고, 학습자와 교육자 모두에 의한 행동이며, 학습이 이루어지는 동안 개인 간의 자발적인 상호작용을 의미하며, 프로그램 개발에서 추구해야 할 목적 및 목표와 방법은 본질적으로 상호작용한다. 따라서 프로그램 설계는 사건의 연속이 아니라 상호작용하는 요소들의 복합체이므로 개발자는 프로그램을 설계할 때 이를 모두 고려하고, 프로그램이 학습자 및 다양한 상황에서 실행됨에 따라 나타날 수 있는 지속적인 변화에 끊임없이 재구성되어야 한다. 이 장에서 살펴본 훌과 카파렐라의 모델의 유사점 및 차이점은 〈표 3-3〉과 같다.

첫째, 훌 모델이다. 이 모델은 실용적이고 협력적인 것으로, 프로그램은 의사결정에 기반하며 인간의 경험과 지속적인 변화에 기초한 분석 및 계획이다. 그는 프로그램 개발을 학습자의 눈으로 보며, '더 큰 생활유형에 적합한 형식'은 학습 활동과 학습자 삶의 광범위한 범위 사이의 적합성을 구체적으로 인식한다.

둘째, 카파렐라 모델이다. 기존 모델의 최고 기능을 재구성한 이 모델은 프로그램 계

〈표 3-3〉 훌과 카파렐라의 유사점 및 차이점

분류	상황 (Context)	대상 체계 방향 (Client System Orientation)	범위 (Scope)	주된 주제 (Main Themes)
Houle (1996)	포괄적이며 모든 성인 학습자 상황에 적용 가능 (Generic, applicable to all adult learner contexts)	성인 학습자 (Adult learners)	정규 및 비정규 교육 (Formal and non-formal education)	상황에 맞는 맞춤형 계획 교육 (Planned education tailored to con-textual situation)
Caffarella (1994)	포괄적인 (Generic)	성인 학습자, 성인 학습자 그룹 (Adult learners, adult learner groups)	정규 교육 (Formal education)	상호작용 프로그램 계획: 계획은 상호작용하는 요소의 복합체 (Interactive program planning: Planning is a complex of interacting elements)

출처: Boone et al.(2002: 36-38) 재구성.

획 과정에 대한 고전적이고 현대적인 설명과, 다양한 방식으로 구성요소를 적용할 수 있다는 점에서 다르다. 또한, 유연성은 계획 과정의 기본 규범으로 이 프레임워크 내에서 프로그램 계획은 학습 기회에 대한 결정과 선택이 이루어지는 상호작용적이고 행동 지향적인 과정이다.

3. 비판적 이론

비판적 이론이 정치적 요소나 권력 관계에 초점을 둔 반면 전통적 이론, 상호작용 이론 등 기존의 이론들은 이를 간과함에 따라 비판적 이론은 이들의 이론을 비판하면서 출발했다. 비판적 이론에서 프로그램 개발자는 자신의 이데올로기나 가치 체계에서 자유로울 수 없으므로 프로그램 개발 과정에 직간접적인 영향을 미칠 수 있다는 것을 인식하여야 한다. 어떻게, 어떤 방법으로 프로그램을 개발하는가보다는 프로그램을 왜, 어떤 결과 및 효과를 위해 개발하는지의 맥락에서 프로그램을 개발하고 운영하여야 함을 강조한다. 이 이론에서 프레이리는 교육에서 교수자는 학습자와 함께 공동으로 지식을 탐구하고, 수평관계에서 문제를 제시하며, 학습자 스스로 능동적인 태도로 비판적 사고를 하고, 실천함으로써 변화할 수 있는 행동의 통합이라는 의미를 가진다. 따라서 프로그램 개발자는 학습자에게 끊임없이 문제를 제기하고, 상호작용하며, 빠르게 변화하는 지식 및 기술과 다양한 정보를 어떻게 하면 효과적으로 아우를 수 있을까에 대한 판단 능력 및 비판적 문해 능력을 함양할 수 있도록 지원하여야 한다. 또한, 서베로와 윌슨은 교육에서 합리적 행동의 정치적 한계를 프로그램 계획의 사회적 이론으로 나타내려고 시도했다. 따라서 프로그램 개발자는 정치적으로 효과적이고 높은 수준의 합리성을 유지하기 위해 계획 상황을 깊이 파고들어 그것의 본질과 구조를 잘 이해하여야 한다고 볼 수 있다.

1) 프레이리의 이론

프레이리는 20세기에 가장 영향력 있고 널리 알려진 교육자 중 한 사람이다. 그를 비판하는 이들도 있지만, 그의 영향력은 교육 분야를 넘어 신학, 철학, 사회학, 인류학, 언어학, 정치론, 개발 연구, 문화 연구 그리고 커뮤니케이션 등 다양한 영역에서 실감할 수 있다. 그는 브라질의 가난하고 억압받는 노동자와 농민을 위한 문해교육을 통해 교육학을 발전시켰으며, 그 가치는 억압으로부터의 자유와 인간화 및 인본주의 해방과 관련 있는데 그 방법론은 변증법적이면서 대화법이다. 즉, 학습자가 자신의 세계에 대해 질문하고, 분석하며, 행동함으로써 억압으로부터 해방되는 문제제기식 교육이다. 이 과정에서는 성찰적 분석과 적극적인 대화로서의 실천(praxis)을 활용한다(Freire, 2000: 71-86; Rubenson, 2011: 66-70; Jarvis, 2010: 187-189).

프레이리의 문해 교육 방법은 창의적인 새로운 성문화(codification)이고, 비판적이며, 행동 및 실천을 목표로 하므로 단순히 객체로서의 역할을 거부하고 스스로 운명의 주체가 되기 시작한다. 이것의 중요한 점을 살펴보면 다음과 같다.

첫째, 교육자가 학습자가 될 수 있도록 학습 필요성이 있는 사람들의 말을 경청하고, 옹호하며, 실천한다. 교육과 학습을 시작할 때, 교수자는 진정한 대화와 관계 조성을 위해 자신과 학습자 사이의 간극을 메우는 데 이 간극은 인문학적 교육 없이는 발생할 수 없다.

둘째, 학습자가 대화에 참여하고, 몰입하는 현실을 문제화하도록 장려된다. 이 과정에서 학습자는 사회적 과정의 대상이 아니라 그 안에서 창의적인 주체가 된다.

셋째, 교수자와 학습자는 진정한 대화로 교수자는 학습자를 가르치고, 학습자는 교수자에게 배우고 가르친다. 따라서 대화에는 교육과 학습에 대한 상호 계획도 있으므로 참여자의 필요와 관련이 있다. 따라서, 대화는 학습자의 요구와 관련 있도록 하는 교육과 학습에 대한 상호 계획이다.

프레이리는 은행예금식 교육, 즉 교수자는 가르치고 학습자는 가르침을 받으며, 교수자는 생각하고 학습자는 생각되어지며, 교수자는 프로그램 내용을 선택하고 학습자는 그것에 적응하며, 교수자는 학습 과정의 주체이고 학습자는 단순한 대상 등 전체적으로 억압적인 사회를 반영하는 은행예금식 교육을 비판하면서 문제제기식 교육을 제안하였다. 이것의 특징을 살펴보면 다음과 같다.

첫째, 교육은 탐구와 실천이다. 지식은 발명과 재창조를 통해, 세상 속에서, 세상과 함께 그리고 서로 함께 지속적으로 탐구하고, 비판적 의식 및 희망적인 탐구를 통해 나타나며, 실천 속에서 끊임없이 재창조된다.

둘째, 교수자는 단순히 가르치는 사람이 아니다. 교육은 교수자와 학습자가 동시에 교수자이자 학습자가 되도록 모순의 양극의 조화시킴으로써 대화적 관계에서 가르침을 받으면서 또한 가르치는 사람으로 함께 성장한다.

셋째, 끊임없는 문제제기를 수반한다. 그들은 전체적인 맥락 내에서 다른 문제와 상호 연관됨을 이해하기 때문에 비판적이다. 이러한 도전에 대한 반응은 새로운 도전과 이해를 불러일으킨다.

넷째, 진정한 성찰은 세계와 관계 있는 사람을 고려한다. 이러한 관계에서 의식과 세계는 동시다발적이며, 교수자와 학습자는 성찰로부터 이분법화하지 않고 자신과 세계를 동시에 성찰함으로써 진정한 사고와 행동의 형태를 확립한다.

다섯째, 인간의 소명에 응답한다. 문제제기 교육은 창의성에 기반을 두고 현실에 대한 참된 성찰과 행동을 자극함으로써 탐구와 창조적 변화에 임할 때 진정한 존재로서의 소명에 응답한다.

여섯째, 혁명적인 미래이다. 잘 행동하는 현재도, 미리 정해진 미래도 받아들이지 않고 역동적인 현재에 뿌리를 내리고 혁명적이며, 자신의 불완전함을 인식하는 존재로서 사람들을 참여시키는 운동, 즉 출발점, 주제 및 목표가 있는 역사적인 운동이다.

일곱째, 교육은 대화적이다. 대화를 통해 학습자의 비판의식을 키우고, 대화를 통해 상호작용하며, 소통을 통해 인간 삶의 의미를 가지고, 초월하는 것이 무엇이며 자신이 누구인지 명확하게 이해하는 수단이 된다.

프레이리는 학습과 교육 프로그램 계획을 위해 프로그램 개발자에게 무엇보다도 통찰력, 즉 그는 저서를 통해 자신의 많은 사회적 활동 세계에 대한 성찰을 제공한다. 이것을 살펴보면 다음과 같다.

첫째, 프락시스(praxis)이다. 프락시스는 이론을 행동으로 실행하는 실천을 의미한다. 고전적 접근방법에서 계획의 전 과정에는 학습이 이루어질 지역사회에 대한 조예 깊은 지식이 포함되고, 교육자 팀, 프로젝트 조직자 및 기타 관련자는 비공식적 환경을 포함하며, 다양한 환경에서 지역사회 구성원과 협력하고, 그들의 언어 양식과 관심사를 경청할 뿐만 아니라 지역사회 자체의 주제 복합체 중 일부를 확인한다.

둘째, 성문화(codification)이다. 정보가 수집되면 다양한 구성원과 협의하여 현지에서 수행된 연구에서 얻은 현실에 초점을 맞춘 실행 계획을 작성한다. 이때 중요한 측면은 그림, 토론 주제, 연극, 생성 주제 및 기타 교육학적 접근 형태로의 성문화이다. 이 자료는 문제로부터 어느 정도 임계 거리를 확보할 수 있도록 성문화되는데 임계 거리를 확보하는 이 과정을 실천(praxis)이라 한다.

셋째, 변증법적 관계(Dialectical Relations)이다. 행동과 성찰의 전체 과정을 이론과 실천에 연결한다. 행동－반영－변화 작용 과정은 순차적이지 않고 변증법적이다. 더 이상 대립하는 두 집단이 없을 때, 사회 정의에 대한 헌신과 우리의 모든 사회 및 자연계를 위해 사랑으로 연합할 가능성이 나타난다.

넷째, 교수자 학습자 및 학습자 교수자(Teacher Student and Student Teachers)이다. 교수자는 학습자로부터 배우는 것과 같은 방법으로 배우며, 서로의 역할은 상호 호환이 가능하다. 따라서 교수자는 대화를 통해 학습자로부터 가르침을 받으며 학습자 역시 가르침을 받으면서 가르친다. 해방교육은 근본적으로 교수자와 학습자 모두 학습자여야 하는 상황이고, 서로 다르지만 모두 인지적 주체이어야 한다.

다섯째, 학습 및 교육(Learning and Instruction)이다. 이는 행동과 성찰에 기반한 학습이다. 교수자는 지시적인 역할을 하지만 자신의 교육적 능력에서 파생된 권위가 권위주의로 전락하지 않도록 한다. 따라서 교수자는 지식의 전달자라기보다 질문을 던지고 문제를 제기하는데 이때 적용되는 교수법은 정답이 아니라 질문이다.

인간관	학습 상황	학습 과정	학습 결과
• 인본주의 : 자신의 운명을 개척해 가는 자율적 주체	• 침묵의 문화 : 사회의 억압적 구조를 자신의 실제 상황 속에 내면화 • 억압적 관계 : 학습 맥락에서 중요하게 강조되는 사회 특성	• 학습관: 문제제기식 교육 • 방 법: 대화 • 과 정: 의식화	• 지식의 재구성 : 객관적 praxis(실천)
• 근거 – 실존주의 – 현상학 – 맑스주의 – 해방신학	• 은행예금식 교육 : 교수자 & 학습자 = 주체–객체 관계 • 문제제기식 교육 : 교수자 & 학습자 = 동반자 관계 → 교수자 & 학습자 관계 : 상보적 역할관계 (상호작용, 수평적)	• 문제제기식: 학습자의 의식 상위단계로 향상 • 학습자 의식수준: 변화불능성, 준변화가능성, 변화가능성 • 요건: 교수자–학습자 간 신뢰, 객관적 지식 위한 이해가능성	• 프락시스: 이론을 행동으로 실행하는 실천 – 사유와 행동의 순환적 및 성찰적 과정 – 세계를 변화하고자 하는 정치적 실천과 결부 • 의식화: 학습자 개인의 성찰 및 행동의 연속적 표출 구조화

[그림 3–5] 프레이리 이론

ㄹ) 서베로와 윌슨의 이론

서베로와 윌슨은 프로그램 개발 이론의 가치와 유용성은 실제 기획 실무에 대해 그럴듯하게 설명하고, 프로그램을 개발할 때 실질적으로 가능한 것에 대해 해석하며, 윤리적으로 정보에 입각한 목적을 촉진하는 정치적으로 전략적인 실행을 제공하는 능력이 있음에도 불구하고 프로그램 개발자가 상황과 실질적인 행동에 적합한 이론을 개발하는 것은 어렵지만 중요하다고 하였다. 또한, 프레이리(2000)가 개발 이론에 대한 함의를 언급하였고, 분 등(2002)은 비판적인 변화와 사회적 변화를 촉진하기 위한 전략을 조직하고 실행하는 방법을 설명하였으며, 포레스터(Forester, 1989)는 개발 이론을 의사소통 윤리와 참여적 실천을 육성하는 방향으로 개발하였고, 서베로와 윌슨(1994)은 그들의 이론이 권력 관계에서 이익을 협상함으로써 민주적 개발을 촉진하는 데 초점을 맞추기 때문에 전통적인 것을 넘어선 것으로 묘사되었다. 전통적인 비판 이론가들은 세계가 불공평한 권력 관계로 구조화되어 있다고 이해하였고, 교육을 통해 프로그램 개발, 실행 및 결과에 대한 민주적 참여를 강화함으로써 이러한 관계를 변화시킬 가능성을 조직하려고 했다. 따라서 교육은 사회의 문화적, 정치적, 경제적 관계의 재구성을 통해 사회 정의와 해방을 촉진하는 것을 목적으로 하는 정치적이고 윤리적인 활동이다. 이를 위해 프로그램 개발자는 불공평한 권력 관계로 인한 구조적 왜곡을 예상하고, 민주적 참여를 촉진하여 그러한 왜곡에 대응할 수 있도록 노력하여야 한다(Cervero & Wilson, 1994: 61-69; Rubenson, 2011: 88-92).

서베로와 윌슨은 합리적 행동의 정치적 한계를 프로그램 개발의 사회적 이론으로 표현하기 위해 시도하였다. 여기서 합리적이라 함은 기존의 권력 관계가 실질적으로 민주적인 개발 과정을 어떻게 지원하거나 구속할 것인지 예측하고 육성하는 방식으로 행동하는 것을 의미한다고 추정한다. 따라서 개발자는 정치적으로 효과적이고 높은 수준의 합리성을 유지하기 위해 개발 상황에 깊이 파고들어 그 본질과 구조를 이해하여야 한다. 이 이론은 전통적인 개발모형과 달리 비대칭적인 권력관계와 이해관계의 협상으로 구조화된 개발 상황의 실생활을 책임성 있게 고려하며, 비대칭적인 권력 상황은 보다 민주적인 개발 관행을 위한 생산적인 근거를 제공한다. 이러한 개발 구조는 개발자가 윤리적 기준에 도달하기 위해 책임을 개선하도록 요구한다.

서베로와 윌슨은 권력관계와 이해관계로 특징지어지는 네 가지 개발 상황을 [그림 3-6]과 같이 제시하였는데 이는 각 특정 상황에서 행위자의 권력관계와 이익과 관련하여 개발자가 권력을 행사해야 하는 시기 및 상황을 명확히 한다.

[그림 3-6]에서 사회적으로 임시적(특별한) 대 사회적으로 체계적인 권력 관계의 근원(원천)과 계획 과정에서 합법적 행위자의 이익 관계인 합의적 대 갈등적 관계를 교차시키면 4개의 셀 테이블(cell table)이 어떻게 구성되는지 이해할 수 있다. 그림에서 볼 수 있듯이 대칭적 권력관계는 개발자의 행동능력이 그 상황에서 다른 관련 행위자와 동등하다는 것을 의미하며, 비대칭적 권력관계는 개발자의 행동능력이 다른 관련 행위자와 동등하지 않다는 것을 의미한다. 이해관계의 유형에는 개발 상황에 있는 모든 행위자가 동일한 이해관계를 공유한다는 합의적 이해관계가 있고, 개발 상황에 있는 모든 행위자가 서로 다른 이해관계를 갖는다는 갈등적 이해관계가 있다. 따라서 그 연결고리는 상충하는 이해관계와 권력 사이에 있다. 개발자의 이해관계가 상충할 때, 더 많은 권력을 가진 사람들은 그들의 이해관계를 만족(충족)시키기 위해 그것을 사용할 것이다. 상충되

는 상황에서 개발자는 모든 행위자들에게 프로그램 구축에 참여할 수 있는 동등한 기회를 줌으로써 그들의 힘을 키워 줄 뿐만 아니라 보다 민주적인 개발을 가능하게 하는 전략을 사용할 필요가 있다.

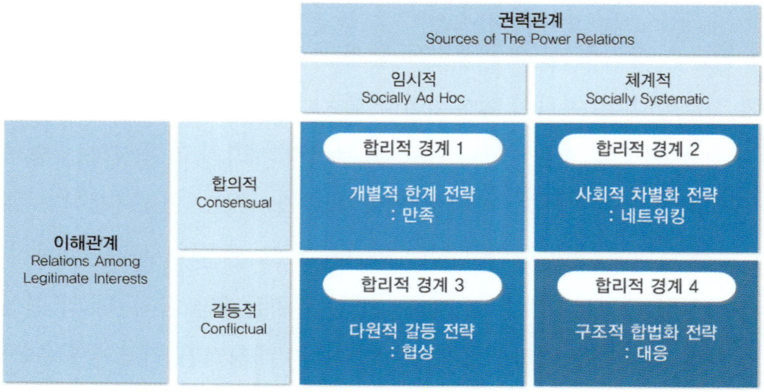

[그림 3-6] 서베로와 윌슨 개념(conceptual schema)

셀 1은 개발자의 이해관계가 서로 조화를 이루며, 모든 사람이 동일한 양의 권력을 가지고 있음을 시사한다. 이들은 더 이상 고전적 관점의 근거를 사용하지 않고 오히려 개발 상황을 깊이 파고들며, 완벽한 세상은 아니지만, 제한된 자원과 시간으로 인해 신속하고 효율적으로 판단을 내려야 한다. 또한, 대칭적인 권력관계를 가지고 있으며, 프로그램 구축을 위한 작업 전략에 만족하면서 대안을 사용한다.

셀 2는 개발자가 비대칭적 권력관계를 가지지만 합의된 이해관계를 유지하는 더 복잡한 개발 상황을 제안한다. 이런 상황에서 사람들은 협력하고 기꺼이 공유하지만, 개발자는 프로그램 구축 단계를 협상해야 합니다. 권력 분배는 분업에서 비롯되는데 개발자는 만족스러운 전략을 사용하는 것만으로는 충분하지 않기 때문에 비대칭적 권력관계의 문제를 극복하기 위해 네트워킹을 사용한다. 네트워킹은 합법적인 이해관계뿐만 아니라 프로그램과 관련된 더 많은 정보를 가진 사람들을(행위자들을) 확인해야 한다.

셀 3은 개발자가 상충되는 이해관계에 직면하고, 분열된 참가자를 다루어야 하는 상황을 제공한다. 이러한 다원주의적인 상황에서, 사람들은 그들의 이익의 일부를 충족시키기 위한 전략으로 협상을 사용하려고 하지만, 캐셔액터(cach actor)는 자신의 입장을 지지하기 위해 이용 가능한 모든 자원을 사용하며, 프로그램을 개발하는 동안 개발 주체들 사이에 신뢰 문제가 있다. 또한, 개발자들은 협상을 단기 전략으로 사용할 수 있지만, 다른 사람들은 이해 상충으로 인한 긴장을 줄이기 위해 통합이나 표명을 사용할 수 있다.

셀 4는 참여자들이 비대칭적 권력 관계뿐만 아니라 상충되는 이해관계에 직면하는 가장 복잡한 계획 상황이다. 이 상황에서는 더 많은 권력을 가진 사람들이 가장 만족한다. 따라서 개발자는 개발 작업을 수행하는 데 필요한 자원의 양이나 시간에 관계 없이 조치를 취하여야 한다. 또한, 개발자는 상황을 주의 깊게 볼 필요가 있고, 권력 관계가 계획 상황에 어떤 영향을 미칠지 예측한 다음 모든 이해관계가 만족할 수 있는 동등한 기회를 제공하는 방식으로 계약을 체결해야 한다.

마지막으로, 개발자가 책임감 있게 프로그램을 개발하기 위해서는 다양한 협상 전략을 숙달하고, 사회적 권력이 개발 상황에 어떤 영향을 미치는지에 대한 포괄적인 이해를 발전시켜야 한다.

3) 프레이리와 서베로와 윌슨 이론의 유사점 및 차이점

학습자가 교육에 참여할 수 있도록 도와주는 교육방법으로서의 교육학은 사회 정의와 관련된 대의의 옹호자가 되기 위해 행동하고, 최소 특권층이 자신의 삶을 개선하기 위해 소유하고 사용할 수 있는 기술과 지식을 제공받을 수 있도록 보장하며, 사람들의 삶에서 사회적 불의를 조장하는 복잡한 시스템과 아이디어를 인식하고 이러한 불의를 극복하려면 자신의 참여가 필요하다는 인식을 가질 수 있도록 의식화하여 이론을 행동으로 옮겨 실천함으로써 문해력은 있지만(읽고 쓸 줄은 알지만), 기능적으로만 문해력이 있는 사람(기능적으로만 읽을 수 있는 것)을 넘어 자신에 대한 비판의식과 지역사회에서의 역할을 통해 본질적인 가치에 대한 새로운 인식 강화, 즉 참여를 통해 가르치는 의식화, 그 역할과 실천을 통한 성찰, 학습자 스스로에 대한 통찰력을 제공한다. 이 장에서 살펴본 프레이리와 서베로와 윌슨 이론의 유사점 및 차이점은 〈표 3-4〉와 같다.

첫째, 프레이리 이론이다. 그의 방법론은 변증법과 대화법이다. 즉, 억압받는 가난한 사람들의 관점에 내재된 모순을 해결하는 것을 목표로 하며, 반성적인(reflexive) 분석 양식과 적극적인 대화(praxis)를 활용하며, 대상 그룹과의 지속적인 대화 환경에서 설정된 사고와 행동의 실천에서 진화하는 귀납적 모델을 제시한다.

둘째, 서베로와 윌슨 이론이다. 그들은 권력과 이익이 개발자가 행동해야 하는 사회적 환경이라 정의하고, 개발자가 무엇을 할 수 있는지 이해하기 위해 행동이 환경과 연결되어야 한다고 한다. 따라서, 계획된 재량과 구조적 제약 사이의 연관성을 만들기 위해, 그들은 협상이 개발자가 프로그램을 구성할 때 수행하는 행동의 중심적인 형식이라 주장한다.

〈표 3-4〉 프레이리와 서베로와 윌슨 이론의 유사점 및 차이점

분류	상황 (Context)	대상 체계 방향 (Client System Orientation)	범위 (Scope)	주된 주제 (Main Themes)
Freire (1970)	지역사회, 더 큰 정계 (Community, larger political arena)	비주권 사회 부문 (Disenfranchised societal sectors)	정규 및 비정규 교육 (Formal and nonformal education)	다양한 형태의 비정규 교육을 통한 억압받는 자의 해방과 인간화 (Liberation and humanization of the oppressed through various forms of nonformal education)
Cervero & Wilson (1994)	일반, 모든 성인 학습자 상황 포함 (Generic, includes all adult learner contexts)	성인 학습자, 성인 학습자 그룹, 제도화된 학습자 시스템(Adult learner, adult learner groups, institutionalized learner systems)	정규 및 비정규 교육 (Formal and nonformal education)	사회 활동으로 계획: 제도적 및 사회적 환경에서 협력과 협상 (Planning as a social activity: Collaboration and negotiation in institutional and social contexts)

출처: Boone et al.(2002: 36-38) 재구성.

정리하기

전통적 이론에서 볼 때 프로그램 개발 내용은 실질적인 정보 제공과 주요 활동의 효과적인 수행에 필요한 기술적 과정으로 프로그램 개발은 순차적이고 단계적으로 이루어지는 절차이다.

타일러 모델은 처음부터 끝까지 특정한 순서를 수반하므로 프로그램 개발자에게 무엇을 해야 하는지뿐만 아니라 어떻게 해야 하는지를 제시한다. 분 모델은 시스템 사고에 기반한 보다 유연하고 개념적인 접근 방식과 개별화된 프로그램 개발 상황에 대한 진단(diagnosis) 및 정보에 입각한 반응을 통해 대상 학습자 시스템의 행동에 계획적이고 의도된 변화가 야기되도록 설계되었으며, 과정에는 계획, 설계 및 실행, 평가 및 책임이 포함된다.

상호작용 이론은 프로그램을 개발하는 다양한 상황 및 특정 상황에서 개발자의 판단 능력, 개발자와 학습자 간 상호작용, 개발자 · 학습자 · 조직 간 합의, 현실적인 사회 상황 및 문화적 가치 등 여러 가지 상황이 고려되므로 순환적 및 역동적이고 융통성 및 유연성이 강조되며, 개발 과정에서 일어나는 상호작용을 중시한다.

훌의 범주는 외형이 아니라 계획과 통제에 관한 한 권한과 방향의 원천에 의해 결정된다고 하였다. 그의 모델은, 첫째, 가능한 교육 활동을 확인한다. 둘째, 진행하기로 결정한다. 셋째, 목표를 확인하고 구체화한다. 넷째, 적합한 유형을 설계한다. 다섯째, 유형은 더 큰 생활양식에 적합하다. 여섯째, 계획을 실행한다. 일곱째, 결과를 측정하고 평가한다. 여덟째, 교육주기를 반복한다. 카파렐라의 9가지 주요 가정은, 첫째, 학습과 변화에 집중한다. 둘째, 학습자로서 대상에 대해 알려진 것을 적용한다. 셋째, 문화적 차이를 존중하고 고려한다. 넷째, 프로그램 계획은 본질적으로 상황에 따라 다르다. 다섯째, 관계 구축이다. 여섯째, 기술 활용이다. 일곱째, 윤리적인 것은 기본이다. 다양한 방법으로 작업한다. 아홉째, 프로그램 개발자가 학습자임을 이해한다.

비판적 이론이 정치적 요소나 권력 관계에 초점을 둔 반면 전통적 이론, 상호작용 이론 등 기존의 이론들은 이를 간과함에 따라 비판적 이론은 이들의 이론을 비판하면서 출발했다. 비판적 이론에서 프로그램 개발자는 자신의 이데올로기나 가치 체계에서 자유로울 수 없으므로 프로그램 개발 과정에 직간접적인 영향을 미칠 수 있다는 것을 인식하여야 한다. 진정한 성찰은 세계와 관계 있는 사람을 고려한다.

프레이리의 이론은 학습자가 자신의 세계에 대해 질문하고, 분석하며, 행동함으로써 억압으로부터 해방되는 문제제기식 교육이다. 서베로와 윌슨의 이론은 프로그램 개발 이론의 가치와 유용성은 실제 기획 실무에 대해 그럴듯하게 설명하고, 프로그램을 개발할 때 실질적으로 가능한 것에 대해 해석하며, 윤리적으로 정보에 입각한 목적을 촉진하는 정치적으로 전략적인 실행을 제공하는 능력이 있다.

연구문제

1. 타일러와 분의 모델을 비교하여 설명하여 보시오.

2. 훌과 카파렐라의 모델을 비교하여 설명하여 보시오.

3. 프레이리와 서베로와 윌슨의 모델을 비교하여 설명하여 보시오.

Chapter 04

평생교육 프로그램의 개발 모형 및 접근방법

학습목표

1. 개발 모형을 이해하고 설명할 수 있다.
2. 개발 접근방법을 이해하고 설명할 수 있다.

1. 평생교육 프로그램 개발 모형

급속한 사회변화와 지식기반사회로의 변화는 조직의 중요성을 증가시켰고, 조직은 목적, 철학, 관리, 구조 및 문화에 이르기까지 매우 다양한 양상과 차이를 보이고 있다. 이러한 사회에서 성인교육은 가장 빠르게 변화하고 성장하는 인적서비스 분야 중 하나가 되었고, 기술, 여가시간, 변화하는 가치 및 고용시장은 프로그램의 수요 증가로 나타났으며 그 수요는 보다 확장되고 다양화되어 가고 있다. 또한, 성인교육 측면에서의 성인 학습 경험, 조직, 개발 및 관리 등과 관련하여 프로그램에서 발생할 수 있는 환경의 다양성, 프로그램 개발에 대한 이론 및 관련성, 프로그램 설계 원칙 등에 대한 연구는 중요한 영역이 되었다. 따라서 프로그램 개발자는 성인교육의 다양한 영역 내에서 프로그램 설계에 필요한 이론 및 실천, 즉 프로그램 개발 과정에서의 환경, 조직, 프로그램 및 학습자의 상호작용에 대한 이해와 전문성이 중요하게 요구된다(Kowalski, 1988: 3).

1) ADDIE 모형

ADDIE 모형은 교수체계설계의 일반적인 형태로 이 모형을 활용하면 보다 쉽게 체계적이고 새로운 교육 프로그램을 개발할 수 있고, 과정 설계를 위한 전략적 계획이며, 다양한 교육 활동을 설계하기 위한 청사진 역할을 할 수 있어 교육현장에서 가장 널리 사용하는 교육 프레임워크이다. ADDIE 모형은 원래 선형방법으로 설계되었지만 보다 역동적이고 상호작용적이며 지속적인 평가와 개선이 가능한 순환방법으로 이루어지기도 한다.

오늘날에는 교육 환경의 끊임없는 변화, 점점 더 복잡해지는 노동현장 및 직업 요구, 새로운 교육 방법 및 기술 등이 ADDIE 모형의 과정 및 기능을 확장시키고 있으며, 교육 시스템의 질 개선과 효율적인 교육 시스템 구축은 주요 관심사이다. 수정된 ADDIE 모형은 경직성을 벗어나 변화하는 환경에 대한 적응성을 강조하고, 다양한 수준의 전문 지식을 가진 교육 시스템 개발자가 모형을 이해하고 이를 사용하여 효과적이고 효율적인 교육 시스템을 개발할 수 있도록 단순성과 유연성을 준다. 또한, 이 모형은 전체 교육 시스템에 통합되며, 교육 시스템 기능의 측면은 과정의 각 단계에 통합된 평가 활동과

[그림 4-1] ADDIE 모델(수정 모델)

출처: Allen(2006: 438). 재구성.

함께 과정의 모든 단계(분석, 설계, 개발, 실행)에서 활성화된다. 따라서 평가는 모든 단계에서 발생하는 중심 기능이며, 모든 ADDIE 모형의 활동 및 시스템 기능은 전체 시스템의 지속적인 품질 개선에 중점을 둔다(Allen, 2006: 430-441).

(1) 교육 개발자가 교육 개발 과정에서 수행해야 할 사항

- 어떤 교육이 필요한지 분석하고 결정한다.
- 요구에 맞게 교육을 설계한다.
- 시스템 요구 사항을 지원하는 교육 자료를 개발한다.
- 교육 시스템을 실행한다.

(2) ADDIE 모형 단계

가) 분석 단계(Analysis phase)

① 무엇을 학습하여야 하는지 정의하는 과정이다.

② 교육 개발자는 다양한 분석(상황 분석, 학습자 특성 및 요구분석, 학습자의 사전 지식 · 기술 · 능력 · 자원 등 분석)을 통해 학습자가 이미 알고 있는 것과 알고 행할 수 있는 것과 직업 및 직무 등이 요구하는 것 사이의 차이에 따라 필요한 교육을 결정하며, 교육 목적 및 목표를 설정한다.

③ 형성평가 활동이 시작된다.

나) 설계 단계(Design phase)

① 교육 방법 및 매체를 선택하고 교육시스템의 실행계획을 수립하는 과정이다.

② 분석 단계에서 수집한 모든 자료 및 정보를 기반으로 최적의 교육 프로그램을 설계하며, 교육 방법과 교육 매체를 선택하고 교육 전략을 결정하는 등 상세한 학습 활동 및 교육 계획을 개발한다. 이 단계에서 개발자는 개발 중인 교육에 대한 기존 교육 자료의 적용가능성을 검토 및 결정하고, 교육시스템의 실행계획을 수립하며, 지침(instruction)을 테스트하고 설계한다.

③ 형성평가 활동을 지속한다.

다) 개발 단계(Development phase)

① 교육 콘텐츠 및 교육 자료를 개발하고 설치 · 실행 · 수정하는 과정이다.

② 학습 경험을 향상시키기 위해 어떤 방법 및 기술을 선택해야 하는지 확인하고, 실제로 학습 경험을 구축하며, 교육 콘텐츠, 학습자 및 교수자의 교육 자료 개발 등 교육시스템을 위한 교육정보관리시스템이 개발되었다면 이 단계에서 설치 및 실행 그리고 수정된다.

③ 개발된 교육 자료의 유효성을 검사하며, 이 과정에서 확인되는 모든 결함을 수정한다.

- 정확성을 위한 지침 및 자료의 내부 검토
- 개인 및 소그룹 테스트하기(tryouts)
- "전체" 시스템의 운영 테스트
- 수정은 형성 및 총괄평가 활동의 피드백을 기반으로 유효성 확인 시 발생
- 이 과정의 마지막 단계는 모든 교육 자료를 마무리하는 것

라) 실행 단계(Implementation phase)

① 실제 환경에서 교육시스템을 실행하는 과정이다.

② 교육시스템이 설계되고 개발되면 실제 환경에서 교육시스템을 실행하는 과정으로 교수자는 교육을 진행하고 학습자는 교육에 참여하여 테스트한다. 이 과정에서 교육시스템은 운영 조건에 따라 배치되며, 운영 평가 활동은 참가자의 성과에 대한 현장의 피드백을 제공한다.

마) 평가 단계(Evaluation phase)

① 교수과정의 영향 및 성과를 결정하는 과정이다.

② 분석 단계에서 시작한 평가는 교육 시스템의 수명 주기(life cycle) 전체에 걸쳐 지속되는 연속적인 과정이다. 각 평가 형식은 가능한 경우, 그리고 해당 평가 형식이 적용 가능한 경우 교육의 개발, 업데이트 및 수정 중에 사용되어야 한다.

③ 평가 구성

- 분석 단계와 설계 단계에서 수행되는 과정 및 프로그램 평가와 개발 단계에서 검증으로 구성된 형성평가, 개인 및 소그룹 테스트(tryouts) 포함

- 개발 단계에서 검증의 마지막 단계로 수행되는 운영 테스트(tryouts)로 구성된 총괄평가
- 실행 단계에서 운영 시스템의 주기적인 내부 및 외부 평가로 구성된 운영 평가

2) ASSURE 모형

ASSURE 모형(Heinich, et al., 2002)은 학습상황과 프로그램에 적합한 교수매체 및 자료를 효과적이고 체계적으로 활용할 수 있도록 절차로 제시된 교수설계모형이다. 이 모형의 절차는 6단계로 구성되어 있으며, 모형의 이름은 각 단계의 두음문자(Analyze learners, State objectives, Select methods, media, or materials, Utilize media and materials, Require learner participation, Evaluate and revise)이며, 학습상황에서 실제로 매체와 자료를 어떻게 활용하여 목표에 도달할 것인가에 초점을 두고 만들어진 절차적 모형으로 교수매체의 개발 · 선정 · 활용에 유용하다.

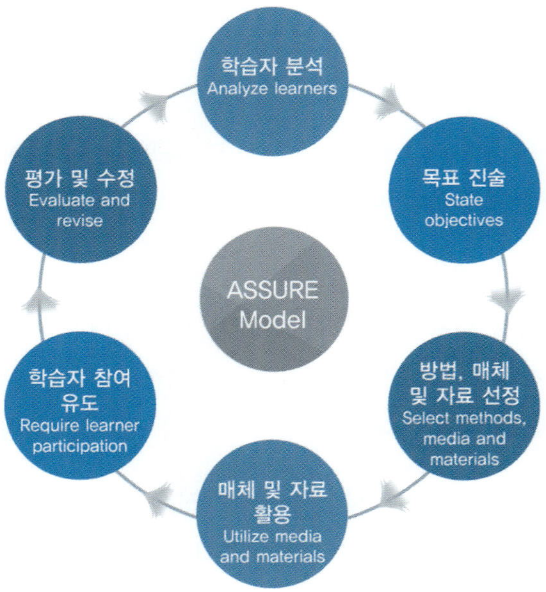

[그림 4-2] ASSURE 모형

(1) ASSURE 모형 단계

가) 학습자 분석(Analyze learners)

- 학습자 수준 및 요구 확인을 위한 분석단계이다.
- 인구사회학적 및 일반적 특성, 학습 출발점 역량, 학습 스타일 등을 분석한다.
- 분석에 따라 학습 수준 결정, 교수매체의 선정 및 방법 등을 결정한다.

나) 목표 진술(State objectives)

- 수업목표를 가능한 구체적으로 진술한다.
- 적절한 교수방법, 매체선정 및 평가를 위해서는 목표를 명세적으로 진술한다.
- 메이거(Mager)의 목표 진술 방법(ABCD)은 학습자 중심 교육을 설계하는 데 유용하게 사용된다.

다) 방법, 매체 및 자료 선정(Select methods, media and materials)

- 첫 번째 단계에서 학습자를 분석하고, 두 번째 단계에서 목표가 잘 진술되었다면 이를 기반으로 교수방법, 매체선정 및 실행을 위해 교재 등 자료를 결정한다.
- 이 단계에서는 기존 자료의 적용가능성에 대한 분석 및 결정, 새로운 자료 개발에 대한 검토 및 기획 등을 결정한다.
- 교수자는 학습자의 흥미 및 동기를 유발하고, 목표달성에 기여할 수 있는 질 높은 교육 방법 및 형식을 고려한다.

라) 매체 및 자료 활용(Utilize media and materials)

- 세 번째 단계에서 선정된 교수방법, 매체 및 자료에 대한 적용가능성을 검토한다.
- 선정된 자료를 사전 검토하고, 학습 환경을 조성하며, 학습 경험 기회를 제공한다.
- 매체 활용은 자료를 준비한다–환경을 조성한다–매체를 활용한다.

마) 학습자 참여 유도(Require learner participation)

- 효과적인 매체 활용을 위한 수업진행을 위해서는 학습자의 적극적이고 능동적인 참여가 중요하다.
- 학습자의 적극적인 참여를 위해 토론, 소그룹 활동 등을 통한 피드백, 능동적인 참

여 유도를 위한 학습환경 조성, 최적의 교수 효과를 위한 다양한 교수매체 및 자료를 활용한다.

- 학습자와 교수자 간 유기적 관계 속에서 학습과정에 학습자가 능동적으로 참여함으로써 효과적인 학습뿐 아니라 더 나은 학습경험 기회를 제공한다.

바) 평가 및 수정(Evaluate and revise)

- 학습목표 달성 및 프로그램에 대한 평가가 진행되는 단계이다.
- 평가 과정을 통해 프로그램은 수정 · 보완되어 보다 완전한 프로그램으로 재설계된다.
- 평가하기는 학습자 성취평가－과정평가－교수평가이다.

〈표 4-1〉 ASSURE 모형의 단계

단계	질문	전략
학습자 분석 (Analyze learners)	대상은 누구입니까?	• 인구사회학적 및 일반적 특성 • 학습 출발점 역량 • 학습 스타일
목표 진술 (State objectives)	학습자들은 무엇을 배워야 합니까?	• 학습 결과(성과) 평가 • 목표 진술 방법(Mager의 ABCD) －Audience(대상): 학습자가 무엇을 학습할 것인가(학습대상 및 내용 확인) －Behavior(행동): 학습자가 성취할 목표를 관찰 가능한 행동으로 진술하는가(행동적 용어로 진술) －Condition(조건): 목표 성취를 위해 사용될 자원, 도구, 시간 등을 사용토록 허용할 것인가(수행 관찰 조건) －Degree(기준): 학습자의 목표 성취를 위한 판단 기준으로서 정확성, 능숙함, 시간제한 등을 제시하는가(수행 판단을 위한 표준 및 준거 제시)
방법, 매체 및 자료 선정 (Select methods, media and materials)	교수자는 교육에 무엇을 사용합니까?	• 교수 방법, 매체 및 자료 선정 • 새로운 자료 개발 • 기존 자료의 수정 및 변경
매체 및 자료 활용 (Utilize media and materials)	교수자는 자료를 어떻게 활용합니까?	• 자료 사전 검토 • 환경 조성 • 학습경험 제공
학습자 참여 유도 (Require learner participation)	학습자들이 수업에 적극적으로 참여합니까?	• 다양한 자료 및 매체 활용 • 학습환경 조성 및 피드백 등 제공 • 더 나은 학습경험 기회 제공
평가 및 수정 (Evaluate and revise)	교육을 어떻게 보완할 수 있습니까?	• 프로그램 고도화 • 유효성과 교육의 질 분석 및 평가

3) DACUM 모형

DACUM(Developing A CurriculUM)은 원래 교육을 구성하고 전달하며 학습 과정을 관리하기 위한 종합 시스템으로 설계 및 실행되었지만, 점차 직업 및 조직 역량을 향상시키는 것을 목표로 하는 모델로 발전하였다. 이 모델의 초석은 DACUM 분석이며, 정확성과 철저함 및 비용 효율성으로 널리 알려진 DACUM 분석은 조직에게는 역량 관리를 위한 훌륭한 프레임워크로, 프로그램 개발자에게는 역량 기반 교육 프로그램 개발 등으로 많은 조직의 다양한 부분에 표준이 되었다. DACUM 모형은 매력적이고 체계적인 방법으로 직업 역량 분석, 역량 기반 교육 개발 및 인적 자원 프로그램을 관리한다.

오늘날 교육전문가 및 프로그램 개발자가 DACUM을 광범위하게 사용하고 있는 것은 새로운 교육 및 훈련 프로그램을 수립하거나 기존 프로그램을 수정 및 보완할 때 매우 유용하고 효과적이며 비용 효율성까지 만족할 수 있기 때문이다. 하지만 개발자는 교육 내용과 직업 세계, 프로그램에서 진행하는 것과 노동시장에서 진행하는 것, 가르쳐야 할 것과 가르쳐서는 안되는 것 사이에서의 격차를 최소화하여 '프로그램 오류'를 방지하는 것이 중요한데 DACUM은 이러한 오류를 크게 줄일 수 있는 효과적인 과정이다 (Norton, 1997: 1-24).

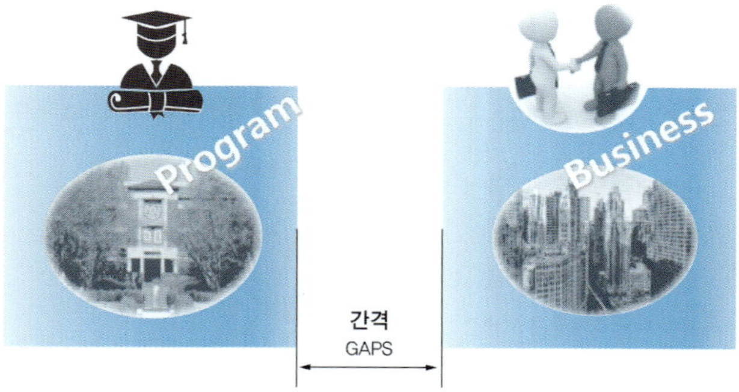

가르쳐야 할 것을 가르치지 못하는 것	가르쳐서는 안 되는 것을 가르치는 것
• 최신 개념, 방법, 기술, 기법 등	• 구식 개념, 프로세스, 기술, 정보 등

[그림 4-3] 프로그램 오류

출처: Norton(1997: 6). 재구성.

(1) DACUM 모형의 논리적 전제

- 전문가들은 자신의 직업(occupation) 및 직무(job)를 누구보다 정확하게 설명하고 정의할 수 있다.
- 직업 및 직무를 정의하는 효과적인 방법은 전문가들이 수행하는 과제(tasks)를 정확하게 설명하는 것이다.
- 모든 과제를 올바르게 수행하기 위해서는 특정 지식, 기술, 도구 및 작업태도를 사용해야 한다.

DACUM은 전문가, 관리자, 기술자, 숙련자 및 반숙련자 수준의 직업을 분석하는 데 매우 효과적으로 사용되어 왔다. 또한, 미래의 직업을 개념화하고 직업의 일부(선정된 직무)를 분석하는 데 효과적으로 사용되었다.

(2) DACUM 모형의 목적

가) 새로운 프로그램 개발

새로운 교육 프로그램의 요구가 수립되면, DACUM을 활용하여 개발자가 작업에서 수행하여야 할 과제를 신속하게 확인(식별)할 수 있다. 이러한 DACUM 과정의 활용은 과정에서 확인된 과제(역량)가 후속 프로그램 계획 및 교육 개발의 기준으로 사용되는 경우, 새로운 프로그램이 관련성을 갖도록 보장할 것이다.

나) 기존 프로그램 검토

새로운 프로그램의 역량을 확인하기 위해 소집될 수 있는 것과 마찬가지로 DACUM 위원회는 기존 교육 프로그램에서 제공되어야 하는 역량을 확인하기 위해 소집될 수 있다. 이 경우 교육 전문가들에 의해 역량을 신중하게 파악한 후 기존 프로그램 및 교육 자료를 검토하여 필요한 모든 과제를 해결하는지 확인한다.

그런 다음 필요한 경우 프로그램의 현재 관련성을 보장하기 위해 교육 프로그램을 수정한다.

다) 효과적인 교육개발을 위한 모델

노턴(Norton)이 제시한 효과적인 교육개발을 위한 SCID(Systematic Curriculum and Instructional Development)의 5단계 모형은 오늘날 대부분의 분석 단계에서 활용되고 있다. 효과적인 교육개발을 위한 SCID 모형의 세부 단계를 [그림 4-4]와 같다.

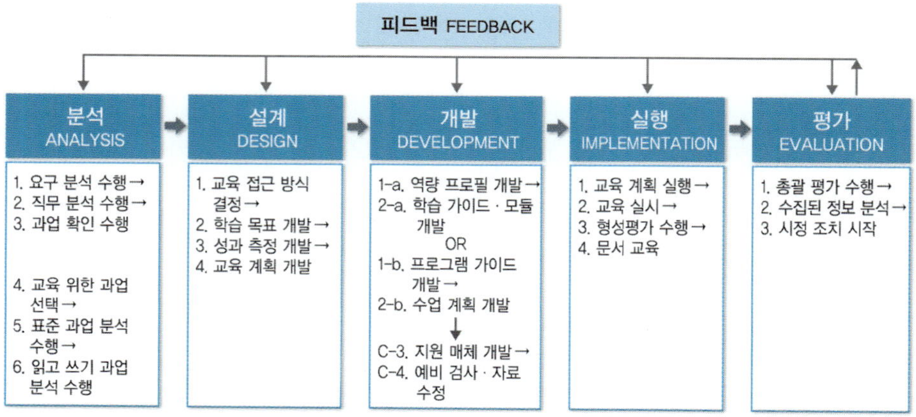

[그림 4-4] SCID 모형

출처: Norton(1997: 22). 재구성.

2. 평생교육 프로그램 접근방법

프로그램 개발은 학습자의 가치, 요구, 관심 및 바람을 다루어야 할 뿐만 아니라 조직(또는 기관)의 사명 및 목적에 일치하는 방향으로 진행하여야 하기 때문에 생각보다 복잡하다. 조직의 철학, 형식화 및 기능에 부합하지 않으면 교육활동을 제공하는 최선의 노력이 약화될 수 있고, 반대로 조직이 프로그램을 완전히 지배하는 경우 학습자가 불리할 수도 있기 때문에 개발자에게 조직 역동성(dynamics)에 대한 이해는 매우 중요하다. 프로그램 개발을 위해 다양한 도식(schema)이 개발되었지만 모든 상황에 적합한 단일 시스템은 없으므로 이론과 실천을 이해할 뿐만 아니라 환경, 조직 및 다양한 상황을 고려하여 접근방법을 선택하여 보다 유연하고 미래지향적으로 접근하여야 한다. 코왈스키(Kowalski)는 프로그램 개발의 접근방법을 체제 분석적 접근방법(System analysis approach), 선형적 접근방법(Linear approach), 비선형적 접근방법(Non-linear approach), 통합적 접근방법(Integrated approach), 비통합적 접근방법(Non-integrated approach)으로 분류하였다(Kowalski, 1988: 9-10, 87-98).

1) 체제 분석적 접근방법

체제(system)는 환경과 그들 사이에 관계를 맺고 있는 요소들의 집합으로 정의되며, 체제 분석(system analysis)은 기존의 전체를 요소로 분해하여 전체를 보는 방법이다. 이러한 분해의 목적은 전체와 서로에 대한 부분의 상호작용과 관계를 다양한 조합으로 연구하는 것으로 과학적인 분석에 기초하고 있다. 따라서 개발자는 프로그램 개발 과정에서 환경, 조직, 학습자의 요구 및 가치를 종합적으로 고려하고, 거시적인 관점에서 조직을 둘러싸고 있는 사회·문화적 맥락과 다양한 요소와 상황을 체계적으로 반영 및 분석하여 활용할 수 있어야 한다.

프로그램 개발을 위해 체제 분석적 접근방법을 사용하기 위해서는 특정 자료를 사용할 수 있어야 하는데 일반적으로 다음과 같다.

첫째, 조직을 전체(철학 및 사명 포함)로 정확하게 묘사한다.
둘째, 조직의 구성요소를 확인한다.
셋째, 조직에 대한 환경적 제한 사항을 파악한다.
넷째, 조직의 내부(조직 및 계획)의 제한 사항을 파악한다.
다섯째, 조직의 환경적 요구와 가치를 고려한다.
여섯째, 조직의 내부 요구와 가치를 고려한다.
일곱째, 학습자의 요구와 가치를 고려한다.
여덟째, 프로그램의 사명(mission)과 목표를 설정한다.

아홉째. 기대하는 결과 및 성과에 대한 정보를 확인한다.

체제 분석적 접근방법(system analysis approach)은 전체론적이고 분석적이기 때문에 개발 오류의 여지(margin)를 최소화할 수 있지만, 개발자는 프로그램 개발 과정에서 어느 정도의 오류가 발생할 수 있음을 인식하여야 한다. 대부분의 경우 체제 분석(system analysis)은 조직이 사회적 체제(system)라는 이론에 근거하며, 환경은 조직이 기능하는 외부 환경을 의미하고, 과정은 개인적 요구와 가치, 조직적 요구와 가치, 환경적 요구와 가치를 동시에 고려하고 체계적으로 반영하여 개발하는 것이 중요하다. 이 접근방법은 [그림 4-5]와 같이 투입-과정(교육활동)-산출의 기본적인 체제로 구성되어 있다. 투입은 학습자, 조직 및 환경의 세 가지 정보를 사용하여 공식화되고, 이 세 가지는 프로그램 개발에 필요한 요구와 가치를 제공하며, 투입은 요구를 목표로 전환함으로써 수립된다.

[그림 4-5] System analysis approach

출처: Kowalski(1988: 93).

이 접근방법은 대부분의 조직 유형에서 적용할 수 있으며, 보편화되어 있어 새로운 프로그램을 개발하거나 기존 프로그램을 수정 및 보완할 때 활용할 수 있다는 장점이 있는 반면, 개발자의 역량, 즉 개인, 조직 및 환경을 동시에 고려할 수 있는 능력, 조직의 다양한 요소 및 전반적인 상황을 체계적으로 파악하는 능력, 과정에서 환경, 조직 및 개인의 요구와 가치를 종합적으로 고려하는 능력을 갖추지 못한 경우 실패할 가능성이 높다는 단점이 있다.

2) 선형적 접근방법

선형적 접근방법(Linear approach)은 프로그램의 개발과정을 단계별로 세분화하며, 세분화된 단계를 순차적으로 실행하면 하나의 프로그램을 개발할 수 있는 접근방법이다. 프로그램 실행은 각 단계별로 고려해야 할 다양한 요소들을 제시한 후 수행해야 할 과제들을 안정적이고 연속적으로 수행할 수 있도록 방향성을 제시하기 때문에 가장 보편적으로 활용되고 있는 접근방법이다.

타일러(2013)의 전통적 이론을 바탕으로 하며, 가장 일반적으로 사용되고 있는 접근방법으로 프로그램을 개발하는 데 따라야 할 주요 단계를 순차적인 경로로 제시하기 때문에 개발자가 이를 사용하여 프로그램을 개발할 경우 산출량과 효율성을 높일 수 있으며, 개발자가 프로그램 개발 과정에서 무엇을, 어떻게 해야 하는지를 단순화하여 제공하기 때문에 효율성을 높일 수 있어 평생교육 현장에서 널리 사용되고 있다.

이 접근방법의 절차는 [그림 4-6]과 같이 먼저 학습자, 조직 및 기관, 지역사회의 교육적 요구를 분석하고, 분석된 요구를 바탕으로 프로그램의 학습 목적 및 목표로 전환하며, 학습 내용 및 방법을 선정 및 조직하는 설계과정을 거치고, 학습목표를 달성하기 위해 필요한 인적 · 물적 자원을 확보하며, 프로그램을 홍보 · 실행한다. 즉, 요구분석-목표설정-프로그램 설계-예산 수립 및 자원확보-프로그램 홍보-프로그램 실행이라는 일련의 과정으로 단계마다 수행할 절차를 연속적으로 수행해 가는 선형적 개발 모형으로 명확하고 안정적이다.

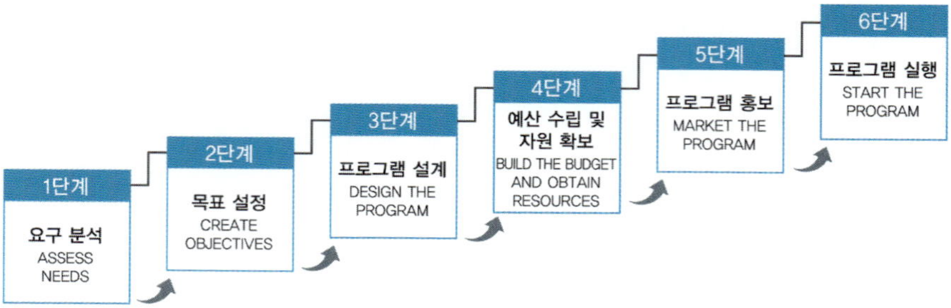

[그림 4-6] 선형적 접근방법

출처: Kowalski(1988: 95).

이 접근방법은 프로그램 개발에 논리적인 경로를 제공하고 경험이 적은 개발자도 쉽게 프로그램을 개발할 수 있다는 장점이 있는 반면, 조직과 환경, 사회 · 문화적 맥락, 그리고 다양한 요소와 변화에 빠르게 대응할 수 있는 유연성이 미흡하고, 대부분의 조직이 가지고 있는 조직 역동성(dynamics)을 순차적인 경로로 개발 · 실행하기 어렵다는 단점이 있다.

3) 비선형적 접근방법

비선형적 접근방법(Non-linear Approach)은 선형적 접근방법에서 살펴본 바와 같이 프로그램 개발 과정이 획일적인 단계로 이루어지는 것이 아니라 프로그램 개발자에 의하여 상황에 따라 융통성 있게 실행되는 접근방법이다. 하지만 이 접근방법이 단순히 선형적이지 않다고 하여 구조화되지 않은 접근방식이라는 것을 의미하지는 않는다. 개발자의 다양한 교육 경험과 정보 축적은 과정에서 지정된 형식을 따르지 않고도 효과적인 결정을 내릴 수 있도록 하며, 개발자의 경험, 판단 및 상황에 따라 어떤 단계는 생략되기도 하고, 여러 단계가 동시에 실행되기도 하며, 순환적으로 수행되는 접근방법으로 프로그램 개발을 위한 성공적인 프레임워크가 될 수 있다.

이 접근방법은 상호작용 이론에 기반하며, 프로그램을 개발하는 다양한 상황 및 특정 상황에서 개발자의 판단 능력, 현실적인 사회 상황 및 문화적 가치 등 다양한 요소 및 상황을 고려하여 어떤 단계는 생략되거나 동시에 수행되기도 하는 접근방법으로 순환적 및 역동적, 융통성 및 유연성이 강조되며, 개발 과정에서 일어나는 상호작용을 중시한다.

이 접근방법의 절차는 [그림 4-7]과 같으며 그 중심의 평가는 이 접근방법의 핵심이며 단계마다 반복되는 평가 활동은 피드백이 된다. 개발자는 프로그램 설계 시 과정의 전반적인 조화를 이루기 위해 다양한 요소, 환경, 상황 및 자원을 이해하고 변화를 수용하며, 적절한 평가를 통해 모든 계획과 절차를 지속적으로 재구성하여야 한다. 따라서 이 접근방법의 사용은 일반적으로 더 어렵고 더 많은 자원을 필요로 하며, 시간 및 자원 분배 측면에서 더 큰 유연성을 제공하지만 높은 수준의 기법 및 자원이 필요하며, 훈련된 전문성과 역량이 요구된다. 또한, 프로그램 설계 시 끊임없이 변화하는 조직, 다양하게 증가하고 있는 학습자의 요구 및 문제 그리고 프로그램이 실행되는 환경, 계획 방법 및 글로벌 변화, 기술이 계획 및 관리에 미치는 영향 등을 이해하여야 한다.

[그림 4-7] 비선형적 접근방법

출처: Kowalski(1988: 97).

이 접근방법은 변화에 유연하게 대처할 수 있고, 개발자가 과정을 창의적이고 유연하게 수행할 수 있으며, 시간과 자원을 융통성 있게 조정할 수 있다는 장점이 있는 반면, 선형적 접근방법에 비하여 활용이 어렵고, 개발자의 높은 수준의 전문성과 역량을 필요로 하며, 숙련된 개발자에게 보다 적합한 방법이므로 프로그램 개발의 경험이 적은 초보자나 비전문가에게는 부적합하다는 단점이 있다.

4) 통합적 접근방법

통합적 접근방법(Integrated approach)은 프로그램 개발에 영향을 미치는 다양한 요인들을 종합적으로 고려하는 접근방법이다.

이 접근방법의 절차는 [그림 4-8]과 같으며 네 가지(학습자, 프로그램, 조직, 환경)의 핵심 요소가 상호작용한다. 학습자를 중심으로 그들과 관련된 다양한 요인들, 즉 프로그램 차원에서의 학습자의 요구, 물리적 환경, 학습자의 동기, 학습자의 참여방법 등을 고려하고, 조직 차원에서의 자원, 조직 목적, 규정, 정책 등을 고려하며, 환경 차원에서의 지역사회, 국가, 사회적 요구, 압력 단체 등을 종합적이고 총체적으로 고려하여 프로그램을 개발한다. 또한, 과학적이고 총체적(Holistic)인 분석을 기반으로 프로그램을 개발하므로 빠르게 변화하는 사회와 환경에 대처할 수 있으며, 프로그램 개발이 조직 및 환경의 빠른 변화에 유연하게 대처할 수 있는 접근방법이다. 따라서 개발자는 학습자 및 프로그램, 조직, 환경의 상호작용에 대한 인식에 기반하며, 각 프로그램은 학습자로서의 성인, 제한 변인으로서의 환경, 통제 변인으로서의 모체(parent organization)에 대한 이해를 필요로 하는 새로운 도전을 프로그램 개발자에게 제시한다.

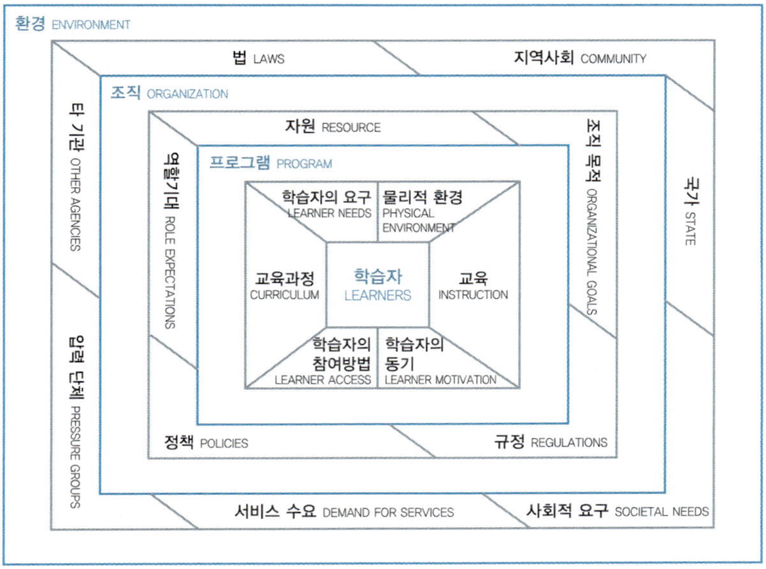

[그림 4-8] 통합적 접근방법

출처: Kowalski(1988: 9).

이 접근방법은 학습자, 조직, 환경에 대한 정확한 분석을 통하여 실시되는 광범위하고 복잡한 과정이므로 프로그램 개발 시 위험부담 및 개발 오류(error)를 최소화할 수 있다는 장점이 있는 반면, 정확한 분석 여부가 프로그램 개발의 성공 여부에 대한 관건이므로 개발자의 정확한 분석능력과 전문성 및 높은 역량이 절실하게 요구된다는 단점이 있다.

5) 비통합적 접근방법

비통합적 접근법(Non-integrated approach)은 프로그램을 개발한다는 측면보다는 다른 유사기관으로부터 이미 실행되고 있는 프로그램을 그대로 원용(援用)하여 사용하는 방법으로 다른 접근방법과 구별되는 한 가지 측면은 고립성(isolation), 즉 그 과정에 참여(participation)와 집중(focus)을 제한하는 방법으로 진행된다. 따라서 프로그램 개발자에게 특별한 전문성이나 역량을 요구하지 않으며, 그 과정에 학습자를 고려하거나 참여시키지 않으므로 요구분석이나 의견수렴 등이 이루어지지 않기 때문에 목적 및 목표, 절차 및 기타 관련 구성 요소는 조직 및 기능과 접속(interfacing)하지 않고 공식화되며, 학습자의 요구와 가치를 조직 및 환경의 요구와 가치를 융합하려는 의도적인 노력이 이루어지지 않은 상태에서 프로그램을 개발한다.

이 접근방법은 종종 조직 및 기관에서 개발자에게 다른 관련 기관에 존재하는 프로그램을 단순히 복제(duplicating)함으로써 프로그램을 개발하도록 유도한다. 하지만 이러한 접근방법은 학습자, 지역사회, 환경의 요구 및 가치를 고려하지 못하므로 종종 부정적인 영향까지 흡수할 수 있다. 이로 인해 조직에는 문제 및 갈등, 위험 등이 수반될 수 있으며, 부정적인 영향을 수정 및 해결하거나 부실한 과정의 결점 및 기능을 바로잡기 위해 더 많은 자원과 노력이 요구되기도 하며, 직업윤리의식의 부재라는 혼란을 겪기도 한다.

이 접근방법은 개발자라면 누구나 쉽게 프로그램을 개발할 수 있고, 프로그램의 결과를 예측할 수 있으며, 시간과 비용, 노력을 절감할 수 있다는 장점이 있는 반면, 학습자, 지역사회 등의 요구분석을 기반으로 하지 않았기 때문에 참여자의 요구와 가치를 왜곡하거나 부정할 수 있고, 프로그램의 성공 여부, 효과성 및 지속성이 불투명할 수 있다는 단점이 있다.

정리하기

ADDIE 모형은 교수체계설계의 일반적인 형태로 이 모형을 활용하면 보다 쉽게 체계적이고 새로운 교육 프로그램을 개발할 수 있고, 과정 설계를 위한 전략적 계획이며, 다양한 교육 활동을 설계하기 위한 청사진 역할을 할 수 있어 교육현장에서 가장 널리 사용하는 교육 프레임워크이다. 수정된 ADDIE 모형은 전체 교육 시스템에 통합되며, 교육 시스템 기능의 측면은 과정의 각 단계에 통합된 평가 활동과 함께 과정의 모든 단계(분석, 설계, 개발, 실행)에서 활성화된다.

ASSURE 모형은 학습상황과 프로그램에 적합한 교수매체 및 자료를 효과적이고 체계적으로 활용할 수 있도록 절차로 제시된 교수설계모형이다. 이 모형의 절차는 6단계(학습자 분석, 목표 진술, 방법, 매체 및 자료 선정, 매체 및 자료 활용, 학습자 참여 유도, 평가 및 수정)로 구성되어 있으며, 학습상황에서 실제로 매체와 자료를 어떻게 활용하여 목표에 도달할 것인가에 초점을 두고 만들어진 절차적 모형으로 교수매체의 개발 · 선정 · 활용에 유용하다.

DACUM은 원래 교육을 구성하고 전달하며 학습 과정을 관리하기 위한 종합 시스템으로 설계 및 실행되었지만, 점차 직업 및 조직 역량을 향상시키는 것을 목표로 하는 모델로 발전하였다. 이 모델의 초석은 DACUM 분석이며, 정확성과 철저함 및 비용 효율성으로 널리 알려진 DACUM 분석은 조직에게는 역량 관리를 위한 훌륭한 프레임워크로, 프로그램 개발자에게는 역량 기반 교육 프로그램 개발 등으로 많은 조직의 다양한 부분에 표준이 되었다. DACUM 모형은 매력적이고 체계적인 방법으로 직업 역량 분석, 역량 기반 교육 개발 및 인적 자원 프로그램을 관리한다.

체제 분석적 접근방법(system analysis approach)은 전체론적이고 분석적이기 때문에 개발 오류의 여지(margin)를 최소화할 수 있지만, 개발자는 프로그램 개발 과정에서 어느 정도의 오류가 발생할 수 있음을 인식하여야 한다. 대부분의 경우 체제 분석(system analysis)은 조직이 사회적 체제(system)라는 이론에 근거하며, 환경은 조직이 기능하는 외부 환경을 의미하고, 과정은 개인적 요구와 가치, 조직적 요구와 가치, 환경적 요구와 가치를 동시에 고려하고 체계적으로 반영하여 개발하는 것이 중요하다. 이 접근방법은 투입－과정(교육활동)－산출의 기본적인 체제로 구성되어 있다.

선형적 접근방법(Linear approach)은 프로그램의 개발과정을 단계별로 세분화하며, 세분화된 단계를 순차적으로 실행하면 하나의 프로그램을 개발할 수 있는 접근방법이며, 비선형적 접근방법(Non-linear Approach)은 개발자의 다양한 교육 경험과 정보 축적이 과정에서 지정된 형식을 따르지 않고도 효과적인 결정을 내릴 수 있도록 하며, 개발자의 경험, 판단 및 상황에 따라 어떤 단계는 생략되기도 하고, 여러 단계가 동시에 실행되기도 하며, 순환적으로 수행되는 접근방법이다.

통합적 접근방법(Integrated approach)은 프로그램 개발에 영향을 미치는 다양한 요인들을 종합적으로 고려하는 접근방법으로 그 절차는 네 가지(학습자, 프로그램, 조직, 환경)의 핵심 요소가 상호작용하며, 비통합적 접근법(Non-integrated approach)은 프로그램을 개발한다는 측면보다는 다른 유사기관으로부터 이미 실행되고 있는 프로그램을 그대로 원용(援用)하여 사용하는 방법이다.

연구문제

1. ADDIE 모형, ASSURE 모형, DACUM 모형을 비교하여 설명하여 보시오.

2. 체제 분석적 접근방법을 설명하여 보시오.

3. 선형적 접근방법과 비선형적 접근방법을 비교하여 설명하여 보시오.

4. 통합적 접근방법과 비통합적 접근법을 비교하여 설명하여 보시오,

PART 3

평생교육 프로그램 개발의 과정

Chapter 05

평생교육 프로그램의 기획

학습목표

1. 프로그램 기획의 개념을 이해하고 설명할 수 있다.
2. 프로그램 기획의 특징과 절차를 이해하고 설명할 수 있다.
3. 프로그램 기획의 유형 및 한계를 이해하고 설명할 수 있다.
4. 프로그램 개발의 상황분석을 이해하고 설명할 수 있다.

1. 프로그램 기획의 개념과 역할

1) 프로그램 기획의 개념

기획(planning)과 계획(plan)을 구분 없이 사용하거나 혼용하여 사용하고 있지만 이 두 용어는 다른 의미이다. 기획은 계획을 수립해 나가는 연속적인 의사결정으로 계획을 위한 과정이며, 계획은 세부사업에 대한 지속적인 의사결정으로 과정의 결과로 나타내는 최종적인 산물이다(김신복, 2004: 3; 윤정일 외, 2015: 196). 즉, 기획이 왜(Why) 하는가에 대한 명확하고 연속적인 의사결정이라면 계획은 어떻게(How) 할 것인가에 대한 지속적인 의사결정이라고 할 수 있다. 따라서 프로그래머의 사고(思考, thinking)는 기존의 What(무엇)－How(어떻게)－Why(왜)의 하향식 사고(Top-down thinking)에서 '왜(Why) 하는가?－어떻게(How) 할 것인가?－무엇(What)으로 도출할 것인가?'의 상향식 사고(Bottom-up thinking)로 변화되어야 한다.

프로그램 기획의 의미를 학자별로 정리하면 다음과 같다.

첫째, 김남수 등의 견해를 살펴보면, 조직 및 기관이 지향하는 미래의 목표설정을 위해 구체적으로 수립해 나가는 실천방안과 행동계획 등 일련의 과정이다. 이는 공공 및 사적 영역에 상관없이 기관 및 조직 내에서 기획은 매우 중요한 영역으로 어떻게 수립되는가에 따라 조직 및 기관의 성패에 영향을 받으므로 미래의 목표설정과 달성을 위한 최적의 접근방법을 선택하는 것이 기획의 핵심 내용이다(김남수 외, 2020: 271).

둘째, 신용주의 견해를 살펴보면, 기획은 프로그램 개발에 있어 가장 필수적이고 기능적인 부분으로 목표 달성을 위해 선호하는 가치와 조직적인 사고를 기반으로 미래의 행동에 대한 의사결정과 계획을 수립하는 과정이다. 또한, 프로그램 기획은 프로그램 개발을 위해 수립하는 포괄적인 계획이다(신용주, 2018: 113-114).

셋째, 분의 견해를 살펴보면, 기획은 프로그램 개발의 필수적이고 기능적인 구성 요소로 전통적인 인지적 맥락(학습목표 및 실천 변화)에서 더 큰 사회 정치적 영역으로 확장되었다(Boone, 2002: 91).

넷째, 맥클렌던 등(McClendon et al.)의 견해를 살펴보면, 기획은 사람을 위한 기획(사회 개혁), 사람과 어울리기 위한 기획(옹호), 그리고 스스로 기획하는 사람들을 위한 기획(권한 부여 및 자기계발)으로 발전하였다(McClendon et al., 1996: 1).

다섯째, 사이먼 등(Simon et al.)의 견해를 살펴보면, 기획은 장래를 위한 제안, 제안된 대안들의 평가, 이러한 제 과정들이 이루어질 수 있는 방법과 관련된 활동이다(Simon et al., 1968: 424-425).

이상의 프로그램 기획에 대한 개념을 정리하면 기획은 기관이나 조직뿐 아니라 개인이 지향하는 목표를 최적의 비용으로 효과적이고 효율적으로 제공하기 위해 구체적으로 수립해 가는 연속적이고 협력적인 과정이고, 프로그램 기획은 프로그램을 수행하기 전에 진행하는 사전준비과정으로 프로그램의 목적을 달성하기 위해 인적, 물적 자원을 투입하여 프로그램의 목표, 내용, 절차, 방법, 기대효과 등을 종합적이고 포괄적으로 수립하는 활동이라고 정의할 수 있다.

2) 프로그램 기획자의 역할

기회자의 사명은 간단해 보일 수 있으나 학습자를 위한 성공적인 운영, 교육 활동 및 열정보다 훨씬 더 중요할 수 있다. 이는 학습자 개인의 요구와 목적, 기관의 요구와 목적, 사회의 요구와 목적이라는 세 가지의 커다란 요구와 목적을 충족시켜야 하는 역할에서 알 수 있다. 따라서 기획자는 규모와 복잡성에 따라 다를 수 있지만 프로그램 및 서비스를 설계, 실행, 평가, 관리 및 조정한다. 기획자는 학습자와 직접 대면하는 수준에서는 진단 · 기획 · 동기 · 방법론 · 자원 · 평가의 기능을, 프로그램의 감독 수준에서는 진단 · 조직 · 기획 · 행정 · 평가기능 등의 역할을 담당하지만 좀 더 자세하게 살펴보면 다음과 같다(Knowles, 1980: 26-27; Caffarella et al., 2013: 270-271).

첫째, 기획자로서의 역할이다. 이 역할에는 프로그램 및 서비스에 대한 아이디어 수집, 요구 평가, 우선순위 설정, 목적 및 목표 개발, 예산 수립 및 재정 지원, 마케팅 계획 등과 같은 과업을 수반한다. 따라서 기획자는 프로그램 및 서비스의 모든 측면을 책임진다.

둘째, 교직원으로서의 역할이다. 이 역할에는 프로그램 및 서비스의 교육 부분을 설계하거나 전달하는 것을 포함하며, 교수자, 발표자, 연사 및 진행자 등과 같은 사람들을 포함한다. 이들은 학습자들의 학습목표 달성을 위해 다양한 교수기법을 사용하여 학습을 강화하는데 이런 경우 교육에 필요한 보조 및 기술 도구의 사용을 보조할 수 있다.

셋째, 평가자로서의 역할이다. 이 역할에는 프로그램 및 서비스를 평가하기 위한 기술을 선택하거나 설계하고 수집된 데이터를 분석한다. 또한 평가자는 프로그램의 강점과 약점을 관찰하고, 프로그램의 가치 여부(누가 무엇을, 어떻게, 어떤 기준에 판단하는지 명시 후)를 결정하며, 향후 프로그램을 추천한다.

넷째, 관리자로서의 역할이다. 이 역할에는 특정 프로그램 및 서비스의 이벤트 조정 및 모든 물류(logistical) 세목의 처리가 포함되는데 이의 수행여부에 따라 프로그램 및 서비스의 성공여부가 결정될 수 있다. 또한, 관리자의 과업에는 시설 배치, 학습자 등록, 프로그램 및 서비스의 전 · 중 · 후에 발생되는 문제 처리, 온-오프라인 프로그램 및 서비스의 모니터링 등인데 이러한 역할에는 정보제공자, 중재자, 협상가, 자원전문가로서의 역할도 포함된다.

다섯째, 기술지원자로서의 역할이다. 이 역할에는 프로그램을 상호작용하는 방법, 어떤 온라인 도구를 사용할 수 있는지에 대한 아이디어 제공으로 다른 직원을 돕는 것이다. 또한, 주기적으로 이러한 도구를 갱신(updating)하고, 프로그램 및 서비스를 원활하게 진행할 수 있도록 지원하며, 다양한 도구를 효과적으로 사용할 수 있는 방법을 교육한다.

3) 개념적 프로그램 개발 모델

기획은 개념적 프로그램 개발 모델의 첫 번째 하위 과정이다. 이를 위해 교육과 실천을 뒷받침할 수 있는 프로그램 개발에 대한 지침을 제공하기 위한 개념과 구조가 필요한데 개념 모델은 프로그램 개발의 하위 과정을 설명하는 데 유용하다. 교육 프로그램 개발의 기획, 설계 및 구축, 평가 및 책임의 하위 과정을 묘사하고 설명하는 데 유용한 개념 모델를 살펴보면 다음과 같다(Boone et al., 1985: 71-76).

〈표 5-1〉 개념적 프로그램 개발 모델

구분		내용
기획	1단계: 조직 및 조직 개선 과정	• 조직의 기능 이해 • 조직 구조 이해 • 조직의 관리 시스템 및 관행 이해 • 프로그램 기획을 위해 시험된 프레임워크 사용 의무 • 지속적인 조직 개선에 대한 민감성과 책무
	2단계: 조직을 공공 부문과 연계	• 조직의 외부 환경 검색 및 해석 • 조직의 사명과 자원을 기반으로 공공 지도(mapping) • 미션 및 자원으로 목표 대상자 및 우선순위 확인 • 공식 및 비공식 리더와 이해 관계자 그룹 확인 • 공식 및 비공식 리더와 이해 관계자 그룹 접점(Interfacing) 및 대화 • 리더와 대변인 대상 요구에 대한 협력적 평가
설계와 구축	3단계: 계획한 프로그램 설계	• 표현된 요구를 거시적 요구로 조정 • 거시적 요구를 거시적 목표로 전환 및 연계 • 교육 전략 수립 및 변화 전략 연계 • 계획한 프로그램의 거시적 결과 도출 및 성과 구조 연계

구분		내용
	4단계: 계획한 프로그램 실행	• 계획한 프로그램에서 도출한 단계적 실행 계획 수립 • 계획한 프로그램 및 실행 계획을 위한 마케팅 전략 수립 및 실행 • 형성 평가 및 기타 방법을 통한 실행 계획 이행 모니터링, 교사-학습자 간 거래 강화 • 프로그램 피드백을 활용하여 실행 계획 및 계획한 프로그램 변경 수행
5단계: 평가와 책임		• 프로그램 결과 및 영향의 결정, 측정, 평가 • 프로그램 투입변수 결정, 측정, 평가 • 프로그램 수정(revisions) 및 조직 개선을 위한 결과 활용 • 조직, 자금출처, 정부 기구 및 전문가 등 회계에 적합한 결과 사용 수행함

출처: Boone et al.(1985: 73).

2. 프로그램 기획의 특징과 절차

1) 프로그램 기획의 특징

프로그램 개발의 첫 번째 하위 과정인 기획의 특징을 이해하는 것은 매우 중요하다. 먼저 분 등(2002)의 특징을 살펴보면 다음과 같다(Boone et al., 2002: 76).

- 기획은 미래 지향적이다.
- 교육 기관의 기획 형태는 사후 대응적이기보다는 사전 예방적이다.
- 기획은 교육 기관의 효과적인 기능에 매우 중요하다.
- 기획은 성인 교육 기관의 효율성을 향상시킨다.
- 기획은 순차적 또는 단계적이다.
- 기획은 포괄적이고 협력적이다.

신용주(2018)의 특징을 살펴보면 다음과 같다.

- 프로그램 기획은 미래지향적인 활동이다.
- 프로그램 기획은 평생교육 기관이 살아남기 위한 활동이다.

- 프로그램 기획을 통해 평생교육 기관은 운영 효율성을 제고시킬 수 있다.
- 프로그램 기획은 정보 수집과 분석, 요구 측정 및 분석의 전 과정을 포함한다.
- 프로그램 기획은 협동적(collaborative) 성격을 갖는다.

이상의 프로그램 기획에 대한 특징을 정리하여 제시하면 다음과 같다.

첫째, 기획은 선제적이고 미래지향적이다.

평생교육 프로그램의 기획은 평생교육 기관의 목적과 목표를 달성하기 위해 기관과 구성원이 왜(Why)−어떻게(How)−무엇(What)을 달성할 것인가에 대해 이해하면서 사전에 준비하는 일련의 과정이다. 즉, 미래의 활동을 준비하기 위해 효과적인 수단과 방법으로 프로그램을 설계하고 실현가능하도록 시행 전에 필요한 조치를 취하고, 불확실성에 대비함으로써 효율성과 안정성을 높이는 과정이다.

둘째, 기획은 적극적이고 능동적이다.

평생교육 프로그램 기획은 사회, 경제, 문화 등 개인과 조직이 속한 세계의 변화와 삶의 중심을 적극적으로 탐구함으로써 조직과 개인의 목표를 자율적이고 효율적으로 이루어 가는 과정이다. 즉, 조직과 개인의 성장을 위해 능동적이고 자율적인 방향과 속도로 이동하는 지속적인 활동 과정이다.

셋째, 기획은 책임성과 효율성이다.

평생교육 프로그램 기획은 제한된 자원과 인력을 적재적소(適材適所)에 배치하여 효율성을 높이고, 조화로운 직권(職權)과 분권(分權)으로 합리적인 행정을 이루며, 위임과 책임으로 분산과 집중을 효과적으로 실천하여 목표를 이루는 과정이다. 즉, 질 높은 서비스를 제공하기 위해 능률과 성과를 중요시하는 동시에 다양한 조건들에서 목표 달성을 위한 최고의 판단을 투명하게 결정하는 책임 과정이다.

넷째, 기획은 협업과 수용이다.

평생교육 프로그램 기획은 조직이나 개인이 다양한 측면으로 성장할 수 있도록 가치를 제공하고 최적의 효과를 도출하기 위해 계획적으로 다수가 협력하여 목표를 실현하는 과정이다. 즉, 개인이나 조직의 목표를 달성하기 위해 다양한 분야의 전문지식을 수용하고 기술을 연계하며, 구성원 간 소통과 협력으로 비전과 목표를 공유하고, 분산된 자원을 활용할 수 있는 역량을 강화하는 긍정적이고 수용적인 협업 과정이다.

다섯째, 기획은 융복합적이고 창의적이다.

평생교육 프로그램 기획은 프로그램을 시행하기 전에 목표와 내용, 절차와 방법, 기대효과 등을 사전에 구체적으로 수립해 가는 과정으로 고도의 전문성과 역량이 요구된다. 즉, 빠르게 변화하는 사회의 요구에 부합하기 위해 전문성은 물론 미래를 예측하여 창의적으로 설계하고, 다양한 분야를 수용하여 융복합하며, 새로운 방법으로 문제를 해결하고 시대를 연결해 가는 과정이다.

2) 프로그램 기획의 절차

프로그램 기획 시 긍정적인 프로그램 결과를 달성하기 위해 수행하는 절차를 살펴보면 다음과 같다(Boone et al., 2002: 77-81).

첫째, 조직의 기능, 즉 미션과 비전, 가치, 철학, 목적과 목표를 이해한다.

조직 및 프로그래머는 구성원의 기획 형태와 목표 달성을 위해 기획 형태를 지도하고 조정하는 조직의 목표와 목적에 대한 틀을 제공하는 조직 및 시스템의 미션과 비전, 가치 및 철학에 대해 잘 알고 있어야 하며 헌신적이어야 한다.

둘째, 조직의 구조, 즉 책임 분담, 조직 간 관계, 소통망(Lines of communication), 전문가와 자원을 이해한다.

프로그래머 및 교육자는 조직 내에서 운영되는 관리 과정에 대해 잘 알고 있어야 하며 운영에 능숙해야 한다. 조직의 감독, 인력 개발, 평가 · 책임 관리 과정 및 관행은 기획 노력을 촉진하거나 제한할 수 있다.

셋째, 조직의 관리 시스템 및 관행, 즉 인사 관리 및 평가, 인력 개발, 평가 및 책임을 이해한다.

조직의 문화는 프로그래머 및 교육자의 기획 형태(즉, 결정, 선택, 기획 관행)에 영향을 미친다. 조직 구성원들이 학습한 누적된 행동인 문화는 조직의 근무 환경의 배경이고, 조직의 형태를 지도하는 규범과 가치, 신념 등이 포함되며, 조직의 역사, 관습 및 관행 등에 영향을 받는다.

넷째, 조직의 문화에 대한 이해와 공감이다.

조직이 대상을 목표로 하여 변화 프로그램을 생성하고 영향을 미치기 위해 검증된 개념 프로그래밍 과정(model)을 유지하는 정도인데 이 과정에는 기획된 변화에 대한 행동 및 사회과학에서 파생된 개념, 이론 및 원칙, 대중과의 연계, 리더 참여, 협업 요구 확인, 평가 및 분석, 프로그램 설계 및 구현, 프로그램 평가와 책임 등이 포함되어야 한다.

다섯째, 프로그램 개발 과정을 실행하는 데 필요한 기술의 이해 및 획득이다.

프로그래머 및 교육자의 예민한 감수성과 객관적이고 체계적인 분석에 대한 책무를 습득하여 끊임없이 변화하는 공공의 교육적 요구에 대해 조직적 대응을 촉진한다. 또한 교육 기관은 변화하는 사회 문화에 적응하기 위해 기능, 구조 및 과정을 지속적으로 조정하여 스스로를 개선해야 한다. 또한, 대중 및 학습자 시스템의 요구와 사고, 감정, 행동양식이 지속적이고 빠르게 변화하는 사회에서 교육기관 및 조직은 변화하는 사회 문화, 경제, 정치 및 기술 환경을 수용하기 위해 그것의 기능, 구조, 및 과정들을 지속적으로 조정함으로써 스스로를 새롭게 해야 한다.

여섯째, 지속적인 조직 혁신에 대한 민감성 및 헌신이다.

조직에 대한 이해와 헌신을 습득하고, 변화 기관 및 프로그래머의 역할에 대한 명확한 개념을 습득한 후, 교육자는 그들의 조직을 각각의 공공 목표 및 관련 이해 관계자들과 연계시키는 어려운 과제에 접근한다. 그러므로 궁극적으로 추구하는 최종 결과는 공공 목표의 표현된 요구에 대한 협업 확인, 평가 및 비판적 분석을 파악하는 것이다.

3) 효과적인 프로그램 기획의 원칙

효과적인 프로그램 기획의 원칙을 살펴보면 다음과 같다(오세덕 외, 2008: 100-104: 하상균, 2005: 239).

첫째, 목적성의 원칙이다.

기획은 목표 성취를 위한 노력 과정이므로 구체적으로 기술하고, 명확하게 이해하며 반드시 목적 의식을 수반하여야 한다.

둘째, 단순성의 원칙이다.

기획은 명확하고 간결하게 수립하여야 하며 전문적이고 어려운 용어, 미사여구(美辭麗句) 나열, 지나친 수식어 등은 가급적 피하여야 한다.

셋째, 경제성의 원칙이다.

기획은 인적·물적 자원, 권한 및 조치 등 현재의 모든 자원을 최대한 활용하고 낭비를 최소화한다.

넷째, 균형성의 원칙이다.

기획은 균형과 조화를 이루어야 하는데 하나의 계획과 관련된 다른 계획, 즉 계획은 목표를 달성하기 위한 모든 계획 간에는 조화와 상호 균형이 이루어져야 한다.

다섯째, 장래 예측성의 원칙이다.

기획은 미래의 일을 대상으로 하고 있으므로 장래를 정확하게 예측하고 이를 토대로 기획함으로써 미래를 대비하여야 한다.

여섯째, 탄력성의 원칙이다.

기획은 미래 예측과 상황에 기반하여 수립되지만 상황은 환경에 따라 유동적일 수 있으므로 창의성을 저해하지 않으면서 변동에 대한 대응 능력과 상황에 맞도록 융통성 있게 수립하여야 한다.

일곱째, 계층성의 원칙이다.

기획은 큰 계획으로부터 구체화하는 과정을 통해 작은 계획으로 또는 하나의 계획에서 여러 가지의 계획으로 이루어지는 계획의 계층화(hierarchy of plans)를 이루는데 이는 반드시 하양적이라기보다는 상향적이기도 하며, 상위 계획과 하위계획 간에는 연계가 되어야 한다.

여덟째, 표준화의 원칙이다.

기획은 정당한 이유에 근거하고 표준화로 수립 및 집행함으로써 불필요한 계획 수립을 예방하고, 기획이 주는 필요 이상의 이익을 요구하는 계획 수립을 예방하여야 한다.

아홉째, 안정성의 원칙이다.

기획은 효과적인 목표 달성을 위해 안정성을 가져야 하는데 이는 안정성이 높은 계획일수록 정확하고 효과적이며 경제적일 수 있기 때문이다. 하지만 창의성은 충분히 살리면서, 빈번한 수정은 예방할 수 있는 탄력성을 적절하게 갖추어야 한다.

열째, 포괄성의 원칙이다.

기획은 실행 과정에서 필요한 인적 · 물적 자원 등 제반 요소가 부족하여 실행에 차질이 초래되지 않도록 사전에 모든 요인을 포함하여 포괄적으로 충분히 검토하여야 한다.

3. 프로그램 기획의 유형 및 한계

1) 프로그램 기획의 유형

다양하게 분류되고 있는 기획의 유형을 살펴보면 다음과 같다.

먼저 김남수 등(2020)의 유형을 살펴보면 다음과 같다(김남수 외, 2020: 273-275).

〈표 5-2〉 김남수 등의 기획 유형

구분		내용
조직의 위계수준 차원	최고 관리층	목표, 정책, 장기적 계획, 조직 전체 영역
	중간 관리층	사업계획, 보완적 목표, 정책, 분배
	감독 관리층	구체적 사업계획, 단기목표, 운영기획, 일정표
	관리 실무자	일상적 업무, 사소한 절차
기간(시간) 차원	장기(10~20년 이상)	거시적 방향 및 지침, 미래 비전 및 목표 설정
	중기(3~5년)	중간단계의 구체적이고 실질적인 목표 설정
	단기(1년 미만)	회계연도 내의 구체적이고 실행적인 목표 설정
대상 차원	전략적	정책결정 과정: 목표설정, 우선순위 결정, 자원획득 및 분배
	관리운영	자원의 관리: 조직의 목표달성을 위한 자원 사용 과정
지역 수준 차원	국제	국가의 지역 공동개발, 국제 회원국 간 협력 및 공동사업 등
	국토	국토자원의 종합적 이용, 개발, 보전, 배치 등
	지역	특정 지역의 이용 및 개발, 보전 등
	도시	교통, 산업, 문화, 보안 등 공공복리 증진 및 도시 발전 도모

오세덕 등(2008)의 유형을 살펴보면 다음과 같다(오세덕 외, 2008: 91-96).

〈표 5-3〉 오세덕 등의 기획 유형

구분		내용
대상 기간별	단기 계획	운영계획, 조정계획 등 3년 미만의 계획으로 실현성이 높다는 장점과 구조적인 변동이 어렵다는 단점
	중기 계획	3년 내지 7년을 대상으로 하는 계획으로 5개년 계획이 가장 일반화
	장기 계획	10년 내지 20년에 걸친 계획 기간으로 계획이라기보다는 전망의 성격이 강함
지역 수준별	지방 계획	도시 또는 농촌의 지역사회 단위로 시 · 군 단위의 계획
	지역 계획	지역 간 균형적 · 중점적 발전을 위해 설정된 권역들을 대상으로 한 개발계획
	국가 계획	국가 자원을 지역적 대상으로 하는 계획으로 경제개발, 사회개발, 국토개발 등에 초점
	국제 계획	복수의 국가가 관련된 경제 수준의 계획
대상 분야별	경제 계획	경제의 성장, 균형 발전, 안정화 등을 위한 계획
	사회 계획	경제 성장에 따른 소득 격차, 계층 간 갈등, 비인간화 등의 문제 해소와 복지 증진을 위한 계획
	물적 계획	공간 및 자연 개발과 공중편익 증진을 위해 수립하는 지역계획 등 물적 계획
	방어 계획	군사작전과 민간 부문의 조직적 동원에 초점을 둔 전시기획
종합성 정도별	사업별 계획	개발계획의 가장 초보적인 단계
	통합적 계획	공공 부분의 투자만큼은 체계적으로 연결되고 총괄적으로 분석된 형태
	종합 계획	통합적 공공 투자계획과 민간 부문 계획을 포함한 총괄적인 형태
강제성 정도별	중앙집권적 강제 기획	대부분 공산권 국가에서 채택되고 행해진 경제 계획
	경쟁적 사회주의 기획	생산 수단과 자원은 국유화되어 있지만 경쟁에 의한 능률성 향상을 추구하는 경제 체제하에서의 기획 형태
	민주적 경쟁 기획	공공 부문의 생산 및 투자에 대해 상세한 목표를 제시하며 민간 부분에 대해서도 계획 또는 예측 목표 제시
	유도 기획	정부의 일방적인 계획 수립이나 집행 방식 지양하고 민 · 간 협조와 간접적인 영향력 행사로 국가계획 작성 · 운영
	예측 기획	거시적 수준의 경제 전망을 전문적 · 통계적 추정에 의해 제시
고정성 여부별	고정계획	대부분의 발전계획들은 계획 기간을 고정
	연동계획	계획 집행상의 융통성을 유지하면서 계속 수정 · 보완하기 위한 일정의 제도적 장치

이상의 프로그램 기획에 대한 유형을 정리하여 제시하면 다음과 같다.

〈표 5-4〉 기획의 유형

<table>
<tr><th colspan="2">구분</th><th>내용</th></tr>
<tr><td rowspan="3">단계별</td><td>장기</td><td>기간이 10년 이상의 계획
거시적 방향의 최상위 계획</td></tr>
<tr><td>중기</td><td>기간이 5년 내외 정도로 하는 계획
기획에 대한 기준과 지침의 중간 계획</td></tr>
<tr><td>단기</td><td>기간이 1년 내외 정도로 하는 계획
연차계획 등 단기 목표 달성을 위한 하위 계획</td></tr>
<tr><td rowspan="4">지역별</td><td>국제</td><td>여러 국가와 관련된 공동 번역 및 협력 계획
제2차 세계대전 후 마셜 플랜(Marshall plan) 등</td></tr>
<tr><td>국가</td><td>국가가 지역을 대상으로 하는 계획
국토종합개발 10개년 계획 등</td></tr>
<tr><td>지역</td><td>지역 간 균형, 개발 등 발전을 위한 계획
특정지역 종합개발계획, TVA 등</td></tr>
<tr><td>지방</td><td>국가의 목적을 달성하기 위해 지역 단위로 수립하는 계획
도시계획, 농촌계획 등</td></tr>
<tr><td rowspan="4">조직별</td><td>최고층</td><td>장기적 목표, 정책 등 조직 전체 영역에 초점</td></tr>
<tr><td>중간층</td><td>부서 통합, 사업계획 및 배분 등 보완적 목표 수립에 초점</td></tr>
<tr><td>감독관리층</td><td>구체적인 사업계획과 운영 등 기획에 초점</td></tr>
<tr><td>관리실무층</td><td>현장의 일상적 업무 및 절차 등 수행절차와 관련된 기획</td></tr>
<tr><td rowspan="2">동기별</td><td>자발적</td><td>창의적 활동 영역
필요에 의해 자발적으로 이루어지는 기획</td></tr>
<tr><td>수동적</td><td>주어진 활동 영역
요청이나 지시에 의해 수동적으로 이루어지는 기획</td></tr>
<tr><td rowspan="2">대상별</td><td>내부</td><td>내부 조직 및 기업을 대상으로 이루어지는 기획</td></tr>
<tr><td>외부</td><td>외부 조직 및 기업을 대상으로 이루어지는 기획</td></tr>
<tr><td rowspan="2">고정성
여부별</td><td>고정(Fixed)</td><td>점진주의 전략이 기본 철학이며 기간을 고정시켜 운영하는 과정</td></tr>
<tr><td>연동(Rolling)</td><td>융통성을 유지하며 조정 · 보완을 반복해 목표를 추구하는 과정</td></tr>
</table>

2) 프로그램 기획의 한계

프로그램을 기획하는 과정에서 여러 가지 요인으로 인해 제약 요인과 한계에 부딪힐 수 있는데 이를 살펴보면 다음과 같다(오세덕 외, 2008: 104-107; Walterston et al., 1965: 252-273).

첫째, 창의성의 저해이다.

기획은 집권적·구체적일수록 기획자의 판단 및 창의성을 저해하고 경직되므로 급격하게 변화하는 사회변화에 적절하게 대응할 수 없어 미래를 정확한 예측하는 데 어려울 수 있다.

둘째, 계량화의 곤란이다.

기획은 기획자뿐 아니라 이해관계자 및 여러 집단과의 이해가 중요한데 목표가 일치하지 않을 경우 갈등유발의 원인이 되며, 성질에 따라 단위 설정이 곤란하거나 계량화가 어려워 많은 시간과 비용이 요구될 수 있다.

셋째, 정보 및 자료 부족이다.

기획은 충분한 자료와 정보를 토대로 수립되어야 하는데 프로그램을 통한 수입보다 지출이 큰 경우, 지원금이 부족한 경우 등 인적·물적 자원이 적절하지 않을 경우 충분한 시간과 비용을 할애할 수 없어 많은 부분이 왜곡되거나 비밀에 속할 수 있어 제한요인이 될 수 있다.

3) 프로그램 기획의 한계 수정 전략

프로그램 기획 과정에서 부딪히는 여러 가지 제약 요인 및 한계를 최소화하면서 합리적인 기획을 추구할 수 있는 전략을 살펴보면 다음과 같다(김신복, 2004: 116-122; 황성철, 2017: 85-86).

첫째, 독창적 전략이다.

기획은 다양한 문제를 해결하거나 빠른 사회변화를 예측하고 다양한 정보와 정확한 자료를 토대로 충분히 검토하며, 상상력과 창의성을 충분히 발휘하여 미래가 요구하는 프로그램을 개발함으로써 즉각적이고 유동적으로 대응할 수 있다.

둘째, 적정화 전략이다.

기획은 자료와 정보를 잘 기록하고 문서화하는 것도 중요하지만 필요 여하에 따라 수정 및 보완, 벤치마킹 등을 통해 새롭게 구상하고 창의성을 발휘하여 기획자가 일상적이고 정형적인 기획보다 발전적이며 혁신적인 기획에 전념할 수 있도록 자율성과 폭넓은 위임이 요구된다.

셋째, 합리적 전략이다.

기획은 고도로 전문화된 영역이므로 사람과 조직의 합리성을 전제로 객관적이고 가치중립적인 입장과 기준으로 비합리적인 요소를 배제하여 충분한 능력이 발휘될 수 있는 제도와 대우가 이루어지는 조직체계가 중요하다.

4. 프로그램 개발의 상황분석

끊임없이 변화하는 사회에 둘러싸여 살고 있는 우리는 주변 세상에 적응하면서 빠르게 변화하는 증가 속도에 따라 우리도 함께 적응 속도를 증가시켜야 한다. 프로그램 개발 문제는 변화의 기초로서 지속적인 방향과 적응이 필요하다. 개인, 그룹, 지역사회 및 국가는 어떤 유형의 변화를 수반할 것인지에 대해 보이지 않는 일련의 문제에 직면해 있으므로 프로그램 개발은 개인, 그룹, 지역사회 및 국가의 주요 문제를 확인한 후 그들이 성공적으로 문제를 해결하거나 대처할 수 있도록 도와야 한다.

1) 상황분석의 이해

상황 분석(Situational Analysis)은 현재 상태와 이상적인 상태 또는 더 바람직한 상태 사이의 필요성, 격차 또는 조건을 파악하기 위한 노력으로 개인과 그 개인이 존재하는 환경을 모두 포함하여야 하며, 프로그램 개발자는 개인과 환경 두 가지 요소를 모두 활용하여 효과적인 프로그램을 구축하여야 한다. 따라서 평생교육 프로그램 개발자는 효과적인 교육 프로그램을 개발하는 과정에서 개인의 요구뿐만 아니라 환경에서의 조건이나 상황을 함께 고려하여야 한다(Boyle, 1981 : 139).

ㄹ) 상황분석의 영역

(1) 대상자 분석

대상자 분석은 특정 개인 또는 그룹의 요구, 특성 및 선호도를 평가하고 이해하는데 사용되는 개념이다. 이는 학습자나 대상 기반에 대한 자료와 정보를 수집하여 그들의 특정 요구와 관심사에 맞게 서비스 또는 프로그램을 맞춤화하는 것을 포함한다. 전반적으로 대상자 분석은 조직 및 기관이 분석 대상인 학습자를 이해하고 그들의 요구를 효과적으로 충족시키는 전략을 개발하는 데 유용한 도구이다. 이를 통해 조직 및 기관은 학습자와 강한 유대관계를 구축하고, 만족도를 향상하며, 사업 목표를 달성할 수 있다(Boyle, 1981 : 140-148).

대상자 분석의 장점은 다음과 같다.

분류	내용
맞춤형 접근	• 학습자의 특정 요구와 선호도를 이해함으로써 조직은 그들의 요구에 맞게 서비스 또는 프로그램을 개발할 수 있다. • 조직 및 기관은 이를 통해 학습자의 만족도와 충성도를 높일 수 있다.
마케팅 전략 개선	• 학습자에게 접근하고 참여를 유도하기 위한 가장 효과적인 마케팅 채널, 메시지 및 홍보 활동을 확인하는 데 도움이 된다. • 조직 및 기관은 마케팅 자원을 보다 효율적으로 할당할 수 있다.
서비스 제공 강화	• 학습자의 요구와 선호도를 이해하면 조직은 더 나은 서비스와 지원을 제공할 수 있다. • 조직 및 기관은 개별 요구 및 문제를 해결하고 맞춤형 서비스 및 프로그램을 제공하는 데 도움이 된다.
목표 지향적 자원 할당	• 학습자에게 가장 큰 영향을 미치는 영역에 집중함으로써 조직이 자원 할당을 최적화하는 데 도움이 된다. • 즉, 예산, 인력 및 기타 자원을 효율적으로 할당할 수 있게 된다.

분류	내용
경쟁 우위	• 학습자에 대한 깊은 이해를 얻는 것으로 조직은 경쟁업체와 차별화를 할 수 있다. • 학습자의 요구에 특화된 독특한 서비스 또는 프로그램을 제공함으로써 경쟁 우위를 확보할 수 있다.

(2) 지역사회 분석

지역사회 분석은 지역사회의 사회적, 경제적, 정치적, 문화적, 환경적 요인을 조사하고 이해하는 과정을 의미하는 개념이다. 이는 지역사회 내의 상호의존성, 관계 및 역학을 연구하여 기능을 파악하고 개선 또는 개입할 수 있는 영역을 확인하는 것을 포함한다. 전반적으로 지역사회 분석은 의사 결정과 계획에 도움이 되도록 지역사회의 강점, 약점, 필요성 및 자원에 대한 종합적인 정보를 수집하고, 프로그램 개발에 영향을 미치는 거시적 및 미시적 요인들을 분석하며, 전문가와 이해관계자들이 지역사회의 다양한 측면을 조사, 분석, 평가함으로써 특정 문제, 불평등, 지역사회가 직면한 다양한 문제 및 요구를 확인할 수 있어 급변하는 사회의 변화와 환경에 적절하게 대응할 수 있다(Boyle, 1981 : 148-153).

지역사회 분석의 특징은 다음과 같다.

분류	내용
종합적인 계획 접근	• 개인, 그룹 및 지역사회 전체의 학습과 발전을 고려하여 다양한 요구 및 문제를 축소 또는 제거하기 위해 필요한 접근 방식으로 중요하다. • 지역사회 내부의 관계를 개념화하고 활용함으로써 보다 효과적인 분석 및 계획 과정을 이룰 수 있다.
시스템 관점 접근	• 지역사회의 다양한 부분을 종합적으로 분석하며 상호작용과 상호의존성을 고려한다. • 지역사회를 형성하는 사회적인 힘, 네트워크 및 관계 패턴을 검토함으로써 기존 상황을 더 잘 이해할 수 있다. • 지역사회의 경제, 교육, 환경 및 사회적 요소는 시스템의 투입으로 간주하며, 관련 정보, 가치 및 사실을 분석하기 위한 프레임워크를 제공한다.
관계 시스템 접근	• 지역사회는 개인이 서로 교류하고 상호작용하는 실행 가능한 사회적 단위로 간주한다. • 문제의 규모와 복잡성 및 상호의존성에 따라 지역사회는 이웃, 도시 또는 글로벌 지역사회를 지칭할 수 있다.

분류	내용
사회 시스템 접근	• 사회 시스템 내에서 여러 요소가 그 특성을 결정하고 변화에 대응하는 역할을 하는데 이러한 요소에는 목표 또는 목적, 규범, 지위 역할, 권력, 사회적 지위, 제재, 시설 및 영토가 포함된다. • 목표는 지역사회 구성원이 달성하고자 하는 것이고, 규범은 사회적으로 허용되는 행동을 규정하며, 지위 역할은 각 위치에 대한 기대이고, 권력은 타인에 대한 통제이며, 사회적 지위는 개인이나 하위 시스템의 가치를 나타내고, 제재는 보상이나 처벌로 사용되며, 시설은 시스템에서 사용할 수 있는 수단이고, 영토는 물리적 공간과 관련된다.
지역사회 내 변화 과정 접근	• 지역사회는 정보의 확산과 지역사회 내의 의견과 태도 형성에 중요한 역할을 한다. • 의사 결정은 자원을 할당하고 시스템의 목표를 달성하기 위한 행동 방식을 선택하는 것을 포함하며, 규범과 제재의 영향을 받는다.

3) SWOT 분석

험프리(Humphrey)의 SWOT analysis는 기관의 환경을 분석하여 전략을 수립하는 기법으로 내부환경으로부터는 강점(strength)과 약점(weakness) 요인을, 외부환경으로부터는 기회(opportunity)와 위협(threat) 요인을 도출한 후 이를 기반으로 수립하는 전략이다. 이를 자세히 살펴보면 다음과 같다.

〈표 5-5〉 SWOT 분석의 전략 framework

내부 / 외부		강점(Strength) • 내부환경을 분석한 핵심역량 및 내부의 유리한 상황	약점(Weakness) • 내부환경을 분석한 장애요인 및 내부의 불리한 상황
기회 (Opportunity)	• 외부환경을 분석한 기회요인 및 긍정적 상황	SO전략 • 강점을 사용하여 기회를 사용하는 전략	WO전략 • 약점을 보완하여 기회를 활용하는 전략
위협 (Threat)	• 외부환경을 분석한 위협요인 및 부정적 상황	ST전략 • 강점을 활용하여 위협을 회피하는 전략	WT전략 • 약점을 보완하여 위협을 최소화하는 전략

〈표 5-6〉 SWOT 분석의 사례: B대학교 평생교육원

내부 / 외부		강점(Strength)	약점(Weakness)
		• 대학교의 교육운영시스템 및 인프라 • 성인학습자에 대한 know-how확보 • 차별화된 프로그램 운영 • 질 높은 전문사pool 확보 • 다양한 평생교육 시설(기자재) 보유	• 온라인 학습 미운영 • 모바일 등 홍보시스템 부족 • 전임교수 참여 부족 • 전문적인 전담인력 부족 • 접근성 저조(기관이용 접근성 부족)
기회 (Opportunity)	• 평생학습 인식 증가 및 관심 • 산업체 등 기업체 맞춤형 사업 요구 증가 • 성인학습에 대한 계속교육 확대 • 고령화 및 베이비부머 세대 증가	**SO전략** • 성인학습자의 교육운영 know-how로 평생학습 프로그램 및 사업을 설계하여 경쟁력 확보 • 차별화된 교육운영으로 맞춤형 취·창업 지원 • 대학의 높은 관심과 교육운영 등 다양한 인프라를 활용하여 대학의 평생교육사업 추진	**WO전략** • 경쟁기관과의 네트워크 구축으로 연합연수 등을 통해 정보교류, 접근성, 타깃층, 인지도 확대 • 지역 주민과 산업체 요구분석을 통해 맞춤형 프로그램 개발 · 운영, 산업체에서 요구하는 준비된 인력 양성으로 취업경쟁력 강화
위협 (Threat)	• 인근 지역은 많은 대학(부설 평생교육원) 및 다양한 평생교육기관 • 관련 기관의 과다경쟁 • 학습요구 변화에 적극 대응할 인력 부족	**ST전략** • 차별화된 프로그램으로 과다한 경쟁 극복 • 학습과 사회참여를 연계한 프로그램 개발 · 운영, 경쟁력 있는 사업과 일자리 개발 • 노인과 베이비부머 세대의 문제극복과 학습을 병행할 수 있는 프로그램 개발 · 운영	**WT전략** • 대학의 평생교육사업 추진으로 평생학습 및 적극적인 사회활동 기반 구축 • 학교 - 지역 - 산업체와 실질적인 연계 강화로 평생교육원의 인식 제고와 경쟁력 강화

정리하기

기획은 기관이나 조직뿐 아니라 개인이 지향하는 목표를 최적의 비용으로 효과적이고 효율적으로 제공하기 위해 구체적으로 수립해 가는 연속적이고 협력적인 과정이고, 프로그램 기획은 프로그램을 수행하기 전에 진행하는 사전준비과정으로 프로그램의 목적을 달성하기 위해 인적, 물적 자원을 투입하여 프로그램의 목표, 내용, 절차, 방법, 기대효과 등을 종합적이고 포괄적으로 수립하는 활동이다. 이를 담당하는 기획자는 학습자와 직접 대면하는 수준에서는 진단 · 기획 · 동기 · 방법론 · 자원 · 평가의 기능을, 프로그램의 감독 수준에서는 진단 · 조직 · 기획 · 행정 · 평가기능 등의 역할을 담당하지만 이를 좀 더 자세히 살펴보면, 첫째, 기획자로서의 역할이다. 둘째, 교직원으로서의 역할이다. 셋째, 평가자로서의 역할이다. 넷째, 관리자로서의 역할이다. 다섯째, 기술지원자로서의 역할이다.

프로그램 기획의 특징은, 첫째, 기획은 선제적 및 미래지향적, 적극적 및 능동적, 책임성 및 효율성, 협업 및 수용, 융복합적 및 창의적이다. 또한, 효과적인 프로그램의 기획 원칙은 목적성의 원칙, 단순성의 원칙, 경제성의 원칙, 균형성의 원칙, 장래 예측성의 원칙, 탄력성의 원칙, 계층성의 원칙, 표준화의 원칙, 안정성의 원칙, 포괄성의 원칙이다. 그리고 프로그램 기획의 한계를 수정하기 위한 전략으로는, 첫째, 독창적 전략이다. 둘째, 적정화 전략이다. 셋째, 합리적 전략이다.

상황분석은 현재 상태와 이상적인 상태 또는 더 바람직한 상태 사이의 필요성, 격차 또는 조건을 파악하기 위한 노력으로 개인과 그 개인이 존재하는 환경을 모두 포함하여야 하며, 프로그램 개발자는 개인과 환경 두 가지 요소를 모두 활용하여 효과적인 프로그램을 구축하여야 한다. 따라서 프로그램 개발자는 효과적인 교육 프로그램을 개발하는 과정에서 개인의 요구뿐만 아니라 환경에서의 조건이나 상황을 함께 고려하여야 한다. SWOT 분석은 기관의 환경을 분석하여 전략을 수립하는 기법으로 내부환경으로부터는 강점(strength)과 약점(weakness) 요인을, 외부환경으로부터는 기회(opportunity)와 위협(threat) 요인을 도출한 후 이를 기반으로 수립하는 전략이다.

연구문제

1. 프로그램 기획자의 5가지 역할을 설명하여 보시오.

2. 효과적인 프로그램 기획의 원칙 10가지를 설명하여 보시오.

3. 프로그램 기획의 한계를 극복할 수 있는 수정 전략을 설명하여 보시오.

4. 평생교육 기관을 선정한 후 SWOT 분석을 실시하고 전략을 수립하시오.

Chapter 06

평생교육 프로그램의 요구분석

학습목표

1. 프로그램 요구분석의 개념과 필요성을 이해하고 설명할 수 있다.
2. 프로그램 요구분석의 목적과 유형을 이해하고 설명할 수 있다.
3. 프로그램 요구분석 절차와 방법을 이해하고 설명할 수 있다.
4. 프로그램 요구의 우선순위 결정을 이해하고 설명할 수 있다.

1. 프로그램 요구분석의 개념과 필요성

1) 요구의 개념

프로그램을 개발하는 데 있어 요구(needs)의 개념을 정확하게 이해하는 것은 개발된 프로그램의 목적 달성 여부에 영향을 중요하게 미치므로 요구(needs) 대한 프로그램 개발자의 이해도는 매우 중요하다. 프로그램을 개발하는 과정은 그 단계마다 중요하지만 요구를 분석하고, 수집하며, 평가하여 프로그램을 개발함에 있어 과정마다 적재적소(適材適所)로 제공하는 요구분석 과정은 프로그램 개발자, 개인, 조직(또는 단체), 사회 모두의 요구를 충족할 수 있도록 하므로 프로그램의 목적을 달성하는 데 있어 신속하고, 정확하며, 만족스러운 학습여행을 가능하게 한다.

요구분석에 있어서 요구(needs)의 개념을 살펴보면 다음과 같다.

첫째, 김한별 등의 견해를 살펴보면, 프로그램 개발에 있어서 요구는 결핍(혹은 부족), 필요, 차이, 선호도 등의 의미를 다양하게 내포하고 있으므로 어느 한 가지 개념을 절대적으로 사용한다기보다는 대상에 따라 개인, 조직체, 조직, 사회 등 그 상황과 특성에 의해 초점이 달라진다(김한별 외, 2010: 51).

둘째, 황성철의 견해를 살펴보면, 요구는 학습자 개인 차원에서 그들에게 절실하게 필요한 개인적 바람(want)을 바탕으로 타인의 판단과 평가과정을 거친 사회적 개념 차원으로 이해해야 한다(황성철, 2017: 109).

셋째, 분 등의 견해를 살펴보면, 요구는 현재 상황과 더 바람직하다고 여겨지는 일련의 사회적 규범 사이의 결핍, 불균형, 조정 부족 또는 격차로 정의될 수 있는데, 타일러(1949), 리건스(Leagans, 1964) 및 퀸니(Queeney, 1995)의 설명에 의하면 격차는 다음 그림과 같다(Boone et al., 2002: 144).

무엇이 되어야 하는가 (WHAT OUGHT TO BE)		–	바람직한 상황 (Desirable situation)
격차 (Gap)	= 요구 (Need)	–	차이 (Difference)
무엇인가 (WHAT IS)		–	실제 상황 (Actual situation)

넷째, 노울즈의 견해를 살펴보면, 프로그램 개발에 있어 기본적 또는 유기적 요구와 교육적 요구가 성인 교육자에게 의미 있다. 기본적 또는 유기적 요구는 본능적 요구, 활동적 요구, 감각적 요구, 공격 · 상처, 위협 등을 피하거나 모면할 요구이며, 교육적 요구는 사람들이 자신 · 조직 및 사회의 이익을 위해 배워야 하는 것으로 현재의 역량 수준과 자신 · 조직 및 사회가 정의한 효과적인 수행에 필요한 상위 수준 간의 격차로 다음 그림과 같다(Knowles, 1990: 83-88).

교육적 요구의 정의
DEFINITION OF EDUCATIONAL NEED

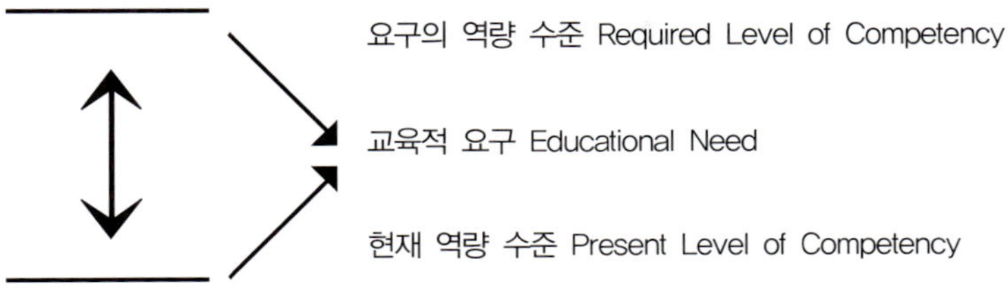

다섯째, 홀의 견해를 살펴보면, 필요하거나 바람직한 것이 요구되거나 원하는 상태 또는 상황으로 특정 상황에서 일반적으로 개인 또는 특정 범주의 사람들이 그들의 결핍을 표현하는 데 자주 사용된다. 요구는 그것을 소유한 사람에 의해 또는 일부 관찰자에 의해 인식될 수 있다(Houle, 2002: 260).

이상의 요구(needs)에 대한 개념을 정리하면, 프로그램 개발에 있어서 요구(needs)는 바람(want), 욕망(desire), 선호(preference), 수요(demand)와는 다른 의미이며, 현재 상태에서 개인이 가지고 있는 수준과 자신이 바라는 바람직한 수준 간에 나타나는 격차이다. 또한, 요구는 전 생애단계에서 다양하게 경험하므로 프로그램 개발자는 삶의 단계에 영향을 미치는 요구와 실제 문제 및 관심사를 새로운 경험, 변화 인식, 풍부한 기회로 제공하여야 하며, 개인, 조직(또는 단체), 사회의 요구를 수집－분석－평가하여 필요점을 도출해 낼 수 있어야 하므로 전문적인 기술, 역량, 창의성이 요구된다고 정의할 수 있다.

2) 요구분석의 개념

요구분석(analysis needs)의 개념을 학자별로 정리하면 다음과 같다.

첫째, 신용주의 견해를 살펴보면, 요구분석은 현재 상태와 바라는 이상적 상태 간 격차를 파악해 내는 것으로 요구분석은 평생교육 프로그램 개발에 있어서 잠재적 학습자의 교육 요구를 다양한 방법으로 분석한 후 프로그램 목표를 설정하기 위한 기초 단계이다(신용주, 2018: 142-143).

둘째, 김용현 등의 견해를 살펴보면, 요구분석은 인간의 요구에 관련된 자료를 수집하고 그 수집된 자료를 분석하는 기법이다. 여기서 교육과 관련된 요구분석은 학습자가 희망하는 학습내용에 대한 학습요구를 조사, 분석, 조정하는 전체 과정을 의미한다(김용현 외, 2015: 233).

셋째, 케트너 등(Kettner et al.)의 견해를 살펴보면, 문제를 정의하고 식별하면 설계 과정을 통해 요구로 변환되며, 요구에 대한 이해가 수월해지면 요구분석으로 전환된다. 요구분석에서 요구를 서비스에 일치시키는(matching) 정확성과 기술은 문제에 대한 철저한 연구에서 비롯된다(Kettner et al., 2017: 13, 52).

이상의 요구분석(analysis needs)에 개념을 정리하면, 요구사정(assessments needs)으로도 불리우는 요구분석은 프로그램에 참여할 학습자는 물론 잠재적인 학습자의 요구를 확인-분석하고, 필요한 정보를 수집하며, 프로그램의 목적을 달성하기 위하여 다양한 아이디어와 창의적이고 융복합적인 방안을 도출하여 단계마다 설정한 우선순위를 적재적소(適材適所)에 체계적이고 구체적으로 적용함으로써 학습동기를 부여하는 활동이라고 정의할 수 있다.

3) 요구분석의 필요성

요구분석(analysis needs)은 프로그램에 참여할 학습자는 물론 잠재적인 학습자의 요구를 확인-분석하고, 필요한 정보를 수집하며, 프로그램의 목적을 달성하기 위하여 다양한 아이디어와 창의적이고 융복합적인 방안을 도출하여 체계적으로 적용함으로써 불필요한 예산은 줄이고, 개인, 조직(또는 단체), 사회의 요구를 충족할 수 있는 중요한 과정이므로, 필요성을 살펴보면 다음과 같다.

첫째, 정당성 부여

요구분석을 통해 프로그램을 새롭게 개발할지, 기존 프로그램을 수정 및 보완할지에 대한 근거가 되고, 프로그램을 일회성 · 단기적으로 설계할지, 중 · 장기적으로 설계할지에 대한 지표가 되며, 프로그램 개발을 위한 기관의 비전 · 자원 · 인력 등을 종합적이고 체계적으로 분석함으로써 프로그램 개발의 정당성이 가능하다.

둘째, 문제점 및 장애요인 파악

요구분석을 통해 밝혀진 참여자 및 잠재적 수요자, 기관(또는 조직) 및 사회의 현 상황, 문제 및 요구, 장애요인 등을 파악한 후 해결점과 대안을 고려하여 객관성 확보, 자료화, 가설 검증의 과정을 통해 객관성 있는 프로그램 개발이 가능하다.

셋째, 평가준거 마련

요구분석은 개인, 기관(또는 조직), 사회의 요구를 분석함으로써 프로그램을 평가하는 준거이고, 그 결과를 평가하는 중요한 측정지수이며, 문제점 및 요구를 해결하기 위한 실천지표이고, 프로그램 개발 및 운영 단계에서 요구되는 다양한 활동에 있어 합리적인 의사결정이 가능하다.

넷째, 자원의 효율적 활용

요구분석 결과를 반영함으로써 불필요한 부분을 없애고, 합리적인 투자로 낭비를 줄이며, 수행에 따른 인적 · 물적 자원의 효율적인 배분으로 프로그램의 개발 및 설계단계에서 소요되는 예산, 시간, 자원의 효과적인 관리와 활용이 가능하다.

다섯째, 홍보 및 네트워크 기능

요구분석은 요구를 분석하는 기능과 함께 개인, 기관(조직), 지역사회와 접촉할 수 있는 중요한 기회이므로 조사과정의 당위성, 지역민의 참여, 기관(조직)과의 상호작용 및 정보 제공 등 네트워크 구축을 통한 협력으로 프로그램 홍보가 가능하다.

2. 프로그램 요구분석의 목적과 유형

1) 요구분석의 목적

요구분석(analysis needs)이 수행하는 목적을 살펴보면 다음과 같다(Boone et al., 2002).

첫째, 프로그램의 방향 설정

프로그램 개발자는 개인, 기관(또는 조직), 사회에게 가장 좋은 것이 무엇인지, 무엇이 필요한지를 안다고 가정하는 경향과 윤리적인 딜레마를 극복함으로써 계획된 변화, 체계적 연계, 평등, 변화와 통합 속에서 맥락을 이해하고, 위임받은 임무를 벗어나지 않으며, 기능, 구조 및 과정을 명확하게 이해하여 프로그램의 방향을 설정할 수 있게 된다.

둘째, 요구와 우선순위 식별

프로그램 계획에 참여할 대상, 학습 시스템, 이해관계자 등을 식별하여 우선순위를 정함으로써 그들이 표현한 요구를 객관적으로 분석하고, 공식·비공식적인 인적·물적 자원을 식별하여 프로그램에 우선순위를 정할 수 있게 한다.

셋째, 프로그램 개발 및 평가의 보조 자료

설문지, FGI(focus groups interview), 기존 데이터 수집 및 분석, 체크리스트, 청취 및 관찰 등 다양한 접근 방식 중 프로그램 대상에게 필요한 방법, 대상과 개발자 간 지속적인 상호작용이 가능한 방법, 문제와 관심 및 요구를 식별하기 위한 효과적인 접근 방식, 평가도구 등을 식별하여 효과적으로 프로그램에 접근할 수 있게 한다.

넷째, 사회 및 시장 변화에 부응

급변하는 사회와 다양한 요구 및 수요를 예측하고 지속적으로 파악하기 위한 노력은 계획된 프로그램의 실제 수행뿐 아니라 빠르게 변화하는 상황에 적합한 교수-학습 체계, 개인, 기관(또는 조직), 사회와 상호작용하면서 협력하여 프로그램을 개발할 수 있게 한다.

2) 요구의 유형

요구(needs)에 대한 개념과 유형은 많은 학자들에 의해 지속적으로 연구되고 있으나 여기에서는 매슬로우(Maslow)와 브래드쇼(Bradshaw)를 중심으로 유형을 살펴보고자 한다.

(1) 매슬로우의 유형

매슬로우의 욕구 단계는 인간 욕구의 5단계 모델로 피라미드 내에서 계층적 수준으로 묘사되며, 개인은 하위 수준의 욕구가 충족되어야 더 높은 상위 수준의 욕구가 충족될 수 있다. 이 모델은 맨 아래부터 위쪽으로 생리적, 안전, 사랑과 소속감, 존경, 자아실현 욕구 순이며, 아래부터 4단계는 결핍 욕구(D-needs)로 최상위 수준은 성장 또는 존재 욕구(B-needs)로 나누어진다. 결핍 욕구는 다음 욕구를 충족시키는 방향으로 진행되는 반면 성장 욕구는 무언가 부족해서가 아니라 한 사람으로서 성장하고자 하는 욕구에서 비롯되는데 이를 자세히 살펴보면 다음과 같다(Maslow, 1987: McLeod, 2018).

〈표 6-1〉 매슬로우의 욕구 5단계

단계	욕구	내용
1	생리학적 (physiological)	인간의 생존을 위한 생물학적 요구사항으로 가장 기본적인 욕구 예: 의식주, 공기, 피난처, sex 등
2	안전(safety)	생리학적 욕구를 잃지 않고 불안, 공포 등 위협으로부터 보호받으려는 욕구 예: 보안, 질서, 법률, 안정성 등
3	사랑과 소속감 (love and belonging)	생리학적 욕구와 안전 욕구가 충족된 후 사회적 및 정서적, 소속감을 추구하려는 욕구 예: 우정, 친밀감, 신뢰, 수용, 애정, 사랑 등
4	존경(esteem)	자신에 대한 존중과 타인으로부터 존경을 받고자 하는 욕구 예: 존엄, 성취, 독립, 지위, 명성 등
5	자아실현 (self-actualization)	자신이 될 수 있는 모든 것이 되고자 하는 욕구 예: 개인의 잠재력 실현, 개인의 성장과 최고의 경험 추구 등

매슬로우는 지속적인 연구를 통해 5단계 모델에 기초하여 확장된 욕구 단계 모델, 즉 인지적 욕구, 미적 욕구, 초월적 욕구를 포함한 모델을 [그림 6-1]과 같이 개발하였다. 매슬로우는 대부분의 행동은 다중 동기(multi-motivated), 즉 하나 이상의 기본 욕구에 의해 동시에 결정되며, 모든 행동은 기본 욕구 중 하나만이 아니라 여러 또는 모든 기본 욕구에 의해 동시에 결정되는 경향이 있다고 하였다.

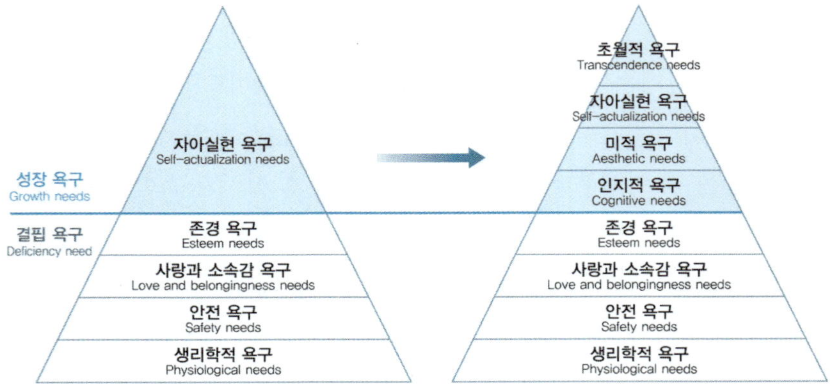

[그림 6-1] 매슬로우의 욕구 단계 변화

출처: Maslow(1987: 69 재구성).

(2) 브래드쇼의 유형

브래드쇼는 요구를 전문가 및 사회와 클라이언트, 즉 요구를 가진 당사자 관점에서 4가지 유형으로 정의하였다. 4가지 유형으로는 규범적 요구, 인지적 요구, 표현적 요구, 상대적 요구인데 이 범주는 요구에 대한 다양한 관점과 개념을 이해하는 데는 서로 다르지만 상호 보완적인 접근 방식을 제공한다는 점에서 유용하다고 할 수 있다. 이 유형을 자세히 살펴보면 다음과 같다(Bradshaw, 1972): Kettner et al., 2017).

〈표 6-2〉 브래드쇼의 4가지 요구 유형

유형	정의	장점	한계
규범적 (Normative)	• 전문가 관점의 요구 • 관습, 권위 또는 일반적인 합의에 의해 설정된 기준이나 기준에 충족되지 못하는 것을 판단하는 측면에서 정의된 요구	• 전문가는 객관적 목표 생성 • 계량화 가능 및 측정 용이	• 전문가 간 상이한 견해로 충돌 가능성 • 지식, 기술, 가치의 변화로 요구 수준의 변화 가능성
인지적 (Perceived)	• 클라이언트가 원하거나 생각하는 요구 • 자신의 요구가 무엇이라고 생각하거나 필요하다고 느끼는 측면에서 정의된 요구	• 클라이언트의 주 문제 및 요구 식별	• 전문가의 판단과 클라이언트의 요구 사이에서의 균형 유지

유형	정의	장점	한계
표현적 (Expressed)	• 클라이언트가 요구를 행동으로 표현하는 요구 • 실제로 도움을 요청한 사람들의 수로 정의된 요구	• 클라이언트의 수요가 계획 목표의 기초가 되므로 공급 규모 결정 용이	• 표현하지 않는 클라이언트에 대한 전문가의 관심 부족
상대적 (Relative)	• 타 집단에 존재하는 수준 차를 설명하는 요구 • 한 지역에 존재하는 서비스 수준과 유사한 지역 또는 지리적 영역에 존재하는 서비스 수준 간 격차로 측정한 요구	• 클라이언트와 지역 모두의 요구를 각종 지표로 평가	• 유사 또는 상대 집단의 요구가 실제 요구와 상이

브래드쇼는 4가지 요구 유형의 상호관계를 플러스(+)와 마이너스(−)로 표현하여 그림과 같이 12가지로 조합하여 도식화하였다. (++++)는 모든 정의에 의해 필요한 영역이고, (++−+)는 서비스의 접근이 어려워 수요가 제한되며, (++−−)는 전문가에 의해 받아들여지고 개인에 의해 느껴지지만 수요뿐만 아니라 공급의 부재가 나타나며, (−+++)는 전문가에 의해 가정되는 것이 아니라 느끼고, 요구되고, 공급되며, (+++−)는 느끼고 요구되지만 공급되지 않는 요구이고, (+−−+)는 전문가는 가정하여 서비스를 제공하지만 개인은 요구를 느끼지도 요구하지도 않으며, (+−−−)는 전문가에 의해 가정되는 요구이며, (−−−+)는 필요가 없음에도 불구하고 제공되며, (−++−)는 전문가는 미인식 및 미공급이지만 느끼고 요구되는 요구이며, (−+−−)는 사회서비스 범위 내에 있지 않지만 느끼는 요구이며, (−+−+)는 전문가는 가정하지 않지만 제공되는 요구이며, (−−−−)는 모든 정의에 있어 요구 부재이다.

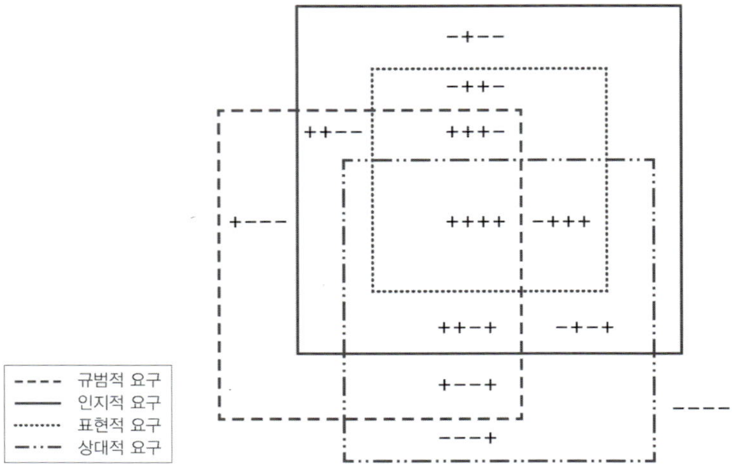

[그림 6-2] 브래드쇼의 4가지 요구 유형의 상호관계 도식

출처: Bradshaw(1972: 75).

3) 요구분석의 유형

평생교육에서 요구분석(analysis needs)은 프로그램에 참여할 학습자는 물론 잠재적인 학습자의 요구를 확인-분석하고, 필요한 정보를 수집하며, 프로그램의 목적을 달성하기 위해 다양한 아이디어와 창의적이고 융복합적인 방안을 도출하여 단계마다 설정한 우선순위를 적재적소(適材適所)에 적용함으로써, 학습동기를 부여하는 중요한 활동이므로 평생교육 프로그램의 성패(成敗)를 좌우할 뿐 아니라 프로그램의 방향을 설정하고 정당성을 부여할 정도로 중요한 영역이다. 이뿐만 아니라 급변하는 사회와 다양한 요구 및 수요를 예측하고 지속적으로 파악하기 위한 노력은 계획된 프로그램의 실제 수행뿐 아니라 빠르게 변화하는 사회 및 시장 변화에 부응하는 매우 중요한 과정이다. 이를 매슬로우의 욕구 단계에 적용해 보면 [그림 6-3]과 같다.

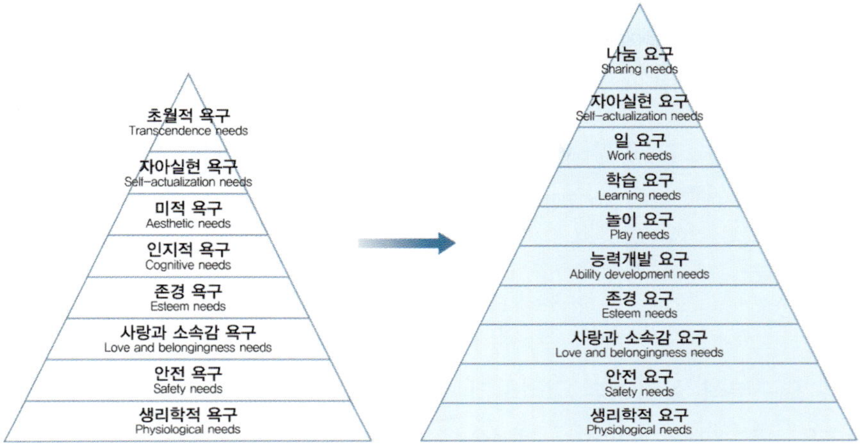

[그림 6-3] 요구분석의 변화

3. 프로그램 요구분석의 절차와 방법

1) 요구분석의 절차

평생교육 현장에서 실시되는 요구분석은 학자마다 다양한 모델과 방법이 있지만 상황에 따라 그 절차와 방법은 다르므로 절차와 방법에 따른 장 · 단점과 강조점을 고려하여 프로그램 개발에 따른 관련정보 수집 및 분석, 대상 및 집단의 요구 파악 등을 고려하여 공식 · 비공식적인 방법을 사용한다. 요구분석은 프로그램과 매우 밀접할 뿐 아니라 전체적인 방향과 비전, 목적과 내용 등을 결정하기 때문에 통제보다는 역동적이고 유연적인 상태를 유지하는 것이 중요하다. 요구분석의 각 단계는 목적과 범위, 분석자와 분석대상 등에 따라 단계적으로 수행하기도 하지만 상황에 따라 특정 단계를 생략하거나 단계와 관계없이 실시할 수도 있으므로 탄력성과 융통성이 요구된다. 요구분석 단계에서 수행하여야 할 과업(tasks)을 살펴보면 다음과 같다.

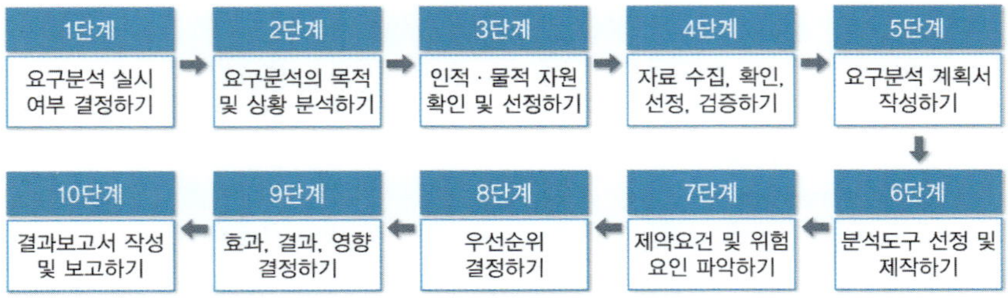

[그림 6-4] 요구분석의 절차

1단계: 요구분석 실시여부 결정하기

평생교육 프로그램을 개발하는 과정에서 설계와 실행은 개발자의 개인적인 신념이나 성향에 의해 영향을 받을 수 있으므로 개발자는 대상자, 대상 기관(또는 조직), 지역사회에 대한 명확한 기준 및 정당성에 의거하여 요구분석을 실시할 것인지에 대한 판단을 결정하여야 한다. 이 단계에서는 다음 사항을 고려하여서 전반적인 의사결정을 하게 된다.

- 요구분석이 왜 필요한가?
- 요구분석을 통해 무엇을 얻고자 하는가?
- 요구분석을 하는 것이 최선의 방법인가?

2단계: 요구분석의 목적 및 상황 분석하기

요구분석을 실시하기로 결정하면 요구분석에 필요한 상황을 정확하게 이해하고 파악하여야 한다. 즉, 요구분석이 업무수행 및 향상을 위함인지, 문제를 해결하기 위한 방법인지, 새로운 기술 도입 및 활용을 위함인지, 관습적 또는 규정 때문에 실시해야 하는지 등 요구분석이 실시되는 상황, 종류나 목적에 따라 달라질 수 있으므로 담당자는 요구분석의 필요성을 파악해야 한다. 다음으로는 요구분석을 왜 하는지에 대한 목적을 사회 · 경제 · 정치 등을 고려하여 프로그램의 동향과 흐름을 분석하여 결정하여야 한다. 이 단계에서는 다음 사항을 확인하고 이해하여야 한다.

- 참여 대상과 그들의 역할 및 책임은 무엇인가?
- 대상, 기관(또는 단체), 지역사회를 어떻게 연구하고 분석할 것인가?

- 요구분석을 위해 필요한 영역과 범위, 고려사항 등은 어떠한가?
- 요구분석을 통해 달성해야 할 목적과 결과는 무엇인가?

3단계: 인적 · 물적 자원 확인 및 선정하기

요구분석을 위해 필요한 자원을 적절하게 획득하는 것은 어려울 수 있으므로 담당자는 양질의 요구분석을 위해 필요한 자원을 잘 이해하여야 한다. 요구분석은 그 규모에 따라 책임자 및 담당자, 위원회, 조직(team) 및 인력(staff) 등을 구성하고, 적절한 시기에 영향력 있는 의사 결정권자를 참여시킴으로써 요구조사를 위한 이해와 수용을 제공하여 노력을 촉진하고 합법성을 제공한다. 또한, 요구조사를 위한 예산, 주제, 역량, 시간 등과 공식 · 비공식 권한은 자원을 투입하는 데 정당성을 부여할 수 있다.

4단계: 자료 수집, 확인, 선정, 검증하기

질 높은 요구분석을 위해 실제로 필요한 정확한 자료를 풍부하게 수집하고, 수집한 자료 중 유용한 정보를 확인하며, 확인한 자료를 대상과 조직, 관련 이슈, 양적 · 질적 정보(data) 등으로 구분하며, 요구분석의 목적과 상황에 따라 선정한 자료에 대해 그 출처를 확인하고 체계적으로 검증한다. 이 단계에서는 다음 사항을 확인하고 이해하여야 한다.

- 요구조사에 필요한 자료는 어디에 있는가?
- 요구조사에 필요한 정보를 얻는 데 장애요인이 있는가?
- 자료를 수집, 확인, 선정, 검증하는 데 협조가 필요한 대상이 있는가?

5단계: 요구분석 계획서 작성하기

요구분석 담당자는 목적에 따라 다양한 문제 및 요구를 조작적으로 정의하고, 요구분석을 위한 대상 선정 시 대표성을 고려한 표집(sampling), 요구분석의 목적 및 이슈 등에 적합한 기준 설정으로 신뢰도와 타당도를 검토하여 계획하여야 한다. 요구분석 계획서는 정형화된 양식은 없지만 일반적으로 구체적인 일정(요구분석의 시작 및 마감일 포함), 예산, 인적 · 물적 자원, 조직(team) 및 인력(staff) 구성 및 역할, 문제 및 요구, 목적, 절차, 분석도구 및 방법 등으로 구성된다.

6단계: 분석도구 선정 및 제작하기

요구분석을 위한 분석도구는 매우 다양하지만 도구의 특성, 도구가 가지는 장 · 단점 등을 파악한 후 목적을 달성하기 위하여 적합한 도구를 선정하는 것은 매우 중요하다. 요구분석을 실시하기 위해서는 최고의 분석도구는 없지만 최적의 분석도구가 있으므로 어렵지만 여러 가지 도구 중 적절한 방법, 기법 및 도구를 유연하게 사용 · 제작하여 효과적으로 설계하는 것이 중요한다. 이 단계에서는 다음 사항을 확인하고 이해하여야 한다.

- 분석도구를 사용할 대상은 누구인가?
- 어떤 도구를 사용할 것인가?
- 어떤 순서로 진행할 것인가?

7단계: 제약요건 및 위험요인 파악하기

평생교육 프로그램을 개발함에 있어 담당자는 제도적, 개별적 제약이 많거나 명확하지 않을수록 질 높은 프로그램 개발을 방해할 수 있음을 인식하여 과정에서 파악된 다양한 문제 및 위험요인을 분석해야 한다. 담당자는 파악한 요인을 분석하여 요인을 발생시키는 원인을 찾아 이를 해결할 수 있는 해결방안을 제시할 수 있는 방법, 대상자의 참여를 효과적으로 촉진하는 방법, 개인, 기관(조직), 지역사회의 의견을 충분히 반영할 수 있는 방법, 요구분석에 적합한 기술 및 방법을 이끌어 내려는 시도를 끊임없이 지속하여야 한다.

8단계: 우선순위 결정하기

요구분석을 통해 확인된 문제 및 요구를 효과적으로 해결하기 위해서 이중 확인(double-check)을 통해 편향(bias)이 없는지 확인하고, FGI(focus group interview, 집단심층면접) 등을 통해 전문가의 의견을 수렴하며, 담당자 및 관련자들의 의견을 종합적으로 고려하여 합리적으로 결정하는 지속적인 과정이다. 우선순위는 환경, 자원, 비용 등을 고려하여 사안의 긴급성, 수혜성, 파급성, 영향, 요구의 정도, 즉시성, 지식 · 기술 · 성과에 대한 공헌도, 목적 및 지역사회의 기여도, 자원이용 가능성, 난이도 등을 고려하여 결정한다.

9단계: 효과, 결과 및 영향 결정하기

요구분석을 통해 분석된 자료를 토대로 해결방안을 위한 대안을 모색하고, 의사결정과 운영에 필요한 지침을 제공하며, 프로그램의 효과 및 결과 그리고 영향을 줄 수 있는 직·간접적인 요인을 분석하여 프로그램의 가치(value)를 높일 수 있도록 표준 및 기준을 설정하여 제공함으로써 요구분석의 결과를 실행할 수 있도록 돕는다.

10단계: 결과보고서 작성 및 보고하기

요구분석의 보고 형태와 방법은 관계자의 요구와 상황에 따라 다르지만 일반적으로 보고서와 같은 인쇄물, 프레젠테이션 등과 같은 공식·비공식적 의사소통 방법을 통해 적절한 콘텐트와 매체를 사용하여 보고한다. 결과보고서는 기관 및 조직에 따라 다르거나 정형화된 양식이 없는 경우가 있지만 일반적으로 요구조사 개요, 목적, 배경, 대상, 일정, 자료수집 및 방법, 조사결과, 논의 및 대안, 결론 등으로 구성되며, 초안이 작성되면 검토, 수정 및 보완의 절차를 거쳐 완성한다.

2) 요구분석의 방법

요구분석을 위해 여러 가지 기법이 사용되지만 각각의 기법에는 장·단점과 특성이 있으므로 목적, 대상 및 기관(또는 조직)의 특성, 담당자의 전문지식, 비용, 활용 가능한 자원, 정보의 유용성 등을 고려하여 가장 적합한 기법을 선정하여 사용하는 것이 중요하다. 요구분석을 위해서는 어느 한 가지 기법을 사용하기도 하지만 상황과 여건에 따라 여러 가지 기법을 동시에 사용할 수도 있다. 요구분석을 위해 사용되는 다양한 기법 중 대표적인 기법을 살펴보고자 한다.

(1) 면접법

① 면접법의 개념

면접법(Interview Method)은 면접자가 피면접자를 대상으로 직접적인 언어적 상호작용을 통해 요구 및 다양한 정보를 수집하는 방법으로 널리 사용되고 있다. 이 방법은 객관적 검사로 응답에 제한이 있거나 문제 및 요구의 원인, 태도, 느낌, 맥락 등 심층적이고 전문적인 자료 수집이 가능하므로 유용한 정보 및 자료 획득을 위해서는 면접자의 숙달 및 높은 기술이 요구된다.

② 면접법의 장점과 단점

장점	단점
• 심층적인 자료수집 및 보충자료 수집이 가능하다. • 문장 독해력이 없는 사람 등에게도 자료 수집이 가능하다. • 환경과 상황에 따라 질문 등을 변경할 수 있으므로 신축성과 융통성이 있다.	• 면접기법이 부족할 경우 면접자의 편견 등이 개입되거나 자료수집의 질이 떨어진다. • 많은 시간과 비용이 소요된다. • 결과를 수량화하기 어렵다.

③ 면접법의 유형

유형	내용
구조화된 면접 (structured interview)	• 표준화 면접, 지시적 면접이라고도 하며, 사전에 준비된 질문지를 통해 계획에 따라 면접이 진행한다. • 모든 면접자에게 동일한 절차와 내용으로 진행된다. • 편리한 자료 코딩, 응답자 간 비교 가능, 반복적 연구가 가능한 반면 규격화로 융통성 결여, 심층적 답변 등이 어려울 수 있다.
비구조화된 면접 (unstructured interview)	• 비표준화, 비지시적 면접이라고도 하며, 면접 목적만 계획하고 내용 및 방법은 면접자에게 일임하여 진행한다. • 상황과 여건에 따라 질문을 추구하거나 생략할 수 있으므로 융통성을 발휘할 수 있다. • 타당도가 높은 반면 면접자의 높은 숙달과 기술을 필요로 한다.
반구조화된 면접 (semi-structured interview)	• 구조화된 면접과 비구조화된 면접의 장단점을 보완하고자 하는 방법이다. • 사전에 치밀한 계획을 세우지만 실제 면접에서는 융통성을 발휘한다. • 고도로 훈련된 면접자가 아닐 경우 피면접자의 속성, 경험 등을 충분히 수집하기 어렵다.

(2) 관찰법

① 관찰법의 개념

관찰법(Observation Method)은 관찰자가 직접 현장에서 조사대상, 즉 개인, 집단, 지역사회 등을 관찰함으로써 현실적인 문제 및 요구를 파악하여 자료 및 정보를 수집하는 방법이다. 이 방법은 현장에서 관찰자가 직접 행동, 현상, 특성, 원인 등을 관찰하고 탐색하기 때문에 질적으로 풍성한 데이터를 정확하게 수집할 수 있다.

② 관찰법의 장점과 단점

장점	단점
• 타인과의 상호작용은 사고 증진, 표현력 증진, 협동 기술 및 태도 등을 향상시킬 수 있다. • 조직 문화 등 분위기 파악이 유리하며, 집단역학으로 시너지 효과를 얻을 수 있다. • 현장성 있는 생생하고 정확한 자료 수집이 가능하다.	• 상황에 대한 재관찰이 어려우며, 효과에 대한 검증을 타 교육 및 영향 등과 분리하기 어렵다. • 많은 수의 관찰이 용이하지 않으며, 시간이 많이 소요된다. • 관찰자의 편견이 개입될 가능성이 있다.

③ 관찰법의 유형

유형	내용
비통제적 관찰	• 자연적 관찰, 즉 일상생활에서 자연히 발생하는 행동이나 현상을 있는 그대로 관찰하는 방법이다. • 관찰자의 숙달 및 기술정도, 통찰력에 따라 수집된 자료의 신뢰성과 우수성이 달라질 수 있다. • 인위적인 통제가 이루어지지 않기 때문에 자연스러운 관찰이 가능한 반면 관찰의 신뢰도가 떨어질 수 있다.
통제적 관찰	• 의도적으로 설정한 조건하에서 이루어지는 특성으로 인해 필요한 경우 반복적인 실시 및 관찰로 정확한 자료 수집 및 분석이 가능하다. • 계통적 관찰이라고도 하며, 필요한 경우 인위적으로 조건을 설정하거나 변인을 통제할 수 있다. • 실험 전후의 결과 비교, 관찰자 간 결과 비교가 가능한 반면 판단 및 해석에 오류가 발생할 수 있다.
참여적 관찰	• 관찰자가 피관찰자의 환경 속으로 들어가 함께 생활하면서 자연스럽게 관찰하는 방법이다. • 피관찰자가 의식하지 않은 상태에서 관찰하는 것이 좋지만 상황이 여의치 않을 경우에는 그렇지 않아도 된다. • 피관찰자의 환경 속으로 깊이 들어갈수록 관찰 범위가 넓어지지만 이럴 경우 객관성을 잃을 수도 있다.
비참여적 관찰	• 관찰자가 피관찰자의 환경 속으로 들어가지 않고 객관적으로 관찰하는 방법이다. • 통제적 또는 비통제적 관찰로 진행되는 비참여 관찰은 많은 부분에서 이루어진다. • 참여적 관찰보다는 객관성을 확보할 확률이 크지만 피관찰자가 관찰을 의식하여 긴장, 경직할 수도 있다.

(3) 토의법

① 토의법의 개념

토의법(Discussion Method)은 현장의 사고, 가치, 지식, 특정 주제 및 문제 등에 대해 자유로운 의견을 상호교환하거나 토의함으로써 공동적인 집단 사고로 해결책, 대안, 아이디어 등을 도출해 내는 방법이다. 이 방법은 집단 구성원들의 적극적인 참여 및 상호작용, 수용, 흥미 등이 요구되므로 긍정적인 합의 도출과 효과적인 토의를 위해서는 사회자의 역할이 중요하다.

② 토의법의 장점과 단점

장점	단점
• 개방적인 의사소통, 협조적인 분위기, 민주적인 태도 등을 위해 참여자의 적극적이고 자발적인 참여를 유도할 수 있다. • 토의를 주도하는 사회자는 상황에 따라 촉진자, 조력자, 관찰자 등 다양한 역할을 수행할 수 있다. • 주제와 참여자의 특성을 고려한 집단 구성 및 토의는 적극적인 구성원 의식과 유대관계, 긍정적 태도 등을 신장시킬 수 있다.	• 시간과 경비가 많이 소요된다. • 적극적인 몇몇 참여자의 적극적인 주도로 소수자의 의견이 무시되거나 무관심될 가능성이 있다. • 철저한 사전 준비와 규칙 개발, 체계적 관리가 요구된다.

③ 토의법의 유형

유형		내용
소집단 토의	원탁 토의 (round table discussion)	참가자들이 동등한 위치에서 상호관계를 유지하면서 주제에 대해 자유롭게 토의하는 방식이다. 다만, 필요에 따라 사회자나 기록자를 둘 수 있으며, 구성원이 비슷한 수준의 지식수준, 발언 능력 등일 때 원활하게 진행할 수 있다.
	버즈 토의 (buzz discussion)	토의 과정이 마치 벌떼가 잉잉거리는 소리와 같다 하여 붙여진 방식으로, 6명으로 구성된 집단이 6분간 토의한다 하여 '6×6 토의'라고도 한다. 이 방법은 특별한 형식을 배제한 토의방식으로 적극적인 참여를 유도하고 친근한 분위기일 때 참가자들의 의견교환이 가능하며, 창의적인 아이디어가 필요한 브레인스토밍(brainstorming) 등에서 주로 사용된다.
대집단 토의	포럼 (round table discussion)	특정 주제에 대한 전문가 발표 후 참가자들의 의견 개진과 질의응답이 이루어지는 방식으로 비교적 개방적으로 이루어진다.
	배심 토의 (panel discussion)	특정 주제에 대한 의견이 나뉠 때 사회자가 토의를 이끌어 가는 방식이다. 배심원은 주제에 대해 명확히 발언하며, 사회자는 중립적인 위치에서 활발한 의견이 개진될 수 있도록 돕는다.
	심포지엄 (symposium)	주제에 대해 전문가들이 발표한 후 발표내용에 대한 토의와 질문이 발표자와 참가자들 간에 진행된다. 같은 주제에 다양한 견해가 제시되고, 주제에 대한 전문 지식을 갖춘 사람들이 참여하며, 격식을 갖추어 진행되는 것이 특징이다.

(4) 사례연구

① 사례연구의 개념

사례연구(Case Study)는 사례 해결에 직접 참여하여 그 사례에 대한 종합적인 자료, 즉 사례의 사회적 · 경제적 · 역사적 상황 및 맥락과 정보원으로부터의 관찰, 면접, 시청각 자료, 문서 및 보고서 등 다양한 방법에 의해 수집된 자료를 심층적으로 분석하여 총체적으로 기술 · 설명하는 방법이다. 이 방법은 하나 또는 여러 사례를 선택하여 탐색할 수 있지만 사례가 많으면 깊이 있는 분석이 어려울 수 있으므로 합리적인 기준으로 사례를 선택하는 것이 필요하다(김석우 외, 2015: 346-361).

② 사례연구의 장점과 단점

장점	단점
• 사례에 대한 종합적인 고찰로 상황에 대한 특수성을 명확하게 분석할 수 있다. • 다양한 자료를 통한 종합적이고 심층적인 분석은 풍부하고 의미 있는 자료를 제공해 준다. • 다양한 목적의 연구가 가능하므로 교육과 같은 분야에 적절한 연구설계를 제공할 수 있다.	• 타당성을 고려한 적절한 사례 확보 및 결과를 일반화하는 데 어려울 수 있다. • 많은 양의 자료수집으로 경비와 시간이 많이 소요되므로 비경제적, 비능률적일 수 있다. • 효과적인 분석을 위해서는 분석자의 숙련, 전문지식, 경험, 통찰력 등이 요구된다.

③ 사례연구의 유형

유형	내용
내재적 사례연구 (intrinsic)	특정 사례 자체를 잘 이해하기 위한 것으로 사례 자체가 지닌 본질적인 부분을 보다 깊이 이해하고자 한다.
도구적 사례연구 (instrumental)	사례연구를 도구로 활용하여 '그 무엇'을 이해하는 것으로 어떤 쟁점에 대한 통찰이나 다른 사례에 대한 이해를 제공하기 위함이다.
집합적 사례연구 (collective)	다수의 사례 연구로 집단, 사상(事象), 상황 등에 대한 이해를 도모하는 것으로 중다사례연구(multiple-case study)와 동일한 의미로 사용된다.
탐색적 사례연구 (exploratory)	새로운 시각으로 어떤 상황에 대해 '무엇(what)'이 일어나고 있는지 바라보는 것으로 현재 일어나고 있는 사상(事象)에 관심을 가지고 명제와 가설을 연구하며, 불확실성이 일단 해소되면 실제연구가 대규모로 수행된다.
설명적 사례연구 (explanatory)	'어떻게(how), 왜(why)'라는 질문을 통해 현상 간 양식(pattern)을 발견하고자 하는 것으로 관찰변인에서 어느 하나가 다른 하나와 관련이 있다면 이를 단순관계 또는 인과관계로 찾아낸다.
기술적 사례연구 (descriptive)	사례와 관련된 정보수집을 위해 주제에 대한 폭넓은 이해와 지식이 필요하며, 연구문제에서 제시된 사례, 사상(事象), 상황 등에 대한 정확한 기술에 초점을 두고 수행된다.

(5) 직무분석

① 직무분석의 개념

직무분석(Job Analysis)은 개인이나 집단의 직무를 분석하여 직무 수행에 필요한 지식, 기술, 능력, 특성 등을 파악하여 분석에 필요한 자료 및 정보를 객관적으로 수집함으로써 직무를 구성하는 업무(duty)와 과제(task)를 규명하는 방법이다. 이 방법은 인적 자원 개발의 전략적 활동으로 현재의 직무 수준과 미래를 대비하며, 결과는 조직 재설계, 교육 및 경력 개발, 적정 인력 산정, 채용, 평가, 보상 등 다양한 분야에 활용된다.

② 직무분석의 장점과 단점

장점	단점
• 직무분석은 중요한 결과물, 즉 직무수행을 위한 명확하고 정확한 정보를 확보할 수 있다. • 근로자의 효과적인 직무 배치, 공정한 평가 및 보상 등으로 팀워크 촉진, 주인의식 함양 등이 가능하다.	• 어느 정도까지가 바람직한 직무분석 수행 범위인지 결정하기 어려울 수 있다. • 직무분석 능력이 숙달되지 않을 경우 유용한 자료 및 정보 수집이 어려울 수 있다.

③ 직무분석의 유형

유형		내용
최초 분석법	면담법 (면접법)	• 직무 분석자가 구조적 면접법, 비구조적 면접법 등으로 직무 담당자와 면접을 통해 직접 질문하는 방법이다. • 비교적 정확한 정보를 얻을 수 있어 많이 활용한다.
	관찰법	• 직무분석자가 직접 직무활동에 참여하여 체험하거나 수행해 보는 방법이지만 상당기간 직접 체험하는 데는 어려움이 있다. • 다른 직무분석 방법을 보완하는 데 일부 사용한다.
	설문지법 (질문지법)	• 현장 근로자 및 감독자에게 설문지 배포, 직무내용 기술 등으로 실시된다. • 조사대상의 폭이 넓지만 객관정 결여 및 회수율 저하가 우려된다.
	녹화법	• 반복 단순직무, 작업환경의 소음, 분진, 진동, 습윤 등으로 인하여 장시간 관찰이 어려운 경우 유용하다. • 녹화를 위한 기계 및 촬영전문가 확보에 어려움이 있을 수 있다.
	작업일지법	• 근로자들이 정해진 양식에 따라 직접 작성한 작업일지로부터 직무에 관한 정보를 수집하는 방법이다.
	중요사건기록법 (결정적사건법)	• 직무성과와 관련해 효과적 · 비효과적인 행동을 구분하여 사례를 수집하고 그 사례로부터 효과적인 행동패턴을 추출하여 분류하는 방법이다. • 구체적인 자료로 정보를 제공하지만 특정 직업군에 한정될 수 있다.

유형	내용
비교확인법	• 분석된 자료를 참고로 하여 현재 직무 상태를 비교 · 확인하고 현장에서 최근에 변화된 내용을 수정 · 추가하여 검증한다. • 직무의 폭이 넓어 단시간 내 파악이 어려운 경우, 대상 직무에 대한 참고문헌 및 자료가 충분한 직무, 오랜 역사로 많은 자료가 수집될 수 있는 경우에 사용한다. • 비교확인법, 현장검증법이라고도 한다.
데이컴법	• DACUM(Developing a Curriculum Method, 교육과정개발)법은 직업훈련을 위한 교과과정 개발과 교육훈련을 목적으로 교과과정을 개발하는 데 활용되는 분석기법이다. • 8~12명의 분석협조자로 구성된 데이컴위원회, 즉 실무자가 준비한 장소에서 단시간(2박3일 정도)에 집중 워크숍을 통해 작업을 진행한다. • 소집단으로 브레인스토밍기법을 활용하며 교육과정 자체와 관련이 깊다. • 숙련 근로자를 분석협조자로 선정하여 구성하고, 데이컴 차트 작성에는 의장 및 서기의 의견을 반영하지 않는다.

(6) 서베이법

① 서베이법의 개념

서베이법(Survey Method)은 문제 및 요구를 구조화한 설문지 등을 활용하여 대면, 우편, 전화, 이메일 등의 방법으로 분석 대상자가 크거나 광범위할 경우, 참여자는 물론 잠재적 학습자 대상 분석이 요구될 경우에 실시하는 방법이다. 이 방법은 단기간에 대량의 정보를 신속하게 획득할 수 있고, 비교적 용이한 처리과정과 표준화 · 수치화된 결과를 도출할 수 있어 가장 보편적으로 사용하는 기법이다.

② 서베이법의 장점과 단점

분류	장점	단점
설문조사	• 저렴한 비용으로 비교적 짧은 시간에 대량의 자료 수집이 가능하다. • 수집된 자료 분류 및 해석이 용이하며, 표준화된 자료 수집으로 타당성 있는 정보 수집이 가능하다. • 익명성 보장으로 솔직한 응답과 심리적 부담을 줄일 수 있다.	• 일방적 의사소통으로 저조한 응답률과 회수율, 성의 없는 답변 등으로 대표성을 위협할 수 있다. • 응답자의 독해 능력 및 언어 능력에 따른 제약, 모호한 설문문항에 대한 보충설명의 어려움, 자유로운 의견 수렴에 제한이 있을 수 있다.

분류	장점	단점
전화, 이메일 조사	• 간편하고 신속한 자료 수집으로 시간과 비용을 절약할 수 있다. • 표준화된 질문으로 응답률을 높일 수 있다. • 지역, 시간, 직업 등 대상에 대한 접근이 비교적 용이하다.	• 조사 대상자의 응답의지에 좌우될 수 있다. • 조사 중 통화단절이나 시간적 제약으로 상세한 정보 수집이 어려울 수 있다. • 전화, 이메일 등 사용가능자 대상으로 인해 모집단이 불안정하거나 대표성이 떨어질 수 있다.

(7) 델파이법

① 델파이법의 개념

델파이법(Delphi Method)은 설문 및 질문을 통해 주요 문제, 특정 관심사, 현황에 대하여 표본 대상들에게(전문가) 의견이나 정보를 수집하여 분석한 결과를 다시 응답자들에게 보내 만족스러운 결과를 얻을 때까지 반복하여 의견을 조정 · 통합 · 개선시켜 올바른 판단이나 합의점을 도출해 내는 의견 조사 방법이다. 이 방법은 전문가들의 자유로운 의견, 새로운 사상, 반성적 사고, 식견 · 직관 · 판단력 등이 솔직하게 피력될 수 있도록 비대면으로 익명성이 보장되며, 그 결과는 효과적인 자원으로 활용하여 예측뿐 아니라 다양한 문제 및 상황에 대한 해결방안 모색과 체계화 및 객관화가 가능하다.

② 델파이법의 장점과 단점

장점	단점
• 전문가들의 자유로운 시간, 익명성으로 심리적 영향을 피할 수 있어 솔직하고 심층적인 의견, 아이디어, 정보 수렴이 가능하다. • 반복 및 환류로 편향, 착오, 부정적 영향력 등을 최소화할 수 있으며 결과를 통계적으로 처리할 수 있다. • 잘 구성된 패널은 객관적인 정도를 얻기 어려운 상황에 효과적이며 뛰어난 예측결과를 얻을 수 있다.	• 반복 및 환류로 지속적인 상호작용, 응답 및 회수율이 떨어질 수 있으며 시간이 많이 소요된다. • 설문 및 질문에 결함이 있을 경우 정확한 전달이 어려워 조사방법 자체에 문제가 발생하거나 회답에 영향을 줄 수 있다. • 전문가의 선정, 협조적 태도, 객관성 확보가 어려우며, 잘못 구성되었을 경우 비협조적 태도, 왜곡된 정보 및 참여 가능성이 발생할 수 있다.

(8) 기타 요구분석 기법

① 주요 정보제공자 조사

주요 정보제공자 조사는 프로그램의 운영 및 서비스 전달에 직접적으로 참여하지는 않지만 지역 및 지역민에 대해 잘 알고 있거나 오래 거주하여 그 지역을 잘 알고 있는 사람들, 즉 공무원, 정치인, 통반장, 지역 유지, 전문 종사자, 다양한 기관 및 조직의 대표 및 임원 등으로부터 수집된 의견, 정보, 대상 집단의 요구 및 서비스 이용 상황, 관심사 등을 파악하고 분석하는 방법이다. 이 방법은 지역사회의 전반적인 문제나 요구 파악이 용이하지만 잘못 선정된 정보 제공자로 인해 수집된 정보가 편향되거나 실제 문제 및 요구와 일지하지 않을 수도 있다.

② 현존자료 분석

현존자료 분석은 개발 및 사용하고자 하는 내용과 관련된 자료를 분석하고, 실제 현장에서 일어나는 다양한 결과를 종합적으로 분석하여 실제로 필요한 아이디어, 정보, 타당한 자료를 도출해 내는 방법이다. 이 방법은 적은 비용으로 자료를 재구성하지 않고 즉시 사용할 수 있지만 자료 및 이론에 치우쳐 현장성이 결여될 수 있으므로 자료에만 의존하지 않고 실제 현장에서 발생하는 다양한 소리와 상황을 병행할 필요가 있다.

③ 행정자료 분석

행정자료 분석은 지역사회의 다양한 기관(또는 단체)이 관리하거나 수집한 자료, 관련 전문가가 정기적 · 비정기적으로 발표하거나 활용하는 자료, 행정기관이 업무 수행을 위해 수집하거나 보관하는 자료를 분석하여 지역사회의 문제 및 요구를 파악하는 방법이다. 행정자료에는 주민들의 요청 및 관심 사항, 대상 인구 및 지역(또는 조직)의 중요한 정보, 공익사업의 동향 등 중요한 내용들이 포함되어 있으므로 프로그램 및 사업을 개발을 위한 요구분석에 중요한 역할을 한다.

4. 프로그램 요구의 우선순위 결정

평생교육 프로그램 개발자는 너무도 많은 문제와 요구를 분석하고, 대안을 도출해야 하는 딜레마에 직면한다. 따라서 개발자는 질 높은 프로그램을 개발하기 위해서는 다양한 자료, 정보, 요구사항을 설명하고, 목표와 기준을 정하며, 대상자를 식별하고, 사용 가능한 자원을 정의하며, 필요한 조치를 결정하는 등 모든 단계에서 발생하는 지속적인 의사결정, 즉 현재 중요하거나 가치 있는 것으로 우선순위를 결정해야 하는 활동이다. 우선선위 결정에 대한 다양한 사항을 보일의 연구를 통해 살펴보고자 한다(Boyle, 1981: 172-180).

1) 우선순위 결정의 어려움

우선순위 결정을 위해 다양한 자료 및 정보를 수집하고 분석하는 활동은 쉽지 않다. 하지만 그 자료로부터 현 작업에 영향을 미치며 대안을 모색하기 위해 가장 필요한 자료를 선택하고, 우선순위를 결정하여 적용할 수 있는 개발자의 기술과 방법 또한 쉽지 않다. 개발자가 우선순위를 결정하는 과정에서 종종 직면하게 되는 어려움을 살펴보면 다음과 같다.

첫째, 우선순위 결정은 개인이나 집단의 의사결정 과정이라기보다는 다집단(multigroup)의 의사결정 과정이므로 프로그램 개발자는 우선순위에 대한 최종 결정 과정에 보다 많은 개인과 집단의 결정을 사용해야 한다.

둘째, 집단의 특성이 집단 구성원 사이에 정서적인 참여를 유도하고, 집단이 도달하고자 하는 최종 결정에 영향을 줄 수 있으므로 집단의 의사결정을 합리적으로 결정하는 것은 매우 어렵다.

셋째, 의사결정을 위한 대안을 명확하게 식별하기 위해 요구되는 자료를 수집하는 것도 어렵지만 의사결정에 사용되는 자료를 효과적으로 해석하고 분석할 수 있는 충분한 시간과 기술 부족은 우선순위를 결정하는 데 있어서 매우 중요한 영향요인이 된다.

넷째, 프로그램의 우선순위를 결정할 때 범주(개인, 조직, 클라이언트, 지역사회, 정치, 자원)의 기준을 의사결정으로 사용해야 하며, 실제 과제는 그 기준을 정확하게 식별한 후 의사결정에서 이를 상호 연관시켜야 한다.

2) 우선순위 결정의 프레임워크

프로그램의 우선순위에 대한 분석 및 결정을 위한 프레임워크는 다음과 같으며, 우선순위를 결정하기 위한 선별 과정에는 6가지의 단계(개인, 조직, 클라이언트, 지역사회, 정치, 자원)는 [그림 6-5, 6-6]과 같이 범주 안에서 서로 제한하거나 서로 상호작용을 한다.

[그림 6-5] 우선순위 설정을 위한 카테고리 상호작용

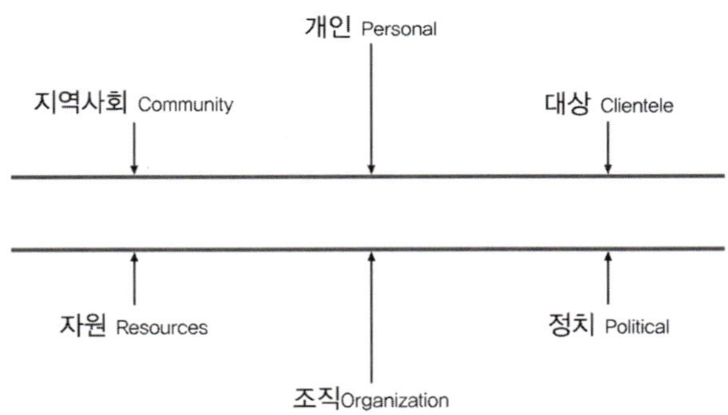

[그림 6-6] 우선순위 설정에서 추진력과 구속력의 상호작용

출처: Boyle(1981: 176-177).

프로그램 개발을 위해 요구 및 문제를 해결하고 대안을 모색하기 위해 6가지의 단계가 우선순위를 결정하는 과정에서 어떻게 선별되고, 어떻게 결정되는지를 [그림 6-7]에서 보여주고 있다.

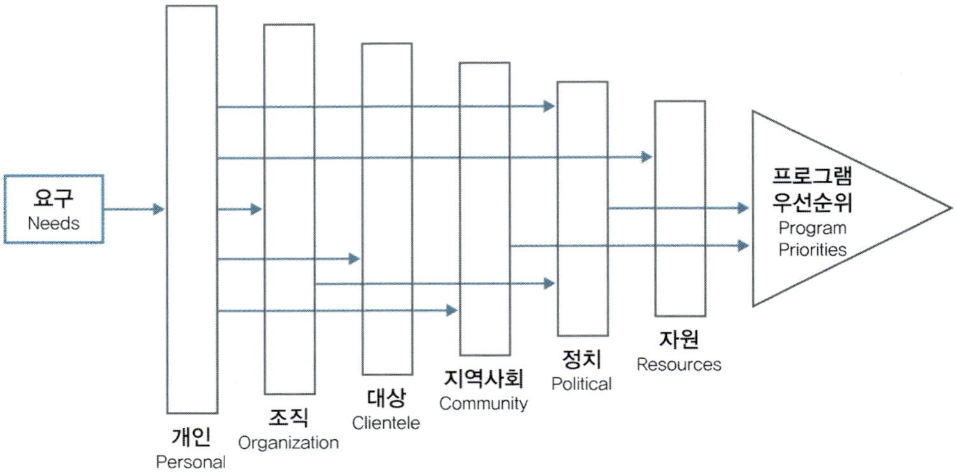

[그림 6-7] 우선순위 결정을 위한 선별(Screening)

출처: Boyle(1981: 177).

우선순위 결정을 위한 선별(Screening) 과정에서의 중요사항을 살펴보면, 우선순위 설정 상황 이해, 가능한 우선순위 식별, 우선순위 선정 기준 파악, 우선순위의 상대적 중요도 결정, 우선순위의 대한 결과와 시기 반영, 우선순위에 따른 실천 약속이다.

3) 우선순위 결정 시 접근방법

우선순위 결정에 있어 개발자는 분석된 자원으로부터 현 작업에 필요한 자료를 시기와 중요도에 따라 우선순위를 결정하게 되는데 그 과정에서 고려해야 할 사항, 즉 긴급 및 수혜성, 파급 및 불일치 정도, 조직 목표 및 지역사회의 기여도, 자원 및 리스크, 변화 및 난이도, 조직 목표 및 외부 환경 요소 등과 2가지의 기본적인 접근방법을 제시하였다(Caffarella et al., 2013: 149-156). 하지만 어느 한 가지 방법이나 고려사항도 절대적이거나 완벽한 단일기준일 수 없으므로 프로그램 개발자는 방법 및 기준의 장단점을 확인하고, 다양한 상황과 맥락을 고려하여 가장 적합한 방안을 선택하고, 결정하며, 개발하는 것이다.

〈표 6-3〉 우선순위 결정 시 접근방법

분류	내용
정량적 방법 (quantitatively)	• 수치적 척도에 기반을 두며, 보통 어떤 종류의 평점 차트를 포함한다. • 수집된 자료 및 정보 중에서 우선순위를 결정한다. • 숫자 정보를 사용한 우선순위 차트는 개인 및 집단에 의한 결정 시 유용하다. • 개별 작업 후 전체작업으로 편집 및 수정, 완성 등이 용이하다.
정성적 방법 (qualitatively)	• 개방형 집단(open-ended group)이나 일대일 방식(one-on-one methods)을 통해 이루어진다. • 정량적 방법과 함께 또는 단독으로 사용된다. • 개방적이고 유동적이며 서술적이다. • 정의된 영역의 경우 깊이 있는 논의 및 상호작용이 가능하다.

〈표 6-4〉 우선순위 결정 시 검토 사항

분류	내용
자원 결정	교육 및 훈련 프로그램에 대한 요구 및 방안 도출을 위한 자원을 결정한다. 예) 현재 또는 잠재적 참여자, 고용주, 조직 및 지역사회 지도자, 개인 및 지역사회 문제, 입법 및 규정 등
방안 도출	다양한 기술 및 방법을 통해 방안을 도출한다. 예) 면접, 관찰, 토의, 설문지, 직무 분석, 서베이, 사회 지표 등
유연성 있는 사고	구조화된 도구 및 기술이 유일한 방법이 아님을 인식한다. 예) 문제 및 요구에 대해 도출 방안으로 덜 공식적이거나 비공식적 방법 자주 사용
방안 확인	문제 및 요구 평가를 위한 구조화된 도구의 필요성을 설명한다. 예) 상황에 적합한 평가 수행을 위한 기술 및 방안 선택과 개발 여부 확인
상황 고려	프로그램에 대한 방안 도출에 영향을 줄 수 있는 상황을 고려한다. 예) 지식, 기술, 정치 · 경제 · 사회 등 환경 요소, 조직, 참여자, 변화 등
사람 선택	우선순위 결정 과정에 참여할 사람을 선택한다. 예) 잠재적 참여자, 전문가, 직원 및 자원봉사자, 기관 · 지역사회 대표, 기타 이해관계자 및 그룹 등
기준 개발	우선순위를 결정 및 선택에 대한 정당화 기준을 개발한다. 예) 정량적 방법, 정성적 방법, 2~3가지의 방법 결합 등
활동 설계	교육 및 훈련 프로그램에 적절한 활동을 설계한다. 예) 도출된 방안이 프로그램에 적절한지, 정책 및 절차의 변경, 시설 및 자원의 수정 또는 조직개발 활동 등

우선순위는 다양한 문제 및 요구를 효과적으로 해결하기 위해 우선적으로 순위를 정하는 것이다. 따라서 우선순위를 결정할 때에는 객과적이고 타당한 기준에 의거하여 합리적으로 결정하는 것이 무엇보다 중요하다. 우선순위를 정하는 여러 가지 방법 중 BPRS 방법과 PEARL 방법을 살펴보고자 한다.

BPRS(basic priority rating system)은 핸론과 피켓(Hanlon & Pickett)에 의해 개발된 방법으로 서로 다른 문제 및 요구를 객관적 방법으로 제시하며, PEARL(propriety, economics, acceptability, resource, legality) 방법은 문제 및 요구의 중요도와 난이도, 빈도와 필요도를 기준으로 우선순위를 결정하는 방법이다.

〈표 6-5〉 BPRS 방법을 활용한 우선순위 결정

분류	항목			BPRS	순위
	크기(A)	심각성(B)	추정효과(C)	(A+2B)×C	
부부 관계	7	9	7	175	2
자녀 양육	8	7	6	132	4
자기 성장	10	8	6	156	3
부부관계 개선	9	10	7	203	1

※ 기준: 매우 높음(9-10), 다소 높음(7-8), 높음(5-6), 조금 높음(3-4), 높지 않음(0-2).

〈표 6-6〉 PEARL 방법을 활용한 우선순위 결정

분류	중요도	난이도	빈도	필요도	계	순위
부부 관계	5	4	3	3	15	2
자녀 양육	3	2	1	3	9	4
자기 성장	5	3	2	2	12	3
부부관계 개선	4	5	4	4	17	1

※ 기준: 매우 중요(5), 다소 중요(4), 중요(3), 조금 중요(2), 중요하지 않음(1).

정리하기

요구분석(analysis needs)은 프로그램에 참여할 학습자는 물론 잠재적인 학습자의 요구를 확인-분석하고, 필요한 정보를 수집하며, 프로그램의 목적을 달성하기 위하여 다양한 아이디어와 창의적이고 융복합적인 방안을 도출하여 단계마다 설정한 우선순위를 적재적소(適材適所)에 체계적이고 구체적으로 적용함으로써 학습동기를 부여하는 활동이다.

요구분석(analysis needs)의 목적은 프로그램의 방향 설정, 요구와 우선순위 식별, 프로그램 개발 및 평가의 보조 자료, 사회 및 시장 변화의 부응이다.

요구분석을 위해 여러 가지 기법이 사용되지만 각각의 기법에는 장·단점과 특성이 있으므로 목적, 대상 및 기관(또는 조직)의 특성, 담당자의 전문지식, 비용, 활용 가능한 자원, 정보의 유용성 등을 고려하여 가장 적합한 기법을 선정하여 사용하는 것이 중요하다. 요구분석의 대표적인 방법을 살펴보면, 면접법, 관찰법, 토의법, 사례연구, 직무분석, 서베이법, 델파이법 등이다.

프로그램 개발자는 질 높은 프로그램을 개발하기 위해서는 다양한 자료, 정보, 요구사항을 설명하고, 목표와 기준을 정하며, 대상자를 식별하고, 사용 가능한 자원을 정의하며, 필요한 조치를 결정하는 등 모든 단계에서 발생하는 지속적인 의사결정, 즉 현재 중요하거나 가치 있는 것으로 우선순위를 결정해야 하는데 이러한 활동을 프로그램 요구의 우선순위 결정이라 한다.

개발자가 우선순위를 결정하는 과정에서 종종 직면하게 되는 어려움을 살펴보면, 첫째, 프로그램 개발자는 우선순위에 대한 최종 결정 과정에 보다 많은 개인과 집단의 결정을 사용해야 한다. 둘째, 집단의 의사결정을 합리적으로 결정하는 것은 매우 어렵다. 셋째, 의사결정에 사용되는 자료를 효과적으로 해석하고 분석할 수 있는 충분한 시간과 기술 부족은 우선순위를 결정하는 데 있어서 매우 중요한 영향요인이 된다. 넷째, 프로그램의 우선순위를 결정할 때 범주(개인, 조직, 클라이언트, 지역사회, 정치, 자원)의 기준을 의사결정으로 사용해야 한다.

우선순위 결정에 있어 개발자는 분석된 자원으로부터 현 작업에 필요한 자료를 그 시기와 중요도에 따라 우선순위를 결정하게 되는데 우선순위 결정 시 검토사항으로는 자원 결정, 방안 도출, 유연성 있는 사고, 방안 확인, 상황 고려, 사람 선택, 기준 개발, 활동 설계 등이다.

연구문제

1. 프로그램 요구분석의 개념을 설명하여 보시오.

2. 프로그램 요구분석의 목적 5가지를 설명하여 보시오.

3. 프로그램의 요구분석 절차 10단계를 설명하여 보시오.

4. 프로그램의 요구분석 방법 중 면접법과 관찰법을 비교하여 설명하시오.

5. 프로그램의 요구분석 방법 중 직무분석의 장점과 단점을 설명하여 보시오.

6. 프로그램 우선순위에 대한 분석 및 결정을 위한 프레임워크를 설명하여 보시오.

Chapter 07

평생교육 프로그램의 목적 및 목표

학습목표

1. 프로그램의 목적을 이해하고 설명할 수 있다.
2. 프로그램의 목표를 이해하고 설명할 수 있다.
3. 세부 목표의 수립을 이해하고 설명할 수 있다.
4. 학습목표의 진술 원칙을 이해하고 설명할 수 있다.

1. 프로그램 목적 및 목표의 이해

급변하는 정보화 사회의 영향으로 평생교육 현장에서는 끊임없이 발전하는 기술 과잉, 공식 · 비공식 자료 및 정보의 과부하(過負荷)에 직면해 있다. 이로 인해 프로그램 담당자는 요구 및 문제를 해결하기 위해 정보의 과부하 속에서 문제해결을 위한 적합한 자료, 정보, 기술을 재구성하며, 통합적인 방안을 도출해야 하는데 이 일은 담당자에게 매우 어렵지만 중요한 과제이다. 또한, 현대 사회에서 지속적으로 증가하고 있는 문제 및 요구를 사용가능한 자원으로 측정 가능한 결과 및 문서화하기 위해서는 프로그램의 목적 및 목표는 중요한 역할을 한다.

프로그램에서 '목적' 및 '목표'라는 용어는 학자들에 따라, 현장 담당자에 따라 다양한 용어와 의미로 넓게 사용되고 있다. 하지만 프로그램 설계 및 운영, 프로그램의 문서화 및 문서 검토, 관련자 간 상호작용, 용어 사용으로 인한 혼선 등을 예방하기 위해서는 용어를 명확화(明確化)하는 것이 필요하다. 따라서 기능과 성격에 따라 다양하게 사용되고 있는 용어, 즉 goals(목적), purposes(목적), targets(목적), aims(목적), objectives(목표), targets(목표), ends(목표) 등을 본 장에서는 goals(목적)과 objectives(목표)로 사용하고자 한다.

1) 목적(goals) 및 목표(objectives)의 개념

프로그램의 목적(goals)의 개념을 학자별로 정리하면 다음과 같다.

첫째, 신용주의 견해를 살펴보면, 프로그램 목적은 평생교육 기관(또는 조직)의 이념, 비전, 정책 등으로부터 도출되는 반면, 프로그램 목표는 프로그램 개발의 중심을 개인학습자에게 두고 진행하는 접근이다(신용주, 2018: 164).

둘째, 박경호의 견해를 살펴보면, 프로그램의 목적은 정책 등으로부터 도출되는 반면, 프로그램 목표는 교육 프로그램을 통하여 달성될 예상된 결과에 대한 분명한 선언이다(박경호, 2014: 272).

셋째, 보일의 견해를 살펴보면, 목적은 도달해야 할 조건 또는 상태로 조직의 사명에 부합되도록 나타내는 반면, 목표는 프로그램의 활동에서 예상되는 결과로 상황이 어떻게 변경되고 개선되며 유지되어야 하는지를 반영한다(Boyle, 1981: 195).

넷째, 케트너 등의 견해를 살펴보면, 목적은 프로그램의 일반적인 방향을 설정하고, 목표는 프로그램이 달성하고자 하는 정확한 기대치를 설정하며, 활동은 수행할 세부 작업을 설정한다. 따라서, 목적과 목표는 행동의 틀(framework)을 제공하고, 목표와 활동은 모니터링, 성과 측정 및 평가를 위한 틀을 제공한다(Kettner et al., 2017: 111).

다섯째, 노울즈의 견해를 살펴보면, 목적은 장기적이고 광범위한 방향을 제시하는 것으로 프로그램을 시작할 때 설정되는 반면, 목표는 프로그램의 목적을 기반으로 정해진 기간 동안 지향해야 할 교육 및 운영의 결과로 프로그램을 구성하는 다양한 활동에 대한 지침과 초점을 제공한다(Knowles, 1980: 121).

이상의 목적(goals) 및 목표(objectives)에 대한 개념을 정리하면, 프로그램의 목적은 기관(또는 조직)의 이념과 비전 그리고 철학을 바탕으로 사회 · 경제 · 문화 · 정치 · 기술 등을 고려하여 다양한 요구 및 문제해결을 위해 지속적으로 제공할 수 있는 장기적인 방향성을 간결하게 제시한 길라잡이라면, 목표는 프로그램 참여자의 학습활동을 기본으로 목적을 달성하기 위해 이용 가능한 자원으로 의도된 결과 및 예측 가능한 결과 도출, 지속적이고 긍정적인 행동변화를 위한 기회 제공 등을 구체적으로 제시한 전략(strategies) 및 활동(activities), 즉 측정 가능한 지침서(guide book)라 정의할 수 있다. 프로그램의 목적, 목표, 전략 및 활동의 관계는 [그림 7-1]과 같다.

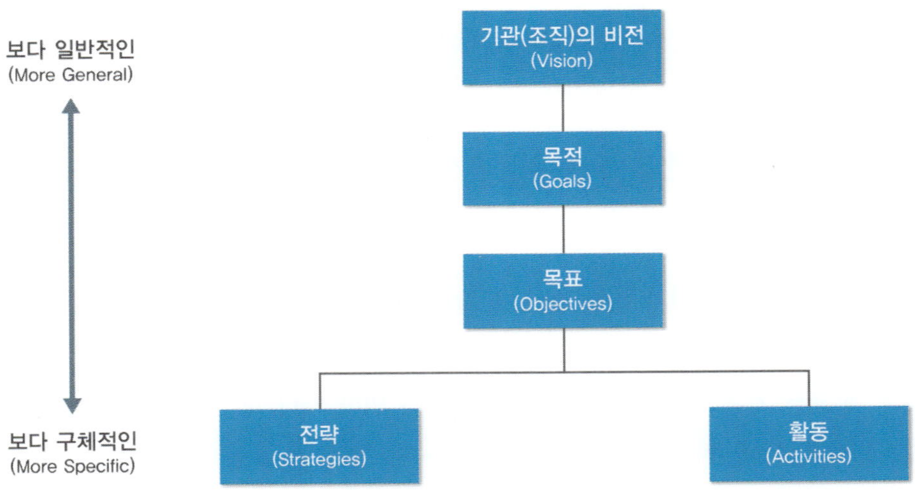

[그림 7-1] 비전, 목적, 목표, 전략 및 활동의 관계

2) 목적 및 목표의 기능

프로그램의 목적 및 목표의 기능을 살펴보면 다음과 같다.

(1) 목적의 기능

첫째, 목적은 기관(또는 조직)의 이념, 철학, 가치 등을 기반으로 하며, 전체적인 사업 수행과 장기적인 방향을 제시한다.

둘째, 목적은 프로그램과 참여자의 눈높이에 초점을 맞추며, 목표를 위한 틀(framework)을 제공한다.

셋째, 목적은 이해하기 쉽도록 간결하고 명확하게 작성하며, 일반적이고 광범위한 방향으로 설정한다.

넷째, 목적은 사용 가능한 자원의 범위 내에서 적절하게 설정되며, 프로그램을 시작할 때 설정한다.

다섯째, 목적에는 결과에 대한 의사소통과 합의를 용이하게 하고, 의도한 결과를 성취할 수 있도록 도우며, 요구 및 문제해결을 위한 효과적인 교수-학습 전략개발을 반영한다.

(2) 목표의 기능

첫째, 목표는 달성하고자 하는 의도된 결과 및 예측 가능한 결과가 성취되었는지를 결정하게 한다.

둘째, 목표는 지속적이고 긍정적인 행동변화를 위한 기회 제공으로 참여자의 행동을 총체적으로 변화할 수 있는 기능적인 전략이다.

셋째, 목표는 분명하고 현실적인 진술로 긍정적인 방향을 표현하며, 결과에 대한 의사소통과 합의를 용이하게 한다.

넷째, 목표는 프로그램의 목적을 성취하기 위한 기준 및 범주를 규정해 주며, 이용 가능한 자원으로 명확하고 측정 가능한 결과로 진술하게 한다.

다섯째, 목표는 참여자의 변화와 기대 그리고 동기부여를 위해 다루게 될 학습 내용, 유형, 교수-학습 기법, 기간 및 운영 방법, 자원 등을 활용하게 한다.

또한, 제한된 시간과 자원으로 명확하고 구체적이며 측정 가능한 좋은 목표를 설정하기 위해 필요한 요소를 살펴보면 〈표 7-1〉과 같다.

〈표 7-1〉 좋은 목표를 위한 필요 요소

요소	내용	질문
Specificity (구체성)	목표는 구체적이고 명확해야 한다.	교육 참여자의 요구 및 문제해결을 위한 목표가 명확한가?
Measurability (측정가능성)	목표는 측정 및 예측 가능하고 분명해야 한다.	측정을 위한 틀(framework), 기준(수치) 등 측정방법을 명시하였는가?
Action-oriented (행동 지향성)	목표는 행동 지향적이고 실현가능해야 한다.	목표 달성을 위한 지식, 기술, 자원 등을 현실적으로 고려하였는가?
Result-oriented (결과 지향성)	목표는 결과 지향적이고 변화 가능해야 한다.	프로그램 결과 참여자의 구체적인 변화는 무엇인가?
Temporality (Time, 시간성)	목표는 시간적으로 구조화되고 현실적이어야 한다.	목표 달성을 위한 기간, 필요한 시간 및 제한 등을 명확하게 제시하였는가?
Accountability (책임성)	목표는 목표 달성을 보장하고 책임져야 한다.	목표 달성을 책임지고 수행할 담당자를 지정하는가?
Flexibility (유연성)	목표는 변화에 합리적이고 유연하게 대처해야 한다.	예산, 자원, 기준, 갈등, 차단 및 강화, 리더십 등 예상치 못한 변화에 대처할 수 있는가?

(3) 전략 및 활동의 기능

첫째, 전략은 기관(또는 조직)의 기대에 부응해야 하며 요소 간 영향력을 인정하고 수용한다.

둘째, 전략은 궁극적으로 참여자, 참여자 그룹, 학습자 시스템에 의한 새로운 행동변화를 장려한다.

셋째, 활동은 필요한 자원을 식별하고 개발하며 활용한다.

넷째, 활동은 계획된 활동에 대해 지속적으로 모니터링하고 평가한다.

다섯째, 활동은 결과를 필요에 따라 다양한 측면으로 수정하거나 변경할 수 있다.

2. 프로그램 목표 설정

1) 요구의 프로그램 목표 전환

프로그램의 목표를 설정하기 위한 출발은 분석된 문제 및 요구를 목표로 변환하는 과정이다. 노울즈는 이 과정을 3가지 단계로 설명하였다(Knowles, 1980: 122-125).

첫째 단계는 요구분석을 통해 도출된 요구를 우선순위 체계로 구조화한다. 요구분석을 통해 도출된 결과를 프로그램의 목표로 전환하기 위한 과정으로 개인, 조직(또는 기관), 지역사회의 요구를 종합적으로 선별하고, 융합하며, 우선순위를 결정하여 프로그램에 반영시키기 위한 일종의 구조화 작업이 필요하다. 다음은 요구를 3가지 범주로 선별하여 구조화한 예이다.

〈표 7-2〉 구조화를 통해 수집된 3가지 범주의 예

범주	요구와 관련된 프로그램 영역	역할의 수행과 관련된 사회적 역할	행동 변화와 관련된 유형
내용	• 직무와 관련된 주제 및 기술 • 취미 및 여가 활동 • 종교, 도덕, 윤리 • 일반 교육 • 가정과 가족 생활 • 개인 개발 • 시사(current events), 공무(public affairs), 시민권 • 농업 • 기타	• 근로자 • 부모 • 부부 • 주부, 가정 구성원 • 노부모의 아들, 딸 • 시민 • 친구 • 모임(club), 협회 회원 또는 지도자 • 여가시간을 이용하는 종교인	• 지식 • 이해 • 기술 • 태도 • 흥미 • 가치

둘째 단계는 구조화된 요구를 적절한 여과장치로 선별한다. 분석된 요구가 프로그램 목표로 변환되기 위해서는 기관의 목적, 실행 가능성, 개인의 이해가 활용된다.

① 기관의 목적(Institutional purposes): 아무리 고급 지식이라도, 유익한 정보라도 그것이 기관의 목적과 교육 철학에 맞지 않는다면 제외될 것이므로 프로그램의 목표

로 전환되기 위해서는 기관(또는 조직)의 철학 및 이념, 비전, 목적 등에 부합되어야 한다.

② 실행 가능성(Feasibility): 아무리 기관의 목적이나 이념에 부합되더라도 프로그램 목표의 실행 가능성이 떨어진다면 제외될 수 있으므로 주어진 상황이나 범위 내에서 실현가능해야 한다.

③ 개인의 이해(interests of individuals): 프로그램 개발자는 요구분석 시 질문, 즉 대상자의 관심 범위에 해당하는가, 대상자의 이해와 어떻게 연계할 것인가 등 다양한 질문을 통해 요구분석 대상자의 이해를 고려하여야 한다.

셋째 단계로 요구 선별 과정에서 남은 요구는 프로그램의 목표를 생성하는 자료가 된다. 여기에는 3가지 범주(요구와 관련된 프로그램 영역, 역할의 수행과 관련된 사회적 역할, 행동 변화와 관련된 유형), 상황 등이 포함된다.

이상의 내용과 같이 분석된 요구는 분석된 요구의 구조화 단계, 여과장치를 통한 요구 선별, 프로그램 목표 생성을 통해 [그림 7-2]와 같이 프로그램 목표로 전환된다.

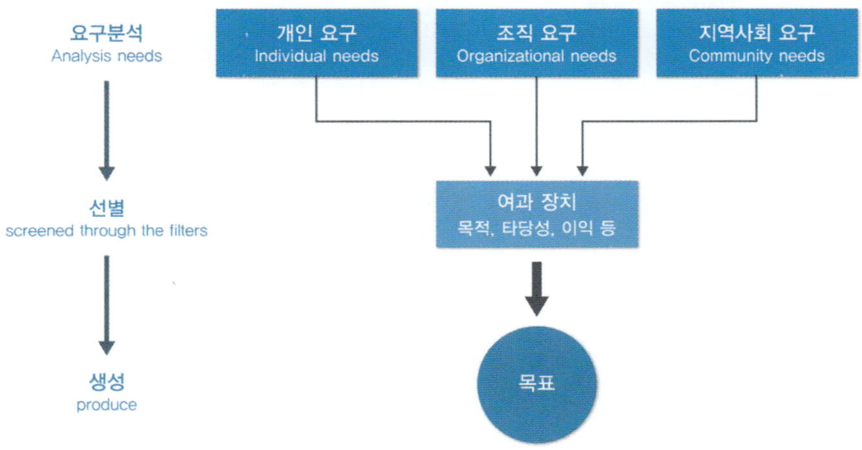

[그림 7-2] 요구를 목표로 전환하는 과정

2) 목표의 영역

보일은 프로그램의 목표를 조직적 목표와 교육적 목표로 분류하면서 조직적 목표는 프로그램의 유지 및 관리로, 교육적 목표는 대상자에게 일어나는 일 또는 서비스 혜택으로 명시하였다. 이 중 교육적 목표를 살펴보면, 첫째, 인지적 영역은 지식의 회상 및 인식, 지적 기술 및 능력 개발과 관련된 행동이고, 둘째, 정서적 영역은 수용, 반응, 가치화, 조직, 가치 및 가치 복합체에 의한 인격화이며, 셋째, 심리적 운동 영역은 행동의 조작적 영역과 운동 기술 영역이다. 이에 대한 자세한 영역은 〈표 7-3〉과 같다(Boyle, 1981: 200-204).

〈표 7-3〉 교육적 목표의 영역

영역		내용
인지적 영역 (Cognitive Domain)	지식 (knowledge)	• 인식이나 회상을 통해 아이디어, 현상 등을 기억한다. • 인지적 행동 중 가장 복잡하지 않다. • 이해, 적용, 분석, 통합 및 평가가 포함된다.
	이해력 (comprehension)	• 문자를 이해하고, 자료나 아이디어 등을 어느 정도 사용한다. • 가장 단순하고 광범위한 지적 기술 및 능력이다. • 번역, 해석, 추론 등이 포함된다.
	적용 (application)	• 추상적 개념을 충분히 이해하여 올바르게 사용한다. • 새로운 문제 직면 시 추상적 개념을 신속하게 적용한다.
	분석 (analysis)	• 자료 및 추상적 개념 분석, 구성 방식 및 관계를 개발한다. • 관련 요소 분류, 요소 간 관계 · 원칙 · 구조를 명확하게 인식한다.
	종합 (synthesis)	• 요소와 부분을 결합하여 전체를 구성한다. • 패턴 및 구조를 명확하게 구성하는 방식으로 부분과 요소를 결합한다. • 3가지 범주(의사소통, 기획 및 제안된 개발, 추상적 관계)가 종합에 관여한다.
	평가 (evaluation)	• 5가지 영역을 포함하기 때문에 가장 복잡하다. • 목적을 위해 기준 및 표준을 사용하여 판단의 근거로 삼는다.
정의적 영역 (Affective Domain)	수용 (receiving)	• 학습자가 특별한 현상이나 자극에 대해 민감하게 반응한다.
	반응 (responding)	• 학습자와 관련된 현상에 대한 평가는 소규모로 진행한다.
	가치화 (valuing)	• 학습자에게 현상 및 행동은 가치 있는 것으로 인식되어 내면화되거나 수용된다.

영역		내용
	조직 (organization)	• 학습자가 하나 이상의 가치와 관련된 상황에 직면해 가치를 시스템으로 조직화된다.
	인격화 (characterization)	• 가치 및 가치 복합체에 의한 인격화에서 가치는 이미 개인의 가치 체계에 자리하고 있다.
심리적 운동 영역 (Psychomotor Domain)	지각 (perception)	• 학습자가 감각 기관을 통해 신호를 인식하고, 선택하며, 행동함을 인지하는 능력이다.
	집합 (as set)	학습자는 학습을 위해 정신적, 육체적, 정서적 준비가 되어 있다.
	반응 (response)	감독하에 시행착오를 거쳐 명시적인 행동으로 이해하는 대응 지침서이다.
	관습적 반응 (habitual response)	목표를 달성하기 위한 방법(mechanism)이라 한다.
	명백한 반응 (overt response)	거침없이 행해지는 행동으로 무의식적인 성과로 연결되는 복잡한 명시적 반응이다.

3. 프로그램 세부 목표 수립

1) 교육 목표의 수준

교육 목표의 수준을 살펴보면 [그림 7-3]과 같다(Boyle, 1981: 198-200).

첫째, 사회적 수준이다.

사회적 수준의 기술은 철학적이며 매우 일반적이다. 프로그램 개발자는 '개인, 기관(또는 조직), 사회에 가장 좋은 것이 무엇인가? 무엇이 필요한가?'에 대해 안다고 가정하는 경향, 윤리적 딜레마를 극복함으로써 맥락을 이해하고, 위임받은 임무를 벗어나지 않으며, 구조 및 과정을 명확하게 인지하여 프로그램의 방향을 설정할 수 있다.

둘째, 프로그램 수준이다.

프로그램 수준의 기술은 프로그램을 통해 개선이 필요한 어떤 상황에 대한 설명이다. 프로그램 개발자는 프로그램을 통해 무엇을 얻을 수 있는지에 초점을 맞추고, 대상, 학습 시스템, 이해관계자 등이 표현한 요구 및 문제를 객관적으로 분석하고, 공식 · 비공식적 자원과 정보를 식별하여 우선순위를 결정할 수 있다.

셋째, 교육 수준이다.

교육 수준의 기술은 학습자에게 초점을 맞춘 보다 구체적인 표현이며, 참여로 인해 발생하는 어떤 행동에 대한 구체적인 지침을 제공한다. 이러한 기술은 프로그램과 개발자의 요구에 따라 매우 구체적일 수도 있고, 더 일반적일 수도 있다.

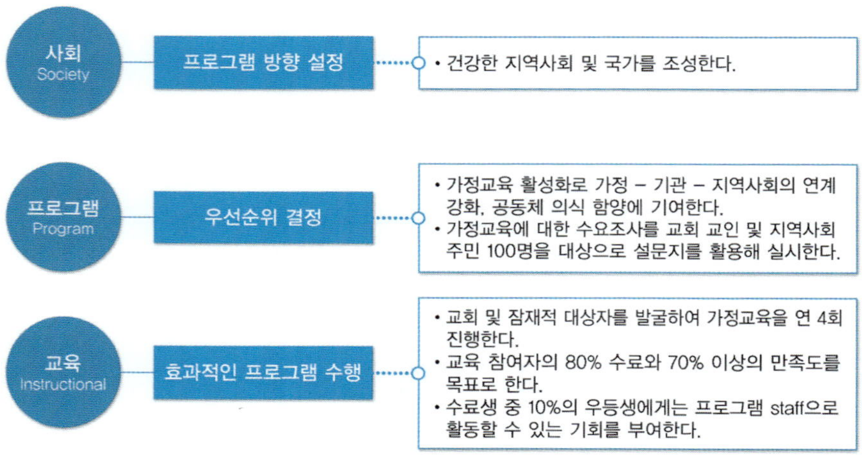

[그림 7-3] 교육 목표 수준의 3단계

2) 세부 목표의 수립

효율성에 기반한 프로그램 기획에는 달성할 결과와 이러한 결과가 달성되는 방법을 명시해야 한다. 결과를 명시하는 것은 프로그램의 목적이나 기대에 대한 기술이다. 프로그램 기획 문헌에는 이러한 목적을 결과 세부 목표라 표현한다. 서비스 제공의 지침은 목표를 달성하는 데 사용되는 수단의 표현이며, 이를 과정 세부 목표라 한다. 마지막으로 과정 세부 목표 아래에서 프로그램을 구현하는 세부 사항에 대한 추가 또는 개선을 나타내는 특정 활동 목록을 개발한다.

개발자들은 전략, 이정표, 운영 목표 및 프로그램 세부 목표를 포함하여 다양한 용어를 사용하지만 본 장에서는 결과 세부 목표, 과정 세부 목표, 활동 등으로 [그림 7-4]와 같이 기술하고자 한다(Kettner et al., 2017: 113-118).

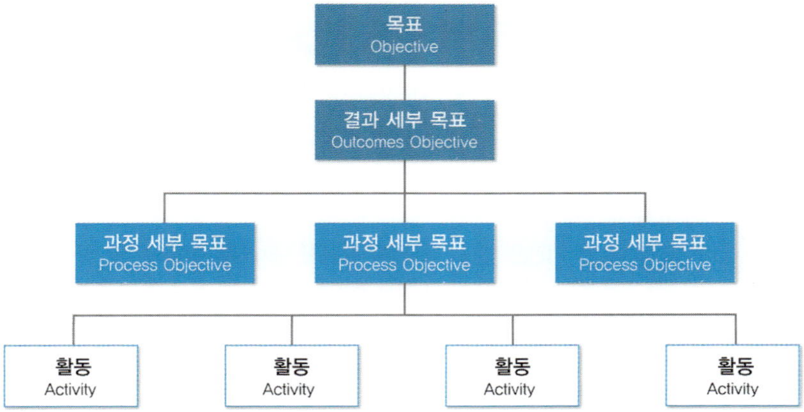

[그림 7-4] 목표, 세부 목표, 활동의 계층 구조

출처: Kettner et al.(2017: 114).

모든 목표에는 여러 가지 공통 요소가 있는데 좋은 목표는 명확하고, 구체적이며, 측정가능하고, 한시적이며, 현실적이고, 헌신(책무)을 나타낸다. 이러한 요소를 해결할 수 있는 질문을 살펴보면 〈표 7-4〉와 같다.

〈표 7-4〉 공통 요소를 해결하기 위한 질문

분류	질문
명확한 용어 사용 (Use of clear terms)	• 세부 목표는 명확한가? • 기술한 내용는 접하는 사람에게 모두 동일한 의미인가?
예상 결과 (Expected results)	• 세부 목표가 달성해야 할 결과를 명시하였는가?
측정 가능한 결과 (Measurable results)	• 세부 목표를 측정할 수 있는 방법으로 작성하였는가? • 측정(또는 수치) 기준이 세부 목표에 문서화되어 있는가?
기간(Time frame)	• 기술은 세부 목표가 달성되는 기간 및 시간을 명확하게 명시하였는가?
달성 가능성 (Achievability)	• 지식 및 기술, 가용 자원을 고려할 때 세부 목표가 현실적인가?
책임성(Accountability)	• 세부 목표는 목표 달성을 책임지고 수행할 담당자를 규정하였는가?

좀 더 구체적으로 기술된 세부 목표에는 〈표 7-5〉와 같이 5가지의 구성요소가 포함된다.

〈표 7-5〉 구체적인 5가지 구성요소

분류	질문
명확성 (Clarity)	• 세부 목표는 접하는 모든 사람이 동일하게 이해하여야 한다. • 모호함을 최소화해야 한다. • 형용사보다는 동사와 명사로 구성된 표현을 선호한다. • 예) 작성하다, 증가시킨다, 목록을 만든다, 증명한다 등
시간 틀 (Time Frames)	• 세부 목표가 달성될 것으로 예상되는 날짜이다. • 가능하다면 기간은 연도, 월, 일을 포함한 구체적인 날짜로 명시하여야 한다. • 예) 2022년 11월 15일까지, 6월 말까지 등
변화 대상 (Target of Change)	• 세부 목표 또는 세부 목표가 달성될 경우 변화될 것으로 예상되는 집단 및 요소를 구체화하여야 한다. • 예) 가정교육에 참여한 부부 50명, 다문화 가정 자녀 70명 등
결과 (Results)	• 참여자가 프로그램 종료 후 달성할 긍정적인 변화를 확인한다. • 프로그램의 목표 및 세부목표는 계약으로 간주되어야 한다. • 요청한 자원을 사용할 경우 명시된 결과를 성취하여야 한다. • 가정교육 참여 전보다 참여 후 부부 대화시간이 50% 증가 등
측정 기준 (Criteria for Measurement)	• 세부 목표를 측정할 수 없다면 프로그램은 평가할 수 없다. • 결과는 기획 단계에서 달성하고자 하는 것뿐 아니라 측정가능한 성과 기준도 명시하여야 한다. • 예) 가정 교육 참여자 비율은 교인과 지역민을 50:50으로 모집한다 등
책임성 (Accountability)	• 세부 목표를 수행하고, 목표 달성에 대한 보고를 책임지는 능력이다. • 과정 및 활동에는 직책(슈퍼바이저, 프로그램 담당자) 또는 책임자의 이름과 같은 문구 및 문장이 포함되어야 한다. • '허니문 어게인 프로그램' 운영 책임자 홍길동 팀장 등

3) 목표 설정 시 고려사항

프로그램의 목표는 교육 및 훈련 프로그램에 다양한 의도와 수준을 제공하므로 과정에서 중요한 구성요소이다. 따라서 최종 목표가 설정될 때까지 개발자는 작업의 중요성을 인식하고 연속적인 과정을 거쳐야 하는데 그 과정이 복잡하고 어려울수록 훈련된 개발자가 요구된다. 다음은 프로그램 개발자에게 요구되는 고려사항이다(Caffarella et al., 2013: 172, 174).

① 프로그램 개발 시 명확한 프로그램 목표 판단을 위한 질문

첫째, 목표와 우선순위로 도출된 문제 및 요구가 명확하게 관계하는가?

둘째, 목표가 잠재적 참여자의 사전 지식, 경험, 능력 등을 적절하게 반영하는가?

셋째, 목표가 프로그램의 중요 부분에 초점을 맞추고 있는가?

넷째, 목표가 현실적이고, 실용적이며, 달성 가능한가?

다섯째, 목표가 제안된 기간, 계획한 기간 내에 달성할 수 있는가?

여섯째, 목표가 예상한 결과 또는 계획한 성과를 명확하게 전달하는가?

일곱째, 목표는 의미가 있으며, 이해관계자 및 관련자 모두가 이를 이해할 것인가?

여덟째, 목표는 측정 가능하며, 목표의 측정 및 평가는 누가 수행하는가?

아홉째, 목표가 서로 일치하는가?

② 프로그램 목표 설정 시 프로그램 개발자 고려 사항

첫째, 프로그램 개발 시 미래에 이루고자 하는 변화와 프로그램의 가치 이유를 명확하게 제시할 수 있어야 한다.

둘째, 프로그램의 목표 개발 시 활용할 과정(지시적, 비지시적, 협업 접근 방식)을 선택하여야 한다.

셋째, 프로그램 목표 작성 시 참여자의 학습 내용, 학습 결과의 변화, 프로그램의 운영 측면을 반영하여야 한다.

넷째, 프로그램 측정 시 측정 가능한 결과뿐 아니라 측정 불가능한 결과 모두를 포함하여야 한다.

다섯째, 프로그램 목표가 모든 관련자들(예: 참여자, 후원 기관 등)이 충분히 이해할 수 있도록 명료하게 작성되었는지 확인하여야 한다.

여섯째, 프로그램 목표를 내부 일관성(internal consistency) 및 달성 가능성 체크 포인트로 사용한다(예, 교육, 학습 전이, 평가 계획 등과 목표의 일치 여부).

일곱째, 프로그램의 목적 및 목표 변경 시 프로그램 계획 과정에 관련된 당사자 간 조율을 적절하게 한다.

4. 프로그램 목표의 진술 방법

목표가 설정되기 전에는 불가피한 논쟁이 발생될 수 있지만, 목표가 설정되면 상호협조를 통한 협력을 모색하므로 목표 진술은 합의를 도출하기 위한 문서이다. 따라서 학습목표 진술은 프로그램의 개발자가 아닌 학습자의 입장으로, 명확한 용어로 구체적으로, 실현 가능하도록, 학습이 시작되기 전에 프로그램 목표에 기초하여 이루어져야 한다(Bloom, 1956; Kettner et al., 2017). 이러한 진술은 교육 현장에서 프로그램 운영을 위한 교육 계획서, 홍보를 위한 홍보 브로슈어, 팸플릿, 기사 등을 통해 다양하게 활용되고 있지만 기관(또는 조직) 및 담당자는 자주 활용되는 것에 비해 프로그림의 목표를 어떻게 진술해야 되는지, 어떤 방법으로 진술해야 되는지에 대한 원칙 및 방법을 이해하고 적용하며 전달하는 것은 미약하다.

1) 학습목표의 진술 원칙

목표는 겉으로 들어나는 표면이라기보다 활동의 핵심이므로 목표를 결정하고 분석하는 과정은 결코 쉬운 일이 아니며, 이렇게 설정된 목표는 환경을 고려하여 대상에게 분명히 전달하는 것은 복잡하지만 매우 중요한 과정이다. 학습목표는 활동이 일어나는 사회적 · 물리적 맥락인 환경, 학습자, 내용이나 주제, 설계, 담당자 및 학습자의 열망, 동기가 매우 중요하므로 이들 요소는 상호작용함으로써 목표에 영향을 준다. 학습목표 진술을 위해서는 이들 요소가 어떻게 상호작용하는지 고려해야 하는데 이를 자세히 살펴보면 다음과 같다(Houle, 1996: 182-186; Langenbach, 1993, 184-185).

첫째, 목표는 합리적(Rational)이다. 목표 진술은 본질적으로 합리적이며, 활동에 논리적 양식(pattern)을 부과하려는 시도이다.

둘째, 목표는 실현가능(Practical)하다. 목표 진술은 대상에게 구체적으로 설정된 변화를 실현하기 위해 고안된 행동 계획이므로 궁극적인 목표는 타당성이 아니라 실현가능성이다.

셋째, 목표는 다원적(Pluralistic)이다. 목표 진술은 단일 결과보다는 한 가지 이상의 결과를 반영하며, 목표 실현에 적절한 균형을 제공하기 위해 판단력을 사용한다.

넷째, 목표는 계층적(Hierarchical)이다. 광범위한 교육 목표는 하위 목표를 제공함으로써 구체화되고, 이는 차례로 특정 목표에 의해 더욱 명확해지므로 목표에 대한 순서화된 진술을 작성하는 것이 가능해진다.

다섯째, 목표는 차별적(Discriminative)이다. 목표는 어떤 행동을 기술한 것이므로 목표 진술 방법은 거의 항상 제한적이기 때문에 한 가지를 선택하거나 조치하면 다른 선택을 억제하거나 배제한다.

여섯째, 목표는 시간에 따른 변화가능(Changeable over time)하다. 학습자와 교사는 교육 경험에 의해 영향을 받으며, 그에 따라 목표를 조정할 수 있다. 모든 상황 범주에서 행동의 시작은 이전에는 잠재력이었던 것을 구체화한다.

2) 학습목표 진술을 위한 행위동사

'학습목표를 어떻게 진술할 것인가? 그 진술은 어떤 행위동사를 사용할 것인가?'를 결정하는 것과 교육내용에 따라 이를 선택하는 것은 학습목표를 진술하는 데 있어 매우 중요하다. 학습목표 진술을 위해 많이 사용하고 있는 행위동사를 살펴보면 〈표 7-6〉과 같다.

〈표 7-6〉 학습목표 진술을 위한 행위동사의 예시

영역		행위 동사
인지적 영역 (Cognitive Domain)	지식 (knowledge)	구별하다. 기억하다. 나열하다. 명칭을 붙이다. 목록을 만들다. 묘사하다. 분류하다. 서술하다. 설명하다. 일치하다. 인지하다. 연결하다. 열거하다. 정의하다. 제시하다. 진술하다. 재생하다. 확인하다.
	이해력 (comprehension)	검토하다. 계산하다. 구별하다. 구분하다. 그리다. 기술하다. 바꾸어 말하다. 변환하다. 보고하다. 시범을 보이다. 식별하다. 설명하다. 요약하다. 예를 들다. 예언하다. 예측하다. 읽다. 인식하다. 전환하다. 재배열하다. 재진술하다. 추리하다. 추론하다. 추정하다. 토의하다. 풀다. 표현하다. 확대하다. 해석하다.

영역		행위 동사
	적용 (application)	결정하다. 관련시키다. 바꾸다. 발전시키다. 발견하다. 변별하다. 변화시키다. 변형하다. 분류하다. 사용하다. 선택하다. 수정하다. 시범하다. 약술하다. 운영하다. 연관시키다. 응용하다. 이용하다. 일반화하다. 예증하다. 조작하다. 재구조화하다. 준비하다. 증명하다. 추론하다. 해석하다.
	분석 (analysis)	검증하다. 계획하다. 구별하다. 구분하다. 관계시키다. 대비하다. 대조하다. 분류하다. 비교하다. 비판하다. 설명하다. 세분화하다. 식별하다. 약술하다. 유목화하다. 인지하다. 예를 들다. 조직하다. 지적하다. 추론하다. 추출하다. 탐색하다. 환원시키다. 확인하다. 해결하다.
	종합 (synthesis)	계획하다. 개발하다. 고안하다. 공식화하다. 관리하다. 구상하다. 구성하다. 구체화하다. 기획하다. 말하다. 변주화하다. 분류하다. 설계하다. 설명하다. 수정하다. 수집하다. 생산하다. 쓰다. 예측하다. 제안하다. 조립하다. 조작하다. 조직하다. 종합하다. 편집하다. 창안하다. 창조하다. 측정하다. 형성하다.
	평가 (evaluation)	감정하다. 결론짓다. 대조하다. 비교하다. 비판하다. 사정하다. 서술하다. 선택하다. 실증하다. 입증하다. 정의하다. 주장하다. 판단하다. 채점하다. 평가하다. 해석하다.
정의적 영역 (Affective Domain)	수용 (receiving)	경청하다. 관찰하다. 대조하다. 반응하다. 듣다. 보다. 선택하다. 식별하다. 완성하다. 주목하다. 조절하다. 집중하다. 찾다. 참가하다. 참석하다.
	반응 (responding)	거부하다. 노력하다. 논쟁하다. 동의하다. 따르다. 반항하다. 시도하다. 연습하다. 응하다. 자원하다. 참여하다. 투쟁하다. 표현하다.
	가치화 (valuing)	깨닫다. 논쟁하다. 완성하다. 요청하다. 의미를 부여하다. 조직하다. 진술하다. 토의하다. 표현하다. 확신하다. 행동하다.
	조직 (organization)	결정하다. 공식화하다. 균형을 맞추다. 논의하다. 구성하다. 비교하다. 시도하다. 완성하다. 요약하다. 의론화하다. 자원하다. 정의하다. 조작하다. 조직화하다. 통합하다.
	인격화 (characterization)	개선하다. 과시하다. 고수하다. 내면화하다. 몰두하다. 방어하다. 변화시키다. 요구하다. 지속하다. 조력하다. 타인으로부터 인정받다. 활성화시키다.
심리적 운동 영역 (Psychomotor Domain)	지각(perception)	지각하다.
	집합(as set)	분해하다. 설계하다. 연결하다. 조립하다. 조작하다. 측정하다.
	반응(response)	반응하다.
	관습적 반응 (habitual response)	모방하다. 따라 하다. 넣다. 묶다. 빼다. 쌓다. 칠하다.
	명백한 반응 (overt response)	융합하다. 융복합하다. 창의적이다. 창작하다.

출처: 연구자들의 자료를 재정리.

3) 학습목표의 진술 양식

학습목표의 진술 양식은 학자에 따라 매우 다양하지만 본 장에서는 목표 진술을 위한 기본 진술을 살펴본 후 대표적인 학자의 진술 양식을 살펴보고자 한다.

(1) 기본 진술 양식

학습목표를 진술하기 위한 기본 양식은 누가(who), 무엇을(what), 어떻게(how), 하다(do)이다. 학습목표을 진술하기 위해서는, ① 누가(학습자) ② 무엇을(내용 및 주제) ③ 어떻게(매체 및 도구 활용) ④ 하다(변화 정도, 목표 및 결과를 성취하는 행동)로 진술되지만, 일반적으로는 ① 누가(학습자) ② 무엇을(내용 및 주제) ④ 하다(변화 정도, 목표 및 결과를 성취하는 행동)로 진술하여도 무방하다. 학습목표는 외현적 행동(外現的 行動)과 구체적인 준거를 기본으로 학습내용을 매체 및 도구를 활용하여 측정가능한 변화 및 결과로 나타나는 행동이므로 평가 및 판단의 기준이 되기도 한다(Royse et al., 2016: 141-142).

가정교육 참여 부부들이(①) 정서적 만족감을(②) 향상한다.(④)

가정교육 참여 부부들은(①) 부부교육을 통해(③) 교육 참여 전보다 대화시간이(②) 증가했다.(④)

학습목표를 진술함에 있어 용어의 선택은 측정 가능한 결과를 확인하는 것만큼 중요하므로 학습자는 물론 모두가 쉽게 이해할 수 있도록 유용하고 명확한 용어를 선택하여 진술하는 것이 중요하다. 따라서 추상적인 용어나 모호한 표현은 성취여부를 판단하기 어려우므로 지양한다.

(×) 가정교육 참여 부부들이 보다 나은 부부관계를 유지도록 돕는다.
(○) 가정교육 참여 부부들의 대화시간을 교육 참여 전보다 10% 증가한다.

(2) 대표적 진술 양식

가) 타일러 진술 양식

학습목표를 진술하기 위한 기본 양식은, ① 수업자료 ② 학습자 ③ 도달점 행동으로 진술한다. 타일러의 진술 양식은 학습자, 학습 주체, 성취하여야 할 학습자의 행동을 명시하지 않아도 알 것이라고 생각하는 것이 일반적인 관례이지만 학습을 통해 이루어진 변화는 판단의 준거가 된다(Tyler, 2013: 43-62).

<u>가정교육 참여 부부는</u> <u>부부십계명을</u> <u>발표할 수 있다.</u>
②　　　　①　　　　③

나) 메이거 진술 양식

학습목표를 진술하기 위한 기본 양식은, ① 학습자(learner) ② 도달점 행동(terminal performance) ③ 조건(condition) ④ 기준(criterion)으로 진술한다. 메이거의 진술 양식은 표면적으로는 수업내용이나 자료에 나타나지 않는 것처럼 생각할 수 있으나 수업내용이나 자료는 도달점 행동에 포함되어 있음을 알 수 있다. 따라서 메이거의 진술 양식은 ② 도달점 행동(terminal performance) ③ 조건(condition) ④ 준거(criterion)처럼 학습자(learner)가 생략되어도 무방하다(Mager, 1997: 43-49).

<u>가정교육 참여 부부는</u> <u>부부관계 개선 훈련 후</u> <u>제시되는 10가지 실천항목 중</u>
①　　　　③　　　　④
<u>5가지 이상을 실천할 수 있다.</u>
②

<u>부부관계 개선 훈련 후</u> <u>제시되는 10가지 실천항목 중</u> <u>5가지 이상을 실천할 수 있다.</u>
③　　　　④　　　　②

정리하기

프로그램의 목적은 기관(또는 조직)의 이념과 비전 그리고 철학을 바탕으로 사회 · 경제 · 문화 · 정치 · 기술 등을 고려하여 다양한 요구 및 문제해결을 위해 지속적으로 제공할 수 있는 장기적인 방향성을 간결하게 제시한 길라잡이라면, 목표는 프로그램 참여자의 학습활동을 기본으로 목적을 달성하기 위해 이용가능한 자원으로 의도된 결과 및 예측가능한 결과 도출, 지속적이고 긍정적인 행동변화를 위한 기회 제공 등을 구체적으로 제시한 전략(strategies) 및 활동(activities), 즉 측정가능한 지침서(guide book)이다.

프로그램의 목표를 설정하기 위한 출발은 분석된 문제 및 요구를 목표로 변환하는 과정이다. 이 과정을 3가지 단계 중 첫째 단계는 요구분석을 통해 도출된 요구를 우선순위 체계로 구조화한다. 둘째 단계는 구조화된 요구를 적절한 여과장치로 선별한다. 셋째 단계로 요구 선별 과정에서 남은 요구는 프로그램의 목표를 생성하는 자료가 된다.

효율성에 기반한 프로그램 기획에는 달성할 결과와 이러한 결과가 달성되는 방법을 명시해야 한다. 결과를 명시하는 것은 프로그램의 목적이나 기대에 대한 기술이다. 프로그램 기획 문헌에는 이러한 목적을 결과 세부 목표라 표현한다. 세부 목표의 5가지 구성요소는 명확성, 시간 틀, 변화 대상, 결과, 측정 기준, 책임성이다.

목표 설정 시 고려사항으로는, 첫째, 프로그램 개발 시 미래에 이루고자 하는 변화에 이 프로그램이 왜 가치 있는지에 대한 명확한 이유를 제시할 수 있어야 한다. 둘째, 프로그램의 목표를 개발하는 데 사용할 과정(지시적, 비지시적, 협업 접근 방식)을 선택하여야 한다. 셋째, 프로그램 목표 작성 시 참가자의 학습 내용, 학습 결과의 변화, 프로그램의 운영 측면을 반영한다. 넷째, 프로그램 결과에는 측정 가능한 것과 측정 불가능한 것 모두를 포함하여야 한다. 다섯째, 프로그램 목표는 모든 관련 당사자가 충분히 이해할 수 있도록 명료하게 작성되었는지 확인하여야 한다. 여섯째, 프로그램 목표를 내적 일관성 및 달성 가능성 체크 포인트로 사용한다. 일곱째, 프로그램 목표 변경 시 기획 과정과 관련된 당사자 간 조율을 적절하게 한다.

학습목표는 활동이 일어나는 사회적 · 물리적 맥락인 환경, 학습자, 내용이나 주제, 설계, 담당자 및 학습자의 열망, 동기가 매우 중요하므로 이들 요소는 상호작용함으로써 목표에 영향을 준다. 학습목표 진술을 위해서는 이들 요소가 어떻게 상호작용하는지 고려해야 하는데, 첫째는 합리적(Rational), 둘째는 실현가능(Practical), 셋째는 다원적(Pluralistic), 넷째는 계층적(Hierarchical), 다섯째는 차별적(Discriminative), 여섯째는 시간에 따른 변화가능(Changeable over time)이다.

'학습목표를 어떻게 진술할 것인가? 그 진술은 어떤 행위동사를 사용할 것인가?'를 결정하는 것과 교육내용에 따라 선택하는 것은 학습목표를 진술하는 데 있어 중요하므로 영역별로 많이 사용하고 있는 행위동사를 영역별로 살펴보는 것이 필요하다.

학습목표 진술 양식을 살펴보면, 기본적인 진술 양식과 학자별 대표 진술 양식 모두 학습자, 외현적 행동(外現的 行動), 조건, 평가 기준을 포함하고 있으므로 학습목표를 설정할 때는 이러한 요소를 적용하여 설정하는 것이 중요하다.

연구문제

1. 목적과 목표의 개념을 설명하시오.

2. 요구의 프로그램 목표 변환 3단계를 설명하여 보시오.

3. 세부 목표 수립의 5가지 구성요소를 설명하여 보시오.

4. 학습목표의 진술 원칙을 설명하여 보시오.

Chapter 08

평생교육 프로그램의 설계

학습목표

1. 프로그램의 설계의 개념과 원리를 이해하고 설명할 수 있다.
2. 프로그램 내용의 선정과 조직을 이해하고 설명할 수 있다.
3. 프로그램의 교수설계를 이해하고 설명할 수 있다.
4. 학습자료를 이해하고 설명할 수 있다.

1. 프로그램 설계의 개념과 원리

프로그램은 설계라는 과정에 의해 그 가치가 이루어지고, 개인은 물론 기관(또는 조직) 및 사회에 변화를 줄 수 있다. 따라서 프로그램 설계는 관행적으로 수행하던 시스템을 재설계하고, 새로움을 창의적으로 설계하며, 여러 영역을 융복합적으로 설계할 수 있도록 다양한 요소와 방법에 가치를 부여하고, 개인, 조직(또는 기관), 사회의 변화 가능성을 도출하는 작업이다. 즉, 프로그램 설계는 프로그램을 전체적으로 구상하여 표현하는 조감도라기보다는 프로그램의 요소와 단계를 실제로 수행하여 가는 과정인 설계도로 지식과 기술, 변화와 융복합, 콘텐츠(contents)와 시스템(system)의 결합체이다.

1) 프로그램 설계의 개념

프로그램 설계(Program Design)의 의미를 학자별로 정리하면 다음과 같다.

첫째, 이용교 등의 견해를 살펴보면, 교육기관의 교육목적 및 이념, 교육 가능성, 예산 및 지원 등에 의해 여과된 교육요구 및 필요를 계열성, 계속성, 통합성, 난이도, 복잡성, 현실성, 계절성 등의 기준으로 체계적인 교육내용으로 선정하고 조직한 후, 이를 실제 구체적인 계획으로 작업하는 프로그램 문서화의 단계를 말한다(이용교 외, 2010: 88).

둘째, 장덕호 등의 견해를 살펴보면, 요구분석을 바탕으로 프로그램의 목적과 목표 설정, 프로그램의 내용과 활동 선정 및 조직화하며 이를 위해 각종 자료를 개발하는 활동을 수행한다(장덕호 외, 2015: 164).

셋째, 케트너 등의 견해를 살펴보면, 프로그램 설계는 서비스를 제공하기 위해 필요한 요소를 확인하고 정의하는 것으로 프로그램 개발자는 대상자가 어떤 유형의 문제나 요구를 가지고 있는지, 대상자에게 적합한 유형의 서비스를 어떻게 제공할 것인지, 어떤 결과를 예상하는지 구체적으로 인지하여야 한다. 많은 현장에서 프로그램에 대한 재량 및 유연성을 부여받고 있는 설계자는 서비스 관련성, 책임성, 효율성 측정 등은 물론 전문적인 지식과 사례를 활용할 수 있어야 한다(Kettner et al., 2017: 130).

넷째, 노울즈의 견해를 살펴보면, 프로그램 설계는 프로그램의 목적을 가장 효과적으로 달성할 수 있는 단위 또는 형식의 조합을 선택하고, 예술의 원칙에 따라 패턴을 배열하는 것으로 구성된다. 따라서 설계자는 역동적인 주제, 활동 순서 및 일정, 활동 규모 및 깊이, 다양성과 개인화, 명확한 홍보 및 물리적 시설 배치, 흥미롭고 풍부하며 기능적인 짜임새, 다양한 형식 및 통일성, 균형 및 통합의 기능 등을 종합적으로 고려하여 프로그램의 목적에 부합하고, 의도한 요구를 충족하며, 완성도를 높일 수 있도록 프로그램을 설계하여야 한다(Knowles, 1980: 130, 153).

다섯째, 보일의 견해를 살펴보면, 프로그램 개발(Program development)은 지역 사회의 경제적, 사회적, 정신적 건강에 기여하기 위한 일련의 의도적인 행동과 결과이지만 교육 설계(instructional design)는 효과적인 프로그램 개발 과정의 일부로, 학습자와 교수자, 자원 및 자료 간의 상호작용을 계획한 것으로 프로그램 개발과 교육 설계는 동의

어로 사용하지 않는다. 따라서 교육 프로그램은 서비스 대상의 현재 지식, 기술, 태도 또는 행동 변화를 위해 교육 기회를 다양하게 제공함으로써 더 나은 삶을 영위할 수 있도록 하는 총체적인 노력이다(Boyle, 1981: 183).

이상의 프로그램 설계에 대한 개념을 정리하면, 요구분석을 통해 분석된 개인, 조직(또는 단체), 사회의 문제 및 요구를 기반으로 기관의 이념 및 철학, 프로그램의 목적 및 목표, 프로그램의 가치 및 형태, 예산 및 자원 등을 고려하여 교육 내용 및 활동, 자원의 유형과 양, 프로그램 유형 및 결과 등을 체계적으로 선정하고 조직화하며, 문서화하는 과정으로 프로그램 설계자는 다양한 지식과 전문적인 기술로 변화를 위해 창의적이고 융복합적으로 수행할 수 있도록 설계한다고 정의할 수 있다.

2) 프로그램 설계의 기본원리

프로그램 설계의 기본원리를 살펴보면 [그림 8-1]과 같다.

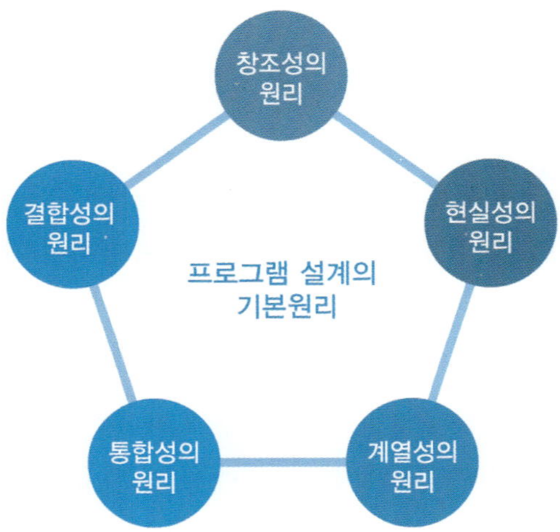

[그림 8-1] 프로그램 설계의 기본원리

첫째, 창조성의 원리이다. 프로그램 설계는 개인, 조직(또는 단체), 사회의 긍정적인 변화를 위해 프로그램을 재창조하고, 프로그램의 내용과 방법을 창의적으로 도출하며, 다양한 분야와 기술을 융복합하는 원리이다.

둘째, 현실성의 원리이다. 프로그램 설계는 지식, 기술, 태도, 행동 등의 변화를 위한 프로그램이더라도 프로그램의 요소와 단계를 실제로 수행하고, 학습을 촉진하며, 개인, 조직, 사회의 변화와 성장에 긍정적인 영향을 미치는 원리이다.

셋째, 계열성의 원리이다. 프로그램 설계는 설계된 프로그램의 요소를 반복적인 기회와 다양한 방법으로, 상호관련성을 고려한 단계적인 학습경험으로 이전보다 양적으로 넓어지고 질적으로 깊어지는 원리이다.

넷째, 통합성의 원리이다. 프로그램 설계 시 인지적 · 정의적 · 심리적 운동 영역의 학습을 유기적으로 연계하고, 문제 · 요구 · 소주제를 다양한 요소와 환경, 영역과 관계를 종합적으로 고려하는 원리이다.

다섯째, 결합성의 원리이다. 프로그램 설계는 분석된 문제 및 요구를 기반으로 개인, 조직(또는 단체), 사회의 긍정적인 변화를 위해 문화와 자원, 지식과 기술, 콘텐츠와 시스템을 결합하는 원리이다.

3) 프로그램 설계를 위한 프레임워크

프로그램 설계는 프로그램의 요소와 단계를 실제로 수행하여 가는 과정이므로 프로그램 설계자는 프로그램의 목적과 목표를 가장 효과적으로 달성할 수 있도록 설계하여야 한다. 또한, 프로그램 설계는 서비스 제공에 필요한 요소를 정의하는 것이므로 프로그램 설계자는 이를 통해 서비스 대상의 문제 및 요구에 따라 어떤 유형의 서비스가 정확한지, 어떤 양으로 서비스 되어야 하는지, 어떤 예상 결과인지에 대해 매우 구체적으로 알게 된다. 따라서 필요한 요소을 설계에서 보다 체계적이고 효과적인 서비스 제공을 위해 정의하고 수행하기 위한 프레임워크 제공은 매우 중요하다(Kettner et al., 2017: 130-155).

투입 INPUTS
- 자원(인력, 자원, 시설 및 장비, 재정 등) 및 원자재(고객 또는 소비자)

전환 PROCESS
- 원자재를 사용하여 목표를 달성하기 위해 투입물을 사용하는 활동

산출 OUTPUTS
- 제공된 서비스 측정 및 규정된 모든 서비스 완료

결과 OUTCOMES
- 서비스 받는 대상에게 입증된 변화

영향 IMPACT
- 서비스의 결과로 대상(개인, 조직, 지역사회, 시스템 등)에게 발생하는 측정 가능한 변화

[그림 8-2] 프로그램 요소 정의를 위한 단계

투입 INPUTS	전환 PROCESS	산출 OUTPUTS	결과 OUTCOMES	영향 IMPACT
• 대상 관련 변수 • 인력 관련 변수 • 물리적 자원	• 서비스 정의 • 서비스 과제 • 개입 방법	• 서비스 단위 • 서비스 완료 • 품질	• 대상 변경 측정 • 중간 결과 측정 • 최종 결과 측정	• 지역사회 차원의 변화 척도

[그림 8-3] 프로그램 설계를 위한 프레임워크

투입 INPUTS
- 프로그램의 혜택은 어떤 유형의 대상이 받을 것으로 예상합니까?
- 프로그램의 수행 및 대상자 서비스 제공을 위해 어떤 유형의 담당자를 배치하여야 합니까?
- 프로그램의 서비스 수행과 대상의 요구 충족을 위해 어떤 자원, 시설 및 장비, 재정 등이 필요합니까?

전환 PROCESS
- 프로그램 설계에 정의된 문제 및 요구 해결을 위해 가장 관련성 높은 서비스 및 대상 집단은 어떤 유형입니까?
- 프로그램 수행을 위한 서비스 작업 및 개입 방법은 무엇입니까?
- 프로그램을 초점은 어디이며, 변화는 어떻게, 어디까지 입니까?

산출 OUTPUTS
- 프로그램의 기대치를 고려할 때 서비스의 완전한 보완을 나타내는 서비스 조합은 무엇입니까?
- 측정가능 할 것으로 예상되는 서비스의 최소 규모 및 양은 어떻게 됩니까?

결과 OUTCOMES
- 프로그램 설계를 고려할 때 어떤 결과가 성취될 것으로 예상합니까?
- 프로그램 한계를 고려할 때 어떤 결과가 성취될 것으로 예상합니까?

영향 IMPACT
- 프로그램 결과 서비스 대상(개인, 기관(또는 조직), 지역사회 등)의 변화 척도는 무엇입니까?
- 프로그램 결과 서비스 대상에게 발생한 변화는 측정가능 합니까?

[그림 8-4] 프로그램 설계를 위한 프레임워크 질문

2. 프로그램의 내용 선정과 조직

1) 프로그램의 내용 선정

프로그램의 내용 선정은 '요구분석 결과를 기반으로 설정된 프로그램의 목적 및 목표를 수행하기 위해 참여 대상으로 하여금 초점을 어디에 맞출 것인가? 변화를 어떻게 · 어디까지 할 것인가? 어떤 내용으로 프로그램의 목표를 달성할 것인가? 학습자의 학습경험 · 능력수준 및 흥미 등을 어떤 내용으로 전개할 것인가? 언제 · 어디서 · 어떻게 전달할 것인가?' 등을 고려하여 프로그램의 내용을 결정하여야 한다.

(1) 프로그램 내용 선정의 원리

프로그램의 내용 선정의 원리를 살펴보면 다음과 같다.

첫째, 적합성의 원리이다. 프로그램 참여 대상의 능력과 흥미, 경험과 수준 등을 고려하여 내용을 선정하고, 대상의 보다 적극적인 참여 유도와 대상자의 삶을 향상시킬 수 있는 다양한 방법과 지지체계를 구축한다.

둘째, 다양성의 원리이다. 프로그램의 참여가 학습이라는 한 방향적 학습을 지양하고 학습과 적용, 학습과 일이라는 양방향적 학습을 지향할 수 있도록 사회 · 경제 · 문화의 변화와 학습자의 연령 · 성별 · 직업 · 학습 경험 등 여러 가지 특성과 영역을 접목하여 실용성과 다양성을 추구한다.

셋째, 자기주도성의 원리이다. 프로그램 내용이 목적 및 목표와 연관되고, 학습의 즐거움을 높일 수 있도록 내용을 구성하며, 학습자 및 지도자의 입장을 고려함으로써 학습자 스스로 자기주도 학습이 가능하고, 지도자 스스로 학습지도가 가능하도록 학습활동 환경을 조성한다.

넷째, 계속성의 원리이다. 프로그램의 내용 선정이 학습의 이전단계와 다음단계가 연결되고, 학습 경험, 흥미, 동기, 가치관 등이 학습 내용에 영향 및 상호작용하며, 여러 가지 요소가 어느 정도 반복함으로써 이용가능하고 가치 있는 것이 되도록 변화함으로써 다양한 방식으로 치환(置換)하거나 다양한 주제를 통해 대상자의 경험을 넓히는 활동이다.

다섯째, 타당성의 원리이다. 프로그램의 내용 선정과 편성이 프로그램의 목적 및 목표에 부합하도록 반영하고, 선정된 다양한 요소와 내용이 충실하게 달성될 수 있도록 함으로써 프로그램이 왜 실시되며, 수행여부를 어떻게 측정할 것인지에 대한 준거가 될 수도 있다.

(2) 프로그램 내용 선정 및 구성

프로그램 참여자는 다양한 방법으로 학습하므로 프로그램의 맥락과 학습이 적용되는 환경을 이해하여 대상이 가장 잘 학습할 수 있는 방법에 적합하도록 프로그램의 내용을 선정하고 구성하는 것은 학습을 위한 효과적인 맥락이다. 카파렐라 등은 내용 선정과 구성을 다음과 같이 설명하였다(Caffarella et al., 2013: 185-186).

① 프로그램의 내용 선정

프로그램의 내용 선정, 즉 학습 활동 중에 학습하여야 할 내용을 선정하는 것은 교수자가 지도하고자 하는 모든 자료를 포함할 수 없기 때문에 어려운 작업이다. 이러한 제한은 시간, 전달 시스템 유형, 참여자의 배경 및 경험, 사용가능한 자료 및 교수자의 능력 등에서 비롯된다. 내용을 선정하는 것은 프로그램의 목적 및 목표에서 출발한다. 따라서 설계자는 프로그램 설계 시 다루어야 할 내용을 분류하고, 선정하는 과정에서 학습 목적 및 목표의 일부가 수정 및 변경, 때로는 삭제될 수도 있다는 것을 인지하여야 한다. 어떤 교수자는 학습의 중요성으로 인해 내용에 도달하기 위한 개념 및 내용 지도(content map)와 같은 시각적 도구를 선호하는 반면, 어떤 교수자는 단순히 설명하거나 여러 방법을 혼합하여 사용하는 것을 선호한다.

② 프로그램의 내용 선정을 위한 질문

첫째, 학습자가 알아야 할 필수 내용은 무엇이며, 그 내용은 하나 이상의 학습 목적 및 목표를 다루고 있습니까?

둘째, 학습자가 알아야 할 내용은 무엇이며, 무엇이 필수자료를 보완합니까?

셋째, 필수 자료와 관련 있고 흥미롭지만, 시간이 허락한다면 다루어야 할 내용은 무엇입니까?

넷째, 학습자가 실제로 알 필요가 없는 내용은 무엇입니까(즉, 유용할 수 있지만 학습목표와 관련이 없는 내용)?

교수자는 위와 같은 질문을 스스로에게 할 때 중요하다고 생각했던 내용이 실제로는 목적 및 목표와 상이하거나 일부 내용이 의미 없다는 것을 발견하게 된다. 따라서 중요한 요점과 내용을 빠뜨리고 단순히 관심을 끌거나 가치 없는 주제를 지나치게 강조하며 제시된 자료를 의미 없이 반복하지 말아야 한다.

③ 프로그램의 내용 선정 시 고려사항

내용을 선정하는 것도 중요하지만, 그 내용을 전달하는 구성(또는 순서)도 중요하다. 내용을 선정하고 구성하는 한 가지 방법은 없다. 즉, 프로그램의 내용 선정 및 구성은 참가자의 지식과 경험, 내용의 특성, 요구되는 성취 수준, 관련된 사람들의 교수 및 학습 스타일 등에 따라 다양하게, 융통성 있게, 즉각적으로 적용되어야 한다. 다음은 프로그램 설계 시 설계자에게 요구되는 고려사항이다.

첫째, 설계자는 허용된 시간 동안 너무 많은 자료를 계획하지 않는다.

둘째, 설계자는 학습자가 이해할 수 있도록 동기를 부여하는 것보다 교수자가 더 많이 전달하고자 하는 내용을 우선하지 않는다.

셋째, 설계자는 학습이 적용되는 맥락을 무시하지 않는다.

(3) 프로그램 내용 선정의 방법

프로그램을 설계할 때 설계자는 참여 대상이 학습에 대한 긍정적인 기대을 가지고 동기를 유발할 수 있도록 유용한 모든 종류의 전략 및 방법을 포괄적으로 적용하여 효과적일 뿐 아니라 흥미롭게 설계하여야 한다. 켈러 등(Keller et al.)은 ARCS 모형을 통해 학습 동기의 범주를 관심에서 집중으로, 기대에서 자신감으로의 변화라고 하였는데 이를 자세히 살펴보면 다음과 같다(Keller et al., 2018: 289-296).

첫째, 집중력(Attention)이다. 관심이라는 범주와 유사하며, 학습에 대한 호기심을 자극하여 학습자가 관심을 가지고 흥미를 유지할 수 있도록 동기적 관심을 유발할 수 있어야 한다. 이에 대한 전략으로는 지각적 자극, 탐구 자극, 가변성 등이다.

둘째, 관련성(Familiarity)이다. 호기심을 자극 한 후 학습자는 '이걸 왜 공부해야 하지? 학습이 우리의 삶에 얼마나 중요하지?' 등에 대한 의문을 제기하며, 학습에 대한 의미를 추구한다. 일반적으로 주의를 환기시키는 것보다 학습의 관련성을 확립하는 것이 어려울 수 있다. 따라서 관련성은 대학 입학, 직무 요건 등과 같이 학습자의 중요한 관심 및 동기와 연결할 수 있는 방법이어야 한다. 이에 대한 전략으로는 친근함, 목표 지향성, 동기 일치 등이다.

셋째, 자신감(Confidence)이다. 성공에 대한 긍정적인 기대는 동기부여를 위한 중요한 요구사항이다. 이는 학습자의 신뢰 수준과 학습목표의 유형에 따라 그 수준을 조정해야 한다. 즉, 새로운 기술 습득과 최고의 성과 도출을 위해 어느 정도의 위험과 도전이 필요하므로 기술을 습득하고 연습할 수 있는 기회와 환경을 조성할 수 있어야 한다. 이에 대한 전략으로는 성공에 대한 기대, 과제 설정, 귀속 성형 등이다.

넷째, 만족감(Satisfaction)이다. 학습자는 노력의 결과가 기대와 일치하지 않을 경우 동기를 잃을 수 있으므로 설계자는 내적 동기를 촉진하고 유지하는 것과 때로는 피할 수 없는 외적 강화의 적절한 사용을 섬세하게 균형을 이룰 수 있어야 한다. 이에 대한 전략으로는 자연적 결과, 긍정적 결과, 공정성 등이다.

〈표 8-1〉 ARCS 모형의 전략 범주

분류	전략
Attention • Perceptual Arousal • Inquiry Arousal • Variability	• 지각적 자극: 수업에서 새롭고, 놀랍거나, 부조화하거나, 불확실한 사건을 사용하여 학습자의 주의를 끌고 유지한다. • 탐구 자극: 포즈를 취하거나 학습자가 해결해야 할 질문이나 문제를 생성하도록 하여 정보 탐색 행동을 자극한다. • 가변성: 수업의 요소를 다양하게 하여 학습자의 흥미를 유지한다.

분류	전략
Relevance • Familiarity • Goal Orientation • Motive Matching	• 친근함: 구체적인 언어를 사용하고 학습자의 경험과 가치와 관련된 예와 개념을 사용한다. • 목표 지향성: 수업의 목적과 유용성을 나타내는 진술이나 예를 제공하고 성취를 위한 목표를 제시하거나 학습자가 정의하도록 한다. • 동기 매칭: 학습자들의 동기 프로필과 일치하는 교수 전략을 사용한다.
Confidence • Expectancy for Success • Challenge Setting • Attribution Molding	• 성공에 대한 기대: 학습자가 수행 요구 사항 및 평가 기준을 인식하도록 한다. • 과제 설정: 학습자가 개인적 성취 기준을 설정할 수 있도록 여러 성취 수준을 제공하고 성공을 경험할 수 있는 수행 기회를 제공한다. • 귀속 성형: 학습자의 능력과 노력을 성공의 결정 요소로 지원하는 피드백을 제공한다.
Satisfaction • Natural Consequences • Positive Consequences • Equity	• 자연적 결과: 실제 또는 모의 환경에서 새롭게 습득한 지식이나 기술을 활용할 수 있는 기회를 제공한다. • 긍정적 결과: 원하는 행동을 지속할 수 있는 피드백과 강화책을 제공한다. • 공정성: 작업 성취를 위한 일관된 기준과 결과를 유지한다.

출처: Keller et al.(2018) 재정리.

ㄹ) 프로그램의 내용 조직

프로그램 설계자는 '학습자가 창의적으로 학습할 수 있도록 학습 환경이 신체적 · 심리적으로 편안하게 조성되었는가? 학습자가 학습의 필요성을 느낄 수 있도록 동기를 자극하고 유지할 수 있도록 설계되었는가? 학습자가 제공된 학습 기회를 효과적으로 사용할 수 있도록 필요한 자원을 보유하였는가? 학습자가 학습된 능력을 다양한 상황에서 활용되고 전이될 수 있도록 반영하였는가?' 등을 고려하여 프로그램의 내용을 조직하여야 한다.

(1) 프로그램 내용 조직의 원리

프로그램의 내용 조직의 원리를 살펴보면 다음과 같다.

첫째, 명확성과 계열성의 원리이다. 프로그램 형식의 요소를 활동 방향, 기대치, 기준 등으로 배열하여 정확한 이해를 위해 요소 간 관계를 명확하게 하는 반면, 프로그램 내용을 주제 및 영역, 절차 및 위계, 연역 및 귀납 등으로 범주화하여 단계적, 반복적, 주기적으로 학습하고, 변화하며, 경험할 수 있도록 조직한다.

둘째, 계층성과 상호성의 원리이다. 각각의 요소들이 독립적으로 작용하거나 비슷한 요소들이 층을 나누고, 내용과 기능을 상세한 수준으로 분석하는 반면 결과 도출을 위해 다양한 요소들이 상호 의존하고, 연결하며, 조화를 이루어 요소들 간 관계가 독립적이면서 상호 의존적으로 상호작용할 수 있도록 조직한다.

셋째, 차별성과 유연성의 원리이다. 프로그램을 수행함에 있어 일부 요소는 수행하면서 다른 요소는 배제하고, 어떤 행동은 수행하면서 다른 행동은 배제하는 반면, 요소 자체의 고유한 특성을 고려하면서 다양한 요소들이 새롭게 경험하고 훈련하면서 연계될 수 있도록 조직한다.

넷째, 기능성과 실용성의 원리이다. 의도한 결과 도출을 위한 기능과 역할이 잘 수행될 수 있도록 정형화되고 효율적으로 행할 수 있는 능력을 도모하는 반면, 조직(또는 기관)과 사회의 요구에 적합하도록 설계하여 학습한 것을 실생활에 바로 활용할 수 있도록 조직한다.

다섯째, 범주성과 지역성의 원리이다. 프로그램의 맥락과 요소 간의 관계, 학습의 전이 가치, 분석 결과로 도출된 특성 등을 고려하여 프로그램 내용을 우선하여 구성하는 반면, 프로그램이 요구되는 지역의 고유한 속성, 환경, 시기, 형태 등 연관성을 종합적으로 고려하여 맞춤형으로 제공될 수 있도록 조직한다.

(2) 프로그램 내용 조직의 형태

프로그램의 내용이 선정되면 설계자는 학습자의 목적 및 목표 달성을 위해 유기체와 환경의 상호작용, 자극과 반응 사이의 관계 형성, 다양한 아이디어와 실습 통합 등 학습자의 동기를 자극하고 유지할 수 있도록 기회를 제공하고 다양하게 활동할 수 있도록 조직한다. 많은 학자들은 다양한 측면에서 통합을 정의하고 있으나 임그램(Ingram)은 교과의 통합 유형을 구조적 유형과 기능적 유형으로 분류하면서 구조적 통합은 교육과정 내에서 지식의 구조를 재구조화하는 것이고 기능적 통합은 지식을 통합적 경험을 촉진하기 위해 사용된다고 하였다. 이를 자세히 살펴보면 다음과 같다(Ingram, 1979: 27-42).

〈표 8-2〉 교과의 통합 유형

<table>
<tr><th colspan="3">분류</th><th>내용</th></tr>
<tr><td rowspan="4">구조적 유형
(Structural Types)</td><td rowspan="2">정량적
(Quantitative)</td><td>합산
(Summation)</td><td>• 통합의 가장 기본적인 형태로 둘 이상의 교과 영역을 분리하여 별도로 가르치지 않고 포괄적인 단위를 형성하기 위해 연계하는 경우
• 산술, 대수학, 기하학, 삼각법 등을 '수학'이라는 용어로 사용</td></tr>
<tr><td>기여
(Contribution)</td><td>• 기여라는 개념은 상관관계로 기술되며 합산 또는 조합이라는 개념보다 더 밀접한 관계를 의미
• 문학교사가 특정 작품의 배경 설명을 위해 역사교사의 도움을 받음</td></tr>
<tr><td rowspan="2">정성적
(Qualitative)</td><td>융합
(Fusion)</td><td>• 단순히 둘 이상의 교과 내용을 재구성하는 것이 아니라 포괄적인 원칙, 공통의 이슈, 상호관심 분야에 기초하여 프로그램을 재구성하는 것으로 단순히 병렬하는 것이 아니라 혼합(교과들을 뒤섞는 것)하는 의미
• 나무라는 주제는 다양한 지식영역들의 관점을 융합하여 지도하는 방식</td></tr>
<tr><td>종합
(Synthesis)</td><td>• 종합적 통합은 공동 개념의 확인, 공유된 의미의 탐색, 다양한 앎의 방식 비교, 현실에 대한 다양한 접근 방식의 해석, 다양한 가치 판단의 평가, 알려진 사실을 발견하는 다양한 방식 평가 등이 포함되며 현상의 차이점과 유사점을 모두 사용
• 교육과정 내에서 종합적 통합을 달성하기 위한 4가지 방법은 선형(Linear), 순환(Cyclical), 방법론(Methodological), 전체론(Holistic)</td></tr>
<tr><td rowspan="2">기능적 유형
(Functional Types)</td><td rowspan="2">내재적
(Intrinsic)</td><td>요구와 흥미
(Needs and Interests)</td><td>• 교과 중심의 전통적인 교과 과정이 학습자가 경험하는 사회에 유사성이 거의 없으므로 교과과정을 지식의 본질이 아니라 학습자의 요구와 흥미에 기초를 두어야 한다는 제안
• 흥미 중심에 대한 아이디어는 흥미를 적절한 지식 분야로 확장할 수 있는 가능성과 흥미의 동기부여 능력과 결합</td></tr>
<tr><td>활동
(Activity)</td><td>• 학습자가 지식의 수동적인 수령자일 뿐만 아니라 인지 영역의 지속적인 재구성에 능동적으로 참여한다는 주장에 기초
• 학습은 수행의 일부이며 수행은 학습에 도움이 되므로 관련된 실제 상황에서 가장 잘 획득될 수 있음
• 삶의 모든 단계에서 학습의 연속성을 제공하는 데 도움이 되며 이러한 특징은 평생학습에 도움</td></tr>
</table>

분류			내용
		탐구 (Enquiry)	• 탐구적 방법은 종종 교사중심의 지시적 교수법에 의해 문제된 학습자의 자연스러운 호기심을 촉진하고 경험형식이 가지고 있는 특징을 아는 방식과 이해 방식 사용 • 이미 완성된 형태의 지식 구조를 전달하는 것이 아니라 학생 자신에 의해 점진적으로 창조되는 과정
		경험 (Experience)	• 지식은 간접경험이지만 생활은 직접적인 경험이므로 교수자는 아이디어와 현실 간의 간극을 찾아 메울 수 있는 다양한 방법을 찾는 것이 과제 • 학교와 지역사회 간의 연계 강화, 실제 활동에서의 학습자 참여, 재료와 아이디어 이용 등으로 성취
	외재적 (Extrinsic)	귀납적 접근 (Inductive Approaches)	• 귀납적 접근은 이해와 해결을 위해 학제 간 협력이 필요한 특정 사회문제 기반 • 건강과 안전, 빈곤과 부, 가정과 가족 생활, 전쟁과 평화, 식량과 기아 등으로 이러한 문제의 특징은 실천적이며 현대적 관심사이고 해결을 위해 협력이 요구
		연역적 접근 (Deductive Approaches)	• 연역접 접근은 어떤 초월적 목적, 포괄적인 아이디어, 이데올로기 또는 신념에 의해 지배되는 교과 과정의 특징 • 기독교 전파를 위해 기독교 계통의 학교에서 개발한 교육과정, 미국의 민주주의 이상에 근거해 개발된 교육과정 등

출처: Ingram(1979) 재정리.

3. 프로그램의 교수설계

교수설계(Instructional design)는 실제로 수행할 학습 활동을 설계하는 것이므로 학습단계에서 시사하는 교육 이벤트 및 그들 간의 관계를 이해하여 필요한 학습 과정 및 내용을 지원한다. 가네(Gagné)는 학습자의 동기를 활성화하고, 학습을 통해 성취하여야 할 목적 및 목표를 제시함으로써 가능한 다양하고 새로운 상황에서 학습자가 학습을 수행할 수 있도록 격려한다. 〈표 8-3〉은 가네의 학습단계와 수업 이벤트 간의 관계이다(Gagné, 1977: 284-298).

〈표 8-3〉 학습단계와 수업 이벤트 간 관계

학습단계	수업 이벤트	내용
1. 동기부여 단계 (Motivation Phase)	• 동기 부여 활성화 (Activating motivation) • 학습자에게 목표 제시 (Informing learner of the objective)	• 학습목표를 달성하기 위해 설계된 수업은 학습자의 기대 상태을 확인하는 것으로부터 시작한다. • 동기 부여와 학습의 인과관계는 상호적이며, 활성화 방법은 인센티브 · 과업 · 성취 동기이다. • 학습자의 동기를 분별하여 성취할 수 있는 활동으로 설계하고, 학습 결과로 기대되는 성과 유형을 제시한다.
2. 인지 단계 (Apprehending Phase)	• 주의 유도 (Directing attention)	• 교육설계 시 첫 번째로 취하여야 할 단계는 주의를 유도하는 것이다. • 설계자는 학습을 강조하기 위해 사용할 수 있는 방법, 정보, 요소 등을 다양하게 선택하여 사용한다.
3. 획득 단계 (Acquisition Phase)	• 회상 자극 (Stimulating recall) • 학습지도 제공 (Providing learning guidance)	• 새로운 내용을 학습할 때는 더 유익한 내용을 위해 이전 학습을 회상할 수 있도록 자극한다. • 예상되는 학습 결과에 따라 다양한 형태의 학습지도를 제공할 수 있도록 설계한다.
4. 유지 단계 (Retention Phase)	–	–
5. 회상 단계 (Recall Phase)	• 유지력 향상 (Enhancing retention)	• 교수설계는 학습한 내용을 유지하고, 새로운 상황으로 학습을 전이할 수 있도록 설계한다. • 학습자의 다양한 기술 사용, 기억력 회상 및 향상이 가능하도록 자원을 제공하고, 내용을 효과적으로 구성한다.
6. 일반화 단계 (Generslization Phase)	• 학습 전이 촉진 (Promoting transfer of learning)	• 새로운 과제로서 학습 전환은 학습 과제의 다양한 기능뿐 아니라 학습이 일어나는 다양한 맥락이다. • 학습된 능력을 광범위하게 기반할수록 새로운 상황이나 다른 상황으로 전이할 가능성이 높아진다. • 가능한 광범위한 상황에서 학습된 능력이 실행되면 유용성이 증가한다.
7. 수행 단계 (Performance Phase)	• 성과 도출: 피드백 제공 (Eliciting performance: providing feedback)	• 성과도출은 명확하지 않을 수 있지만, 수행에 대한 중요성은 감소되지 않는다. • 평가는 학습내용의 유지와 교육의 즉각적인 결과를 나타내며, 새로운 학습능력을 반영하는 성과 도출은 자연스러운 현상이다. • 여러 과정에서 이루어진 학습 활동은 학습자의 수행 후 강화 이벤트가 동반될 때 완료된다.
8. 피드백 단계 (Feedback Phase)		

출처: Gagné(1977) 재정리.

1) 프로그램의 교수설계 방법

프로그램 설계자는 교육을 수행할 학습활동의 변별을 용이하게 하기 위하여 방법, 기술 및 장치를 선택한다. 교수설계를 위한 최선의 또는 가장 적절한 접근방법은 없기 때문에 그만큼 어렵다. 따라서 설계자는 사고, 분석, 훈련 등과 같은 경험에 학습을 촉진할 수 있는 방법, 기술 및 장치의 조합을 분별할 수 있도록 시도해야 한다(Boyle, 1981: 49).

첫째, 방법이다. 어떤 일을 하는 방법, 학습자에게 다가가기 위해 사용되는 체계적인 방식 또는 접근방법(집단, 개인 또는 대중 매체 관계)

둘째, 기술이다. 학습할 자료를 제시하는 데 사용되는 양식(강의, 패널, 집단 토론 또는 견학)

셋째, 장치이다. 학습을 촉진하는 데 사용되는 기계적 항목 및 조건(영화, 라디오, 특수한 물리적 준비, 슬라이드)

(1) 교수설계에서의 교수자와 학습자

교수자는 학습 경험에서 자신의 책임에 대해 성숙한 사고를 가지고 학습자에게 기대되는 것이 무엇인지도 설명하여야 한다. 예를 들면, '학습자가 과제 또는 유지 관리 기능을 담당할 것으로 기대합니까? 학습자가 수행해야 할 활동은 무엇입니까?' 등과 같이 학습자의 책임을 탐색할 수 있는 방법을 검토하여야 한다. 〈표 8-4〉는 보일이 제시한 교수자와 학습자의 책임이다(Boyle, 1981: 218-219).

〈표 8-4〉 교수자와 학습자의 책임

학습 기회 (Learning opportunity)	교수자의 활동과 책임 (Teacher activity and responsibility)	학습자의 활동과 책임 (Learner activity and responsibility)
내용 목적(Content goals)		
• 부부 갈등의 원인을 이해한다 (Understand the cause of marital conflict).	• 세 가지 유형을 논의한다 (Discusses three types). • 학습자들에게 삽화를 요청한다 (Asks for illustrations from students). • 슬라이드를 보여 준다(Shows slides).	• 말하는 내용과 개인의 요구를 연관시킨다(Relates what is being said to personal needs). • 삽화를 인용한다(Cites illustrations). • 슬라이드를 분석한다(Analyzes slides).
과정 목적(Process goals)		
• 흥미를 자극한다(Stimulate interest). • 열린 의사소통의 신뢰와 분위기를 조성한다(Establish trust and atmosphere of open communication).	• 질문을 한다(Asks questions). • 말하는 사람들을 지지하고 강화한다(Supports and reinforces those who speak).	• 질문을 한다(Asks questions). • 의견이나 경험을 제공한다(Gives opinions or experiences).

2) 프로그램의 교수설계 매체

교수설계와 관련하여 가장 중요한 실제 결정 중 하나가 매체 선택이다. 많은 경우 교수자는 학습자에게 구두 및 인쇄 형식의 언어로 의사소통하는 방법으로 설계하지만 일반적으로 보조 매체를 함께 사용한다(Gagné, 1977: 302-310).

첫째, 언어 매체(Language Media)이다. 교육을 위한 적절한 이벤트를 위해서 설계된 언어 의사소통은 구두 및 인쇄된 형식으로 제공될 수 있지만 때로는 순수한 방식(pure fashion)으로, 때로는 그림 및 도해(diagrams)와 같은 객체 표현과 결합하여 교육 기능을 고려한다.

① 구두 의사소통(Oral Communication)이다.

• 일반적으로 교수자가 제공하며, 그 형태로 학습자와 상황의 요구사항에 적응하는

데 있어 가장 다재다능하고 유연하다.

- 교수자는 학습자의 수행을 위해 구두 질문을 사용하고, 피드백을 제공할 때 사용한다.

② 인쇄 언어(Printed Language)

- 책, 팸플릿, 전단(leaflets)은 교수 상황의 전통적인 부분이며, 책 등 인쇄매체는 다른 매체에 비해 의존도가 높다.
- 인쇄된 내용(texts)의 잠재력은 매우 크지만 내용이 교육 상황에서의 활용과 기능하는 방식과 관련되어야 한다.

둘째, 비언어 매체(Language Media)이다. 일반적으로 구두 의사소통은 실제 대상 또는 그림이나 도해 형태의 표현이 수반된다. 이는 학습자가 기억의 부호화 및 저장에 있어 중요한 유형인 시각적 이미지를 습득할 수 있는 수단이기 때문이다.

① 그림은 어떤 역할을 합니까?(WHAT DOES A PICTURE CONTRIBUTE?)

- 기본적으로 특정한 사물이나 사람, 사건 등에 대한 이미지로 구두 지시에 그림을 포함시키면 학습할 때 선행 기술 및 정보의 검색을 도울 수 있다.

② 구두 지시-그림 조합의 특성(Properties of The Verbal Instruction-Picture Combination)

- 그림을 통해 학습자가 구체적인 이미지를 저장장치로 사용하고 학습한 내용을 검색하기 위한 단서로 사용할 때 효과가 향상된다.

3) 프로그램의 교수·학습 방법의 유형

(1) 강의법

① 강의법의 개념

강의법(Lecture)은 교수자가 지식이나 기술 등을 학습자에게 설명을 통해 이해시키고 정보를 제공하는 교수자 중심의 교수방법으로 가장 보편적으로 활용되는 방법이다. 즉, 교수자가 언어를 통해 학습내용을 일방적으로 제시하고, 학습자는 수동적으로 받아들이는 학습활동으로 교재, 핸드아웃(handouts), 동영상, 파워포인트 등 보조 교재 및 인쇄물을 사용하기도 한다.

② 강의법의 특징

- 강의는 일반적인 교과서에서 찾아보기 어려운 새로운 정보나 지식 등을 제공한다.
- 강의는 핵심 개념들 간의 공통점 및 차이점을 부각시킨다.
- 강의는 특정 분야에 있어서 근거 파악, 비판적 분석 및 문제해결 등을 다룬다.
- 강의 주제를 특정 강좌나 교과목에 가장 적절하도록 조직할 수 있다.
- 강의는 주요 개념을 부각시키고 개인적 통찰력을 서로 나누기에 적합하다.

③ 강의법의 장점과 단점

장점	단점
• 경제적이다. • 교수자와 학습자 모두에게 친숙한 방법이므로 초기 도입 시 혼란이나 어려움이 적다. • 짧은 시간에 많은 양의 지식과 정보를 체계적으로 제시하고 효과적으로 전달하는 데 효율적이다. • 슬라이드 · 동영상 · 파워포인트 등 보조매체 활용 시 효과적이며 집중도를 높일 수 있다. • 능력과 자질이 뛰어난 교수자의 역량은 수준 높은 강의와 학습환경에 적합한 방식으로 진행되어 학습자의 지식과 정보 습득에 유용하다. • 교수자가 주도하여 진행하는 강의법은 학습자의 참여 부담이 적고, 소극적인 학습자에게 안정감을 준다.	• 교수자 중심의 일방적인 전달식 방법이므로 학습자 참여 및 상호작용이 제한될 수 있다. • 학습자의 참여 제한은 수동적이고 소극적인 태도를 유발하여 흥미와 관심을 떨어뜨릴 수 있다. • 교수자 개인의 능력과 기준에 따라 학습내용과 전달방식에 차이가 발생한다. • 교수자의 주도적 진행은 학습자의 이해도를 파악하거나 오류를 수정하는 데 한계가 있다.

(2) 토의법

① 토의법의 개념

토의법(Discussion)은 구두표현을 통해 각각의 의견과 아이디어를 상호교환하고, 협력을 통해 개인이 해결하기 어려운 문제를 공동의 집단적 사고로 해결할 수 있어 많이 사용된다. 이 방법은 논란의 소지가 있는 주제나 공통의 과제를 선정한 후 자유로운 의견과 아이디어 교환, 충분한 토의를 통해 수용과 비판의 과정을 거치면서 문제 해결을 위한 이해와 합의를 도출하고, 이 과정을 통해 사고능력과 의사소통 기술이 향상된다.

② 토의법의 특징

- 학습자의 적극적인 참여: 단순한 질의응답과는 달리 대화를 통한 상호작용으로 참가자들의 적극적인 참여를 이끌어야 한다. 효과적인 토의를 위해서는 개방적인 의사소통, 협조적인 분위기, 민주적인 태도 등이 중요하다.
- 교수자의 다양한 역할 수행: 토의를 주도하는 교수자는 상황에 따라 다양한 역할을 수행하여야 한다. 활발한 상호작용에서의 교수자는 관찰자 역할을, 그렇지 못한 경우에서는 집단의 일원으로 토의에 참여하는 등 촉진자나 조정자로서의 역할을 수행한다.
- 주제와 학습자의 특성에 적합한 토의 집단: 토의 주제나 참가자들의 특성에 따라 토의집단의 크기와 성격이 달라질 수 있는데 작은 규모에서는 소집단으로, 모두가 참여하는 규모에서는 대규모 집단으로 진행될 수 있다.
- 효과적인 토의 집단 배치: 효과적인 토의 진행을 위해서는 토의 집단의 배치가 적절하게 이루어져야 한다. 토의 참가자들을 위해서는 보통 원형 배치가 좋지만 주제와 참여자 특성에 따라 집단의 구성이나 배치가 달라질 수 있다.

③ 토의법의 장점과 단점

장점	단점
• 개방적인 의사소통, 협조적인 분위기, 민주적인 태도 등을 위해 참여자의 적극적이고 자발적인 참여를 유도할 수 있다. • 토의를 주도하는 사회자는 상황에 따라 촉진자, 조력자, 관찰자 등 다양한 역할을 수행할 수 있다. • 주제와 참여자의 특성을 고려한 집단 구성 및 토의는 적극적인 구성원 의식과 유대관계, 긍정적 태도 등을 신장시킬 수 있다.	• 시간과 경비가 많이 소요된다. • 적극적인 몇몇 참여자의 적극적인 주도로 소수자의 의견이 무시되거나 무관심될 가능성이 있다. • 철저한 사전 준비와 규칙개발, 체계적 관리가 요구된다.

(3) 게임법

① 게임법의 개념

게임법(Games)은 체험학습의 한 형태로 모의적 상황을 조성한 후 상황체험을 통해 경쟁과 도전 속에서 현실감 있는 흥미와 협업으로 목표를 달성한다. 학습자가 모의적 상황에서 개인 또는 집단 사고, 행동, 태도 등을 비롯하여 결론 및 결과에 이르는 전 과정을 통해 피드백 및 분석으로 해결책을 모색해 나가는 상호학습방법이다.

② 게임법의 특징

- 학습과정을 재미있고 흥미롭게 제공한다는 점에서 활용도가 매우 높다. 예를 들면, 학습자는 게임에 참여함으로써 어떤 특정의 가시적 목적을 획득하는 것 외에 타인과의 의사소통 기술, 인내심 및 경쟁심, 호기심 및 탐구력, 규칙에 대한 존중감 등을 습득할 수 있다.
- 학습내용과 관련된 일정한 규칙이 있어야 한다. 예를 들면, '협동심 고양'이라면 타인과 누가 더 많은 점수를 획득하는가보다는 팀이 협동하여 점수를 획득하는 방법이 보다 효과적이다.
- 첨단산업의 발달로 컴퓨터 등을 이용한 모의 실험(simulation) 게임이 많이 활용되고 있다. 특히, 성인교육을 위한 전문 지식 및 기능 습득을 위한 게임, 시뮬레이션 요소와 게임 요소를 결합한 현장 교육 등은 교육적 효과를 극대화한다.

③ 게임법의 장점과 단점

장점	단점
• 흥미를 유발시켜 학습자의 참여를 높인다. • 모든 학습참여자가 게임에 참가하므로 협동심 증진 및 동료 간 상호학습이 가능하다. • 학습속도가 빨라 참여자의 순발력 향상에 도움된다. • 학습자 간 경쟁심을 유발시켜 학습의욕을 향상시킨다.	• 일반 강의식 수업에 비해 학습시간이 많이 소요된다. • 흥미에 편중될 경우 지나친 과열경쟁 유발, 학습목표 및 정확한 학습내용 전달 기능을 상실할 수 있다. • 피드백이 가능한 우수한 훈련자(trainer)가 필요하다.

(4) 역할연기법

① 역할연기법의 개념

역할연기법(Role playung)은 학습자들이 어떤 상황이나 문제를 해결하기 위해 모의 상황에서 각자의 역할에 맞게, 서로 다른 역할을 부여하여, 서로 협의하여 역할 결정, 자발적인 연출 등의 과정에서 타협과 조정을 모색해 가는 방법이다.

② 역할연기법의 특징

- 원리, 원칙, 방법, 기능 등 습득: 현재 사용되고 있는 역할연기법의 거의 대부분이 이에 속한다. 사례로는 예비 직장인을 위한 모의면접, 대학생들의 모의형사재판 등이다.
- 돌발적 문제 등 다양한 상황이나 문제 처리 연습: 상황이나 상대방의 기분 등 시시각각으로 변하는 상황에서 문제해결 장면이나 상황에 대응하기 위해 다양한 상황을 가정하여 상황에 적합한 다양한 문제해결 방안을 연습하는 방법이다. 예로는, 고충처리에 대한 대응 등이다
- 바람직한 태도, 행동 등의 변화 연습: 자유로운 역할연기를 통해 타인에 대한 이해 및 대화방법, 다양한 사람 간의 이해 및 관계, 태도 및 행동 등을 보다 바람직한 방향으로 변화하는 방법이다. 예로는, 관리자 및 감독자의 리더십(Leadership) 개발 등이다.

③ 역할연기법의 장점과 단점

장점	단점
• 알고 있는 것과 할 수 있는 것에 차이를 인식할 수 있다. • 학습자의 적극적인 참여을 유도하며, 실제 상황을 표현할 수 있다. • 다양한 경험을 통해 인간관계, 가치, 의사소통, 친밀감, 문제대처능력 등이 향상된다.	• 준비에 많은 시간이 필요하며, 역할연기에 몰입하는 것이 어려울 수 있다. • 답이 정해진 상황에는 적합하지 않으며, 반복적인 연기는 지루할 수 있다. • 학습자의 특성과 학습환경에 따라 학습자 수와 장소를 제한할 수 있다.

(5) 사례연구법

① 사례연구법의 개념

사례연구법(Case Study)은 하나 또는 여러 사례, 실제 사례 및 특정 사례를 바탕으로 사례의 특성이나 문제를 종합적이고 심층적으로 분석하여 연구하는 방법이다.

② 사례연구법의 특징

- 문제해결능력(분석력, 판단력, 의사결정능력, 협상력 등)이나 직무수행능력을 체험

적으로 함양시키는 교육기법이다.

- 사례의 사회적 · 경제적 · 역사적 상황 및 맥락, 정보원으로부터의 관찰, 면접, 시청각 자료, 문서 및 보고서 등 다양한 방법에 의해 수집된 자료를 심층적으로 분석하여 총체적으로 기술하고 설명하는 방법이다.
- 집단과 관련되거나 직면하게 된 문제, 현장에서 발생되는 다양한 상황 등 여러 가지 문제해결을 위한 고도의 판단력 배양, 폭넓은 안목 배양 등에 효과적이다.

③ 사례연구법의 장점과 단점

장점	단점
• 사례에 대한 종합적인 고찰로 상황에 대한 특수성을 명확하게 분석할 수 있다. • 다양한 사례를 통해 이론과 실무를 연계시키는 응용력, 판단력 등을 증진시킬 수 있다. • 자료를 통한 종합적이고 심층적인 분석은 풍부하고 의미 있는 자료 제공으로 다양한 연구설계를 제공할 수 있다.	• 타당성을 고려한 적절한 사례 확보 및 결과를 일반화하는 데 어려울 수 있다. • 많은 양의 자료수집으로 경비와 시간이 소요되므로 비경제적, 비능률적일 수 있다. • 효과적인 분석을 위해 분석자의 숙련, 전문지식, 경험, 통찰력 등이 요구된다.

(6) 문제기반 학습

① 문제기반 학습의 개념

문제기반 학습(PBL: Problem Based Learning)은 실재적이고 비구조화된 문제를 해결하기 위해 소그룹 구성으로 참여자 스스로 주체가 되어 학습에 필요한 자료 수집과 공유, 토론 등을 통해 협동적으로 해결방안을 찾는 방법이다. 이러한 과정에서 경험하는 지식과 사고전략, 학습동기, 협력 기술, 자기주도적 학습능력, 문제해결능력 등이 향상된다.

② 문제기반 학습의 특징

- 실재적이고 비구조화된 문제이다.
  문제해결 과정은 문제 제시－문제해결 계획－자료수집 및 탐색－해결책 고안－분석 및 방안 도출 등의 능력이 요구된다.
- 자기주도적인 학습이 이루어진다.

문제 해결책을 찾는 과정에서 학습자들은 자기주도적으로 다양한 정보와 지식을 모색하고 이해하는 과정을 통해 학습에 대한 책임감을 경험한다.

- 학습자 간 협동과 상호작용을 기반으로 한다.

  소집단 내 학습자들은 많은 정보와 지식을 공유하고 서로 교환하는 과정에서 사고 전략, 의사소통 및 협력 기술 등이 향상된다.

- 학습자 스스로 주체가 되는 학습자 중심 학습이다.

  학습자의 수준과 노력에 따라 도출되는 결론과 해결책의 질이 결정되므로 교수자는 학습자의 수준과 흥미를 고려하여야 한다.

③ 문제기반 학습의 장점과 단점

장점	잠점
• 학습자 스스로 문제를 해결하는 과정을 통해 문제해결능력을 향상한다. • 학습자 중심 학습으로 학습자의 지식적용능력 향상과 전문지식 습득을 경험한다. • 학습자의 흥미유발과 학습동기 향상에 효과적이다. • 자기주도학습능력을 높이고, 협동심과 상호작용을 높인다.	• 학습자와 교수자에게 많은 학습 시간이 요구된다. • 학습자의 수준과 노력에 따라 결론과 해결책이 도출되므로 학습의 부담을 느낄 수 있다. • 원래의 학습목표를 상실하고, 학습 결과물 도출에 치중될 수 있다. • 교수자는 학습자의 수준에 적합한 문제 개발과 학습 진행의 어려움이 있을 수 있다.

(7) 액션 러닝

① 액션 러닝의 개념

액션 러닝(Action Learning)은 개인이나 조직이 당면한 실제 문제 및 이슈(issue) 등을 해결하기 위해 소규모로 집단을 구성하여 지식과 경험, 질문과 성찰, 아이디어와 대안 등을 나누고 공유하면서 원인을 규명하고 해결책을 찾아가는 팀워크(teamwork)이다. 이 과정을 통해 구성원들은 역량과 경력개발, 학습 상호작용으로 인한 학습조직 구축과 조직개발, 문제해결능력과 리더십개발 등으로 개인과 조직 모두에게 강력한 에너지를 가질 수 있는 효율성과 경쟁력을 높일 수 있어 효과적인 학습방법이다.

② 액션 러닝의 특징

- 액션 러닝의 학습경험은 현재진행형으로 이루어지므로 경험하게 되는 문제는 '지금

여기(Here and Now)', 즉 지금 현재, 우리가 부딪히고 해결해야 할 어려움이나 당면한 사안이 실시간으로 진행된다.

- 액션 러닝은 구성원 개인의 역량 증진뿐 아니라 그룹 더 나아가 조직 전체의 역량이 향상된다.
- 액션 러닝은 누가 시켜서 권위적으로 진행되는 것이 아니라 구성원들 스스로 창의적으로 문제를 해결해 가는 과정이므로 학습자의 자발적이고 민주적인 참여와 진행으로 이루어진다.
- 액션 러닝은 팀을 중심으로 상호협동하여 해결책을 찾아가는 팀워크이므로 자료와 정보를 공유함으로써 최적의 해결 방안을 도출한다.

③ 액션 러닝의 장점과 단점

장점	잠점
• 과제, 이슈, 쟁점 등으로 불리는 실재 문제는 비구조화된 문제일수록 좋다. • 창의적인 해결책을 찾아가는 과정이므로 ice break, 성찰일지 쓰기 등 다양한 활동을 활용한다. • 러닝코치는 조력자 역할을 담당하므로 중립적인 입장을 취하여야 한다.	• 실재 문제 및 질문 등 비구조화된 문제를 확보하는 데 어려울 수 있다. • 러닝 코치는 액션 러닝의 전 과정에서 중립적인 입장을 취하는 데 어려움이 있을 수 있다. • 조력자, 코디네이터 등으로 불리는 훈련된 우수한 러닝 코치(learning coach)가 필요하다.

④ 액션 러닝과 문제기반 학습

분류	문제기반 학습	액션 러닝
배경	• 의과대학 의대생(임상 현장) – 교육방식의 문제점 해결(교육)	• 국영석탄공사 광부(매니저) – 조직 내 문제점 해결(경영)
대상	• 실재적이고 비구조화된 문제	• 조직(개인)이 당면하는 실재 문제 및 이슈
과정	• 문제 제시–문제해결 계획–탐색 및 재탐색 과정–해결책 고안–발표 및 평가	• 문제 탐색–문제 명료화–해결책 도출–우선순위 결정–액션플랜 작성–실행–평가 및 피드백
특성	• 의도적 학습	• 의도적 학습, 자기주도적학습
목표	• 학습 – 지식과 문제해결능력 향상	• 학습과 성찰 – 조직(개인)의 역량개발과 향상
역할	• 촉진자, 안내자(Tutor)	• 러닝 코치(learning coach)

(8) 플립 러닝

① 플립 러닝의 개념

플립 러닝(Flipped Learning)은 강의실에 집중되었던 학습이 교수자와 학습자 간, 학습자와 학습자 간의 상호작용 및 개별화 학습을 촉진하기 위해 배움의 공간 및 학습 활동이 보다 다양하게 활용되는 학습방법이다. 이는 선행학습을 유도하고, 수업시간에 사전 학습 내용이 적용되며, 현장에서의 다양한 문제해결과정을 통해 구성원들의 효율적인 업무수행능력, 팀워크, 의사소통능력 등 경쟁력 있는 인재양성을 위한 교육훈련방식으로 선호되고 있다.

② 플립 러닝의 특징

- 전통적 수업방식에서 벗어난 새로운 수업방식이다.
  전형적으로 학습이 이루어지는 공간(교실) 활동에서 교실 밖 학습과 교실 내 학습이 병행되는 수업방식이다.
- 교수자의 일방적 학습방법에서 교수자와 학습자의 상호작용 학습으로 진행된다.
  학습자가 교실 밖에서 다양한 매체를 통해 사전학습이 진행되고, 교실 안에서는 교수자와 함께하는 보충 및 심화학습이 진행되어 교수자와 학습자 간 개별화 및 상호작용이 증가한다.
- 학습자는 학습에 능동적이며, 스스로 책임을 가지게 된다.
  학습자 스스로 목표 설정 및 정보 습득 등으로 자기주도적으로 학습이 이루어지며, 교실 안에서는 또래 학습자 및 교수자 간 능동적 상호작용으로 학습동기 및 학습만족도에 긍정적인 영향을 준다.
- 교수자는 안내자, 촉진자, 조력자의 역할을 수행한다.
  교수자는 전통적인 교육방식에 비해 많은 전문성이 요구되며, 학습자 관점에서 다양한 교육매체 및 자료 등을 선정하고 제공하여야 한다.
- 다양한 사유(질병, 결석, 야외학습 등)에도 학습이 가능하며, 학습에 대한 자심감 향상 및 학업성취도 향상에 영향을 준다.

③ 플립 러닝의 장점과 단점

장점	단점
• 교수자와 학습자, 학습자 간 협동학습으로 의사소통 및 깊이 있는 학습이 가능하다. • 사전학습으로 학습자 스스로 학습하는 자기주도적 학습활동을 수행할 수 있다. • 다양한 자료 및 매체 활용으로 반복학습 가능, 학습자 간 편차를 최소화할 수 있다.	• 자기주도학습 및 협동학습이 어려운 학습자에게는 학습 자체가 부담이 될 수 있다. • 팀원의 사전학습 미이행은 팀내 기여도를 낮추어 팀 협력에 부정적 영향을 미칠 수 있다. • 교수자는 학습자의 학습동기를 고려한 학습 개발 및 강의준비, 모둠활동이 가능한 환경조성, 역할 변화 등으로 스트레스 및 심적 부담이 가중될 수 있다.

④ 플립 러닝과 전통 수업

분류	전통 수업	플립 러닝
수업방식과 내용	교수자 중심, 교과 지식을 전달하는 가르침(Teaching) 중심	학습자 중심, 사전 학습이 교과 내용 이해 및 심화학습으로 활동하는 배움(Learning) 중심
교수자 역할	통제적 훈육자 및 지식 전달자	학습 촉진자 및 조력자
상호작용	제한적 상호작용	활발한 상호작용 및 또래 학습 촉진
수업 분위기	교수자의 일방적 학습으로 수동적이고 통제적인 분위기	학습자의 적극적인 참여로 협력학습이 이루어지는 능동적이고 자유로운 분위기

(9) 브랜디드 러닝

① 브랜디드 러닝의 개념

블랜디드 러닝(Blended Learning)은 교수자와 학습자 간 직접적인 대면 학습뿐 아니라 인터넷 기반의 온라인 수업 등 두 가지 이상의 서로 다른 학습 방법을 병행하는 방법이다. 이는 온라인 수업(Online Learning)과 대면 수업(face-to-face learning)의 장점과 단점을 상호보완하여 교수자와 학습자 간 상호작용, 기술 및 도구 활용, 학습 방법 및 전략 다양화, 시공간 제약 최소화 등으로 학습활동과 현장 업무에 전략적으로 활용되고 있다.

② 브랜디드 러닝의 특징

• 온라인 수업과 대면 수업의 장점과 단점을 상호보완하고 첨단기술의 활용으로 시공간의 제약을 최소화함으로써 교수자와 학습자, 학습자 간 상호작용, 학습 거리, 학

습 환경 등을 다양화하여 학습능력을 향상시킨다.

- 자기주도적 학습과 협동학습, 구조적 학습과 비구조적 학습, 수직적 학습과 수평적 학습, 온라인 학습과 대면 학습 등의 연계로 수업 공간, 수업 내용 및 형태, 상호작용, 문제해결능력 등이 개별적, 집단별, 공동체 등으로 활발하게 수행되며 새로운 지식 및 방안이 창출된다.

③ 브랜디드 러닝의 장점과 단점

장점	단점
• 수준별 학습과 학습 요소의 유기적인 혼합이 가능하다. • 학습이 편리하고 자기주도적 학습이 가능하여 사고력, 의사소통 및 문제해결능력 등이 향상된다. • 풍부한 학습 자료와 시공간 제약의 최소화로 개방적이고 융통성 있는 학습자 중심의 학습환경 조성이 가능하다.	• 교수자는 수업 설계 및 학습 자료 제작 등으로 스트레스 및 심적 부담이 가중될 수 있다. • 온라인 학습 자료 및 도구 활용 능력에 따라 학습효과에 차이가 생길 수 있다. • 보다 쉽게 활용할 수 있는 매체 및 학습내용 개발과 즉각적인 피드백 제공이 어려울 수 있다.

④ 블랜디드 러닝과 플립 러닝

분류	플립 러닝	블랜디드 러닝
방식	교수자가 직접 제작하거나 무료 영상으로 대체하여 활용한다.	각종 매체를 사용하므로 교수자가 직접 영상을 제작하지 않아도 된다.
내용	유관 자료의 검색 및 수업시간 활용의 극대화로 교수자와 학습자, 학습자 간 관계변화를 강조한다.	다양하고 풍부한 자료의 혼합 및 활용으로 지식 전달이 용이하다.
역할	학습 시간 활용의 극대화와 학습자의 창의력 발휘를 도모한다.	학습자의 수준과 요구에 적합한 학습 자료 및 지식 내용으로 접근성을 강조한다.

(10) 마이크로 러닝(Buchem et al., 2010: 4-7)

① 마이크로 러닝의 개념

마이크로 러닝(micro learning)은 오늘날 지식사회에서 개인이 최신 정보를 얻을 수 있도록 하며, 학습환경, 강의과정, 웹 기반 교육 등과 같이 많은 시간이 소요되는 정형화된 학습 모드에 실행가능성을 보완하고, 마이크로 콘텐츠와 함께 짧고 세분화된 상호작용 및 능동적인 참여를 통한 연계된 학습활동으로 구성된다. 이러한 방식은 일상 활동에 쉽게 통합될 수 있으므로 자기 주도적인 평생 학습을 촉진하고, 학습에 대한 다양한 접근 방식을 결합한다.

② 마이크로 러닝의 특징

- 즉각적인 인식이 가능한 작은 형식이어야 한다.
  컴퓨터 화면 표시는 한눈에 쉽게 훑어볼 수 있어야 하며, 다양한 디지털 환경 간에도 빠르게 분산되어야 한다.
- 특정 주제나 개념이 무엇인지 초점이 명확해야 한다.
  단일 문장, 본문 또는 다양한 담론으로 표현할 수 있는 구별 가능한 주제로 구성되어야 한다.
- 정보는 추가 검색 없이 이해할 수 있도록 독립적이어야 한다.
  마이크로컨텐츠 단위를 구성할 때는 수신자의 상황 및 배경지식에 각별히 주의할 필요가 있다.
- 제목, 주제, URL 등과 같은 요소를 최소 포함하는 방식으로 구조화한다.
  마이크로컨텐츠는 URL(예: permalink)을 통해 직접 참조할 수 있는 단일 인터넷 자료로 설계되어야 한다.

③ 마이크로 러닝의 장점과 단점

장점	단점
• 초점을 맞춘 내용으로 학습시간이 효율적이다. • 다양한 매체 활동으로 적시학습(Just-in-time)이 가능하다. • 필요한 순간, 필요한 학습이 일어나므로 요구학습(On-Demand learning)이 가능하다. • 짧은 콘텐츠로 구성되며, 개발 주기가 짧아 필요시 제작이 가능하다. • 콘텐츠를 따로 또 같이 사용할 수 있으므로 학습의 유연성이 크다.	• 학습효과를 위해서는 다양한 매체 활용 및 연계가 가능하여야 한다. • 콘텐츠 제작, 편집 및 수정, 서비스 등이 가능하여야 한다. • 멀티미디어 기기 및 다양한 플랫폼 등에서 지원할 수 있어야 한다. • 학습관리시스템, 소셜 미디어 활용 등 학습관리 및 학습환경 조성이 필요하다. • 훈련된 마이크로 러닝 교수자가 요구된다.

④ 마이크로 러닝과 매크로 러닝

맥락(context)	매크로 러닝(Macro learning)	마이크로 러닝(Microl earning)
학습(Learning)	공식 학습(formal learning)	비공식 학습(informal learning)
소요 시간 (Time spent)	몇 시간(several hours)	몇 초에서 최대 약 15분(a few seconds up to about 15 minutes)
내용 유형 (Content type)	더 넓은 범위의 아이디어나 주제를 구성 및 구조화하고 학습 대상을 결합하는 학습 모듈(learning modules, comprising and structuring a broader range of ideas or topics and combining learn-ing objects)	정의할 수 있는 하나의 아이디어나 주제에 초점을 맞춘 적은 양의 정보로서의 마이크로 컨텐츠(microcontent as small chunks of information, focusing on a single definable idea or topic)
내용 제작 (Content creation)	일반적으로 저작 도구를 사용하여 주제 전문가가 만든 내용(content created by subject matter experts, usually with authoring tools)	웹 2.0과 빠른 이러닝 도구로 학습자가 공동으로 제작한 내용(content co-created by learners with Web 2.0 and rapid e-learning tools)
내용 통합 및 세분화 (Content aggregation and fragmentation)	학습 대상은 일반적으로 완전한 이해를 가능하게 하기 위해 다른 학습 대상과 결합되어야 함. 재사용 및 재구성을 위해 내용을 쉽게 분할할 수 있음(learning objects usually need to be com-bined with other learning objects to enable full understanding; content can be easily split for re-use and restructuring)	학습 대상은 일반적으로 완전한 이해를 가능하게 하기 위해 다른 학습 대상과 결합되어야 함. 재사용 및 재구성을 위해 내용을 쉽게 분할할 수 있음(learning objects usually need to be com-bined with other learning objects to enable full understanding; content can be easily split for re-use and restructuring)
내용 검색 (Content retrieval)	고유한 URL을 통해 과정 또는 주제를 검색할 수 있지만 단일 학습 대상은 주소를 지정할 수 없음(courses or topics retrievable through a unique URL, however single learning objects are not addressable)	짧은 글(microcontent)에는 적은 정보 양까지도 검색할 수 있는 고유한 URL(permalink)가 있음(microcontent has a unique URL (permalink), which make even small chunks of information retrievable)
학습 주기의 구조 (Structure of the learning cycle)	교재, 이미지, 오디오, 비디오와 같은 다수의 학습 객체를 각각 결합하는 다수의 단원 또는 수업으로 구성된 계층적, 순차적, 사전 계획된 구조(hierarchic, sequential, pre-planned structures consisting of a number of units or lessons, each combining a number of learning objects, such as texts, images, audio, video)	사회적 꼬리표(tags) 및 책갈피(bookmarks) 등의 자료를 기반으로 연합(syndication), 통합 및 수정을 통해 학습하는 과정에서 학습자가 생성하는 역동적이고 유연한 구조(dynamic, flexible struc-tures created by learners in the process of learning through syndication, aggregation and modification, based on such data as social tags and bookmarks)
표적 집단 (Target group)	특정 분야(domain) 전문가가 정의한 주제에 대한 통찰력을 얻는 것을 목표로 하는 학습자(learners aiming at gaining an insight into topics defined by domain experts)	개념 탐구 또는 실제 문제 해결을 목표로 하는 학습자(learners aiming at exploring concepts or solving practical problems)
학습자의 역할 (Learner's role)	전문가와 유사한 정신 구조 구축을 시도하는 내용의 소비자로서의 학습자(learners as consumers of content, attempting to build mental structures similar to those of experts)	탐색 및 사회적 상호작용을 통해 자신의 정신 구조 구축을 시도하는 내용의 프로슈머로서의 학습자(learners as prosumers of content, building own mental structures through exploration and social interaction)
학습자 참여 (Learner participation)	학습자-내용 상호작용에 초점을 둠(focuses on learner-content interactions)	학습자 간의 사회적 상호작용에 초점을 맞춤(focuses on social interactions between learn-ers)

출처: Buchem & Hamelmann(2010: 5).

4. 학습 자료 제작

1) 학습자용 자료

(1) 교재 제작

계획된 시간과 환경 속에서 설정한 목표를 달성하고 성과를 도출하기 위해 사용하는 자료 중 교재는 넓은 의미에서는 모든 자료를, 좁은 의미에서는 프로그램을 수행하기 위해 제작한 교육내용 모음집이다. 교재와 함께 필요한 교수 · 학습방법은 주제와 상황에 따라 차이가 있으나 학습자의 자기주도적 학습과 교수자와 학습자 간 상호작용을 위한 교재로 제작하여야 한다.

최근에는 워크북 형태로 교재가 많이 제작되고 있는데 이는 본래 지식을 전달하기 위한 목적보다는 학습자 스스로 학습활동을 통해 획득한 지식을 체계화하고 구성해 보는 공간으로서의 의미가 크다.

① ASSURE 모형을 기반으로 한 교재 제작

ASSURE 모형은 효과적인 교수매체 활용을 위해 고안된 교수 · 학습 모형이다. 이 모형은 학습상황에서 교수자가 학습활동을 위해, 교수매체 활용을 위해, 교수목표 달성을 위해, 학습지도안을 효율적으로 작성하기 위해 활용되고 있는 실천모형이다. 이를 자세히 살펴보면 다음과 같다.

〈표 8-5〉 ASSURE 모형을 기반으로 한 교재 제작

분류	내용
학습자 분석 (Analyze Learners)	• 첫 단계로 모든 요소의 측정 및 분석이 어려우므로 몇 가지 요소 계획 – 일반적 특성: 학습자의 연령, 직업, 지위, 학습동기, 사회 · 경제 · 문화적 요인 등 – 학습 출발점 능력: 새로운 학습의 이전 지식, 기술, 태도, 학습 경험 등 – 학습 양식: 개인의 심리적 특성, 환경 · 정보 · 사물의 이해 능력 및 수용방식 반응 등

분류	내용
목표 진술 (State Objective)	• 메이거의 목표 진술 방법(ABCD) – Audience(학습 대상): 학습자가 무엇을 학습할 것인가(학습대상 및 내용 확인) – Behavior(행동): 학습자가 성취할 목표를 관찰 가능한 행동으로 진술하는가(행동적 용어로 진술) – Condition(조건): 목표 성취를 위해 사용될 자원, 도구, 시간 등을 사용토록 허용할 것인가(수행 관찰 조건) – Degree(평가 기준): 학습자의 목표 성취를 위한 판단 기준으로서의 정확성, 능숙함, 시간제한 등을 제시하는가(수행 판단을 위한 표준 및 준거 제시)
방법, 매체 및 자료 선정 (Select Method, Media, and Materia)	• 교수방법의 선정, 기존 자료의 수정, 새로운 자료 설계 – 기존 자료 중 적합한 자료를 선정하여 사용하는 방법이다. – 기존 자료 중 적합 자료가 없을 시 기존 자료의 수정 및 재편집 등으로 사용하는 방법이다. – 교재를 새로 제작하거나 학습목표 달성을 위해 필요한 사항을 고려하여 새롭게 설계하는 방법이다.
매체와 자료 활용 (Utilize Media and Material)	– 효과적인 교수매체 활용을 위해 자료를 사전에 검토(Preview the Materials)한다. – 교수자의 수업활동을 위해 매체와 자료를 준비(Prepare the Materials)한다. – 학습환경에서 학습자가 매체와 자료를 효과적으로 활용할 수 있도록 환경을 조성(Prepare the Environment)한다. – 교수자는 다양한 학습경험을 위해 학습자를 준비(Prepare the Learners)한다. – 교수자는 안내자, 촉진자 등의 역할로 학습자에게 학습경험을 다양하게 제공(Provide the learning experience)한다.
학습자 참여 (Require Learner Participation)	– 학습과정에 학습자가 능동적으로 참여할 수 있도록 적극적인 참여를 유도할 있는 학습환경을 조성한다. – 학습자의 적극적인 반응 유도를 위해 자료 제공, 매체 활용, 적절한 피드백 등을 제공한다.
평가 및 수정 (Evaluate and Revise)	– 수업이 종료되면 목적 및 목표 달성, 수업효과, 영향 및 효과, 교수매체 및 방법 등을 평가한다. – 평가는 목표달성를 포함하여 교수방법, 매체, 자료 등에 대해 전반적으로 실시한다. – 평가 및 분석된 자료는 수업에 적용하여 수정 및 보완함으로써 수업의 질을 향상한다.

출처: 연구자들의 자료를 재구성.

〈표 8-6〉 '아름다운 동행 리더 양성과정'을 위한 교재 제작 과정

분류	내용
학습자 분석 (Analyze Learners)	• 대상: 리더 교육 희망 부부 • 조건: 아름다운 동행 초급과정 수료자 • 학습양식: 이론 및 role-playing 등 실습 방법 희망
목표 진술 (State Objective)	• 대상: 학습자는 리더십의 개념과 리더의 역할 등을 학습한다. • 행동: 학습자는 전체 교육의 80% 이상 참여 시 수료한다. • 조건: 이론 및 실습교육을 위한 강의실, 시청각 교육을 위한 인쇄 및 영상매체, 교재, 평가지 등을 준비한다. • 평가: 수료생 중 10%는 '아름다운 동행 초급과정'의 보조강사로 활동한다.
방법, 매체 및 자료 선정 (Select Method, Media, and Materia)	• 교수방법: 이론강의, role-playing 등 실습, 토론 및 발표 • 기존 자료 수정: 평가 결과를 적용하여 수정·보완된 교재 및 동영상 자료 • 새로운 자료: 가정교육의 다양한 사례집 제작
매체와 자료 활용 (Utilize Media and Material)	• 효과적인 학습활동을 위해 교재, 시청각 및 동영상 자료 등을 활용하여 수업내용 전달 • 다양한 사례를 기반으로 한 role-playing 등 실습교육으로 학습활동 진행 • 활발한 조별 토론 및 발표를 위한 주제 및 워크북 등 자료 제공
학습자 참여 (Require Learner Participation)	• 가정교육에서 부부리더로 활동하고 있는 다양한 사례를 제공함으로써 학습참여 동기를 높인다. • 실생활에 관련된 사례 및 시청각 자료 제공으로 활발한 조별 토론 및 발표를 유도하고, 적절한 피드백을 제공한다. • role-playing 등 실습교육을 통한 주제 및 문제 해결방안 도출, 교수자와 학습자 및 학습자 간의 상호작용을 활성화한다.
평가 및 수정 (Evaluate and Revise)	• 설문지 등을 통해 사전·사후 평가를 실시하여 학습효과를 평가한다. • 평가결과를 교재 및 수업자료에 적용하여 수정·보완함으로써 학습의 질을 향상한다. • 학습목표 및 내용, 학습방법, 매체 및 자료, 교재 등이 학습자의 이해도 및 참여도 증진에 효과적인지 점검한다.

ㄹ) 교수자용 자료

(1) 학습지도안 설계

수업지도안은 학습목표를 효과적으로 달성하기 위해 구체적인 방법 및 절차를 제시하여 교육의 효과를 극대화한다. 학습지도안은 체계적인 학습지도를 위해 교수·학습방법, 교육내용 및 과정, 교재 및 매체, 평가 등으로 수업의 질을 향상하며, 구체적이고 명확하며, 평이하고 체계적이며, 실용적이고 논리적으로 설계한다.

① ADDIE 모형을 기반으로 한 학습지도안

ADDIE 모형은 효과적인 교육을 설계하기 위해 고안된 모형으로 교육과정을 개발하는 동시에 체계적인 교육 접근방법이다. 이 모형의 특성은 경험적(Empirical), 신뢰적(Reliable), 체계적(Systematic), 체제적(Systemic), 순환적(Iterative)이며, 교수설계과정의 단계는 분석(analysis), 설계(design), 개발(development), 실행(implementation), 평가(evaluation)이다.

〈표 8-7〉 ADDIE 모형을 기반으로 한 학습지도안 제작

분류	내용
분석 (Analysis)	• 요구분석: 현재 상태에서 개인이 가지고 있는 수준과 자신이 바라는 바람직한 수준 간 격차 • 학습자 분석: 학습자의 정의적 · 지적 특성, 사회 · 문화적 배경 및 학습 양식, 학습 동기 및 태도 등을 분석하여 기초자료로 활용 • 환경 분석: 교수 및 학습에 영향을 미치는 환경(교수매체 및 기자재 등의 물적 자원, 학습공간 등) 분석 • 직무 및 과제 분석: 목표 달성을 위해 지식, 기술, 태도, 능력 등을 분석하여 업무(duty)와 과제(task) 규명
설계 (Design)	• 수행목표 명세화: 학습자가 수행할 행동 및 성과, 교육훈련 효과 등을 행동용어로 기술하며, 목표는 분명하고 자세하게 기술 • 평가도구 설계: 학습자의 목표 수행 및 성취 여부를 측정하기 위한 척도로 명세화된 지식, 기술, 태도 등을 평가하기 위한 구체적인 수단 • 프로그램 구조화 및 계열화: 학습내용 및 방법, 학습활동 및 매체 등을 어떤 순서로 누구에게, 어떻게 제공할 것인가 등을 결정 • 교수전략 수립: 교수목표 달성을 위한 교수 · 학습활동의 구체화 및 교수 운영방법의 결정 • 교수매체 선정: 효과적이고 효율적인 교수 · 학습활동을 위해 활용되는 도구로 학습자에게 학습내용 제시 및 학습활동을 촉진
개발 (Development)	• 교수자료 개발: 분석 결과 및 자료를 기반으로 실제 활용할 프로그램 및 교수자료를 개발하고 제작 • 프로그램 수정: 개발된 프로그램 및 교수자료 초안을 평가 등을 통해 수정 및 보완 • 프로그램 제작: 수업 현장에서 직접 활용할 최종적인 산출물로서의 교수자료 및 프로그램을 개발하고 제작
실행 (Implementation)	• 실제 수업 실행: 개발된 프로그램 및 교수자료가 효과적으로 전달될 수 있도록 실제 교육현장에 적용 • 프로그램 설치: 교수자료 및 프로그램의 원활한 실행을 위해 시설, 예산, 자원체제도, 기자재 등을 교육과정에 설치 • 수업 유지 및 관리: 교육과정에 개발된 프로그램 및 교수자료가 실제로 적용되어 지속될 수 있도록 유지하고 관리

분류	내용
평가 (Evaluation)	• 평가 계획: 교수자료 및 프로그램 평가계획은 개발단계에서 실시 • 평가 내용: 개발된 교수자료 및 프로그램의 내용의 효과적인 전달 여부 • 평가 유형: – 형성평가: 분석, 설계, 개발과정을 통해 개발된 교수자료 및 프로그램의 효과성, 효율성 등을 종합적으로 평가 교수자료 및 프로그램의 질 개선을 위해 평가를 통해 나타난 문제점 등을 수정, 보안, 개선 도모 – 총괄평가: 개발된 프로그램 실행 후 프로그램의 가치 판단을 위해 효과성, 효율성 등을 종합적으로 평가 평가를 통해 프로그램의 지속 여부, 프로그램의 문제점, 수정사항 등 파악 및 수정사항 결정

출처: 연구자들의 자료를 재구성.

〈표 8-8〉 '아름다운 동행 리더 양성과정' 학습지도안 제작 과정

<table>
<tr><th colspan="2">분류</th><th>내용</th></tr>
<tr><td rowspan="3">분석
(Analysis)</td><td>주제</td><td>프로그램 명: 아름다운 동행 리더 양성과정</td></tr>
<tr><td>대상</td><td>• 인원: 부부 10 커플(총 20명)
• 자격: – 아름다운 동행 초급과정 수료자
– 부부가 함께 프로그램에 참여할 수 있는 커플
– 가정교육에 대한 전문지식을 학습하고자 하는 자
– 프로그램 수료 후 리더로 활동하고자 하는 자
– 서울시민 및 서울지역 직장인</td></tr>
<tr><td>요구</td><td>• 학습자: 가정교육의 리더 활동 경험자 및 리더로 활동하고자 하는 자
• 기대: 학습지도안을 작성하여 리더로 활동
• 요구: 학습지도안(ADDIE 모형) 작성방법 이해, 매체 선정 및 활용법 이해, 다양한 교수방법 이해 및 활용 등</td></tr>
<tr><td rowspan="3">설계
(Design)</td><td>내용</td><td>• 이론 및 실습교육 후 자신에게 맞는 교육내용을 선정하여 학습지도안을 작성할 수 있다.
• 작성한 학습지도안에 기반하여 모의강의를 수행할 수 있다.</td></tr>
<tr><td>매체</td><td>• 모의강의에 필요한 교재 및 인쇄매체, 시청각 및 영상매체, 평가자료 등을 선정하여 활용할 수 있다.</td></tr>
<tr><td>방법</td><td>• 모의강의에 적합한 교수방법(이론강의, 토론, 발표, 조별 및 그룹 활동 등)을 적합하게 사용할 수 있다.</td></tr>
<tr><td>개발 및 실행
(Development & Implementation)</td><td>개요</td><td><table><tr><th>분류</th><th>내용</th></tr><tr><td>기간</td><td>1. 운영 기간: 2022. 3. 5 ~ 5. 21. / 총 12회 주 1회(매주 토요일 10:00~11:00)
2. 단원: 1회차 – ADDIE 모형 중 분석 단계</td></tr><tr><td>장소</td><td>○○○평생학습센터 3층 중강의실</td></tr><tr><td>준비물</td><td>1. 교재: 아름다운 동행 리더 양성과정(자체 제작 교재)
2. 기자재: 컴퓨터, 빔프로젝터, 스크린, 인터넷, 마이크
3. 학습 자료: 파워포인트(PPT), 포스트잇, 전지, 네임펜, A4 용지</td></tr></table></td></tr>
</table>

분류		내용				
		분류	내용	매체	방법	시간
	실행	• 도입 – 주의집중 – 동기부여 – 학습주제 등	1. 프로그램 소개 및 일정 안내 2. 강사 소개 및 교재 등 자료 제공 3. Ice Breaking 활동 – 네임텐트를 활용한 개인 소개 – 성명, 사는 곳, 하는 일, 학습목표 등 – 조 구성 후 조별 활동(조명, 조 역할(리더, 서기 등) 등) – 조별 활동을 포스트잇과 전지를 활용하여 작성 후 발표하기	교재 등 인쇄 매체 상호작용 매체	개인 활동 모둠 활동	10분
		• 전개 – 수업 내용 – 강의 및 실습 – 피드백	1. 이론 강의 – ADDIE 모형에 기반한 학습지도안 이해 – ADDIE 모형의 단계 및 분석 단계 이해 2. 분석 단계 실습: – 대상자 특성, 학습자 및 기대사항 기록하기 – 기록내용 공유 및 조별 발표하기 – 학습자 실습에 대한 피드백	PPT 등 영상 매체 교재 및 인쇄 매체	개인 활동 모둠 활동	40분
		• 종결 – 요약 및 재동기 – 질의응답 및 마무리 – 참고문헌	1. 수업활동 정리하기 2. 수업내용 질문하기: 포스트잇과 전지를 활용하여 질문하기 3. 질문에 답하기 4. 수업내용 review 및 다음 회기 수업 안내하기	영상 매체 인쇄 매체	개인 활동 모둠 활동	10분
Evaluation 평가	방법	• 학습자들의 학습결과물				
	내용	• 프로그램에 적용한 대상 및 요구분석이 정확하게 이루어졌는가? • 학습자가 ADDIE 모형의 분석단계를 이해하고, 실습에 참여하였는가?				

② 학습지도안의 구성

학습지도안은 학습의 목표, 내용, 진행방법, 수업자료 및 기자재, 평가방법 등 학습에 필요한 부분을 도입–전개–종결단계로 구성한다. 이를 자세히 살펴보면 다음과 같다.

〈표 8-9〉 학습지도안의 구성요소

분류		내용	방법
도입	5~10%	학습자와 교수자 간 공통 기반 형성 단계	이론 강의, 질문, 스팟기법 등
		• 주의집중: 학습자가 학습에 집중할 수 있도록 선수학습 안내, 관련 영상 시청, 강사소개 등 • 동기부여: 문제 및 요구를 해결하고 학습하겠다는 의욕고취, 학습에 대한 비전 제시 등 • 학습주제: 학습개요 및 학습내용 제시 등	

분류		내용	방법
전개	80~85%	학습개요 순서에 따라 구체적으로 설명하고 입증하며 규명하는 단계	이론강의, 판서 및 PPT, 참여 활동(role-playing 등), 시청각 및 영상 매체 등
		• 내용조직: 쉬운 것에서 어려운 것으로 진입하면서 학습내용을 논리적으로 체계화하여 설명 • 활동방법: 학습자의 주의력 및 집중력 향상을 위해 판서, 시청각 및 동영상 매체 등을 활용하여 다양한 변화 시도	
종결	5~10%	학습한 내용을 종합하고 다음 학습을 안내하는 단계	이론강의, 판서 및 PPT, 모둠 활동 등
		• 전개단계에서 진행된 학습내용을 검증하고 요약 • 새로운 내용 및 전개단계에서 학습하지 않은 내용에 대해 언급하지 않음 • 학습내용의 중요성 및 필요성. 다음 수업의 연계성 및 안내 등을 통한 재동기 부여 • 질의응답과 피드백	

(2) 보조자료 제작

교육을 위한 보조자료는 시청각 자료, 인쇄자료 등을 막론하고 교수자가 효과적인 학습활동을 위해 선정한 교육방법을 지원해 줄 수 있는 교육 보조자료(또는 교수매체)이다. 다양한 보조자료 중 핸드아웃을 살펴보면 다음과 같다(김종표 외, 2019: 137-150).

① 핸드아웃

핸드아웃(Handouts)은 교수자가 사전에 준비하여 학습활동 중 학습자에게 제공하는 간단한 인쇄자료를 의미한다. 핸드아웃에는 강의 중 또는 강의 후 사용되는 다양한 정보를 다룬다.

〈표 8-10〉 핸드아웃의 특성

분류	내용
특징	• 학습자들이 교육정보를 실시하는 동안이나 후에 사용해야 할 경우이다. • 학습자들이 자신의 학습속도로 교육정보를 학습하게 할 경우이다. • 학습자들이 암기하거나 필기할 필요가 없을 경우이다.
제작	• 교수자가 정보를 설명하기 위해 사용하고자 하는 형태를 결정하는 것이다. • 교수자가 결정한 형태 중 하나는 교육정보를 문장 형태로 설명하는 것이다 • 교수자는 핸드아웃 선택 시 전달 내용이 무엇인지를 토대로 하여 결정해야 한다.
유형	• 의사결정 차트: 학습자들이 의사결정을 할 수 있도록 안내한다. • 체크리스트: 학습자들의 학습과제 수행을 돕기 위해 기억을 불러일으킬 수 있는 단서를 제공한다. • 실습지(Worksheets): 정보를 기록할 수 있는 도구를 제공한다.

정리하기

프로그램 설계란 요구분석을 통해 분석된 개인, 조직(또는 단체), 사회의 문제 및 요구를 기반으로 기관의 이념 및 철학, 프로그램의 목적 및 목표, 프로그램의 가치 및 형태, 예산 및 자원 등을 고려하여 교육 내용 및 활동, 프로그램 유형 및 결과 등을 체계적으로 선정하고 조직화하며, 문서화하는 과정으로 프로그램 설계자는 다양한 지식과 전문적인 기술로 변화를 위해 창의적이고 융복합적으로 수행할 수 있도록 설계한다. 프로그램 설계의 기본원리를 살펴보면, 첫째, 창조성의 원리이다. 둘째, 현실성의 원리이다. 셋째, 계열성의 원리이다. 넷째, 통합성의 원리이다. 다섯째, 결합성의 원리이다.

프로그램의 내용 선정은 요구분석 결과를 기반으로 설정된 프로그램의 목적 및 목표를 수행하기 위해 참여 대상으로 하여금 초점을 어디에 맞출 것인가 등을 고려하여 프로그램의 내용을 결정하여야 하며, 프로그램 내용 선정의 원리는 적합성의 원리, 다양성의 원리, 자기주도성의 원리, 계속성의 원리, 타당성의 원리이다.

프로그램을 설계할 때 설계자는 참여 대상이 학습에 대한 긍정적인 기대를 가지고 동기를 유발할 수 있도록 유용한 모든 종류의 전략 및 방법을 포괄적으로 적용하여 효과적일 뿐 아니라 흥미롭게 설계하여야 하는데 ARCS 모형을 살펴보면, 집중력(Attention), 관련성(Familiarity), 자신감(Confidence), 만족감(Satisfaction)이다.

교수설계(Instructional design)는 실제로 수행할 학습 활동을 설계하는 것이므로 학습 단계에서 시사하는 교육 이벤트 및 그들 간의 관계를 이해하여 필요한 학습 과정 및 내용을 지원한다.

언어 매체(Language Media)이다. 교육을 위한 적절한 이벤트를 위해서 설계된 언어 의사소통은 구두 및 인쇄된 형식으로 제공될 수 있지만 때로는 순수한 방식(pure fashion)으로, 때로는 그림 및 도해(diagrams)와 같은 객체 표현과 결합하여 교육 기능을 고려한다. 비언어 매체(Language Media)이다. 일반적으로 구두 의사소통은 실제 대상 또는 그림이나 도해 형태의 표현이 수반된다. 이는 학습자가 기억의 부호화 및 저장에 있어 중요한 유형인 시각적 이미지를 습득할 수 있는 수단이기 때문이다. 교수설계 매체의 대표적 유형으로는 강의법, 토의법, 게임법, 역할연기법, 사례연구법, 문제기반 학습, 액션 러닝, 플립 러닝, 블랜디드 러닝, 마이크로 러닝 등이다.

ASSURE 모형은 효과적인 교수매체 활용을 위해 고안된 교수 · 학습 모형이다. 이 모형은 학습상황에서 교수자가 학습활동을 위해, 교수매체 활용을 위해, 교수목표 달성을 위해, 학습지도안을 효율적으로 작성하기 위해 활용되고 있는 실천모형이다. 이 모형은 학습자 분석(Analyze Learners), 목표 진술(State Objective), 방법, 매체 및 자료 선정(Select Method, Media, and Materia), 매체와 자료 활용(Utilize Media and Material), 학습자 참여(Require Learner Participation), 평가 및 수정(Evaluate and Revise)이다.

수업지도안은 학습목표를 효과적으로 달성하기 위해 구체적인 방법 및 절차를 제시하여 교육의 효과를 극대화한다. 학습지도안은 체계적인 학습지도를 위해 교수·학습방법, 교육내용 및 과정, 교재 및 매체, 평가 등으로 수업의 질을 향상하며, 구체적이고 명확하며, 평이하고 체계적이며, 실용적이고 논리적으로 설계한다. ADDIE 모형은 효과적인 교육을 설계하기 위해 고안된 모형으로 교육과정을 개발하는 동시에 체계적인 교육 접근방법이다. 이 모형의 특성은 경험적, 신뢰적, 체계적, 체제적, 순환적이며, 교수설계과정의 단계는 분석(analysis), 설계(design), 개발(development), 실행(implementation), 평가(evaluation)이다.

교육을 위한 보조자료는 시청각 자료, 인쇄자료 등을 막론하고 교수자가 효과적인 학습활동을 위해 선정한 교육방법을 지원해 줄 수 있는 교육 보조자료(또는 교수매체)이다. 핸드아웃(Handouts)은 교수자가 사전에 준비하여 학습활동 중 학습자에게 제공하는 간단한 인쇄자료를 의미한다. 핸드아웃에는 강의 중 또는 강의 후 사용되는 다양한 정보를 다룬다.

연구문제

1. 프로그램 설계의 개념을 설명하여 보시오.

2. ARCS 모형의 전략 범주를 설명하시오.

3. 언어 매체와 비언어 매체를 설명하여 보시오.

4. ASSURE 모형을 기반으로 한 교재 제작을 설명하시오.

5. ADDIE 모형을 기반으로 하여 학습지도안을 제작하시오.

Chapter 09

평생교육 프로그램의 마케팅

학습목표

1. 평생교육의 마케팅 개념을 이해하고 설명할 수 있다.
2. 마케팅의 유형을 이해하고 설명할 수 있다.
3. 마케팅의 전략을 이해하고 설명할 수 있다.
4. 다이렉트 마케팅과 온라인 마케팅을 이해하고 설명할 수 있다.

1. 프로그램의 마케팅 이해

사회가 평생교육에 더 많은 관심을 갖게 되면서 기관(또는 조직)은 개인 및 사회의 새로운 문제 및 요구를 해결하기 위해 다양한 영역과 방법을 평생교육과 연계 및 융복합하기 위해 끊임없이 연구하고 있다. 평생교육 현장에서 많은 사람들이 마케팅을 평생교육적 특성을 가진 서비스(제품)의 홍보와 광고만을 의미한다고 생각할 수 있지만, 마케팅은 아이디어 및 재화, 서비스 및 프로그램, 가격 및 유통 등에 적용될 수 있는 훨씬 넓은 개념이다. 교육훈련 및 프로그램 등 교육서비스의 많은 부분에서 경쟁이 증가함에 따라 마케팅의 필요성은 더 중요해지고 있다.

1) 마케팅 개념

마케팅(Marketing)의 의미를 학자별로 정리하면 다음과 같다.

첫째, 미국마케팅협회(AMA; American Marketing Association)의 견해를 살펴보면, 마케팅은 고객에게 가치를 창출하고, 전달 및 제공하며, 조직 및 이해 관계자에게 이익이 되는 방식으로 고객 관계를 관리하기 위한 조직 기능 및 일련의 과정이다(Kraus et al., 2010: 22).

둘째, 코틀러 등(Kotler et al.)의 견해를 살펴보면, 마케팅은 개인과 집단이 가치 있는 제품과 서비스를 만들고, 제공하며, 다른 사람들과 자유롭게 교환함으로써 그들이 필요로 하고 원하는 반응을 얻기 위해 다른 사람들에게 가치를 창출하고 제공하는 사회적 과정이다. 특히, 거래는 두 당사자 간 가치 교환으로 거래가 어떻게 생성되고, 자극되며, 촉진되고, 평가되는지에 관한 관심이며, 학습자와 조직에 대한 이익과 비용을 모두 고려하면서 교환 관계를 관리하는 예술이자 과학이다(Kotler, 1972: 46-49; Kotler et al., 2010: 25).

셋째, 시멀리 등(Simerly et al.)의 견해를 살펴보면, 마케팅은 프로그램을 광고하는 것뿐 아니라 학습자를 프로그램에 참여하도록 설득하고, 평생교육기관과 대상자 사이의 일련의 상호작용이며, 성공적인 평생교육 조직의 필수 요건이다. 그는 평생교육을 위한 마케팅 모델을 세 가지(전통 모델, 교환 모델, 적응 모델)로 분류하였다(Simerly et al., 1989: 3).

이상의 마케팅에 대한 개념을 정리하면, 평생교육 마케팅은 개인과 평생교육 조직(또는 기관)이 이해 관계자에게 이익이 되는 방식으로 서비스 대상에게 가치를 창출하고, 전달 및 제공하며, 서비스 대상 간 관계 및 거래(transaction)를 관리하기 위한 조직 기능이자 상호작용 시스템이다. 따라서 평생교육 마케팅은 학습자를 유치할 뿐 아니라 프로그램 및 서비스 개발, 가격 책정, 홍보 및 배포, 시장조사 등 방법론이며, 기회 창출 및 제공, 평가 및 활용, 혁신 및 융복합, 사회적 책임 및 위험 예방, 신뢰 구축 및 서비스 대상 확보 등을 수행하는 계획된 전략이라고 정의할 수 있다.

2) 마케팅 원리

마케팅의 원리는 인간 행동의 범주로서 특유의 특성을 가지고 있는데 이는 마케팅이 무엇이고, 무엇이 아닌지에 대한 명확한 기준을 제공할 것이다. 코틀러가 제시한 마케팅의 원리를 살펴보면 다음과 같다(Kotler, 1972: 49-50).

첫째, 마케팅은 각각 한 명 이상의 사람들로(human actors)로 구성된 두 개 이상의 사회적 단위(개인, 그룹, 조직, 지역사회 및 국가)이다. 이는 인간 이외의 영역에서 발견되는 활동이 아니라 인간의 독특한 활동이다. 즉, 제품의 교환 및 유통 등 상호작용이 일어나지 않는 동물이나 대상이 아닌 한 명 이상의 타인을 향한, 사람에 의한 활동으로 그 지시 대상은 또 다른 사회적 단위이다.

둘째, 적어도 하나의 사회적 단위는 어떤 사회 대상과 관련하여 하나 이상의 다른 단위로부터 특정 반응을 기대한다. 상호 마케팅은 두 사회적 단위가 동시에 서로에게 반응을 기대하는 경우이며, 이는 협상 관계의 기초가 되는 핵심 상황이다.

셋째, 시장이 원하는 반응을 만들어 낼 확률을 시장의 반응 확률이라 하는데 시장의 반응 확률은 고정적이지 않다. 시장의 반응 확률이 0보다 크면 시장은 원하는 반응을 생산할 수 있고, 1보다 작으면 시장은 내부적으로 원하는 반응을 생산하도록 강요받지 않는다. 시장의 반응 확률은 마케터의 활동에 의해 변경될 수 있다.

넷째, 마케팅은 시장에 가치를 창출하고 제공함으로써 원하는 반응을 이끌어 내는 시도이다. 마케터는 시장에서 가치를 얻기 위해 그것에 가치를 제공하므로 매력적이고 효과적인 가치창출을 위해 시장을 이해해야 한다.

3) 마케팅 계획 시 고려사항

프로그램 마케팅을 계획할 때 계획자가 고려해야 할 사항을 살펴보면 다음과 같다(Caffarella et al., 2013: 313-314).

첫째, 프로그램의 신뢰성을 개발하고 유지한다.

정규 참가자와 존경 및 신뢰를 구축하고, 잠재적인 고객에게는 질 좋은 프로그램으로 그들의 값어치(money's worth)를 전달할 수 있도록 프로그램 및 서비스를 개발하여 운영함으로써 높은 평가와 실적을 확보한다.

둘째, 성공을 기반으로 한다.

현재 진행되는 프로그램 및 서비스에 대한 관행을 변경하는 방법과 그들이 유용하다고 생각하는 미래 프로그램에 대한 관점 및 제안에서 이전 참가자, 동료, 후원 조직, 자금 지원 기관(또는 조직), 기타 지역사회 등의 의견을 청취한다.

셋째, 틈새시장을 공략한다.

평생교육에 대한 관심과 참여로 유사 시장권(market areas)에 의한 서비스 중복과 경쟁은 드문 일이 아니지만, 평생교육 조직(또는 기관)은 그 조직만의 고유한 컨텐츠 영역 및 프로그램 개발로 경쟁력을 높이거나, 중복되는 영역에 대해서는 관련 조직과의 협력관계(collaborative partnerships) 및 네트워크 구축으로 상생할 수 있는 방안을 모색한다.

2. 프로그램의 마케팅 유형

1) 마케팅 유형

새로운 차원에서의 마케팅 인식은 마케팅 활동에서 전통적인 유형을 재검토하는 것이다. 마케팅 실무자들은 일반적으로 목표 시장이나 제품에 따라 마케팅 유형을 세 가지로 설명하는데 그 목적은 마케팅 지식의 축적과 하나의 마케팅 영역에서 다른 마케팅 영역으로의 전환(transfer) 촉진이다. 많은 조직들은 정부 당국에 프로그램을 알리기 위해 노력하며, 그들은 아이디어 마케팅과 정부 주도 시장에 관한 지식 축적으로 이익을 얻을 수 있다. 따라서 정치 및 사회단체들은 마케팅 아이디어에 자주 참여하며, 아이디어 마케팅에 대한 일반적인 지식을 축적하는 것이 바람직하다(Kotler, 1972: 51-52).

첫째, 목표 시장 유형(Target Market Typology)이다. 이는 조직이 마케팅 활동을 지시할 수 있는 다양한 대중(publics)을 구별하는 것이다. 이러한 모든 대중은 조직의 자원 전환 효율성에 잠재적인 영향을 미치기 때문에 조직 마케팅 활동의 대상이 된다. 따라서 조직의 기본적인 투입 · 산출 활동은 정부, 경쟁자, 특별 및 일반 대중 등 대중을 제재하는 감독의 대상이 되는 것이다. 마케팅 활동의 목표 시장 유형은 [그림 9-1]과 같이 지지자 지향 마케팅, 종업원 지향 마케팅, 공급자 지향 마케팅, 대리인 지향 마케팅, 소비자 지향 마케팅, 일반 대중 지향 마케팅, 특별 대중 지향 마케팅, 정부 지향 마케팅 및 경쟁자 지향 마케팅이다.

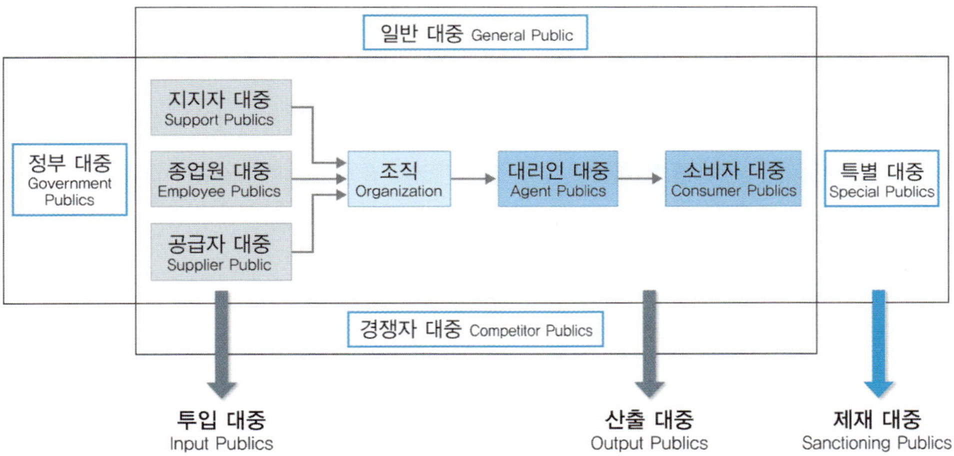

[그림 9-1] 조직의 대중

출처: Kotler(1972: 51).

둘째, 제품 유형(Product Typology)이다. 이는 마케팅이 되는 제품(products)의 기초가 될 수 있다. 마케팅의 확장된 개념에서는 제품이 더 이상 상업적인 제품과 서비스에 국한되지 않는다. 조직은 최대 6가지 유형, 즉 제품 마케팅, 서비스 마케팅, 조직 마케팅, 개인 마케팅, 장소 마케팅, 아이디어 마케팅으로 구성된다. 이것에는 전통적인 마케팅의 전체를 구성했던 제품과 서비스 마케팅이 다시 나타나지만, 마케팅 담당자는 조직(예: 정부, 기업 또는 대학 등), 개인(예: 정치 후보, 유명인 등), 장소(예: 부동산 개발, 리조트

지역, 도시 등) 그리고 아이디어(예: 가족계획, 의료보험, 금연, 안전운전 등) 마케팅을 전문으로 할 수 있다.

셋째, 마케터 유형(Marketer Typology)이다. 유형은 또한 마케터, 즉 마케팅을 수행하는 조직을 기반으로 구성될 수 있다. 첫 번째는 비즈니스 조직 마케팅과 비비즈니스 조직 마케팅을 구별해야 하는데 이는 다른 제품과 마케팅 업무를 수행하는 여러 유형의 비비즈니스 조직이 있기 때문에, 다양한 유형의 조직을 인식하는 마케터 유형을 구축하는 것이 바람직하다. 유형으로는 비즈니스 조직 마케팅, 정치 조직 마케팅, 사회 조직 마케팅, 종교 조직 마케팅, 문화 조직 마케팅 그리고 지식 조직 마케팅이다. 두 번째는 조직으로 주요 또는 형식적 성격에 따라 구별해야 하는데 이 유형으로는 정치 조직(정당, 정부 기관, 노동조합 및 원인 집단(cause groups) 등), 사회 조직(봉사동아리, 친목단체, 민간복지기관 등), 종교 조직(교회, 복음주의 운동 등), 문화 조직(박물관, 교향악단, 예술 리그(art leagues) 등), 지식 조직(공립학교, 대학, 연구 조직 등)이다. 하지만 어떤 조직들은 분류하기가 쉽지 않다. 예를 들면, 비영리병원은 기업 또는 사회단체이고, 종업원(employee) 공제 조합은 정치적 또는 사회적 조직이다. 따라서 분류의 목적은 주로 마케팅을 하는 사람들이 특정 기본 유형의 조직 활동을 특징지을 수 있는 규칙들을 찾을 수 있도록 안내하는 것이다.

2) 마케팅 모델

마케팅은 평생교육 조직(또는 기관)마다 다른 의미를 가질 수 있지만 시멀리 등은 본질적으로 평생교육을 위한 세 가지 마케팅 모델인, 전통 모델, 교환 모델, 적응 모델로 분류하였다. 복잡한 현대사회에서 평생교육 기관(또는 기관)은 순수하게 어느 한 모델만을 활용하기보다는 세 가지 모델을 결합하여 사용한다(Simerly et al., 1989: 4-8).

첫째, 전통 모델(Traditional Model)이다. 이 모델은 평생교육 기관(또는 조직)의 내부 지향, 즉 조직의 요구(needs), 바람(wants) 및 욕망(desires)이 학습자의 요구, 바람 및 욕망보다 우선하는 경향이다. 그 이면에는 조직이 프로그램 및 서비스를 개발한 후 마케팅을 통해 학습자가 이를 수용하도록 설득하여 그들의 생각, 태도, 가치를 변화시키는 수단으로 간주된다. 이러한 접근 방식은 조직이 학습자의 참여를 유도하기 위한 방법에 중점을 두고, 평생교육 기관이 학습자보다 우선된다는 측면이므로 내부 지향적이다.

이 모델은 마케팅 활동을 계획할 때 고려해야 할 변수가 적다는 장점이 있는 반면 조직의 변화를 방해하는 경향이 있고, 학습자들에 대한 무관심의 원인이 될 수 있으며, 그 결과 때때로 학습자들을 실망시키거나 좌절시킨다는 단점이 있다.

둘째, 교환 모델(Exchange Model)이다. 마케팅에 대한 다년간의 연구 기간 동안 코틀러가 주장한 이 모델의 기초가 되는 핵심 가정으로, 평생교육 기관(또는 조직)과 학습자 간의 공생 관계 수립, 즉 조직은 개발될 프로그램 및 서비스의 가치를 학습자의 요구(needs) 및 바람(wants)과 교환하기 위한 공생적 관계임을 강조한다. 따라서 의사결정을 도출하기 위해 조직과 학습자 사이에는 지속적인 협상과 거래, 정보 공유가 이루어진다. 학습자는 가치 있는 것(예: 시간 또는 금전)을 이익으로 인식하는 것(예: 프로그램 및 서비스)과 교환하도록 요청받는다. 이러한 접근 방식은 학습자와 조직이 각각 가치 있는 것을 교환하는 데 중점을 두며, 마케팅에 대한 균형 잡힌 시각을 나타낸다.

이 모델은 요구분석 및 평가, 협상을 통해 평생 교육 기관의 지속적인 변화를 유도한다는 장점이 있지만 지속적인 요구분석 및 협상으로 인해 조직과 학습자 간의 지속적인 상호작용의 균형을 깨뜨리거나 그 과정에서 지칠 수 있다는 단점이 있다.

셋째, 적응 모델(Adaptive Model)이다. 이 모델은 학습자 지향, 즉 학습자의 이익에 대한 대응(responsiveness)을 강조하며, 결과적으로 외부 지향적이다. 이러한 접근 방식은 학습자 요구에 대한 반응에 너무 많은 중점을 두기 때문에 사실상 조직의 요구, 규범, 가치를 무시하는 경향이 있다는 점에서 교환 모델과 다르다.

이 모델은 학습자의 만족에 중점을 두기 때문에 변화를 촉진한다는 장점이 있는 반면 소비자가 원하거나 필요로 하는 모든 것이라면 평생교육기관의 사명과 일치하는지 여부에 관계없이 전달되어야 한다고 가정하기 때문에 평생교육 조직에서 전통적인 그룹을 소외시킬 수 있다는 단점이 있다.

〈표 9-1〉 평생교육을 위한 마케팅 모델의 비교 분석

모델 (Model)	방향 및 초점 (Orientation and Focus)	환경과의 관계 (Relationship to Environment)	인도력 (Guiding Force)	참여 (Involve-ment)	장점/단점 (Advantages/Disadvantages)
전통 (Traditional)	조직(기관) 지향	환경에 대한 대응력 저하	마케팅은 학습자의 생각, 태도, 가치를 변화시켜 조직의 프로그램 및 서비스를 수용하도록 설득하는 수단이다.	내부 지향	장점: 마케팅 활동을 계획할 때 고려해야 할 변수가 적고, 덜 복잡하다. 단점: 조직의 변화를 방해하고, 학습자에 대한 무관심의 원인이 되며, 때로는 학습자를 실망시키거나 좌절시킨다.
교환 (Exchange)	공생 관계	지속적인 협상, 거래 및 정보공유를 통한 의사결정 가능	학습자는 자신이 가치 있는 것(예: 시간, 금전 등)을 이익으로 인식하는 것(예: 프로그램 및 서비스)과 교환하도록 요청받는다.	균형	장점: 요구분석 및 평가, 협상을 통해 평생교육기관의 지속적인 변화를 유도한다. 단점: 지속적인 요구분석 및 협상으로 인해 조직과 학습자 간 상호작용의 균형이 깨지거나 그 과정에서 조직의 기존 내부 그룹이 지칠 수 있다.
적응 (Adaptive)	학습자(소비자) 지향	즉각적인 대응력	조직은 변화하는 학습자의 요구, 바람에 맞게 프로그램 및 서비스를 변경한다.	외부 지향	장점: 학습자를 기쁘게 하고, 조직의 쇄신과 적응을 장려하며, 적극적으로 변화를 촉진한다. 단점: 때때로 조직의 전통과 규범에 어긋나고, 평생교육 조직에서 전통적인 그룹을 소외시킬 수 있으며, 전통적인 표준을 유지하는 데 관심이 없다는 비난을 유발할 수 있다.

출처: Simerly et al.(1989: 5).

3) 마케팅 구성요소

마케팅의 구성요소는 기업(또는 조직)이 제품의 수요에 영향을 미치는 모든 것을 포함하지만 대표적으로는 [그림 9-2]와 같이 제품(product), 유통(place), 가격(price), 촉진(promotion)이다(Kotler et al., 2010: 76-77).

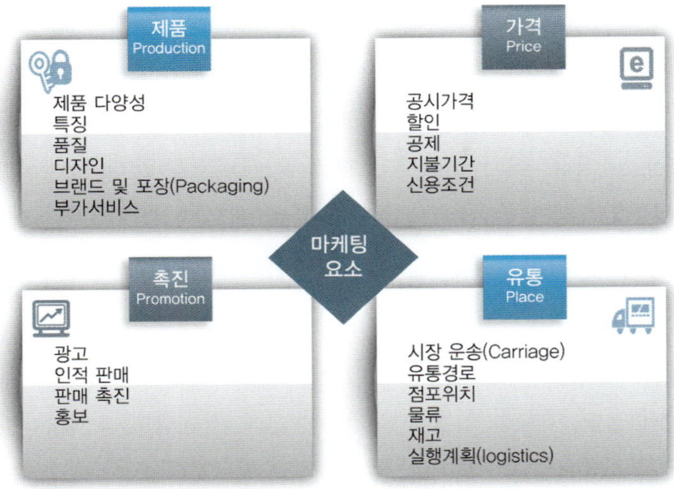

[그림 9-2] 마케팅의 구성요소

첫째, 제품(product)이다. 이는 목표시장에 기업(또는 조직)이 제공하는 재화와 서비스이다. 기업(또는 조직)은 차별화된 제품 및 서비스, 독창적이고 융복합적인 기능 조합, 다양성하고 질 높은 제품 및 서비스를 개발하기 위해 끊임없이 연구하고 있다. 제품과 서비스는 여러 가지의 부품 및 옵션으로 구성되며, 보증 및 사후관리 등에 이르기까지 다양한 요소와 영역이 포함된다.

방주가정교육센터는 '아름다운 동행 리더 양성과정' 프로그램을 개발하기 위해 관련 자료 및 해외사례 조사 및 분석－전문가 그룹 회의－현장 관계자 요구 조사 등 매우 다양한 영역으로 구성되며, 몇 가지 유형의 프로그램 모델과 여러 가지의 옵션을 제공하여 모의강의(simulation) 및 전문가 평가 후 프로그램을 결정하는데 이러한 모든 과정이 제품의 구성요소에 포함된다.

둘째, 가격(price)이다. 이는 제품 및 서비스를 획득한 대가로 지불해야 하는 가치이다. 제품의 가격은 브랜드, 디자인, 품질 등의 가치 중심의 가격 결정방법과 제품 및 서비스의 경쟁업체 존재 여부 등으로 책정되는 경쟁 중심의 가격 결정방법 등 현재의 경쟁상황을 다양하게 고려하여 결정된다.

방주가정교육센터는 프로그램 참가비를 투입 자원 등을 모두 적용한 비용으로 결정하는 것이 아니라 잠재적인 학습자를 포함한 학습자, 기관의 예산 지원 및 외부 기관 협력 정도, 관련 기관의 유사 프로그램 존재 여부, 수료 후 봉사 및 취업연계 등 다양한 상황을 고려하여 결정함으로써 학습자 등의 지각된 프로그램의 가치에 맞추려고 노력한다.

셋째, 유통(place)이다. 이는 소비자가 제품 및 서비스를 보다 쉽게 이용할 수 있도록 수행하는 활동이다. 즉, 고객의 편의성과 접근성, 제품 및 서비스의 생산 및 운송 수단 선정, 개발된 제품 및 서비스의 판매 및 유통방법 모색, 판매 후 서비스 제공 등에 이르기까지 전 과정을 아우르는 활동이다.

방주가정교육센터는 많은 방법과 매체, 사람들을 통해 프로그램을 홍보·운영한다. 센터는 신중하게 홍보 매체를 선정하고, 적극적으로 지원한다. 다양한 대상자에게 개발된 프로그램을 홍보하고, 필요에 따라서는 시범과정으로 운영하며, 필요시 참여자의 피드백을 적용하여 수정·보완하여 제공하기도 한다.

넷째, 촉진(promotion)이다. 이는 제품 및 서비스를 홍보하여 목표 고객이 제품 및 서비스를 이용할 수 있도록 구매를 이끌어 내는 방법이다. 개발된 제품 및 서비스의 정보를 소비자에게 제공하기 위해 광고하고, 고객의 의사결정을 위해 제품 및 서비스의 우수성을 홍보하며 설득하고, 이벤트, 할인행사 및 혜택, 다양한 매체를 활용한 소통 등 다양한 기법을 활용하여 판매를 촉진한다.

방주가정교육센터는 새롭게 개발한 프로그램 이외에도 다양한 프로그램과 서비스를 제공하기 위해 여러 가지 매체와 방법, 많은 예산을 투입하여 마케팅을 실시한다. 또한, 우수 강사 및 학습자 인센티브 제공, 수료 후 취업연계 및 봉사활동, 사후관리 등 학습 및 훈련–취업 및 봉사활동에 적극적으로 참여할 수 있도록 인적·물적 자원은 물론 네트워크 시스템을 구축하여 적극적으로 지원한다.

효과적인 마케팅 프로그램은 모든 마케팅 요소를 혼합하여 학습자에게 가치를 제공함으로써 조직의 마케팅 목표를 달성하기 위해 설계하는 통합 마케팅 프로그램이다. 따라서 '어떻게 하면 효과적으로 가치 및 해결책(solution)을 전할 수 있을까? 어떻게 하면 가격 그 이상에 관심이 있을까? 어떻게 하면 목표를 실현할 수 있을까? 어떻게 하면 목표시장 내에서 강력한 위치를 선점할 수 있을까?'에 대한 대안은 물론 학습자가 프로그램 및 서비스에 등록하고, 참여하며, 결과를 얻는 데 소요되는 총 비용과 프로그램 및 서비스를 최대한 편리하게 이용할 수 있도록 지원할 수 있는 방안을 끊임없이 모색하여야 한다. 마케터는 조직의 입장에서 프로그램 및 서비스를 개발하고, 소비자의 입장에서 그들이 원하는 제품, 프로그램 및 서비스에 등록하여 참여할 수 있도록 4C의 관점으로 생각하고, 4P의 관점으로 개발할 수 있어야 한다.

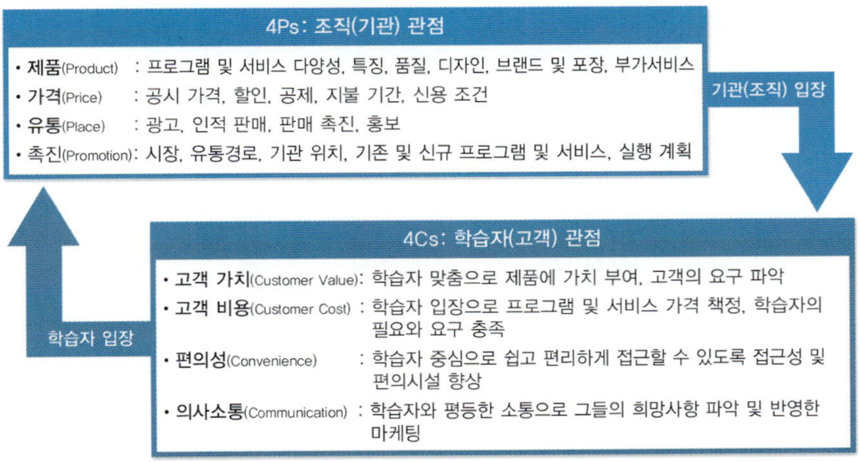

[그림 9-3] 4Ps와 4Cs

3. 프로그램의 마케팅 전략

마케팅 전략 및 프로그램은 상위 수준에서 이루어지는 기관(또는 조직)의 전략 계획의 통제하에 있으며, 근간이 된다고 할 수 있다. 따라서 조직은 끊임없이 변화하는 환경 및 시장의 변화 여건에 적응하고, 장기적으로는 조직의 생존을 실현하기 위해 미래를 예측하면서 전략을 수립해야 한다.

마케팅은 수익성 있는 조직의 성장을 위해 중추적인 역할을 한다. 따라서 마케팅은 시장의 기회를 파악하고, 평가하며, 선택하고, 기회를 포착할 수 있는 전략을 수립해야 한다. 이를 위한 도구 중 하나가 [그림 9-4]이다(Kotler et al., 2010: 67).

[그림 9-4] 제품 및 시장 확장 그리드(product/market expansion grid)

출처: Kotler et al.(2010: 67).

방주가정교육센터는 다문화 및 혼합가정을 위한 프로그램을 개발해야겠다고 생각했다. 그동안 다양한 프로그램 및 서비스로 성장하였지만 그동안 많은 유사 기관이 생기면서 경쟁 기관(또는 조직)이 많아지면서 유사 프로그램 및 서비스가 지원됨에 따라 방주가정교육센터는 다각도의 성장전략을 모색해야 한다.

첫째, 시장 침투이다. 방주가정교육센터 법인 및 기관은 기존 프로그램 및 서비스를 변경하지 않고 기존 학습자 및 참가자를 통해 더 많이 참여할 수 있도록 유도하는 것이다. 센터는 기존 학습자 및 참가자의 학습 단계를 보다 다양화하고, '찾아가는 학습 센터'를 운영하였다. 또한 기존 학습자 및 참가자가 친구 및 동료 등과 함께 참여할 경우 장려책(incentive)을 도입하고, 센터에 오래 머물 수 있도록 도서관 및 무료인터넷 서비스 등을 제공한다.

둘째, 시장 개발이다. 방주가정교육센터 운영자는 새로운 시장을 개발하여 기존 프로그램 및 서비스를 제공하는 것이다. 센터는 다문화 및 건강가정센터, 지역 문화센터 및 여성센터, 다문화 및 국제학교 등과 네트워크 연계로 잠재력 있는 시장범위를 다양하게 확대한다.

셋째, 제품, 즉 프로그램 및 서비스 개발이다. 방주가정교육센터 운영자는 기존 프로그램 및 서비스의 수정 및 변화, 새로운 시장 및 잠재적 학습자를 위한 프로그램 및 서비스 개발 등 새로운 변화를 모색할 것이다. 사회 및 시장의 변화 흐름에 맞추어 미혼 커플 대상 혼인예비학교를 미혼 커플 및 미혼 자녀를 둔 부모 대상 혼인예비학교, 재혼 가정학교를 재혼 및 혼합가정 대상 학교 등으로 새로운 프로그램 및 서비스를 도입 및 확대한다.

넷째, 다각화이다. 방주가정교육센터는 다각화를 고려하여 기존 시장을 벗어난 시장에 기존 프로그램을 운영하거나 서비스를 제공하는 것이다. 프로그램 및 서비스에 참여하는 학습자가 개인적인 학습만 하는 것이 아니라 학습과 취업 및 봉사활동 연계, 학습으로 인한 가정해체 예방, 학습을 통한 세대 간 소통 활성화 등으로 다각화의 범위를 확대한다.

1) 마케팅 전략

마케팅 전략(Marketing Strategy)은 학습자의 가치를 창출하고, 기관(또는 조직)의 수익성과 학습자와의 강력한 관계구축을 위한 활동이다. 코틀러 등의 마케팅 전략을 살펴보면 [그림 9-5]와 같다(Kotler et al., 2010: 73-74).

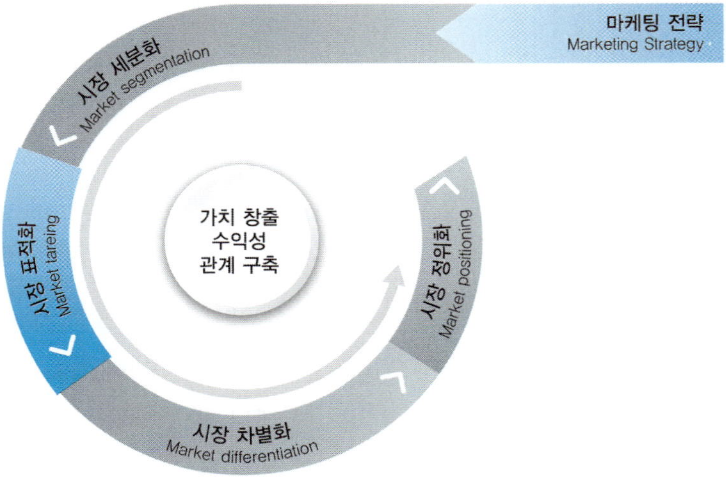

[그림 9-5] 마케팅 전략(Marketing Strategy)

출처: Kotler et al.(2010: 73).

첫째, 시장 세분화(segmentation)이다. 시장은 다양한 유형의 고객(학습자), 제품(프로그램 및 서비스), 요구로 구성되는데 시장 세분화는 이것을 연령 및 성별, 특성 및 요구, 행동 및 생활방식(lifestyle) 등 프로그램 및 서비스를 구매하거나 잠재적 학습자 집단 등 유사한 집단으로 분류하는 과정이다. 따라서 평생교육 기관(또는 조직)은 시장세부화에 따라 만족도를 높일 수 있는 프로그램 및 서비스, 효과적인 마케팅 전략을 다르게 구분하여 모색할 필요가 있다.

둘째, 시장 표적화(market targeting)이다. 시장을 다양하게 세분화한 후 조직은 하나 혹은 그 이상을 선택할 수 있는데 시장 표적화는 세분화된 각 시장의 매력도를 평가한 후 선택, 즉 잠재적 학습자 집단 중 어떤 집단을 대상으로 마케팅하여야 효율적인지에 대해 선택하는 과정이다. 따라서 평생교육 기관(또는 조직)은 세분화 후 선택한 시장뿐 아니라 규모는 작지만 수익성이 높은 틈새시장(market niches)을 확보하거나 특정 요구를 충족시키기 위한 서로 다른 프로그램 및 서비스를 제공하는 등 조직의 이익을 실현하고, 학습자의 가치를 창출하며, 지속적인 학습 참여로 안정적인 기관 운영이 이루어질 수 있도록 집중할 필요가 있다.

셋째, 시장 차별화(market differentiation)이다. '시장을 세분하여 표적 집단을 결정한 후 조직은 그 시장에 제공할 프로그램 및 서비스를 어떻게 차별화할 것인가? 경쟁사와 비교하여 학습자의 마음을 움직일 수 있는 조직의 프로그램 및 서비스는 어떤 위치인가?' 등에 대한 질문에 답할 수 있는 프로그램 및 서비스가 아니라면, 경쟁사의 그것과 차이가 없는 것이라면 학습자는 조직의 프로그램 및 서비스에 참여할 이유가 없을 것이다. 따라서 평생교육 기관(또는 조직)은 학습자의 마음을 움직일 수 있도록 프로그램 및 서비스를 차별화할 필요가 있다.

넷째, 시장 정위화(market positioning)이다. 시장을 세분화하여 표적 시장을 선정하고 프로그램 및 서비스를 차별화하였다면 '그 시장에서 조직이 차지하고자 하는 경쟁적 포지션이 무엇인가? 차별화된 프로그램 및 서비스에 대해 특별한 시장포지션을 개발하고 싶은가?' 등에 대한 질문, 목표 학습자의 마음속에 경쟁사와 비교하여 차별화되고, 특별하며, 경쟁력 있는 품질 및 가격으로 바람직한 위치에 조직의 프로그램 및 서비스가 자리할 수 있도록 노력하여야 한다. 따라서 평생교육 기관(또는 조직)은 우선적인 경쟁

우위를 제공하기 위해 어떤 가치와 차별점이 있는지 규명할 필요가 있다.

2) 마케팅 관리

평생교육 기관(또는 조직)의 마케팅 관리(Marketing Management)를 위한 관리 기능으로는 조직 전반의 전략계획을 수립한 후 기능별 계획으로 전환하고, 계획은 실행을 통해 실제 행동으로 전환되는데 수립된 계획과 실행 간의 일관성은 통제로 유지되며, 통제는 마케팅 활동의 결과를 측정 및 평가하고 필요시 시정조치를 취하는데 이는 [그림 9-6]과 같다(Kotler et al., 2010: 77-79).

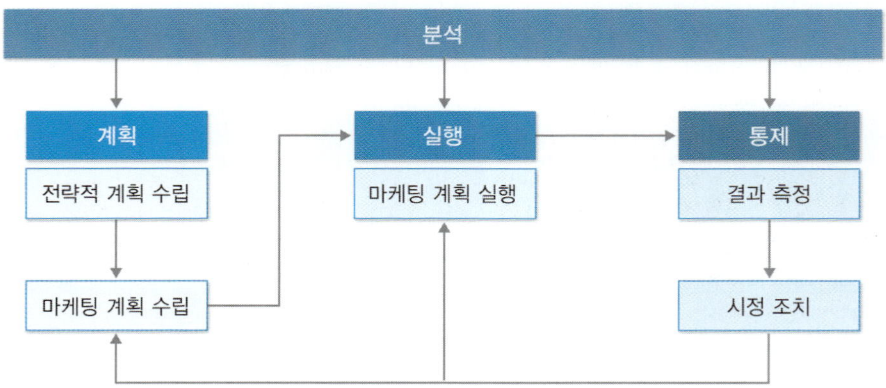

[그림 9-6] 마케팅 관리(Marketing Management)

출처: Kotler et al.(2010: 78).

첫째, 마케팅 분석(marketing analysis)이다. 마케팅의 기능관리는 조직상황을 철저하게 분석하는 것으로부터 시작된다. 마케터는 SWOT분석을 통해 고객(학습자의 강점(strength), 약점(weakness), 기회(opportunities), 위협(threats)요인을 평가한다. 강점은 조직이 학습자를 대상으로 그들의 목적 실현에 도움이 되는 내부 역량, 자원, 유리한 상황요인 등이며, 약점은 사업성과 달성에 방해되는 내부의 불리한 상황요인과 제약요소들이다. 기회는 조직에게 유리하게 이용할 수 있는 외부 요인들과 긍정적 상황이며,

위협은 조직성과 달성에 부정적 영향을 미칠 가능성이 있는 외부요인들과 부정적 상황이다.

조직은 시장 및 마케팅 환경분석을 통해 매력적인 기회를 발견하고, 환경적 위협을 분석해야 한다. 또한 최선의 기회 활용이 어떤 것인지 결정하기 위해 현재 가능한 마케팅 조치뿐 아니라 조직의 강점 및 약점을 분석해야 한다. 이러한 분석 목적은 조직의 강점으로 매력적인 기회를 조직의 것으로 만들고, 약점은 제거 및 극복함으로써 위협을 최소화하는 것이다. 이러한 분석은 다른 마케팅의 관리 기능에 제공된다.

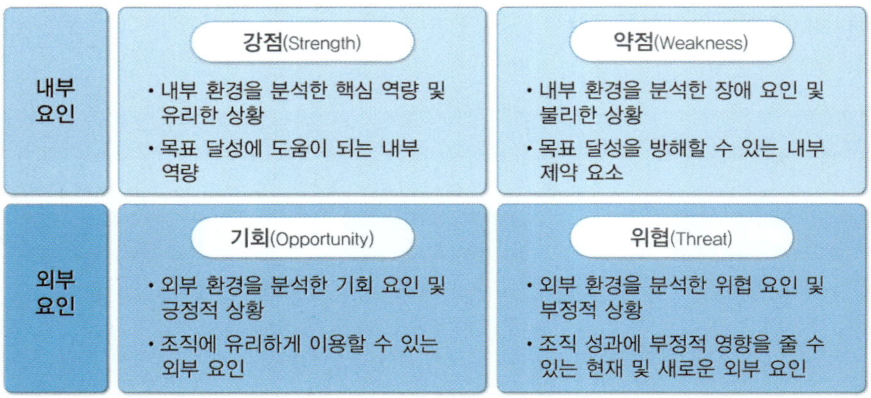

[그림 9-7] SWOT 분석

출처: Kotler et al.(2010: 78).

둘째, 마케팅 계획수립(marketing planning)이다. 마케팅의 계획수립은 조직의 전반적인 전략 목표 및 계획을 실현하기 위해 개발하는 마케팅 전략이다. 이를 통해 조직은 각 프로그램 및 서비스에 어느 정도의 예산을 지원할 것인지 결정하며, 마케터는 프로그램 및 서비스에 대한 개별 전략을 구체적으로 수립한다.

경영 요약서(Eexecutive Summary)로 시작되는 마케팅 계획에는 마케팅 목표, 상황 평가, 실행방안 등이 포함되고, 계획을 위해 활용되는 SWOT 분석을 통해 잠재적인 위협 및 기회요인, 현재의 마케팅 상황 등을 다루게 되며, 브랜드가 달성해야 할 주요 목표를 서술하고, 이를 실현하기 위해 구체적인 마케팅 전략 내용을 요약한다.

마케터는 계획수립 시 언급되었던 위협 및 기회요인, 핵심주제 등에 대처하기 위한 전략적인 대안을 기술하고, 전략을 실행하기 위한 구체적인 활동, 예산, 지원사항 등을 다루며, 마케팅 활동의 통제 및 활동상황에 대한 모니터링(monitoring), 투자수익률 측정 및 적절한 시정조치 방안을 다룬다.

〈표 9-2〉 **마케팅 계획서**

요소	내용
경영 요약서	• 경영검토를 위해 계획의 주요 목표 및 권고사항을 간략하게 요약 • 경영진이 계획의 주요 요점을 신속하게 검토할 수 있도록 제시하는 경영 개요
현재 마케팅 상황	시장, 제품, 프로그램 및 서비스, 경쟁사, 유통에 대한 정보를 포함하며, 목표 시장 및 해당 시장 내 조직의 위치(position) 기술 • 시장 및 주요 부문 정의, 학습자(고객)의 요구 및 마케팅 환경 요소 분석 • 제품(프로그램 및 서비스)라인을 구성하는 주요 제품(프로그램 및 서비스) 판매, 가격 및 총 수익을 보여 주는 상품평(product review) • 주요 경쟁사를 식별하고, 프로그램 및 서비스의 품질, 가격, 유통 및 홍보에 대한 시장 위치 및 전략을 평가하는 경쟁 검토 • 주요 유통 경로의 최근 매출 동향 및 기타 성장을 평가하는 유통 검토
위협 및 기회 분석	• 프로그램 및 서비스가 직면할 수 있는 주요 위협 및 기회 평가 • 경영진이 조직과 전략에 영향을 미칠 수 있는 주요 요인을 예상하여 긍정 또는 부정적 개발을 예상할 수 있도록 지원
목표 및 쟁점	• 조직인 계획 기간 동안 달성하고자 하는 마케팅 목표 명시 • 목표 달성에 영향을 미칠 수 있는 주요 쟁점에 대한 논의
마케팅 전략	• 학습자의 가치 창출 및 관계 구축을 위한 광범위한 마케팅 논리 • 목표 시장, 포지셔닝, 마케팅 예산 수준의 세부사항 설명 • 마케팅 믹스 요소에 대한 구체적인 전략 설명 • 위협, 기회 및 주요 쟁점에 대한 대응 방안 모색
실행 계획	• 마케팅 전략이 구체적인 실행 계획으로 전환되는 방법 설명 • 무엇을 할 것인가? 언제 완료될 것인가? 누가 할 것인가? 비용은 얼마나 소요될 것인가?
예산	• 기본적으로 예상되는 손익계산서인 지원 마케팅 예산 설명 • 예상 이익은 예상 수익(예상 단가 및 평균 정가)과 예상 원가(생산, 유통, 마케팅 비용 등) 간 차이 • 경영진의 승인 예산은 재료 구입, 제작 일정, 인사 계획 및 마케팅 활동의 기반
통제	• 진행 상황을 모니터하고 경영진이 실행 결과 검토 • 목표 달성을 하지 못하였거나 어려움 있는 프로그램 및 서비스 파악 • 마케팅 투자에 대한 수익률 포함

출처: Kotler et al.(2010: 79).

셋째, 마케팅 실행(marketing implementation)이다. 마케팅의 실행은 수립한 계획을 행동으로 전환시켜 마케팅 목표를 달성하는 과정이다. 아무리 훌륭한 전략을 수립하였더라도 이를 잘 실행하지 못하면 무용지물이 된다. 따라서 마케팅 활동을 왜 고려하였는지가 마케팅의 계획수립이라면 누가, 언제, 어디서, 어떻게 등 자세한 내용을 올바르게 수행하는 것은 마케팅 실행이다. 따라서 마케팅의 계획수립과 실행은 모두 중요하지만 효과적인 실행을 통해 경쟁우위를 달성할 수 있으므로 마케터는 조화로운 마케팅 전략과 실행으로 목표세분시장, 브랜딩, 패키징, 가격책정, 촉진활동, 유통 등 다양한 영역에서 적절하게 의사결정을 내리고, 구체적인 활동 프로그램으로 전략이 효과적으로 실행될 수 있도록 도와야 한다.

마케팅 전략의 성공적인 실행을 위해서는 조직의 마케팅 전략을 조직구성원이 공유하는 가치와 신념인 조직문화와 조화를 이루어야 하며, 이를 위해서는 조직 및 사업의 규모를 고려하여 마케팅 조직을 설계할 필요가 있다. 마케팅 조직의 유형으로, 기능별 조직(functional organization)은 판매관리자, 광고관리자, 마케팅 조사관리자, 고객서비스관리자, 신제품 관리자 등으로 구성되고, 제품관리조직(product management organization)은 제품관리자가 특정 제품 혹은 브랜드에 대한 전략과 마케팅 프로그램의 개발 및 실행을 전담하며, 고객관리조직(market or customer management organization)으로 각 시장 및 고객의 서로 다른 요구와 선호에 대응하고 책임지는데 시장이 복잡해지고, 고객의 요구 및 상품이 다양해지며, 치열한 경쟁하에서는 전문화된 조직구성이 갖는 장점이 단점보다는 더 크다.

넷째, 마케팅 통제(marketing control)이다. 마케팅의 통제는 마케팅 전략과 계획의 실행결과를 평가하고, 마케팅 목표가 성취될 수 있도록 필요시 시정조치를 취하는 과정으로 실행과정에서는 예상치 못한 일들을 많이 발생하므로 지속적인 통제를 실시해야 한다. 이를 위한 단계로는 구체적인 마케팅의 세부목표를 설정하고, 마케팅의 실제 성과를 측정하며, 기대성과와 실제성과 간 발생차이의 원인을 평가하며, 마케팅 목표와 실제성과 간 차이 해소를 위해 필요한 시정조치를 취하는 과정으로 마케팅의 목표 및 활동 프로그램의 수정이 필요할 수도 있다.

조직의 기본전략이 시장기회에 잘 부응하는지 검토하는 전략통제(strategic control)의 유용한 도구 중 하나가 마케팅 감사(marketing audit)이다. 마케팅 감사는 문제가 되는 영역과 기회를 확인하기 위해 조직환경, 목표, 활동을 포괄적, 체계적, 독립적, 정기적으로 검토하지만 문제가 되는 영역뿐 아니라 주요 마케팅 영역을 검토하며, 마케팅 환경, 마케팅 전략, 마케팅 조직, 마케팅 시스템, 마케팅 믹스, 마케팅의 생산성 및 수익성 등을 평가한다. 이러한 특성으로 인해 마케팅 감사는 통상적으로 객관성을 띠고 경험이 많은 외부기관이 수행하며, 감사결과는 경영진에게 상당한 충격이나 예상 밖의 결과일 수 있지만 경영진은 이에 대한 올바른 활동방안을 모색하고 이를 언제, 어떻게 실행할 것인지 결정해야 한다.

3) 마케팅 성공을 위한 10단계

평생교육 기관(또는 조직)의 개별 요구를 충족시키고, 끊임없이 변화하는 시장의 요구에서 조직이 지속적으로 개선, 생존, 성장하기 위해서 마케팅은 행사나 특정 활동이 아니라 조직이 프로그램 및 서비스를 학습자 참여를 유도하기 위해 프로그램 및 서비스에 대한 전문적이고 체계적인 정보를 교환하여 목적과 목표를 달성하도록 보장하는 과정이다. 따라서, 다음에 제시되는 10단계 과정은 성공적 마케팅을 위한 실천적 제안이다(Simerly et al., 1989: 445-451).

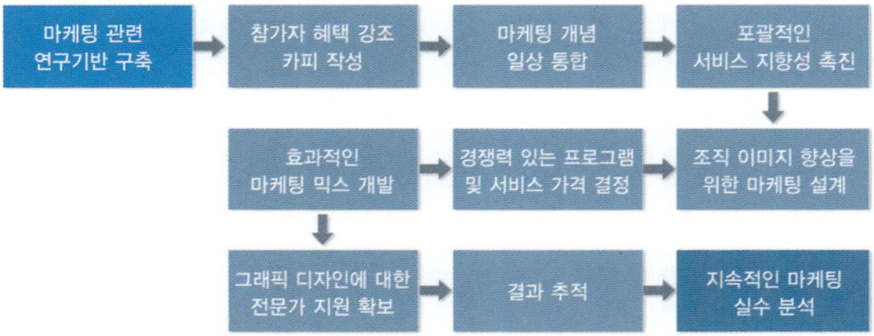

[그림 9-8] 마케팅 성공을 위한 10단계

첫째, 마케팅 관련 연구기반을 구축한다. 마케팅의 연구 증가로 마케팅은 효율적인 실천을 위한 전문 언어, 개념, 기법, 지침(guideline)을 갖춘 학문 분야로 발전했다. 따라서 유능한 마케터가 되기 위해서는 평생 교육 기관(또는 조직)에서 제공하는 프로그램 및 서비스와 관련해 인간의 행동을 연구하기 위한 새롭고 효과적인 방법을 끊임없이 발견하는 행동 과학자가 되어야 하며, 조직의 특별한 요구에 적합한 마케팅 기법을 설계하는 데 유용한 연구 기반 개발에 전념해야 한다. 조직의 리더가 성공적인 리더십을 발휘하기 위해서는 문제 해결을 위한 행동 지향적인 연구 방법을 활용하며, 행동과학 연구 기법을 개발하고, 연구 자료(data)를 해석하여 신뢰할 수 있는 추론방법을 도출하며, 조직의 특별한 요구에 적합한 연구 기반을 구축하는 것이다.

다음과 관련된 신뢰성 있는 정보의 조직 DB(data base)도 중요하다.

① 브로슈어, 카탈로그, DM 등에 대한 평균 응답률은 얼마이며, 어떤 변수가 그것을 증가시키거나 감소시키는 경향이 있는가?

② DM, 광고, 홍보, 개인 판매 중 적절한 마케팅 믹스는 무엇인가? 다양한 요구에 대한 프로그램 및 서비스 아이디어(idea)를 지속적으로 개발할 수 있는 과정을 도입했는가?

③ 카피(copy) 및 그래픽 디자인(graphic design)이 조직에 적합하다고 판단한 이미지(image) 및 분위기(tone) 전달 확인을 위한 신뢰성 있는 피드백 채널(feedback channels) 및 추적 시스템을 어떻게 구축하는가?

④ 마케팅 효과를 어떻게 판단하는가? 효과성 있는 구체적인 척도에 동의했는가? 아니면 마케팅이 얼마나 효과적이든 우리가 더 잘할 수 있을 것이라 생각하는 경향이 있는가?

⑤ 어느 부분이 마케팅 예산으로 할당되는가? 마케팅 예산을 증가하거나 축소해야 하는가? 마케팅 투자 수익률이 경쟁사보다 크거나 작은가?

⑥ 어떤 종류의 교육 및 개발 프로그램 마련으로 조직의 직원이 최고의 업무를 수행할 수 있도록 했는가? 마케팅 효과의 우수성에 대해 직원들에게 어떻게 보상하는가?

둘째, 참가자 등록으로 받게 될 혜택을 강조하는 카피(copy)를 작성한다. 학습자들이 서비스를 받고 긍정적으로 반응하여 프로그램 및 서비스에 등록할 수 있도록 긍정적인 이미지를 구축하는 것이 중요하다. 학습자는 프로그램 및 서비스 참석으로 받게 될 혜택과 그들의 비용을 교환하는데 이 교환 원칙은 조직이 프로그램 및 서비스를 설계하기 전에 확고하게 확립하여야 한다. 마케터는 "학습자가 특정 프로그램 및 서비스에 참여함으로써 어떤 혜택을 받을 수 있는가?"를 끊임없이 자문해야 한다. 일단 원칙이 확립되면 학습자가 혜택을 받을 수 있도록 콘텐츠 및 프레젠테이션(content and presentations)을 설계하고, 혜택을 강조하기 위해 카피(copy)를 작성한다.

가장 성공적인 마케팅 노력은 광고를 통해 잠재적 학습자의 등록을 안내하고, 프로그램 및 서비스 등록을 권장하는 것이다. 따라서 마케터는 학습자가 참석해야 할 분명한 이유와 그들이 그 이유로 받게 될 긍정적인 혜택에 대한 인식에 근거해야 한다.

셋째, 마케팅 개념을 일상에 통합한다. 평생 교육에서 성공적인 마케팅은 행사(event)가 되어서는 안 된다. 그것은 일상적인 조직 생활의 일부인 정상적인 과정이어야 한다. 이러한 태도가 권장되면, 직원들은 모든 프로그램 및 서비스와 관련된 마케팅에 대해 전략적으로 생각하며, 프로그램 및 서비스를 보다 효과적으로 마케팅할 수 있는 데이터(data)를 수집하는 책임을 진다.

프로그램 설계에 우수성을 통합하고, 우수성을 서비스 표준으로 확립하며, 확립된 모든 혜택을 제공하는 것이 조직 내 프로그램 개발을 위한 기준선으로 간주된다. 새로운 프로젝트는 포괄적인 마케팅 계획의 지침에 따라 계획되며, 프로그램 목표뿐 아니라 재정 목적도 달성해야 하는 현실이 확실하게 구축되었다.

조직의 마케팅 노력은 포괄적인 DB(data base)로 보다 쉽게 결과 예측이 가능하다. 그들은 기술이 향상됨에 따라 자신과 조직에 대한 그들의 기여를 더 좋게 느낀다. 마케팅은 모든 조직 단위를 통합하는 실타래(thread)이다.

넷째, 포괄적인 서비스 지향성을 촉진한다. 피터스와 워터맨(Peters & Waterman, 1982)의 연구에 따르면, 기업들은 평생 교육의 우수성은 모든 마케팅 활동에 사람들의 관심을 기반으로 하여 활동한다고 응답했다. 이는 학습자(고객)에 대한 서비스 강조를 훨씬 더 쉽게 만드는데 이러한 방향은 특정 프로그램 및 서비스와 조직의 전체 이미지(image)

및 분위기(tone) 모두에서 기준 시장(baseline market)을 형성해야 한다. 그것은 민첩하고 적응력이 뛰어난 조직 발전에 필수적이다.

다음은 마케팅 활동에서 서비스 지향성을 촉진할 때 해결해야 할 질문이다.

① 프로그램 및 서비스에 대한 학습자 만족도를 어떻게 효과적으로 측정하는가?

② 서비스 지향의 강점과 약점을 평가하는 지속적인 과정을 어떻게 수립하는가?

③ 고객 서비스에 대한 접근 방식에서 혁신을 어떻게 유지하는가?

④ 경쟁사와 다른 서비스 제공을 위해 차별화된 틈새시장은 어떻게 개발할 것인가?

⑤ 고객 서비스를 일상 업무에 통합할 직원을 어떻게 선발하고 교육할 것인가?

다섯째, 조직의 이미지를 향상시킬 수 있도록 모든 마케팅 활동을 설계한다. 대중은 평생교육 프로그램 및 서비스의 우수성을 요구하므로 평생교육 기관(또는 조직), 프로그램 및 서비스, 직원은 이와 관련된 명확하고 일관되며 긍정적인 이미지를 개발하는 것이 중요하다. 그들은 프로그램 및 서비스에 참여하여 우수한 서비스를 받거나 직무 기술을 향상시킬 때 평생교육 기관(또는 조직)을 긍정적으로 평가한다.

이미지 개발은 조직의 목적 및 목표와 일관되며, 명확한 관계를 유지해야 한다. 조직의 목적과 목표가 제대로 수립되지 않고, 직원들이 명확하게 이해하지 못하면, 이미지 개발은 평균 이하로 떨어질 것이다. 반면에 목적과 목표가 설정되고, 직원들이 이를 확립하는 데 큰 역할을 했다면 이미지 제고는 자연스럽게 성공적으로 진행될 것이다.

다음은 긍정적인 메시지를 전달하고, 조직의 전반적인 이미지를 강화하는 마케팅 설계에 도움이 되는 질문이다.

① 조직의 사명과 목적 및 목표를 수립하였는가? 모든 마케팅이 이 사명을 수행하고, 수립된 목적과 목표를 달성하는 것과 직접적으로 관련되어 있는가?

② 마케팅 활동을 통해 전달되는 이미지(image)가 조직의 전반적인 분위기(tone)와 일치하는가?

③ 다른 사람들이 의도한 대로 이미지를 해석하는가? 아니면 의도된 반응과 실제 반응 사이에 현저한 불일치가 존재하는가? 조직은 이를 어떻게 안정적으로 점검(test)하는가?

④ 조직이 전달하고자 하는 이미지를 전 직원이 인지하며, 이를 통해 이미지를 투영하는 방향으로 행동할 수 있는가?
⑤ 모든 직원이 전반적인 마케팅 노력에 대한 동료의 공헌를 인지할 수 있도록 성공을 축하하는가?

여섯째, 경쟁력 있는 프로그램 및 서비스 가격을 결정한다. 가격 결정은 매우 복잡한 문제이므로 프로그램 및 서비스의 가격은 재정 목적에 따라 손익분기점 도달에 필요한 등록자 수, 참석할 것으로 예상되는 인원 수의 현실적인 예측(신뢰성이 있는 기법과 데이터(data)에 기반), 이러한 혜택을 공정가격으로 인식하는 것과 비교하여 받게 될 혜택에 대한 등록자의 인식, 경쟁사 제품과 비교하여 프로그램 및 서비스의 가치에 대한 인식이다.

너무 낮은 가격은 경쟁에서 열등한 이미지를 전달하는데 너무 높은 가격은 잠재적 학습자를 떠나게 할 수 있고, 혜택에 대한 가치를 높게 부여하더라도 가치에 비해 가격이 너무 높다고 생각한다.

프로그램 및 서비스의 경쟁력 있는 가격 결정의 원칙은 잠재적 등록자가 기대하는 수강료(fee) 결정, 경쟁사의 가격 파악, 재정 목적에 따라 손익분기점에 필요한 수강료(fee) 분석, 현재 경쟁사가 효과적으로 채우지 못한 마케팅 틈새시장을 채우기 위한 프로그램 개발 및 포장(packaging)이다.

일곱째, 홍보, 광고, DM 및 개인 판매의 효과적인 마케팅 믹스를 개발한다. 성공적인 마케팅은 충족되지 않은 요구를 분석하고, 평생교육 활동에 등록하여 이러한 요구를 충족할 수 있다고 학습자에게 가능하다는 것을 납득시키는 것이다. 이는 DM(direct-mail), 홍보, 광고 및 개인 판매 간 균형 유지이다(이 작업을 수행하기 위해 DM, 홍보, 광고 및 개인 판매 간 균형을 유지한다).

대부분 조직에서 마케팅 믹스(marketing mix)는 개별 프로그램과 조직 전체의 두 가지 수준에서 작동되는데 두 수준에서 동시에 효과적인 운영은 포괄적인 마케팅 믹스(marketing mix)의 핵심이다.

여덟째, 그래픽 디자인에 대한 전문가의 지원을 확보한다. 대부분의 사람들은 광고를 읽거나 버리기로 결정하기 전에 2~3초 동안 광고를 본다. 따라서, 광고는 청중(학습자)의 관심을 즉시 끌고, 광고를 읽을 수 있도록 디자인해야 한다. 청중의 관심은 메시지의 내용, 광고의 외관(appearance)에 관심이 집중된다. 그래픽 디자인(graphic design)에 대한 전문적인 지원은 광고 외관(appearance)이 청중(학습자)의 흥미 유발을 증가시킬 것이다.

최고의 그래픽 디자이너라도 DM(direct-mail) 광고에 긍정적인 반응을 일으키는 요소를 식별(identify)하지 못할 수도 있다. 이런 형태의 광고는 전문화되어 있고, 무엇이 효과가 있고 없는지에 대한 사례로 과거의 광고를 활용한다. 디자이너에게 완제품을 진행하기 전 대략적인 스케치를 요청하는데 이 방법은 수정이 가능하고, 장기적으로는 비용 절감이 가능하다.

아홉째, 결과를 추적한다. 마케팅 관련 연구기반을 구축하려면 모든 광고 및 홍보 활동을 추적해야 한다. 정교한 마케팅 계획과 고가의 광고는 프로그램의 재정 목적과 관련하여 손익분기점 도달에 필요한 등록자 수를 생성하지 못하면 효과적이지 않다(가장 정교한 마케팅 계획과 고가의 광고물(advertising pieces)은 프로그램의 재정 목적과 손익분기점에 필요한 등록자 수를 배출하지 않으면 효과가 없다). 따라서 모든 마케팅 프로젝트의 결과를 추적할 수 있는 방법을 개발하고, 모든 주소록(mailing lists)을 추적하여 응답을 가장 많이 받는 목록(lists)을 식별(identified)하며, 전화 및 대면 등록 목록도 식별해야 한다. 등록 직원은 전화 상담 중 적절하게 문의할 수 있도록 훈련되어야 하며, '발신자가 DM(direct-mail), 브로슈어, 신문 광고 등에 반응하는가?'의 자료(data)는 쉽게 분석할 수 있도록 균일한 방식으로 기록되어야 한다.

추적은 현재 시장성 있는 프로그램 주제(topics)와 해당 과정을 실행한 주제 결정을 위해 환경을 스캔(scanned)해야 하며, 조직 및 프로그램에 대한 대중 인식을 정확하게 기록해야 한다. '프로그램 및 서비스 품질에 대한 피드백(feedback)이 부정적인가? 만약 그렇다면 어떻게 대처하고 있는가? 피드백은 긍정적인가? 그것은 어떻게 처리하는가?'의 긍정적인 피드백과 부정적인 피드백 모두 포괄적인 환경 감식 시스템(environmental scanning system)에서 고려된다.

추적 자료(data) 수집 후 이를 분석하여 향후 마케팅 프로젝트에 대한 권고사항으로 제시하며, 이를 직원에게 전달해야 하는데 이러한 과정에서의 팀 접근 방식은 종종 효과적이다.

열째, 마케팅 실수의 지속적인 분석은 이를 방지한다. 문제를 초기 단계에서 감지하는 시스템을 구축하는데 이런 방식은 조직 및 프로그램에 부정적인 결과가 발생하기 전에 필요한 시정 조치를 취할 수 있다.

다음은 일반적인 실수를 모니터링할 때 도움이 되는 질문이다.

① 마케팅 믹스(marketing mix)에서 어떤 변수가 문제를 일으킬 가능성이 가장 높은가?

② 잠재적 문제에 대한 민감도를 높이기 위해 마케팅 실수에 대해 직원과 논의하는가? 아니면 프로그램의 주 계획자로 제한하는가?

③ 문제의 징후를 조기에 감지한 직원을 보상하는가?

④ 문제가 다시 발생하면 복잡한 문제을 해결해야 하는 경우에도 필요한 변화를 수행하는가?

⑤ 회의에서 모든 마케팅 활동에 대한 직원의 참여가 최우선 사항임을 명확하게 전달하는가?

4. 다이렉트 마케팅과 온라인 마케팅

전통적인 시장과 더불어 점점 더 복잡하고 빠르게 변화하고 있는 온라인 시장의 급속한 성장으로 인해 IMC, 즉 다양한 커뮤니케이션(communication) 매체를 전략적으로 사용·통합하여 고객의 가치 전달 및 관리를 양방향으로 전달하는 통합마케팅(IMC; integrated marketing communication)이 중요해짐에 따라 다이렉트 마케팅과 온라인 마케팅을 살펴보고자 한다.

1) 다이렉트 마케팅

다이렉트 마케팅(Direct marketing)은 신중하게 표적화된(targeted) 개별 소비자와 직접 연결하여 즉각적인 반응을 얻고, 측정 가능한 반응을 추구하며, 지속적인 고객 관계를 구축하는 방법이다. 다이렉트 마케팅은 기업(또는 조직)에게 단순한 보조 채널이나 광고 매체 그 이상의 커뮤니케이션 도구(tool)이다. 따라서 다이렉트 마케터(Direct marketers)는 주로 일대일 상호작용 방식으로 고객과 직접 소통하고, 자료(DB; databases)를 다양한 방식으로 사용하며, 마케팅 제안 및 커뮤니케이션(communications)을 정밀하게 규정된 세그먼트(segments) 및 개별 구매자의 성향 및 요구에 적합하도록 조정한다. 초기에는 우편 및 전화를 통해 고객의 정보를 수집하고 판매하였으나, 오늘날에는 데이터베이스 기술의 정교화 및 발전으로 새로운 마케팅 매체 특히, 인터넷의 급속한 성장으로 빠르게 변화되어 발전된 온라인 마케팅 매체의 급격한 성장은 기업(또는 조직)이 보다 긴밀하게 이들을 상호작용하는 방식으로 시장에 대한 접근방법을 구축한다(Kotler et al., 2010: 514-527).

(1) 다이렉트 마케팅의 혜택

다이렉트 마케팅은 오늘날 가장 빠르게 성장하는 마케팅 형태 중 하나이다. 다이렉트 마케팅은 지속적으로 웹 지향적이 될 것이며, 인터넷 마케팅은 다이렉트 마케팅의 지출 및 판매 부분에 있어 빠르게 그 비중이 증가할 것이다. 다이렉트 마케팅을 완전한 하나의 비즈니스 모델로 사용하든, 광범위한 통합 마케팅 믹스에 대한 보완책으로 사용하든 구매자와 판매자 모두에게 많은 혜택을 제공할 것이다.

〈표 9-3〉 다이렉트 마케팅의 혜택

분류	내용
구매자 혜택	• 편리하고, 쉬우며, 비공개적 • 구매를 위한 노력 · 비용(교통 및 주차공간 등) 최소화 • 장소 · 시간에 구애받지 않고 편리하게 검색 · 접근 · 구매 • 제품 및 서비스 비교, 다양하고 유용한 정보 획득 • 양방향 소통으로 원하는 정보, 제품, 서비스 구성 가능

분류	내용
판매자 혜택	• 저렴하고 효율적이며 신속한 시장 접근방법 제공 • 고객 관계 구축을 위한 강력한 도구 • 고객의 제안 및 요구에 적합한 제품 및 서비스 맞춤화 • 제품 및 서비스 가격 등을 즉각적 · 시기적절하게 조정할 수 있는 유연성 • 소규모 마케터도 글로벌 시장에 쉽게 접근 가능

출처: Kotler et al.(2010: 519-517) 재구성.

(2) 다이렉트 마케팅의 유형

다이렉트 마케팅은 다이렉트 메일, 카탈로그 및 텔레마케팅과 같은 전통적인 방법부터 인터넷 및 기타 새로운 디지털 접근 방식에 이르기까지 다양한 도구를 포함하며 그 유형은 [그림 9-9]와 같다.

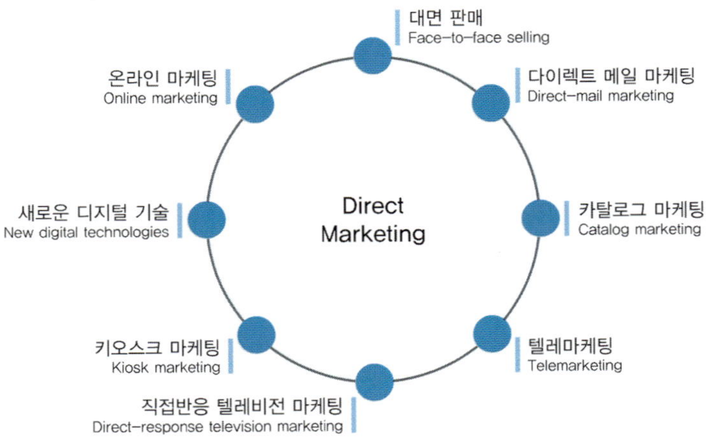

[그림 9-9] 다이렉트 마케팅의 유형

출처: Kotler et al.(2010: 519).

첫째, 다이렉트 메일 마케팅(Direct-mail marketing)이다. 다이렉트 메일 마케팅은 특정 주소 또는 가상 주소에 있는 개인에게 제안, 공지, 알림 또는 기타 항목 등을 전송하여 직접 마케팅하는 것을 의미한다.

다이렉트 마케터는 매우 신중하게 선택된 메일발송 명단(mailing lists)을 이용하여 매년 수백만 개의 우편물(편지, 카탈로그, 광고, 브로슈어, 샘플, CD 및 DVD, 기타)을 발송한다. 다이렉트 메일 마케팅은 '날개 달린 영업사원(salespeople with wings)'으로 불릴 만큼 다이렉트 마케팅 매체에서 규모가 크고 비중이 높다.

다이렉트 메일은 직접적인 일대일 커뮤니케이션에 적합하며, 고도로 표적화된 시장을 선택할 수 있게 하고, 개인화할 수 있으며, 유연하고, 결과측정을 용이하게 한다.

둘째, 카탈로그 마케팅(Catalog marketing)이다. 카탈로그 마케팅은 선택된 일부 고객에게 우편으로 발송하거나, 매장에서 제공하거나, 온라인으로 제공하는 인쇄물, 비디오 또는 디지털 카탈로그를 통한 직접 마케팅을 의미한다.

인터넷이 급증하면서 점점 더 많은 카탈로그가 디지털화됨에 따라 소비자는 거의 모든 것을 카탈로그를 통해 구입이 가능해졌다.

다양한 웹 전용 카탈로그 전문가는 마케팅 믹스에 웹 기반 카탈로그를 추가했다. 웹 기반 카탈로그는 생산, 인쇄 및 우편 비용을 없앴으며, 인쇄 카탈로그의 공간 제한에 비해 온라인 카탈로그는 거의 무제한으로 상품 제공이 가능하다. 또한, 온라인 카탈로그는 실시간 상품 판매가 가능하고, 필요에 따라 제품 및 기능을 추가하거나 제거할 수 있으며, 수요에 따라 가격을 즉시 조정할 수 있다.

셋째, 텔레마케팅(Telemarketing)이다. 텔레마케팅은 전화를 사용하여 소비자와 비즈니스 고객에게 직접 판매하는 것을 의미한다.

사람들은 소비자를 대상으로 하는 전화 마케팅에 매우 익숙하며 또한, B2B(business-to-business) 마케터도 전화 마케팅을 광범위하게 사용하고 있다.

올바르게 설계되고 표적화된 텔레마케팅은 구매 편의, 제품 및 서비스 정보 증가를 포함하여 많은 혜택을 제공한다. 하지만 전화 마케팅의 폭발적인 증가는 많은 소비자에게 불편함을 동반하지만 텔레마케팅의 두 가지 주요 형태인 인바운드(inbound) 소비자 텔레마케팅과 아웃바운드 B2B(out-bound business-to-business) 텔레마케팅은 여전히 강력하게 성장하고 있다.

넷째, 직접반응 텔레비전 마케팅(Direct-response television marketing)이다.

직접반응 텔레비전 마케팅은 직접반응 텔레비전 광고(DRTV; direct-response television advertising) 및 홈쇼핑 채널(home shopping channels)을 포함한 텔레비전을 통하여 직접 마케팅하는 것을 의미한다. 직접 마케팅(Direct Marketing)과 직접반응 마케팅(Direct Response Marketing)은 소구(訴求, appeal)와 반응(反應, response), 즉 직접이라는 방향을 강조하는 관점과 소비자의 반응을 이끌어 내는 관점의 차이다.

다이렉트 마케터는 종종 텔레비전 광고(air television spots)를 방송하는데 이 광고는 제품 및 서비스를 설득력 있게 묘사하고, 고객이 주문할 수 있는 수신자 전화번호나 웹사이트를 제공한다. 직접반응 텔레비전 광고는 제작비용 및 미디어 구매비용이 저렴하다.

홈쇼핑 채널은 상품 및 서비스 판매에 전념하는 텔레비전 프로그램 또는 채널이다. 홈쇼핑 채널은 낮은 수준의 이미지에도 불구하고 매우 세련되고 성공적인 마케팅 운영으로 발전했다.

다섯째, 키오스크 마케팅(Kiosk marketing)이다. 키오스크 마케팅은 소비형태의 변화, 의사소통 형태의 변화, 사회환경의 변화 등과 함께 급속한 성장과 빠르게 변화하는 인터넷의 급증으로 비대면 서비스, 무인 및 자동화를 통해 직접 마케팅하는 것을 의미한다.

소비자가 컴퓨터와 디지털 기술에 점점 더 익숙해짐에 따라 많은 기업(또는 조직)은 키오스크라고 불리는 정보제공 기기 및 주문 기기를 매장, 공항 및 기타 장소에 배치하고 있다. 오늘날에는 셀프서비스 호텔, 항공사 체크인 기기부터 매장 내 비반입 상품을 주문할 수 있는 매장 내 주문 키오스크까지 거의 모든 곳에서 다양하게 만날 수 있다.

여섯째, 새로운 디지털 기술(New digital technologies)이다. 오늘날 다이렉트 마케터는 풍부한 새로운 디지털 기술 덕분에 언제, 어디서나 소비자와 접촉하고 소통할 수 있다. 이동전화 마케팅, 팟캐스트와 보드캐스트, 양방향 TV는 인상적인 직접 마케팅 기회를 제공한다. 그러나 마케터는 이러한 새로운 직접 마케팅 접근 방식에 주의하여 현명하게 사용하여야 한다.

- 이동전화 마케팅(mobile phone marketing): 휴대폰과 무선기기는 소리 없이 대형 브랜드 메시지를 위한 가장 최신의 인기 있는 영역이다. 점점 더 많은 소비자, 특히 젊은 층이 휴대폰 및 무선기기를 사용함에 따라 이들을 표적으로 하는 대기업 브랜드 및 기업(또는 조직)에게는 가장 뜨거운 영역이 되었다. 모든 형태의 마케터는 휴대전화를 직접 마케팅에 통합시키고 있는데 이를 적절하게 사용하면 구매자의 경험을 크게 향상시킬 수 있다.

- 팟캐스트(podcasts)와 보드캐스트(vodcasts): 팟캐스팅(podcasting)과 보드캐스팅(vodcasting)은 이동 중에 주문이 가능한 최신 기술이다. 이러한 새로운 매체는 마케터들로부터 많은 관심을 받고 있다. 많은 사람들이 이제 팟캐스트와 보드캐스트를 광고 지원 팟캐스트, 다운로드 가능한 광고 및 정보 기능, 기타 홍보의 형태로 직접 마케팅 프로그램에 통합하고 있다.
- 양방향 TV(ITV; interactive TV): 양방향 TV(ITV)는 시청자가 리모컨을 사용하여 텔레비전 프로그램 및 광고와 상호작용할 수 있도록 한다. 양방향 TV는 마케터에게 양방향 방식으로 보다 참여적이고 표적화된 고객에게 다가갈 수 있는 기회를 제공한다.

2) 온라인 마케팅

온라인 마케팅(Online marketing)은 가장 빠르게 성장하는 다이렉트 마케팅 형태이다. 최근의 기술 발전은 디지털 시대를 만들었다. 인터넷과 새로운 디지털 기술의 광범위한 이용은 구매자와 그들에게 제품 및 서비스를 제공하는 마케터 모두에게 인상적인 영향을 미치고 있다. 오늘날 세계 비즈니스의 대부분은 사람과 기업(또는 조직)을 연결하는 디지털 네트워크를 통해 이루어진다. 컴퓨터 네트워크의 거대한 공용 웹(public web)인 인터넷은 전 세계의 모든 사용자를 서로 연결하고, 놀랍도록 거대한 정보 저장소에 연결한다. 웹은 편의성, 속도, 가격, 제품 정보 및 서비스에 대한 고객의 인식을 근본적으로 바꾸어 놓았다. 결과적으로 인터넷은 마케터에게 고객을 위한 가치를 창출하고, 그들과의 관계를 구축할 수 있는 완전히 새로운 방법을 제공했다(Kotler et al., 2010: 528-540).

(1) 온라인 마케팅의 영역

오늘날에는 웹 마케팅이 제대로 이루어지지 않은 기업(또는 조직)을 찾기 어려울 정도로 온라인 소비자 구매는 지속적으로 빠르게 증가하고 있다. 이는 인터넷이 오프라인 쇼핑에 더 큰 영향력을 미치고 있음을 의미한다. 따라서 현명한 마케터는 웹을 사용하여 다른 마케팅 채널로 판매 및 서비스를 유도하는 통합된 다중채널 전략(multichannel strategies)을 사용한다. 온라인 마케팅의 네 가지 주요영역은 [그림 9-10]과 같다.

	소비자 대상	기업 대상
기업 주도	B2C(기업과 소비자 간) business-to-consumer	B2B(기업 간) business-to-business
소비자 주도	C2C(소비자 간) consumer-to-consumer	C2B(소비자와 기업 간) consumer-to-business

[그림 9-10] 온라인 마케팅의 영역

출처: Kotler et al.(2010: 529).

첫째, B2C(기업과 소비자 간, business-to-consumer) 온라인 마케팅이다. 대중 매체는 최종 소비자에게 상품과 서비스를 온라인으로 판매하는 B2C 온라인 마케팅에 가장 주목했다. 점점 더 많은 사람들이 웹에 접속하면서, 온라인 소비자 이용자는 점점 더 주류화되고, 다양해지고 있다. 웹은 이제 마케터에게 다양한 형태의 온라인 경험을 추구하는 다양한 형태의 소비자를 제공한다.

전통적인 마케팅은 다소 소극적인 청중을 대상으로 하였다면, 온라인 마케팅은 적극적으로 자신이 방문할 웹 사이트를 선택하고, 제품과 조건에 따라 마케팅 정보를 취사선택하는 소비자를 대상으로 한다. 따라서, 신세계에서의 온라인 마케팅은 새로운 마케팅 접근 방식을 요구한다.

둘째, B2B(기업 간, business-to-business) 온라인 마케팅이다. B2B 마케팅은 B2B 웹사이트, 전자 메일, 온라인 제품 카탈로그, 온라인 거래 네트워크, 기타 온라인 자원(resources)을 이용하여 새로운 비즈니스 고객에게 접근하고, 현재 고객에게 보다 효과적으로 서비스를 제공하며, 구매 효율성과 더 나은 가격을 확보한다. 대부분의 주요 B2B 마케터는 이제 제품 정보, 고객 구매 및 고객 지원 서비스를 온라인으로 제공한다.

셋째, C2C(소비자 간, consumer-to-consumer) 온라인 마케팅이다. C2C 온라인 마케팅은 최종 소비자 간의 상품 및 정보의 온라인 교환이다. 전반적으로, C2C는 온라인 구매자들이 제품 정보를 소비하는 것뿐만 아니라 점점 더 많은 정보를 창출한다는 것을 의미한다.

많은 마케터들이 신중하게 표적화된 소비자에게 도달하기 위한 하나의 매체로 블로그를 이용한다. 마케팅 도구로서 블로그는 오늘날 세분화된 청중에게 다가갈 수 있는 신선하고, 독창적이며, 개인적이며, 저렴한 방법을 제공할 수 있지만 블로그 세계(blogosphere)는 복잡하고 통제하기 어렵다.

넷째, C2B(소비자와 기업 간, consumer-to-business) 온라인 마케팅이다. C2B 온라인 마케팅은 소비자가 판매자를 찾고, 판매자의 제안에 대해 알아보며, 구매를 시작하는 온라인 교환, 때로는 거래 조건을 유도하기도 하는 온라인 교환이다.

인터넷 덕분에 오늘날의 소비자는 기업(또는 조직)과 소통하는 것이 더 쉽다는 것을 인지하고 있다. 대부분의 기업(또는 조직)은 잠재 고객과 현재 고객을 초청하여 회사 웹 사이트를 통해 질문과 제안을 발송한다. 이 외에도 소비자는 웹을 사용하여 기업과 거래를 추진할 수도 있다.

(2) 온라인 마케팅의 실행

모든 기업(또는 조직)은 온라인으로 전환하는 것을 고려할 필요가 있다. 따라서, 기업(또는 조직)은 [그림 9-11]의 네 가지 방법 중 하나를 사용하여 온라인 마케팅을 실행할 수 있다.

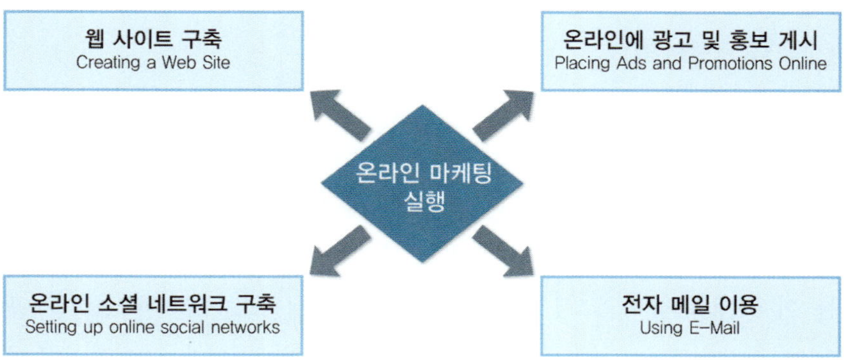

[그림 9-11] 온라인 마케팅의 실행

출처: Kotler et al.(2010: 533).

첫째, 웹 사이트 구축(Creating a Web Site)이다. 대부분의 기업(또는 조직)에게 온라인 마케팅을 실행하는 첫 번째 단계는 웹 사이트를 구축하는 것이다. 그러나 마케터는 단순히 웹 사이트를 구축하는 것 이상으로 매력적인 사이트를 설계하여 소비자가 사이트를 방문하고, 머물며, 자주 방문할 수 있는 방법을 고안해야 한다.

- 웹 사이트 유형: 웹 사이트는 목적과 내용이 매우 다양하지만 가장 기본적인 유형은 기업(또는 브랜드) 웹 사이트이다. 이는 회사의 제품을 직접 판매하기보다는 고객과 신용을 쌓고, 고객 피드백을 수집하며, 다른 판매 채널을 보완하기 위해 설계된다.

기업(또는 브랜드) 웹사이트 고객 질문에 답하고, 고객 관계를 더 긴밀하게 구축하며, 기업 및 브랜드에 대한 관심을 유발시키기 위해 다양한 정보와 기타 기능을 제공하는 웹 사이트이고, 마케팅 웹사이트는 소비자를 직접 구매 또는 기타 마케팅 결과에 더 가깝게 다가갈 수 있도록 상호작용에 참여시키는 웹 사이트이다.

- 효과적인 웹 사이트 설계: 웹 사이트를 구축하는 것과 사람들이 사이트를 방문하도록 하는 것은 별개이다. 기업(또는 조직)은 방문자를 유인하기 위해 오프라인 인쇄물 및 방송 광고를 통해, 다른 사이트에 광고를 하거나 링크를 통해 웹 사이트를 적극적으로 홍보하지만 사이트를 최신 상태로, 생생하고 유용한 상태를 유지하기 위해 지속적으로 업데이트해야 한다.

핵심 과제는 첫 방문에서 매력적이고 반복적인 방문을 유도할 만큼 흥미로운 웹 사이트를 설계하는 것이다. 효과적인 웹 사이트 설계를 위한 7C는 다음과 같다.

- 상황정보(Context): 사이트의 배치(layout) 및 설계(design)
- 내용(Content): 웹 사이트에 포함된 본문(text), 사진, 사운드 및 비디오
- 지역사회(Community): 사이트에서 사용자 간에 의사소통(communication)을 가능하게 하는 방법
- 고객화(Customization): 사이트를 다양한 사용자에게 맞게 조정하거나 사용자가 사이트를 개인에게 맞출 수 있도록 개인화하는 능력
- 의사소통(communication): 사이트에서 사이트 간, 사용자 간 또는 양방향 의사소통을 활성화하는 방법
- 연결(Connection): 사이트가 다른 사이트에 연결(linked)되어 있는 정도

– 상거래(Commerce): 상업적 거래를 가능하게 하는 사이트의 능력

둘째, 온라인에 광고 및 홍보 게시(Placing Ads and Promotions Online)이다. 소비자가 인터넷에서 점점 더 많은 시간을 보내면서 대부분의 기업은 브랜드를 구축하거나, 웹사이트로 방문자를 유인하기 위해 마케팅 비용을 온라인 광고로 전환함에 따라 온라인 광고는 주요 매체가 되고 있다.

- 온라인 광고의 형태: 전시 광고(DA; display ads), 검색 관련 광고(SA; search-related ads), 온라인 분류(online classifieds) 및 기타 형태를 포함하며 소비자가 웹 서핑(surfing)하는 동안 노출되는 광고이다.
  – 디스플레이 광고: 인터넷 사용자의 화면 어디에나 노출되는 수 있는 광고로 배너 광고 등
  – 온라인 검색 관련 광고: 특정 키워드를 검색했을 때 노출되는 광고로 키워드 광고, 브랜드 검색 광고 등
  – 라인 분류 광고: 다양한 내용과 관련된 범주 및 계층(categories, classes)으로 그룹화되는 광고로 온라인에서 흔히 볼 수 있는 광고 형태
- 온라인 홍보의 다른 형태: 콘텐츠 스폰서십(content sponsorships), 제휴 및 제휴 프로그램(alliances and affiliate programs), 바이럴 광고(viral advertising) 등이 포함된다.
  – 콘텐츠 스폰서십: 기업이 특별한 콘텐츠(뉴스, 금융 정보, 특정 관심 주제 등)을 다양한 웹 사이트에 후원함으로써 자신의 이름 노출
  – 동맹 및 제휴 프로그램: 온라인 및 오프라인에서 서로를 홍보하기 위해 다른 회사와 협력하는 동맹 및 제휴 프로그램 개발
  – 바이럴 광고: 구전 마케팅(word-of-mouth marketing)의 인터넷 버전으로 비디오, 전자 메일 메시지, 마케팅 이벤트 등으로 고객이 친구에게 전달하고 싶어 할 정도로 전염성이 높은 홍보 형태

셋째, 온라인 소셜 네트워크 구축 및 참여(Creating or Participating in Online Social Networks)이다. 온라인 소셜 커뮤니티에는 소셜 네트워킹 웹 사이트 또는 사람들이 사회화하거나 정보와 의견 및 공통의 관심사를 교환하는 가상 세계를 블로그에 올린다.

인터넷의 인기는 온라인 소셜 네트워크 및 웹 커뮤니티의 급증을 초래하였고, 상업적

인 수많은 웹 사이트에서는 소비자에게 의견과 정보를 교환할 수 있는 온라인 장소를 제공함에 따라 점점 더 많은 마케터가 거대한 소셜 네트워킹 물결에 합류하고, 기업은 그들 자체의 웹 커뮤니티를 시작했다.

넷째, 전자 메일 이용(Using E-Mail)이다. 점점 더 복잡해지는 전자 메일 환경에서 효과적으로 경쟁하기 위해 마케터는 풍성한 전자 메일 메시지, 즉 스트리밍 오디오 및 비디오로 가득 찬 메시지, 쌍방향 및 개인화된 메시지를 설계하고 있다.

전자 메일을 적절하게 사용하면 다이렉트 마케팅의 궁극적인 수단이 될 수 있으므로 마케터는 고도로 표적화되고 메일에 동의한 고객과의 관계 구축으로 전자 메일 마케팅을 한다. 저렴한 비용과 효과를 감안할 때 전자 메일은 뛰어난 마케팅 투자가 될 수 있다.

3) 평생교육 기관(또는 조직)의 홍보 자료 및 도구

프로그램 기획자는 의도한 대상에게 도달하기 위해 세부 사항과 비용을 고려해야 한다. 다시 말해, '의도한 대상에게 프로그램의 의도를 알리기 위해 무엇이 필요한가?'라는 질문을 가지고 홍보 자료와 도구를 가능한 한 표적화할 수 있도록 의도한 대상에 대한 모든 것을 알아야 한다. 특히, 기획자가 프로그램 홍보를 온라인으로 방향을 전환함에 따라 기획자가 선택할 수 있는 홍보 자료와 도구는 더 많아지고 있다. 또한, 기획자는 표적화된 청중이 가장 자주 사용하는 자료 및 재료를 신중하게 선택하고, 청중이 프로그램에 참여하도록 격려하며, 긍정적인 방식으로 프로그램 후원기관(또는 단체)을 홍보하는 방식으로 메시지를 전달한다(Caffarella et al., 2013: 325-331).

(1) 전통적인 홍보 자료

교육 및 훈련 프로그램을 홍보하기 위해 가장 자주 사용되는 전통적인 자료에는 브로슈어, 포스터 및 서면 홍보물과 같은 내용이 포함된다. 이러한 내용의 자료 대부분은 온라인 마케팅 이전만큼 자주 사용되지는 않지만 그중 일부는 특정 종류의 프로그램을 홍보하는 주요 방법 중 하나로 여전히 사용되고 있다.

(2) 온라인 홍보 도구

빠르게 증가하고 있는 인터넷은 점점 더 많은 사람들에게 영향을 미치는 수단이 되고 있으며, 온라인 마케팅 활동에 사용되는 전략과 도구는 기획자 및 조직이 사용할 수 있는 자원에 따라 크게 다르다. 오늘날 대부분의 기관(또는 조직)은 자체 웹 사이트가 있다. 만약 기획자가 프로그램을 설계할 경우 웹 사이트를 구축하고, 소셜 미디어 세계를 조사하며, 다양한 형태의 온라인 개인화된 커뮤니케이션을 탐색할 수 있다.

(3) 웹 사이트 구축 및 이용

교육 및 훈련 프로그램과 기관(또는 조직)에 대한 정보 제공을 위한 웹 사이트 구축은 온라인 마케팅의 시작이다. 프로그램과 기관(또는 조직)에 대한 기술 정보(descriptive information)를 제공하는 시각적으로 매력적인 웹 페이지는 잠재적 참가자 또는 자원봉사자를 모집하고, 기금 모금 단체, 조직 및 파트너 조직 및 고객에게 프로그램을 광고하는 역할을 할 수 있다. 기관(또는 조직) 및 프로그램이 웹 사이트를 구축하면, 사이트를 유지 · 관리하고, 콘텐츠를 최신 상태로 유지하는 것이 중요하다.

(4) 홍보를 위한 소셜 미디어 활용

소셜 미디어는 아이디어, 계획, 신념에 대해 빠르게 성장하고 있는 사람 및 기관(또는 조직)과 커뮤니케이션 방법이다. 프로그램 기획자는 소셜 미디어 도구를 사용하여 표적화된 청중에게 더 잘 다가갈 수 있고 소통할 수 있다. 만약 현재 이러한 도구를 사용하지 않는다면, 마케팅 교육 및 훈련 프로그램에 그들이 가지고 있는 혜택을 활용할 수 있는 방법을 배워야 한다. 소셜 미디어를 효과적으로 활용하기 위해서는 계획적이고 전략적인 공략이 필요하다. 프로그램 기획자는 다가가고자 하는 대상, 소셜 미디어에 할애할 수 있는 시간과 자원, 성취하고자 하는 것에 대한 비판적 사고가 필요하다.

(5) 개인화된 커뮤니케이션 및 연계 유지

인터넷은 프로그램 기획자가 더 많은 청중과 보다 개인화되고, 시기 적절한 커뮤니케이션에 참여할 수 있는 수단을 제공한다. 또한, 저렴한 비용으로 양질의 관계를 구축하고 유지하기 위해 온라인 뉴스레터, 이벤트 공지 및 개인화된 감사 노트를 전자 메일로 전송할 수 있다. 하지만 기획자는 전자 메일의 특권을 남용하지 않도록 명심하여야 한다.

〈표 9-4〉 상용되는 소셜 미디어 도구

사이트	내용	예
페이스북 (Facebook)	개인이 프로필을 만들고, 사진을 업로드하며, 친구를 추가하고, 다른 사람의 담벼락(walls)과 사진에 댓글을 달며, 네트워크의 모든 상호작용을 감독하는 소셜 네트워킹 도구이다.	**페이스북 페이지(Facebook Pages)** 기획자는 페이스북 포털 역할을 하는 조직을 위해 페이스북 페이지를 만든다. 이 페이지는 조직에 대한 정보를 전달하고, 페이지에 링크한 팔로워에게 업데이트를 알리며, 이벤트에 사람들을 초대하고, 토론 및 교류를 위한 접점을 제공한다. **이유(Causes)** 기획자는 페이스북 적용 프로그램(applications)을 사용하여 조직 및 프로그램을 위한 비용조달을 돕는다.
트위터 (Twitter)	대화를 계속하고 140자 이내로 업데이트를 전송할 수 있는 마이크로 블로깅(micro-blogging) 도구이다.	**접속(Make Connections)** 프로그램 기획자는 현장의 다른 조직 및 전문가를 따라 전문 네트워크를 구축하고 중요 자원을 확보하기 시작한다. 이러한 다른 조직 담당자가 팔로우할 가능성이 높으므로 기획자는 트윗에 댓글을 달고, 대화를 통해 조직과 이슈(issues)를 홍보한다. **트위터(Tweet)** 플래너는 예정된 이벤트, 조직의 성공 및 관련 이슈에 대한 정보를 게시한다. 프로그램 중 참석자가 댓글을 달 때 트윗이 발생할 수 있는데 이러한 커뮤니케이션은 풍부한 상호작용으로 이어질 있다.
유튜브 (YouTube)	사용자가 링크를 통해 계정을 만들고, 동영상을 업로드하며, 웹 페이지에 포함시켜 온라인으로 다른 사용자와 공유할 수 있는 비디오 공유 웹 사이트이다. 사용자는 동영상에 댓글을 달거나 동영상 응답을 게시할 수 있다.	**브로드캐스트 이벤트(Broadcast Events)** 조직의 이벤트 또는 언론 보도자료(media releases)에 대한 동영상 또는 그림 슬라이드쇼를 업로드하고 공유하여 조직의 사명, 목적 및 행동을 설명할 수 있다. **즐겨찾기 채널(Favorite Channel)** 조직에 업로드할 원본 영상이 없더라도 채널 구축과 유튜브 존재감 창출을 위한 사명이나 목적과 관련된 다른 "즐겨찾기" 영상을 게시할 수 있다.

사이트	내용	예
플리커 (Flickr)	사용자가 계정을 만들고, 온라인 앨범에 사진을 업로드하며, 웹의 다른 사용자와 공유할 수 있는 사진 공유 웹 사이트이다. 시청자는 사진과 앨범에 댓글을 달 수 있다.	**카탈로그 이벤트**(Catalog Events) 조직 이벤트 및 프로젝트의 사진을 촬영하고 게시하여 조직의 사명, 목적 및 행동을 입증할 수 있다.
		인식 제고(Raise Awareness) 사진은 종종 말보다 아이디어를 더 잘 전달할 수 있다. 조직과 관련된 이슈를 캡처한 사진을 게시하여 인지도를 높일 수 있다.
링크드인 (LinkedIn)	사용자가 온라인 재개 기능을 하는 프로필을 만드는 전문 네트워킹 웹 사이트이다. 고용주는 일자리를 찾기 위해 자격을 갖춘 지원자와 연결할 수 있다.	**회사 페이지**(Company Pages) 이 페이지는 링크드인에서 회사 웹 사이트 역할을 하며, 이 회사와 그곳에서 일하는 근로자에 대한 정보를 제공한다. 회사 페이지(Company Pages)는 이러한 조직의 인간적 측면을 보여 준다.
		링크드인 집단(UnkedIn Groups) 개인이 만들거나 가입할 수 있는 소규모 네트워크이다. 조직은 자체 그룹을 만들어 관련 이슈를 논의하거나 다른 그룹 토론에 적극적으로 참여할 수 있다.
블로그 (Blog)	시간 순으로 표시된 게시물이나 항목을 포함하는 개인이 만든 웹 사이트이다. 일반적으로 독자는 항목 하단에 게시된 의견이나 피드백을 제공할 수 있다.	**인식 블로그**(Awareness Blogs) 블로그와 모든 후속 게시물을 통해 기획자는 특정 이슈와 관련하여 이슈에 대한 인식을 증진시킬 수 있다.
		조직 블로그(Organization Blogs) 이 블로그는 조직의 예정된 이벤트 정보를 제공하고, 사진을 표시하며, 조직의 사명 및 목적과 관련된 뉴스를 제공할 수 있다.
웨비나 (Webinars)	개인이 특정 메시지(비디오, 구어, 파워포인트 슬라이드 등)를 듣고, 배우며, 상호작용하기 위해 사용하는 대화형 웹 기반 세미나이다.	**정보 및 교육**(Inform and Educate) 동영상이나 실시간 강의 및 토론을 업로드하여 관심 있는 모든 사람과 공유할 수 있다.
		협업 및 브레인스토밍(Collaborate and Brainstorm) 웨비나는 쌍방향으로 진행되며, 토론을 촉진할 수 있다. 이 인터페이스(interface)는 알거나 알려지지 않은 동료 간 주제에 대한 집중 토론과 토론을 위한 포털(portal)로 사용할 수 있다.

출처: Caffarella et al.(2013: 330-331) 재구성.

정리하기

평생교육 마케팅은 개인과 기관(또는 조직)이 이해 관계자에게 이익이 되는 방식으로 서비스 대상에게 가치 창출, 전달 및 제공, 서비스 대상 간 관계 및 거래(transaction)를 관리하기 위한 조직 기능이자 일련의 과정으로 기회 창출 및 제공, 평가 및 활용, 혁신 및 융복합, 사회적 책임 및 위험 예방, 신뢰 구축 및 서비스 대상 확보 등을 수행한다.

마케팅의 유형은, 첫째, 목표 시장 유형(Target Market Typology)으로 조직이 마케팅 활동을 지시할 수 있는 다양한 대중(publics)을 구별하는 것이다. 둘째, 제품 유형(Product Typology)으로 마케팅이 되는 제품(products)의 기초가 될 수 있다. 셋째, 마케터 유형(Marketer Typology)으로 마케터, 즉 마케팅을 수행하는 조직을 기반으로 구성될 수 있다.

마케팅의 모델은, 첫째, 전통 모델(Traditional Model)로 평생교육 기관(또는 조직)의 내부 지향, 즉 조직의 요구(needs), 바람(wants) 및 욕망(desires)이 학습자의 요구, 바람 및 욕망보다 우선하는 경향이다. 둘째, 교환 모델(Exchange Model)로 핵심 가정은 평생교육 기관(또는 조직)과 학습자 간의 공생 관계 수립, 즉 조직은 개발될 프로그램 및 서비스의 가치를 학습자의 요구(needs) 및 바람(wants)과 교환하기 위해 공생적 관계임을 강조한다. 셋째, 적응 모델(Adaptive Model)로 학습자 지향, 즉 학습자의 이익에 대한 대응(responsiveness)을 강조하며, 결과적으로 외부 지향적이다.

마케팅의 구성요소는 기업(또는 조직)이 제품의 수요에 영향을 미치는 모든 것을 포함하지만 대표적으로 살펴보면 4P는 제품(product), 유통(place), 가격(price), 촉진(promotion)이고, 4C는 고객 가치(Customer Value), 고객 비용(Customer Cost), 편의성(Convenience), 의사소통(Communication)이다.

마케팅 성공을 위한 10단계로는, 첫째, 마케팅 관련 연구기반을 구축하고, 둘째, 참가자 등록으로 받게 될 혜택을 강조하는 카피(copy)를 작성하며, 셋째, 마케팅 개념을 일상에 통합하고, 넷째, 포괄적인 서비스 지향성을 촉진하며, 다섯째, 조직의 이미지를 향상시킬 수 있도록 모든 마케팅 활동을 설계하고, 여섯째, 경쟁력 있는 프로그램 및 서비스 가격을 결정하고, 일곱째, 홍보, 광고, DM 및 개인 판매의 효과적인 마케팅 믹스를 개발하며, 여덟째, 그래픽 디자인에 대한 전문가의 지원을 확보하고, 아홉째, 결과를 추적하며, 열째, 마케팅 실수의 지속적인 분석은 이를 방지한다.

다이렉트 마케팅(Direct marketing)은 신중하게 표적화된(targeted) 개별 소비자와 직접 연결하여 즉각적인 반응을 얻고, 측정 가능한 반응을 추구하며, 지속적인 고객 관계를 구축하는 방법이다. 다이렉트 마케팅의 유형을 살펴보면, 첫째, 다이렉트 메일 마케팅(Direct–mail marketing)이다. 둘째, 카탈로그 마케팅(Catalog marketing)이다. 셋째, 텔레마케팅(Telemarketing)이다. 넷째, 직접반응 텔레비전 마케팅(Direct–response television marketing)이다. 다섯째, 키오스크 마케팅(Kiosk marketing)이다. 여섯째, 새로운 디지털 기술(New digital technologies)이다.

온라인 마케팅(Online marketing)은 가장 빠르게 성장하는 다이렉트 마케팅 형태이다. 온라인 마케팅의 영역을 살펴보면, 첫째, B2C(기업과 소비자 간, business-to-consumer) 온라인 마케팅이다. 둘째, B2B(기업 간, business-to-business) 온라인 마케팅이다. 셋째, C2C(소비자 간, consumer-to-consumer) 온라인 마케팅이다. 넷째, C2B(소비자와 기업 간, consumer-to-business) 온라인 마케팅이다.

연구문제

1. 평생교육의 마케팅 개념을 설명하시오.

2. 평생교육을 위한 마케팅 모델을 비교 · 분석하시오.

3. 마케팅의 구성요소 중 4P와 4C를 비교하여 설명하시오.

4. 마케팅 성공을 위한 10단계를 설명하시오.

6. 다이렉트 마케팅과 온라인 마케팅을 비교하여 설명하시오.

Chapter 10

평생교육 프로그램의 운영

학습목표

1. 인적 자원 관리의 개념을 이해하고 설명할 수 있다.
2. 물적 자원 관리의 개념을 이해하고 설명할 수 있다.
3. 재정 자원 관리의 개념을 이해하고 설명할 수 있다.

교수설계에서 정의된 학습경험과 학습활동을 성취하기 위해서는 인적·물적 자원의 다양한 개발, 즉 자원관리는 학습활동을 위한 자원 개발 및 준비, 개인 및 지역사회의 자원 개발과 연계, 학습활동을 위한 인적·물적 자원의 조직과 활용, 효과적인 참여 등 끊임없이 변화하는 환경에서 프로그램 및 학습활동 전반에 영향을 미칠 수 있다.

1. 인적 자원 관리

설계된 학습활동 및 프로그램의 성공적인 수행을 위해서 '설계된 프로그램을 누구에 의해 수행할 것인가? 수행을 위해 필요한 인적 자원은 무엇인가? 그 수행에 필요한 자원을 무엇이며, 어떻게 개발하며 확보할 것인가? 확보된 자원을 어떻게, 어떤 절차를 통해 분배하는 것이 적절한가?' 등을 결정하는 능력은 설계자에게 매우 어렵지만 필수불가결(必須不可缺)한 영역이다. 인적 자원으로는 기관(또는 조직)의 이념 및 비전, 교육의 목적 및 목표를 기반으로 문제 및 요구를 분석하고, 학습내용 및 매체를 선정하며, 자원개발 및 배분, 마케팅 및 평가 등 일련의 과정을 설계하는 프로그램 설계자, 설계된 프로그램을 절차에 따라 인적 · 물적 자원을 관리하고 예산을 집행하는 등 프로그램 전반을 운영하고 관리하는 운영자, 다양한 교수기법으로 학습내용을 전달하는 교수자, 프로그램의 가치와 성과, 프로그램 진행의 모든 과정 및 결과를 분석하고 평가하는 평가자 등이 있다. 이러한 다양한 영역 중 운영관리자, 교수자를 살펴보면 다음과 같다.

1) 운영관리자

(1) 운영관리자의 자질

첫째, 기술적 능력이다. 효율적으로 프로그램을 운영할 수 있는 전문성, 즉 학습활동 및 프로그램 전반에 대한 효율적인 운영을 위한 전문적인 기술, 결과 및 성과를 도출하기 위한 다양한 경험, 절차에 따라 프로그램 수행의 기본 방향 및 준수사항, 교육분위기 및 환경 조성 등이다.

둘째, 학문적 능력이다. 학습 활동에 필요한 이론과 지식, 프로그램 개발을 위한 문제 및 요구분석에서 수행 및 평가에 이르기까지의 전 과정에 대한 이해 및 경험, 프로그램 운영에 필요한 인적 · 물적 자원의 개발 및 활용, 학습자 및 교수자의 교육성과 달성을 위한 체계적인 지원 등이다.

셋째, 관계 대처 능력이다. 프로그램 운영과 관련된 개인, 조직(또는 기관), 지역사회는 물론 이해당사자들 간 요구 및 요청사항 등을 시의적절(時宜適切)하게 대처할 수 있는 능력이다. 또한, 사회 · 경제 · 정치적 영역과의 관계에서도 중립을 유지하면서 지속적인 의사소통과 관계유지를 통해 때로는 민감하게, 때로는 유연하게 대응할 수 있는 역량 등이다.

넷째, 직업윤리의식이다. 프로그램을 개발하고 운영 · 관리함에 있어 가장 기초적이며 중요한 것은 직업윤리, 즉 개발자로서, 운영자로서, 관리자로서 요구되는 지켜야 할 도덕적 가치관이다. 따라서 운영관리자는 다양하고 특수한 상황에서도 책임의식을 가지고 바람직한 가치 실현을 위해 공과 사는 물론 이성적이고 균형 있는 행위로 책임과 신뢰(trust)를 형성하여야 한다.

(2) 운영관리자의 역할

첫째, 관리 역할이다. 프로그램의 목적 및 목표 달성 및 결과 도출을 위해 필요한 인적 · 물적 자원의 개발 및 적절한 배분, 효율적인 예산 집행 및 관리, 기자재 및 시설의 구비 및 관리함으로써 최상의 교육환경을 조성하는 능력이다.

둘째, 운영 역할이다. 개발된 프로그램을 운영하는 과정에서 수시로 발생되는 문제, 다양한 요구, 추가로 요청되는 자원 등을 수시 · 정기적으로 점검할 수 있도록 점검표 · 체크리스트 등의 활용으로 효과적인 운영을 위해 상호작용하고 협업하는 능력이다.

셋째, 평가 역할이다. 프로그램의 성취 및 결과 도출을 위해 운영의 전 과정을 평가하고, 때로는 평가에 기초하여 수정 및 보완하며, 필요시 프로그램의 지속여부를 결정하는 데 필요한 정보 및 자료, 피드백 및 의견을 제시하고 공유하는 능력이다.

넷째, 네트워크 구축 역할이다. 질 높은 프로그램을 위한 소통과 협력, 우수한 인재 확보를 위한 인력 풀(pool) 구축, 지역사회와의 협력과 상생을 위한 네트워크(Network) 구축, 다양한 활동을 토대로 한 인프라(infrastructure) 조성 등의 능력이다.

다섯째, 자원봉사자 관리 역할이다. 평생교육 영역에서의 자원봉사자(volunteer)는 전문분야는 물론 다양한 영역에서 자발적인 의지로 지식, 기술, 경험 및 경력, 노력 등을 제공한다. 자원봉사자의 역할은 특수 분야에서의 준전문가, 학습활동에서의 보조강사, 프로그램 운영 및 행정업무에서 보조인력, 홍보 및 캠페인에서의 홍보대사 등 매우 광범위하다. 급변하는 사회와 디지털 시대에서 활동하는 자원봉사자의 역할은 프로그램의 질을 한층 높일 수 있어 매우 중요한 영역이다.

(3) 운영관리자의 역량

첫째, 전문지식 역량이다. 프로그램과 관련된 이론 및 전문지식, 기자재 및 시설관리 및 유지, 질 높은 교육을 위한 교수방법 및 기법 선정 및 개발, 다양한 변화에의 대처 능력 등이다.

둘째, 자기계발 역량이다. 학습활동 및 프로그램의 다양한 운영 경험 및 노하우(know-how), 프로그램의 질을 향상하기 위한 지속적인 노력과 열정, 전문가로서의 행동 및 윤리의식, 언행일치(言行一致)의 태도, 끊임없는 학습 및 역량 개발 등이다.

셋째, 대인관계 역량이다. 학습자와 교수자, 학습자 간, 상사와 부하, 동료 간은 물론 기관 및 조직, 협력 기관 및 업체, 이해관계자 간 관계에서의 문제 및 갈등을 원만하게 관리하고, 협조적으로 협상하며, 리더십을 발휘하는 능력 등이다.

넷째, 정보관리 역량이다. 프로그램을 수행하는 데 필요한 정보를 수집하고, 수집된 정보를 분석하며, 정보를 관리하고 보관하며, 필요한 시기에 필요한 사람에게 신속하게 활용될 수 있도록 제공함은 물론 운영관리자에게 요구되는 정보화 활용능력 등이다.

2) 교수자

(1) 교수자의 자질

첫째, 전문지식 능력이다. 질 높은 프로그램이 설계되고, 유능한 운영관리자가 선정되었다 하더라도 학습자의 입장에서 학습내용을 충분하게 전달할 수 있도록 전문지식과 경험, 자질과 역량을 갖춘 교수자가 선정되지 않는다면 성공적인 프로그램 수행과 결과 도출이 어려울 수 있다.

둘째, 역할수행 능력이다. 전문지식을 함양하였다 하더라도 교수자는 평생교육현장에서 학습자와 기관(또는 조직) 등의 사이에서 다양한 역할이 요구된다. 즉, 프로그램을 개발하고 설계하는 기획자, 학습내용을 지도하는 교수자, 자기주도적 학습 증진과 학습 환경을 이끄는 촉진자다. 다양한 자료와 정보를 제공하는 지원자, 학습을 관리 · 기록 · 평가하는 학습운영관리자, 끊임없는 노력과 연구를 지속하는 연구조사자 외에도 상담자, 멘토, Role Model, 컨설턴트(consultant) 등 다양하다.

셋째, 교수전략 능력이다. 동일한 시간에 학습자의 눈높이에서 학습내용 지도, 자기주도적 학습능력 향상, 다양한 정보와 지식 전달, 학습활동과 학습자에게 적합한 학습방법 및 매체 선정, 학습 목적 및 목표 달성을 위한 학습동기 부여 등 학습내용을 잘 가르치는 전달력, 학습자가 잘 학습하도록 지원하는 지도력, 효과적인 학습결과를 도출하기 위한 전략수립 등이다.

넷째, 인간관계 능력이다. 평생교육 전반에 대한 인식 변화와 사회적 쟁점에 대한 이해 속에서 인사 · 행정 · 자원 · 조직 등과의 관계 및 정보 분석, 다양한 배경과 전문성을 평생교육 영역에서 실천과 적용, 학습자의 생애주기 및 학습동기에 따른 맞춤형 학습지원을 위한 물리적 · 심리적 환경 조성, 대상자의 잠재력 증진을 위한 끊임없는 노력과 열정이다.

(2) 교수자의 역량

첫째, 기획 역량이다. 사회변화와 다양한 요구 및 문제를 새로운 시각에서 해석하고 분석하여 프로그램을 개발하고, 설계에 적합한 학습내용 및 방법, 교수기법 및 매체, 교수자 및 학습자 자료 및 교재 제작, 학습자의 적극적인 참여 촉진, 창의적이고 독창적인 아이디어, 다양한 학문과 영역과의 융복합 역량 등이다.

둘째, 실행 역량이다. 개발된 프로그램을 설계과정에 따라 효과적으로 수행하기 위해서는 전문적인 지식과 차별화된 교수기법, 학습자의 동기 유발 및 학습 촉진, 학습내용과 학습자에게 적합한 자료 및 매체 활용, 효율적인 의사소통, 프리젠테이션 스킬 등은 물론 사회 · 사람 · 조직 등으로 인해 수시로 발생하는 문제 및 요구에 대한 신속한 대응력 등이다.

셋째, 관리운영 역량이다. 프로그램 운영을 위해 요구되는 제 요소를 효과적이고 효율적으로 관리할 수 있는 종합적인 역량이다. 교수자 및 학습자 등 인적관리, 시설 및 기자재 등 시설관리, 홈페이지 및 마케팅의 홍보관리, 학습자들의 자격 및 인증 등 자격관리, 예산 편성 및 집행 등 예결산 관리 등이다.

넷째, 대인관계 역량이다. 교수자와 학습자, 교수자와 이해관계자, 교수자와 행정인력 등의 관계에서 적극적이고 효과적으로 소통하고 협력하는 역량이다. 교수자는 프로그램의 질을 높이고 발전시키기 위해 대내·외적으로 다양한 대상과 원활하게 소통하고 모니터링하는 등의 역량이 중요하다.

다섯째, 학습분위기 조성 역량이다. 교수자는 학습활동 및 프로그램의 목적에 따라 호의적이거나 배타적으로, 직접적이거나 간접적인 상호작용, 주제 및 내용에 따라 열정적이거나 소극적인 분위기, 활용정도에 따라 조직적이거나 비조직적인 운영 등으로 학습효과를 극대화시킬 수 있는 학습분위기 조성이 필요하다.

(3) 교수자의 선정

질 높은 프로그램 개발이 질 높은 프로그램으로 운영되고, 질 높은 결과를 성취하기 위해서는 전문지식과 역량을 갖춘 우수한 교수자를 선정·배치하는 것이 중요하다. 교육현장에서 교수자는 강사, 교수, 선생님 등으로 다양하게 명명되고 있다.

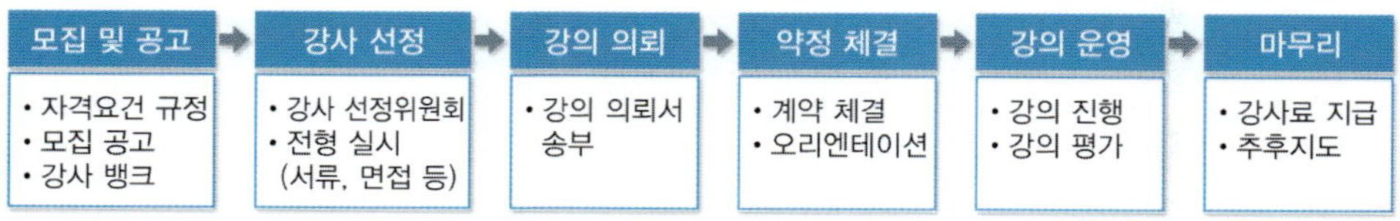

[그림 10-1] 교수자 선정 절차

- 모집 및 공고: 프로그램에 적합한 교수자의 자격요건을 규정한 후 공식·비공식 채널을 통해 모집 공고를 실시한다.
- 강사 선정: 강사 선정 기준에 따라 강사 선정위원회를 구성하여 객관적이고 합리적인 평가로 강사 선정 절차에 의거하여 가장 적합한 교수자를 선정한다.
- 강의 의뢰: 선정된 교수자에게는 전화, 이메일, FAX 등을 통해 강의를 의뢰하고, 강의를 수락하면, 강의 의뢰서와 기관 안내 자료 등을 제공한다.
- 약정 체결: 기관과 강사는 해당 강의에 대한 계약을 체결한 후 기관의 철학 및 비전,

안전하게 보호할 수 있는지 등을 종합적으로 충분히 유의하여야 한다.

셋째, 융통성(Flexibility)이다. 학습활동 및 프로그램 수행을 위해 다양하게 활용할 수 있는 교육시설인지, 변화하는 교육 흐름 및 대상의 요구에 신속하게 대응할 수 있는지, 학습활동 및 시설의 변화로 인해 발생되는 증축 · 개축 · 재축 등에 대처할 수 있는지, 소방 · 전기 · 주차시설 등 인프라 확충이 용이한지 등 다양한 변화나 요구에 따라 판단하고 처리할 수 있어야 한다.

넷째, 연계성(Connectivity)이다. 교육시설은 학습활동과 이용도, 편의 등을 고려하여 조화롭게 연계되었는지, 학습자의 창의성, 포용성, 자기 주도성, 비판적 사고 등 역량을 함양하기 위한 학습활동에 방해받지 않는지, 학습활동과 진로활동, 학습활동과 봉사활동 등 자발적인 참여와 실천이 가능하도록 시스템이 연계되었는지, 교육시설과 지역사회 간, 학습활동과 노동시장 간 등의 연계성을 높이고 수요와 공급을 충분히 흡수할 수 있는 선순화 구조인지 등 횡적 연계뿐 아니라 종적연계를 함께 고려하여야 한다.

다섯째, 건강성(Healthfulness)이다. 교육시설의 안전기준이 마련되어 있는지, 교육시설 및 학습활동에 사용되는 기자재 및 매체 등은 유해물질로부터 안전한지, 학습자가 이용하는 급수, 냉난방기, 화장실 등은 위생적으로 관리되고 있는지, 교육시설의 내 · 외적 위험(차량, 위험물 등)으로부터 학습자를 안전하게 보호하고 있는지, 교육시설의 감염, 자연재해 등으로부터 학습자를 보호하기 위한 예방조치가 충분히 이루어지고 있는지 등 교육시설을 이용하는 대상자들을 위한 건강권 확보 및 안전한 교육환경 조성을 위해 노력하여야 한다.

여섯째, 공공성(Publicness)이다. 교육시설은 기관(또는 조직) 및 지역사회와의 네트워크 구축으로 파드너십을 유지하는지, 교육시설의 공공성 확보를 위해 물리적 확장뿐 아니라 시간적 확장을 위해 노력하는지, 교육시설을 공공의 이익(public interest)을 위해 지역사회의 평생학습 공간, 문화적 공간, 지역민의 소통공간 등 열린공간(open apace)으로 확대하는지, 교육시설의 공공성을 공간뿐 아니라 공공재로서의 역할로 확대하는지 등을 고려하여야 한다.

일곱째, 유지관리성(Maintenance efficiency)이다. 교육시설의 기능을 보전하고 원활한 교육활동을 위하여 시설물을 일상적으로 점검 · 정비하는지, 시설물의 손상된 부분을 원상복구하며 시간의 경과에 따라 요구되는 개량·보수·보강 등을 위한 활동을 수행하는지, 교육시설의 안전·유지관리기준을 준수하고 이를 수행하는 활동에 적극적으로 협조하는지, 교육시설의 유지관리를 위해 경제성을 고려하여 시간·노력·예산 등을 효율적으로 관리하는지 등을 적절하게 고려하여야 한다.

여덟째, 과학기술성(Ministry of Technology)이다. 빠른 사회변화와 노동시장의 구조변화로 변화되는 직업세계에 대응할 전문성을 갖추었는지, 산업의 고도화로 다양하게 출현되는 최신 직종들에 학습시스템을 신속하게 맞추고 있는지, 학습의 무한경쟁시대에 세계화, 국제화되고 있는 상황에서 변화에 적극적으로 대처할 수 있는 역량, 평생학습의 허브기관으로서의 역할을 강화하고 있는지, 팬데믹(pandemic) 등 다양한 상황에 대처할 수 있도록 과학기술을 접목한 온-오프라인 수업(online and offline classes) 병행 및 동시진행 모델을 구축하였는지 등 현재뿐 아니라 미래학습을 종합적으로 고려하여야 한다.

3. 재정 자원 관리

정부가 공공의 요구를 충족시키기 위하여 수행하는 모든 활동으로 정부를 중앙정부와 지방정부로 나눌 수 있듯이 재정도 중앙정부 재정과 지방정부 재정으로 나눌 수 있으며, 중앙정부 재정은 일반회계 및 특별회계의 예산과 기금으로 구성된다.

국가 및 지방공공단체의 공공요구 충족을 위해 필요한 수단을 조달·관리·사용하는 경제활동을 재정(財政)이라 하며, 이러한 재정을 운용·관리하는 재무활동을 재정관리(財政管理)라 한다. 즉, 특정한 목적 및 목표달성을 위해 필요한 재정을 사전에 계획하고, 확보하며, 배분하는 과정으로 재정의 효과를 극대화하기 위해 효율적이고 합리적으로 집행·관리해야 하는 매우 중요한 영역이다.

[그림 10-2] 재정의 구조

1) 교육재정

교육에 관한 재정을 의미하는 교육재정에서 예산은 「국가재정법」 제4조 및 제5조, 「지방재정법」 제9조에 의거하여 일반회계예산, 특별회계예산, 기금이라는 재정운용방식의 측면으로 구조는 유사하나 운용주체에 따라 다르다. 따라서 교육재정(教育財政)은 교육활동을 위하여 국가나 지방단체가 필요한 재원을 확보하고, 배분하여, 지출하고 평가하는 일련의 공경제활동(公經濟活動)이라고 할 수 있다. 평생교육기관에서의 재정은 학습활동 및 프로그램 수행이라는 교육적 활동뿐 아니라 기관(또는 조직)을 관리하고 운영하기 위한 운영비, 인건비 등 전반적인 경비를 포함하므로 재정을 어떻게 확보하고 관리하느냐에 따라 긍정적인 효과와 부정적인 효과, 성공과 실패 여부에 결정적인 요인이 될 수 있다.

2) 예산 관리

프로그램을 개발하고 운영하는 담당자의 중요한 직무 중 하나는 프로그램의 규모나 예산에 상관없이, 조직의 규모나 유형에 관계없이 프로그램 예산을 책임지고 관리해야 한다는 것이다. 따라서 기관의 규정에 의거하여 예산을 명확하게 수립하고, 재정을 성공적으로 확보하며, 효과적으로 예산을 운영관리하여야 한다.

(1) 예산의 유형

프로그램 예산은 제공되는 프로그램과 관련하여 프로그램의 개발 비용(cost to develop), 프로그램의 실행 비용(the cost to deliver), 프로그램의 평가 및 사정 비용(the cost to evaluated or assessed)의 세 가지 유형이 있다. 프로그램에 대한 비용 예산 항목은 〈표 10-1〉과 같으며, 이를 실행하는 예산 지출 항목에는 직접비와 간접비가 모두 포함된다(Caffarella et al., 2013: 289, 306-308).

〈표 10-1〉 프로그램 비용 예산 항목

Budgets Items 예산 항목	Expenses 비용		
	development costs 개발 비용	delivery costs 실행 비용	evaluation costs 평가 비용
내부 인력 프로그램 관리자 강사/조력자 지원 인력 등			
외부 인력 프로그램 컨설턴트 강사/조력자 사례비 협력기관 등			
수업 자료 복사 설계 인쇄 CD 등			
장비 및 기자재 컴퓨터 프린터 프로젝터 스크린 마이크 등			
장소 및 시설 강의실, 실습실 상담실, 회의실 숙박시설, 리셉션 주차공간 등			

Budgets Items 예산 항목	Expenses 비용		
	development costs 개발 비용	delivery costs 실행 비용	evaluation costs 평가 비용
교통(출장) 항공료 대중교통 이용료 렌터카 주차비 등			
홍보 및 마케팅 시장 분석 자료 수집 및 분석 홍보매체 제작 및 배포 홍보 지원 인력 등			
특별 서비스 수화, 점자 등 서비스 영어 등 통역 서비스 다과, 음료 등 서비스 학습자 특성을 반영한 서비스			
일반 간접비			
기타 잡비			

출처: Caffarella et al.(2013) 재정리.

(2) 예산의 지침(예산관리의 지침)

오랜 경륜과 훈련된 프로그램 개발자일수록 예산수립을 위한 추정력이 높으며 예산을 효율적으로 관리한다. 예산관리 과정은 과거 예산 검토, 현재 비용 관리, 정확한 예상 추정치로 구성될 수 있는데 이를 위한 지침을 살펴보면 다음과 같다(Caffarella et al., 2013: 292; 남정걸, 2006: 326).

첫째, 사전승인이다. 예산은 학습활동 및 프로그램 운영 등이 실시되는 회계연도 이전에 작성하여 승인 후 계획하고 편성하며, 재정운용계획은 예산과 일치하여야 한다.

둘째, 명료성이다. 예산은 누구나 이해될 수 있도록 합리적으로 분류하고, 정확하게 계상되며, 측정가능하고 완전한 금융거래 등 수입 · 지출을 상세하고 명확하게 기록하여야 한다.

셋째, 균형성이다. 예산은 필요한 비용과 가능한 수입에 대한 면밀한 추정에 기초하여 적자 재정이 발생되지 않도록, 모든 계정에 불일치가 발생되지 않도록 재정 목표를 설정하여야 한다.

넷째, 완정성이다. 예산은 예산총계주의 원칙(豫算總計主義, comprehensiveness of budget)에 의거하여 모든 세입과 세출을 예산에 계상하여야 하며, 별도예산 및 누락예산 등 승인예산 범위에서 벗어나는 예산은 존재해서는 안된다.

다섯째, 단일성이다. 예산은 구조 면에서는 단일, 형식 면에서는 단수 등으로 가능하면 다원화 및 복수예산을 피하여야 하며, 다양한 프로그램의 예산을 절대 혼용하지 말아야 한다.

여섯째, 한정성이다. 예산은 부득이한 예외규정을 제외하고는 예산단년도의 원칙 및 회계연도 독립의 원칙에 의거하여 해당 회계연도 내에서 해당 연도의 수입과 지출이 이루어져야 한다.

일곱째, 공개성이다. 예산은 부득이한 경우를 제외하고는 어떻게 수립되고 편성되는지, 어떤 절차에 의해 심의되고 의결되는지, 어떻게 집행되고 결산되는지 등을 공개하여야 한다.

여덟째, 책임성이다. 예산은 재정 계획 결정, 재정 관리 및 전략 수립을 위해 지침과 기초가 될 자료 및 실적 등을 토대로 엄밀하게 분석 · 검토하여 집행에 차질이 없도록 책임 있게 수행하고, 회계감사, 결산, 보고 등이 이루어져야 한다.

아홉째, 상호성이다. 예산은 효율적인 편성 및 집행을 위해 학습활동 및 프로그램이 진행되는 기관뿐 아니라, 예산과 관련된 정부, 기업 등 다양한 기관 및 조직과 유기적으로 관계하고 원활한 상호협조체계를 구축하여야 한다.

(3) 예산의 목적(예산 편성의 목적)

예산 편성의 주요 목적을 살펴보면, 수입과 기관(또는 조직) 및 프로그램의 결과, 성취, 영향 간의 관계를 다루는 기획 목적, 수입과 산출 간의 관계를 다루는 관리 목적,

수입과 비용 간의 관계를 다루는 재정 통제 목적이다. 예산 편성에 대한 세 가지 목적은 모두 중요하므로 포괄적인 접근 방식이여야 한다. 이를 자세히 살펴보면 [그림 10-3]과 같다(Kettner et al., 2017: 217-218).

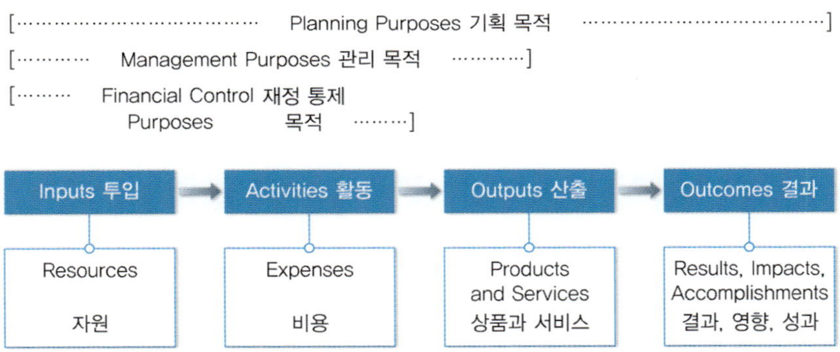

[그림 10-3] 예산 편성의 주요 목적

출처: Kettner, Moroney & Martin(2017: 218).

첫째, 예산 편성의 기획 목적이다. 기관(또는 조직) 및 프로그램의 목적 및 목표(결과)을 달성하기 위한 수입(투입)의 활용을 다루는 것으로 관련 질문으로는 '기관(또는 조직)과 프로그램은 얼마나 효과적입니까?'이다.

둘째, 예산 편성의 관리 목적이다. 이는 효율성 또는 생산성(산출)을 최대화하기 위해 수입(투입)의 활용을 다루는 것으로 관련 질문으로는 '기관(도는 조직)과 프로그램이 얼마나 효율적이거나 생산적입니까?'이다.

셋째, 예산 편성의 재정 통제 목적이다. 기관(또는 조직) 및 프로그램 수입(투입)에 균형을 이루도록 비용(활동)을 유지하는 것으로 관련 질문으로는 '기관(또는 조직)과 프로그램의 재정 상태는 어떻습니까?'이다.

(4) 예산의 집행 절차

예산의 집행은 기관(또는 조직)에서 확정된 예산에 대해 학습활동과 프로그램 등이 진행되는 회계연도의 수입 및 지출이 예산 집행 규정에 의거하여 이루어지는 재정활동이다. 이러한 활동은 단순히 예산으로 정해진 비용을 지출하는 것뿐 아니라 예산을 조정하고, 전용하며, 계약을 체결하는 등 모든 활동을 포함한다.

예산을 집행하는 절차는 예산을 확정하고, 배정하며, 지출하는 단계로 이루어진다. 이를 자세히 살펴보면 [그림 10-4]와 같다.

예산 확정 →	예산안 편성 →	예산 배정 →	예산 집행 →	결산
• 예산 편성 및 절차 규정 확인 • 기관 및 사업에 대한 과거, 현재 정보 및 자료 분석 • 조직 내·외 확보 재원 확인	• 사업의 우선순위 결정 • 사업별 예산서 제출 • 사업별 예산안 편성	• 예산 수정 및 조정 • 예산안 확정 • 예산 배정 • 필요시 예산 재배정	• 지출원인행위를 통해 예산 지출 • 확정된 예산에 의해 계획대로 집행 • 예산은 용도, 목적, 절차, 범위 안에서 집행	• 결산서 및 결산 보고서 제출 • 객관적 자료 및 증거 제공 • 예산 집행에 따른 책임과 운영·관리

[그림 10-4] 예산의 집행 절차

3) 수강료 관리

평생교육 기관(또는 조직)에서 수강료는 교육재정에 있어 매우 중요한 부분 중 하나이다. 조직 운영자는 프로그램 및 서비스를 개발한 후 적절한 가격을 결정할 때 다음의 세 가지 사항을 고려하여야 한다(Caffarella et al., 2013: 312).

① 표적 대상이 부담할 수 있는 정도 또는 학습자가 지불 가능한 비용에 최대한 가까운 가격이다.

② 경쟁사의 유사 프로그램 및 서비스에 대한 부과 비용보다 낮거나 경쟁력 있는 가격이다.

③ 프로그램 및 서비스의 개발 비용 또는 개발 비용 및 운영자의 기대 비용을 더한 가격이다.

조직은 프로그램 및 서비스에 부과되는 가격을 결정할 때는 개발 비용을 초과하거나 최소한의 비용을 가격으로 결정하는데 운영자가 더 높은 가격으로 프로그램 및 서비스를 제공하기 위해서는 다음의 세 가지 이유를 고려하여야 한다.

① 예산을 초과하는 프로그램 및 서비스가 이를 제공하는 조직의 초과 수익에 영향을 미치지 않도록 한다.

② 조직의 운영 비용을 지원하거나 새로운 프로그램 및 서비스 계획의 재정 자금으로 지원한다.

③ 영리 조직에서 제공되는 프로그램 및 서비스에 부과되는 비용이 조직의 사업 유지 및 운영 확장에 사용되는지 확인한다.

평생교육 기관(또는 조직)이 잠재적 가격 남용을 해결하기 위해 고려해야 할 사항은 다음과 같다(Simerly et al., 1989: 139).

① 교재비, 실습비, 주차비 등 프로그램 및 서비스 관련 비용을 모두 파악하지 않은 경우이다.

② 지불한 비용에 대한 대가로 교육 서비스를 제공하지 않는 경우이다.

③ 취소 또는 환불 시 환불 정책이 명확하지 않은 경우이다.

④ 모든 학습자에게 대출 가능 여부, 장학금 및 가격 할인에 대한 정보를 제공하지 못한 경우이다.

⑤ 명시된 환불 정책을 준수하지 않는 경우이다.

⑥ 광고 및 홍보한 혜택 및 장학금을 제공하지 않는 경우이다.

⑦ 수강료의 갑작스러운 인상이나 재정 지원의 인하 등 명시된 정책의 변경에 대한 고지를 충분하게 하지 않은 경우이다.

정리하기

교수설계에서 정의된 학습경험과 학습활동을 성취하기 위해서는 인적 · 물적 자원의 다양한 개발, 즉 자원관리는 학습활동을 위한 자원 개발 및 준비, 개인 및 지역사회의 자원 개발과 연계, 학습활동을 위한 인적 · 물적 자원의 조직과 활용, 효과적인 참여 등 끊임없이 변화하는 환경에서 프로그램 및 학습활동 전반에 영향을 미칠 수 있다.

교육시설이란 교육기관(또는 교육시설)에서 학습활동 및 프로그램 수행을 위해 요구되는 물리적인 환경과 교육서비스의 질에 영향을 미치는 장비, 시설 등 유형 · 무형의 자산을 포함하는 포괄적인 개념이다. 교육시설의 조건은 적합성, 안전성, 융통성, 연계성, 건강성, 공공성, 유지관리성, 과학기술성이다.

교육재정(敎育財政)은 교육활동을 위하여 국가나 지방단체가 필요한 재원을 확보하고, 배분하여, 지출하고 평가하는 일련의 공경제활동(公經濟活動)이다. 예산의 유형은 프로그램의 개발 비용, 프로그램의 실행 비용, 프로그램의 평가 및 사정 비용이다. 예산의 지침은 사전승인, 명료성, 균형성, 완정성, 단일성, 한정성, 공개성, 책임성, 상호성이다. 예산의 목적은 기획 목적, 관리 목적, 재정 통제 목적이다.

연구문제

1. 교육시설의 조건을 설명하여 보시오.

2. 예산의 집행 절차를 설명하시오.

3. 평생교육 프로그램 개발자의 역량을 설명하여 보시오.

Chapter 11

평생교육 프로그램의 평가

학습목표

1. 프로그램 평가의 개념을 이해하고 설명할 수 있다.
2. 프로그램의 평가 유형을 이해하고 설명할 수 있다
3. 프로그램의 평가 모형을 이해하고 설명할 수 있다.
4. 프로그램 평가의 보고를 이해하고 설명할 수 있다.

1. 프로그램 평가의 이해

평생교육 현장은 변화하는 사회, 다양해지는 학습자의 요구, 빠른 변화와 도전에 민감하게 반응하고 대처할 전문 인력을 요구하는 일터 등으로 인해 학습자의 능력을 끌어내고 향상시킴으로써 교육-일터의 양립, 학습-기술의 양립 및 상호작용을 위한 교수설계, 교수방법, 교육평가에 대한 새로운 접근 방식이 요구됨에 따라 질 높은 프로그램과 효과적인 프로그램의 설계 및 운영을 위한 평가의 필요성은 점점 더 중요해지고 있다.

1) 프로그램 평가의 개념

프로그램 평가의 의미를 학자별로 정리하면 다음과 같다.

첫째, 보일의 견해를 살펴보면, 프로그램 평가는 프로그램의 가치나 가치를 판단하는 과정으로 프로그램이 무엇인지에 대한 증거와 프로그램이 무엇이어야 하는지에 대한 기준을 비교함으로써 형성된다. 따라서 평가는 표준 또는 기준을 설정하고, 기준에 대한 증거를 수집하며, 비교를 통해 밝혀진 내용에 대한 판단을 포함하는 결정 과정이다 (Boyle, 1981: 225-226).

둘째, 카파렐라 등의 견해를 살펴보면, 프로그램 평가는 프로그램의 설계 및 전달이 효과적인지와 제안된 결과가 충족되었는지 여부를 결정하는 데 사용되는 과정이다. 이는 체계적이고 전략적으로 계획된 평가도 중요하지만, 개발 평가와 비공식적 및 계획되지 않은 평가 활동도 중요하다(Caffarella et al., 2013: 233).

셋째, 로이스 등(Royes et al.)의 견해를 살펴보면, 프로그램 평가는 특정 프로그램의 성공 여부를 결정하기 위한 체계적인 조사이다. 따라서 평가는 학문적 활동이 아닌 실제적인 노력이며, 이론을 구축하거나 반드시 사회과학 지식을 개발하려는 시도는 아니다 (Royes et al., 2016: 1).

넷째, 케트너 등의 견해를 살펴보면, 프로그램 평가는 휴먼 프로그램의 작용과 효과를 결정하는 데 적용되는 사회과학 기법이다. 이는 종종 프로그램의 영향을 결정하는 것과 관련 있으며, 프로그램(원인)은 다른 외부 요인 없이 프로그램 결과(효과)의 달성을 설명한다(Kettner et al., 2017: 195).

이상의 프로그램 평가의 의미에 대한 개념을 정리하면, 평생교육 프로그램 평가는 프로그램의 가치 및 기준을 설정하고, 목적 달성을 위한 자료 수집 및 수행 여부를 결정하며, 체계적이고 전략적인 계획 및 조사는 물론 비공식적인 평가 활동을 포함하는 실질적인 노력이며, 프로그램의 효과성은 물론 긍정적 · 부정적 평가 결과를 통해 프로그램을 수정 및 보완, 축소 및 확대, 지속 및 중단 여부를 결정하고, 개발 및 필요한 대안을 모색하기 위해 계획 · 선택 · 비교 · 판단 · 검증 · 결정하는 모든 과정을 포함하는 종합적인 시스템이라고 정의할 수 있다. 따라서 좋은 프로그램 평가는 기관(또는 조직) 및 운영자, 프로그램 개발자 및 평가자, 프로그램 참가자 및 교수자, 지역사회 등 관련된 이해 관계자 모두에게 유용한 평가 자료 및 피드백을 제공하므로 평가자는 프로그램의 평가 연구 및 자료를 이해하고, 평가에 필요한 기술 및 도구를 활용하며, 다양한 평가 연구 및 도구를 비판적으로 분석하고 평가할 수 있어야 하며, 그 결과를 프로그램 및 서비스에 적용할지 여부를 결정할 수 있는 전문가적 식견(insight)을 갖추어야 한다.

2) 프로그램 평가의 필요성

프로그램 평가는 학습에게는 학습자의 혜택 가능성을 높여 기대 및 요구에 부응하고, 변화와 삶의 질을 향상시키고, 기관(또는 조직)에게는 효과적이고 효율적인 개입으로 최고의 교육시스템 및 자원 활용을 돕는다. 종종 평생교육 현장에서는 예산 및 자원부족으로 가장 효과적이고 효율적인 프로그램 및 서비스에 예산이 집중되거나 운영될 수 있다. 따라서 새로운 개입이 시도될 프로그램 및 서비스가 필요하거나, 성공여부 및 개선여부에 대한 인식이 필요할 때 프로그램 및 서비스의 가치를 높일 수 있는 방법으로 이를 운영하기 위해서는 객관적이고 종합적인 평가나 피드백이 중요하게 필요하다. 평가자는 학습자와 기관(또는 조직)의 환경을 이해하고, 프로그램 및 서비스를 새롭게 개발하거나 응용하며, 평가 결과를 올바르게 진단하고 분석함으로써 그 결과를 중단 및 지속, 재생산 및 반복, 개선 및 보완 등으로 기능하게 된다. 이를 보다 자세히 살펴보면 다음과 같다(Royes et al., 2016: 19-21; Boyle, 1981: 228; Worthen et al., 1997: 42).

(1) 프로그램 평가의 동기

첫째, 프로그램 및 서비스에 대한 학습자의 만족이다.

둘째, 프로그램의 가치 및 사회적 문제에 대한 영향력이다.

셋째, 학습자의 혜택 및 실질적인 변화이다.

넷째, 선택한 프로그램 및 서비스, 접근 방식 및 자원의 우수성이다.

다섯째, 인적·물적 자원의 가용성 및 효율적인 활용이다.

(2) 프로그램 평가의 목적

첫째, 프로그램 설치에 대한 결정에 기여한다.

둘째, 프로그램 지속, 확대 및 증명에 대한 결정에 기여한다.

셋째, 프로그램 수정 및 보완에 대한 결정에 기여한다.

넷째, 프로그램에 대한 지지를 규합할 수 있는 증거자료를 수집한다.

다섯째, 프로그램에 대한 반대를 결집할 수 있는 증거자료를 확보한다.

여섯째, 기본적인 심리적, 사회적 및 기타 과정을 이해하는 데 기여한다.

(3) 평가할 프로그램 및 서비스의 특성

첫째, 품질(Quality)이다. 얼마나 좋았는가? 내용, 학습 활동, 매체(media), 교수자의 성과는 어떠했는가? 학습자의 반응은 어떠했는가? 기대된 결과가 실제로 가치로운가?

둘째, 적합성(Suitability)이다. 참가자의 요구와 기대를 충족시켰는가? 난이도는 적절하였는가? 지역사회의 기대에 부응하였는가? 프로그래밍 부서의 임무 내에 있었는가? 비용과 효율이 기관(또는 조직) 및 참가자 간에 적합하게 배분되었는가?

셋째, 효과성(Effectiveness)이다. 무엇을 성취하였는가? 가치로운 결과로 성취되었는가? 목표, 요구 등을 얼마나 잘 달성하였는가?

넷째, 효율성(Efficiency)이다. 성과는 기관(또는 조직) 및 참가자들로부터 요구되는 자원의 양에 충분하였는가? 프로그램 및 서비스를 위해 어느 정도의 노력이 투입되었는가? 이것이 최적의 자원 활용이었는가?

다섯째, 중요성(Importance)이다. 참가자들과 사회에 얼마나 가치 있었는가? 그것의 중요성은 관련된 자원에 충분했는가?

(4) 평가 수행 시 결정에 도움되는 5가지

첫째, 정보 및 자료에 대한 필요성을 답변 가능한 질문으로 전환한다.

둘째, 질문에 올바르게 대답할 수 있는 가장 좋은 증거를 찾아낸다.

셋째, 증거의 타당성, 영향 및 상황에 대한 적용 가능성을 비판적으로 평가한다.

넷째, 평가를 임상 전문지식과 학습자의 고유 가치, 상황 및 선호도와 통합한다.

다섯째, 앞의 네 단계를 수행하는 데 있어 효과성 및 효율성을 평가한다.

(5) 평가 과정에서의 의사결정

첫째, 평가에 대한 초기 결정이다. 평가의 목적은 무엇인가? 어떻게 사용할 것인가? 어떤 자원이 필요한가? 언제 완료되는가? 어떤 특성을 평가할 것인가?

둘째, 기준에 대한 결정이다. 어떻게 프로그램을 평가할 기준을 선정하고 개발할 것인가? 무엇을 해야 하는지 결정하였는가?

셋째, 증거에 대한 결정이다. 평가할 프로그램의 특성에 대한 설명을 개발하였는가? 수집해야 할 증거의 종류를 결정하였는가? 가장 안전하게 보호할 수 있는 방법을 결정하였는가? 그것을 확보하고 분석하였는가?

넷째, 판단력 있는 결정이다. 증거와 기준을 어떻게 비교하여 판단할 것인가? 프로그램의 가치에 대한 개요서는 언제 완료되는가?

다섯째, 피드백 결정이다. 평가를 사용 가능한 형식으로 어떻게 만들 것인가? 평가를 추가 프로그래밍 작업에 활용할 것인가? 평가를 다른 사람들과 공유할 것인가?

3) 프로그램 평가의 절차

프로그램 평가의 절차를 살펴보면 다음과 같다(Phillips, 1999: 360-365).

첫째, 평가 수준이다.

수준	내용
참가자 반응 (Reaction)	• 과정에 대한 참가자 평가는 어떻게 이루어지는가? • 교육환경 적합성에 대한 참가자 인식을 어떻게 평가하는가? • 그 결과를 어떻게 공유하는가?
참가자의 지식 및 기술 (Knowledge and Skills)	• 교육과정에 명시한 목표대로 지식과 기술을 평가하는가? • 교육과정의 성취도를 어떻게 평가하는가?

수준	내용
성과 결과 (Performance Outcomes)	• 교육 후 참가자의 학습 및 직무 역량 강화, KSA(Knowledge, skill, attitude)의 변화 및 성과를 어떻게 평가하는가? • 그 결과를 어떤 방법으로 문서화하는가?
기여 (Contribution)	• 교육에 직접적으로 기인하는 성과 및 결과를 평가하는가? • 교육이 일터에 미치는 영향, 즉 일교육연계성(work–education connection) 평가는 어떻게 이루어지는가?

출처: Phillips(1999) 재구성.

둘째, 평가 과정이다.

수준	내용
평가 결정 (Evaluation Decision)	과정 평가 선택을 위한 결정 기준 • 평가 비용 대비 효용(benefits) • 평가 자료(data)의 잠재적 타당성 가치 • 평가 수행에 필요한 자원(resources) • 목표 달성에 미치는 영향 • 교육 및 개발(T&D) 부분의 평가 요건 • 평가 완료에 필요한 시간 • 파일럿 프로그램(우선순위가 높음) • 프로그램의 가시성 및 목표 달성
평가 보고서 (Evaluation Reports)	① 참가자 반응 • 교육 및 개발(T&D)에서 특정 요구를 충족시키기 위한 반응 도구의 설계 · 실행 · 분석 • 개별 교육 및 개발(T&D)은 동향(trend) 파악을 위해 반응 도구 요약 파일을 유지 · 관리 ② 참가자의 지식 및 기술 • 프로그램 및 서비스 과정은 교육 및 개발(T&D)의 목표 달성을 위해 평가 • 기록은 경향 또는 불만족스러운 학습 결과를 확인하는 데 도움되도록 유지 • 평가 종료 시 과정 평가보고서는 교육관리자와 경영진에게 제공 ③ 성과 및 기여 • 평가자는 교육 관리자와 협의하여 필요한 보고 문서 결정 • 보고서는 교육 관리자를 위해 작성

출처: Phillips(1999) 재구성.

셋째, 책임이다.

수준	책임(Responsibilities)	
	교육 및 개발 부분 (Training and Development Sections)	교육 연구 및 평가 (Training Research and Evaluation)
참가자 반응 (Reaction)	① 모든 과정은 참가자의 반응을 측정해야 한다. ② 결과를 분석하고, 요약하며, 문서화를 위해 파일을 유지·관리한다.	① 요청 시 교육 및 개발(T&D)의 반응 도구 설계 지원을 제공한다. ② 도구 자료 분석 시 교육 및 개발(T&D)을 지원한다.
참가자의 지식 및 기술 (Knowledge and Skills)	① 모든 과정은 진행 대상의 성취도를 평가한다. • 학습의 주관적 평가(최소 평가). • 학습의 객관적 평가(희망 평가). – 타당한 경우, 사후 평가 및 실증을 통해 구체적인 성취도를 측정한다. – 타당한 경우, 사전–사후 평가(Pre–post Evaluation) 결과를 비교하여 학습량을 측정한다. ② 과정/모듈의 성취도 평가를 요약하고 분석한다. 과정 평가보고서의 형식은 자유다.	① 선별적으로 과정/모듈의 성취도를 분석한다. ② 평가 수행 시마다 관리자에게 과정 평가보고서를 제공한다. ③ 필요에 따라 요구분석 도구, 과정/모듈 목표, 사전–사후 평가(Pre–post Evaluation) 개발을 지원한다. ④ 교육 및 개발(T&D)이 원하는 학습 결과에 영향을 미치는 설계, 개발 및 실행 방법, 기술을 평가할 수 있도록 지원한다.
성과 결과 (Performance Outcomes)	① 사전–사후 평가를 준비하고 수행한다. ② 과정 전 및 과정 후 인터뷰를 적절하게 수행한다.	① 기관(또는 조직)의 교육관리자와 협의하여 성과 평가 과정을 선정한다. ② 수행되는 과정 전 및 과정 후 인터뷰 일정을 조정한다. ③ 평가가 완료되면, 기관(또는 조직) 교육관리자 및 경영진에게 공식 보고서로 제공한다.
기여 (Contribution)	교육 연구 및 평가는 교육이 사업 성취에 미치는 영향을 측정하는 모든 평가를 담당한다.	① 과정 완료 후 과정 참가자의 성과 변화 결과를 측정한다. ② 과정의 비용/효용을 분석한다. 사업 목표 성과에 대한 기여도를 명시한다. ③ 기관(또는 조직) 교육관리자 및 경영진에게 공식 보고서를 제공한다.

출처: Phillips(1999) 재구성.

2. 프로그램 평가의 유형

프로그램 기획자는 분석 단계에서 수집된 자료를 분석하면서 프로그램의 가치와 비용을 판단한다. 이러한 판단 과정은 수집된 다양한 정보를 종합하고, 평가 질문에 대한 답을 제공하는 것을 포함한다. '참가자들이 프로그램에서 배운 것이 가치가 있었는가? 프로그램의 목적과 목표가 효과적이고 효율적인 방식으로 해결되었는가? 학습자는 학습한 내용을 업무나 다른 삶의 상황으로 다시 적용할 수 있었는가? 관리 및 행정 직원과 이해관계자는 교육 프로그램이 조직의 사명과 목적을 달성하는 데 필수적인 도움을 제공했다고 믿고 있는가? 프로그램이 흥미로운 지역사회 및 사회적 문제를 다루고 있는가?' 등과 같이 이러한 판단은 평가 대상 프로그램뿐만 아니라 미래 프로그램 모두에 대한 최종 결론, 권고 및 제안을 위한 기초를 제공한다. 이를 보다 자세히 살펴보면 다음과 같다(Caffarella et al., 2013: 239-253).

1) 체계적인 프로그램 평가

평가는 프로그램의 목적 및 목표 등 여러 구성요소와 연결되어 있으므로 체계적인 프로그램 평가를 위해서는 전체 프로그램이 계획된 후에 이루어지거나 별도로 계획되어서는 안된다. 체계적인 프로그램 평가를 수행하기 위해 주의할 사항은 다음과 같다.

첫째, 프로그램 평가 관련자는 평가 과정에서 직면할 수도 있는 다양한 문제를 예상하고, 이를 해결하기 위한 대안을 모색해야 한다.

〈표 11-1〉 평가 시기 및 사례

시기	사례
평가 전 (Before Evaluation Begins)	• 적절한 자원(예: 자금, 직원)이 있음에도 불구하고 평가가 유용한 시간 내 완료될 수 있는지 확인하지 못함 • 평가 내용 및 결과 사용이 어떻게 될지 모를 수 있기 때문에 프로그램을 계획하고 실행하는 사람들의 우려에 주의를 기울이지 않음 → "최적의 방법"으로 평가될 수 있도록 보장
평가 중 (During the Evaluation)	• 자료 수집 및 분석 단계에서 종종 수정해야 하는 불가피한 변화를 고려하지 않음 • 너무 많은 자료를 수집하며, 수집된 자료 분석을 위한 충분한 시간을 허용하지 않음 • 교육 프로그램의 효과성 여부를 연구할 때, 대규모 해고와 같은 평가 과정에 영향을 미치는 주요 상황적 요인을 고려하지 않음
평가 후 (After the Evaluation)	• 결과에 대한 아이디어를 제공하고, 실제 관행과 일치하지 않는 결과를 수신하는 방법으로 주요 프로그램 담당자와 현실 점검을 하지 않음 • 실제로 뒷받침할 자료 없이 결론 제시 • 다양한 대상(프로그램 기획자, 이해관계자 및 예산 지원자 등)이 자료를 간단명료하고, 알기 쉽도록 평가 결과를 보고하지 않음

출처: Caffarella et al.(2013: 238).

둘째, 프로그램 효과는 종종 불확실하고, 불분명하며, 측정하기에 매우 까다로울 수 있다. 따라서, 프로그램 결과가 너무 복잡하고, 그 결과에 영향을 주는 변수의 수가 너무 많으면, 프로그램이 실제로 원하는 평가기준을 산출했음을 입증하기 어려울 수 있다.

셋째, 현재의 평가 절차가 아무리 과학적으로 철저하더라도 교육 프로그램이 더 미묘하며, 때로는 가장 중요한 측면이 달성되었다는 구체적인 증거를 제공할 수 없을지도 모른다. 예를 들어, 개인, 조직 및 사회적 가치와 신념의 변화 촉진이 주 목표인 교육 프로그램은 특히, 평가하기 어렵다.

넷째, 체계적인 프로그램 평가를 위해서는 시간과 비용이 요구되는데 일부 조직(또는 기관)은 이러한 자원을 제공할 수 없거나 제공할 의사가 없을 수 있다. 예를 들어, 어려운 회계 연도에는 평가예산이 축소되거나 삭감된다.

다섯째, 평가 결과를 기반으로 조치를 취하거나 취할 수 없음을 알면서도 평가 자료를 지속적으로 수집하는 경우이다. 하지만 평가과정은 곧 있을 변화가 참가자 및 이해관계자 입장에서 기대를 높이기 때문에 이런 경우에는 자료수집을 하지 않는 것이 좋을 수 있다.

2) 프로그램 평가 유형

교육 프로그램을 평가하는 방법에는 여러 가지가 있는데 이러한 방법은 상대적으로 명확한 관점을 가진 프레임워크와 평가를 수행하는 절차적 방법으로 구성된다. 평가는 종종 다면적 노력이므로 평가 과정에서 하나 이상의 유형이 조합되어 사용될 수 있다. 프로그램의 평가 유형은 〈표 11-2〉와 같다.

〈표 11-2〉 프로그램 평가 유형

유형	내용
평가 수준 (levels of evaluation)	• 현장 또는 웹 기반 워크숍 및 회의와 같은 단기 프로그램에서 가장 일반적으로 사용되는 평가 형식 중 하나이다. • 참가자는 내용, 강사, 교육 기법, 시설 및 다과 등 서비스와 같은 항목에 대한 반응을 설문지를 통해 일반적으로 작성한다. • 때로는 프로그램의 장단점, 학습 내용, 향후 활동에 대한 권고 사항을 요청받는다. • 반응은 프로그램의 공식 활동이 끝날 때 현장이나 인터넷을 통해 자주 이루어진다. • 일부 프로그램 기획자는 장기 프로그램의 경우 참가자의 피드백을 개별 세션에서도 요청한다.
목표 기반 (objectives–based)	• 프로그램 평가에서 자주 사용되는 형식 중 하나이다. • 평가의 목적, 설계 및 기준은 모두 프로그램 목적과 목표에서 도출된다. • 프로그램의 다른 측면(시설 또는 현장 협조 등) 평가가 제외된다는 것을 의미하지 않으며 오히려 프로그램 목적과 목표가 평가 과정의 주요 지침서가 된다. • 목적과 목표는 교육 단위 또는 프로그램 자체의 절차 및 관행(프로그램 형식, 강사 역량 및 프로그램 조정 등), 조직 또는 공동체 및 지역사회에서 개별 참가자의 변화를 다룰 수 있다. • 프로그램이 발전함에 따라 목적과 목표가 변경되어야 하는 경우 평가 목적, 접근 방식, 자료 수집 및 분석 도구, 기준도 수정되어야 한다. • 반응은 현장이나 인터넷을 통해 수집된다. • 일부 평가자들은 대면 인터뷰, 관찰 및 전화 인터뷰가 유용한 자료 수집 기법임을 발견했다.

출처: Caffarella et al.(2013) 재구성.

3) 프로그램 평가 자료 수집

평가 자료를 수집하기 위한 체계적이고 발전적 및 비공식적인 방법은 많이 있지만, 그 기법을 선택하는 것은 목적, 평가 방법 및 필요한 정보의 유형에 따라 달라진다. 또한, 고려해야 할 다른 중요한 변수는 평가를 관리하는 사람들의 유형과 응답하는 사람들의 유형, 주어진 기법을 사용하는 비용이다. 평가 자료를 수집하기 위해 가장 널리 사용되는 기법은 〈표 11-3〉과 같다(Caffarella et al., 2013: 244-247).

〈표 11-3〉 평가 자료 수집 기법

기법	설명	운영 지침
관찰 (Observations)	• 실제 및 모의 과제에서 참가자를 관찰하고, 지식, 기술, 문제 발견 및 문제 해결 능력 또는 참가자들의 가치 및 태도를 기록한다.	• 평가 척도가 개방형 등급인지, 공식적으로 구조화된 등급인지 결정한다. • 관찰자는 무엇을 알고 싶은지, 누구를 관찰할지, 어떻게 그리고 무엇을 관찰할지에 대한 진상(clear picture)을 가지고 있어야 한다.
인터뷰 (Interviews)	• 개인 및 그룹 세션(학습자, 프로그램 기획자, 감독자, 프로그램 파트너 및 후원자 등)으로 한다. • 인터뷰어는 탁월한 청취자여야 하고, 면접기법을 훈련받은 전문가여야 하며, 직접 방문, 전화 및 온라인으로 진행할 수 있다.	• 구체적인 질문과 함께 개방형으로 할지, 공식적으로 구조화할지 결정한다. • 공식적으로 구조화된 인터뷰의 경우, 인터뷰 일정을 예비조사(pilot-test)해야 한다. • 인터뷰어는 비판 없이 반응을 경청해야 한다.
설문조사 (Surveys)	• 유효하고 신뢰할 수 있는 설문지를 사용하여 프로그램 계획, 전달 및 결과에 대한 견해, 신념 및 인식을 수집한다. • 설문 조사 실시 목적 및 응답에 필요한 질문은 명확해야 하고, 응답자는 신중하게 선택해야 하며, 자료 수집 및 분석 절차는 설문조사 실시 전에 잘 설계해야 한다. • 설문지는 우편, 온라인, 개인 및 그룹에게 제공할 수 있다.	• 응답자가 명확하고 책임 있게 응답할 수 있도록 좋은 질문을 만들어야 한다. • 서열, 체크리스트, 척도, 강제 및 개방형 선택 등 다양한 질문 형식에서 선택한다. • 참가자에게 도달할 가능성이 가장 높을 때 설문조사를 실시하고, 참가자가 존경하는 후원자를 선정하며, 응답률을 높일 수 있는 인센티브(금전, 현물 보상 등)를 계획한다. • 자료 수집 및 분석 절차가 제대로 실행되었는지 확인한다.
사전-사후 평가 (Pre-and/or Post-Tests)	• 참가자의 지식, 기술, 문제 발견 및 문제 해결, 가치 및 태도를 측정하는 데 사용되는 평가는 지필 및 컴퓨터로 생성된다.	• 평가 측정 기준(지식, 기술, 문제 발견 및 문제 해결, 태도 및 가치 등)을 파악하고, 해당 영역에 대한 평가 도구로 사용한다. • 평가가 신뢰할 수 있고 유효한지 확인하고, 평가를 신중하게 선택하며, 측정 항목이 중요하고 유의미한지 확인한다.

기법	설명	운영 지침
제품 리뷰 (Product Reviews)	• 참가자가 프로그램 결과로 생성하는 유형적인 항목(서면 자료, 포트폴리오, 웹사이트, 컴퓨터 시뮬레이션 및 멀티미디어 연출 등)이다.	• 프로젝트의 성격과 판단 기준을 정확하고 명확하게 정의한다. • 참가자는 언제든지 제품을 사용할 수 있어야 한다.
인사 고과 (Performance Reviews)	• 모의 상황 및 실제 상황에서 특정 기법 및 절차(팀 구성하기, 고객 불만 대응하기, 새로운 언어 말하기 등)의 시연이다.	• 평가할 성과 요소와 기준이 무엇인지 구체적으로 확인한다. • 과정에 사용할 도구(체크리스트, 평가 척도, 전문가 판단 등)를 결정하고 일관성을 확보한다.
조직 및 지역사회 기록과 문서 (Organizational and Community Records and Documents)	• 자료는 조직 및 지역사회에 의해 개발되어 전산화된 데이터베이스 시스템에서 자주 발견되지만, 이 자료 중 일부는 서류 형태(연차 보고서 등)로 제공된다.	• 정보를 검색하고 분류하기 쉽도록 자료를 체계적으로 수집하고 기록한다. • 성과 평가, 재무 보고서, 연차 보고서, 위원회 및 이사회 회의록, 고용 지표, 그리고 교육 시간 및 참가자 수에 대한 보고서 등이다.
포트폴리오 (Portfolios)	• 중요한 사건, 활동, 결과물 및 업적을 문서화하는 시간이 지남에 따라 축적된 학습자의 노력에 대한 의도적인 수집이다.	• 학습자가 제작한 자료집(items) 및 타인으로부터의 증명(명예 및 수상 인증서 등)을 포함한다. • 포트폴리오는 노트북 또는 웹 기반 디지털 포트폴리오의 형태를 취할 수 있다. • 다양한 방식(프로그램이 진행되는 동안 학습자의 적극적인 성찰을 위한 총괄 평가 도구 등)으로 사용된다.
비용 편익 분석 (Cost-Benefit Analysis)	• 교육 프로그램의 결과와 이를 창출하는 데 필요한 비용 사이의 관계를 평가하는 방법이다.	• 등식(equation)의 비용 측면을 개발하며, 직간접적인 비용을 모두 포함한다. • 수익 증대 및 비용 절감에 집중함으로써 효용성 측면을 산출한다. • 평가자는 이 기법을 사용하기 위해 정량적으로 측정 가능한 결과를 가지고 있어야 한다.
포커스 그룹 (Focus Groups)	• 심층적인 질적 자료를 얻기 위해 고안된 평가기법이다. • 숙련된 진행자(facilitator)의 안내를 따라 주제 및 쟁점에 따라 5~12명 이내로 구성된 집단 면접(Group interviews)이다. • 본질적으로 동질적인 집단이며, 참가자는 모두 공통점(같은 프로그램에 참여, 인구통계학적 요소 공유 등)을 가지고 있다.	• 진행자는 한 번에 하나씩 서너 가지 이내로 질문하고, 참가자는 다른 집단 구성원의 반응을 기반으로 한다. • 토론은 참가자들 사이에서 이루어진다. • 진행자는 편안한 환경을 제공하고, 허심탄회한 교류를 장려하며, 모든 참가자의 발언권을 보장한다. • 분석 단계에서 사용하기 위해 집단 토론은 오디오 또는 비디오로 녹화한다.

기법	설명	운영 지침
자기 평가 (Self-Assessment)	• 개별 및 그룹별로 학습자는 학습한 내용과 학습 여부를 자신의 상황에 적용할 수 있는지 평가한다. • 과정을 프로그램 기획자, 강사 및 기타 이해관계자도 사용할 수 있지만, 이 사람들은 보통 프로그램 구조, 과정, 프로그램의 조직 및 지역사회 차원의 영향에 역점을 둔다.	• 자기 평가 방법(개인 일기(journals) 및 일기(diaries), 비디오 녹화(videotaping), 포트폴리오 자료 및 온라인 시스템 사용 등)을 확인한다. • 시기(time frame), 기록 및 논의 사항, 과정이 개별적 또는 한두 명의 다른 사람들 및 집단으로 수행되는지 여부를 지정한다. • 학습자의 개인 생활, 감정과 관련된 민감한 영역에 대한 비밀을 보장한다.
스토리텔링 (Storytelling)	• 기획자에게 프로그램의 특정 측면(프레젠테이션, 프로그램 협의 등)과 관련된 통찰력을 제공하는 참가자 또는 직원의 경험에 대한 서술적인 설명이다.	• 이야기(Stories)는 집단이나 개별적으로 수집할 수 있으며, 무엇이 일어났는지, 무엇을 의미하는지, 무엇을 했는지, 무엇이 잘 되었는지에 대한 관찰을 유도하는 질문에 의해 이끌어 낼 수 있다. • 분석이 되면, 이야기들은 공통의 주제와 양식을 설명할 수 있는 풍부한 자료와 더불어 프로그램의 특정 측면과 관련된 통찰력을 제공한다.

출처: Caffarella et al.(2013: 245-247).

4) 프로그램 평가 자료 분석

평가 자료를 수집되는 시점에 관계없이 자료 분석을 위한 절차를 설정하는 것은 중요하다. 자료를 분석하는 방법에는 정량적(quantitative), 정성적(qualitative), 다중적(multiple) 분석의 3가지 방법이 있는데 이 방법은 각각 분석할 다양한 유형의 자료를 수집한다. 정량적 자료는 정확한 수량적 측정을 제공하고, 정성적 자료는 시각적 표현뿐 아니라 풍부한 설명 자료를 제공하며, 정량적 및 정성적 자료를 모두 사용하는 다중적 접근방법의 가장 큰 장점은 평가 구성 방식의 유연성이다. 〈표 11-4〉는 교육 프로그램 및 서비스에서 자주 평가되는 세 가지의 자료 유형이다(Caffarella et al., 2013: 248-250).

〈표 11-4〉 수집 자료 유형

평가 초점 (Focus of Evaluation)	생성된 자료 유형 (Types of Data Generated)	정량적(Quantitative) / 정성적(Qualitative)
참가자들은 특정 교육 프로그램에 참석한 결과 무엇을 배웠습니까?	• 프로그램 시작 전에 참가자들은 그들의 지식, 기술, 신념, 태도, 가치 및 감정을 측정한다. • 사후 평가는 프로그램이 완료된 후 실시한다. • 학습 구성 요소의 이전이 프로그램의 일부로 포함된 경우, 학습 단계의 이전 후에 실시한다. • 그런 다음 평가 점수를 분석하여 교육 프로그램에 참석한 결과 중요한 변화 발생 여부를 결정한다.	정량적
	• 교수자, 프로그램 기획자 및 평가자 등 전문가는 프로그램 완료 후 참가자의 지식, 기술, 신념, 태도, 가치 및 감정의 변화 정도를 관찰한다. • 수집된 자료는 현장 노트와 프로그램 참가자가 제시한 평가 질문 또는 분석 단계에서 나타난 질문과 관련하여 학습한 내용을 설명하는 간략한 이야기(stories)로 구성된다.	정성적
교육 단위 운영에 필요한 강점과 개선점은 무엇입니까?	• 5점 Likert 척도를 사용하여, 관련 교직원 및 이해관계자는 물리적 시설의 적절성, 프로그램의 질, 직원의 전문성 개발 기회를 평가한다. • 수집된 수치는 평가된 영역의 장점과 약점을 나타낸다.	정량적
	• 부서장과 직원은 교육 단위의 특정 측면의 효과에 대한 인식을 반구조화된 질문을 사용하여 인터뷰한다. • 그런 다음 면접관의 메모와 필사본을 기록하고, 그 내용은 분석을 위한 주된 자료 출처로 사용한다.	정성적
자원봉사자는 현재 제공되는 교육 프로그램에 참여하여 기술 수준을 높일 수 있습니까?	• 2시간 3회 교육 프로그램을 이수한 자원봉사자는 프로그램 종료 시 배운 새로운 기술을 시연하고, 완료된 후 3개월 후에 다시 시연해야 한다. • 자원봉사자는 각 시간 간격에서 달성한 역량 수준에 따라 받는 점수를 기록하고, 분석하여 그들의 기술 습득 여부를 판단한다.	정량적
	• 2시간 3회 교육 프로그램 후 자원봉사자는 교육 프로그램에서 배운 것과 관련하여 고객에게 서비스를 제공하면서 변화에 대해 두 달 동안 주간 성찰 일기를 작성하도록 요청받는다. • 자원봉사자 및 책임자와 직접 협력하는 직원도 2개월 동안 자원봉사자가 인지한 특정 변화를 관찰한다. • 성찰 일지와 관찰 일지의 자료는 분석 단계에 사용되는 자료이다.	정성적

출처: Caffarella et al.(2013: 249).

5) 프로그램 평가 계획 시 고려사항

프로그램 기획자는 체계적인 프로그램 및 개발 평가 접근법뿐만 아니라 프로그램 전반에 걸쳐 발생하는 비공식적이고 계획되지 않은 평가 기회를 활용한다. 평가 계획을 수립할 때 프로그램 기획자는 공식 및 비공식 평가 과정을 모두 평가 자료의 유효한 출처로 간주한다. 평가 계획을 준비할 때 기획자가 집중해야 할 주요 과제는 다음과 같다(Caffarella et al., 2013: 253).

첫째, 타당한 경우 체계적인 프로그램 평가 및 개발 평가 접근 방식을 개발한다.

둘째, 비공식적이고 계획되지 않은 평가 기회를 사용하여 형성 및 종합 평가 자료(프로그램 중 참가자 행동 관찰, 휴식 시간에 학습자의 의견 청취 등)를 수집한다.

셋째, 사용할 평가 유형을 지정한다(목적 및 목표 기반, 평가 수준, 전문적 및 전문가 검토 등).

넷째, 일부 평가 자료가 이미 존재할 수 있음을 염두에 두고 평가 자료를 수집하는 방법(관찰, 설문 조사 및 제품 리뷰 등)을 결정한다.

다섯째, 비공식 평가 과정을 통해 수집된 자료를 통합하는 방법을 포함하여 자료를 분석하는 방법을 모색한다.

여섯째, 프로그램 성공을 위해 사전에 결정되거나 긴급한 평가 기준을 사용하여 프로그램에 대한 평가가 어떻게 이루어지는지 설명한다.

3. 프로그램 평가의 모형

프로그램의 가치 및 효과를 확인하고, 목표 달성 능력을 평가하며, 효율적이고 효과적인 평가를 위해서는 그 평가에 적절한 프레임워크를 이해하고 적절하게 활용할 수 있어야 한다. 평가를 위한 프레임워크 선정 시 '어느 것이 가장 좋은가?'란 질문에 정답은 없다. 한 프로그램에 좋은 것이 다른 프로그램에는 적절하지 않을 수 있고, 한 조직에 적절한 것이 다른 조직에는 부적절할 수 있기 때문이다. 따라서, 기관 및 조직에 따라 가장 적절한 방법을 선택하고, 프로그램 및 서비스에 따라 하나 혹은 하나 이상의 방법을 활용하여 프로그램 평가에 집중할 수 있는 모형을 선택하여 활용하는 것이 중요하다.

프로그램을 평가하는 모형에는 여러 가지가 있지만, 대표적으로 많이 사용되는 평가모형을 살펴보면 〈표 11-5〉와 같다.

〈표 11-5〉 프로그램 평가 모형

모형	학자	초점	특징	요소	장점과 단점
커크패트릭 모형	커크패트릭 (Kirkpatrick)	결과지향 평가모형	평가 사고 및 실제 훈련 향상에 크게 기여, 교육 평가 관행의 초점을 결과로 전환, 가장 잘 알려져 있고 널리 사용	• 반응(Reaction) • 학습(Learning) • 행동(Behaviour) • 결과(Results)	• 보편적으로 활용되며, 높은 유용성 • 교육 성과에 초점을 둔 대표적인 모형 • 교육의 결과를 중점적으로 평가하는 데 초점 • 많은 시간과 비용 • 각 수준 간 연계성 부족
ROI 모형 (Return On Investment)	필립스 (Phillips)	과정지향 평가모형	비용-편익 및 비용 효율성을 사용하여 교육 비용을 평가하거나 효용분석을 통해 프로그램 및 학습자 산출물을 재정적 측면으로 전환하여 계산	• 자료 수집 • 프로그램 효과 분리 • 금전적 가치 전환 • 투자수익률(ROI) • 결과 보고	• 교육 프로그램에 대한 경영진의 이해와 의사결정의 근거 제공 • 조직을 비용이 드는 조직에서 이익을 내는 조직으로 전환 • 프로그램의 경제성 및 투자결정의 신뢰성 증명에 효과적 • 가시적인 성과 측정에 집중 • 교육의 미래 가치 간과 • 경제적 효과 집중으로 잠재적 효과 간과
CIPP 모형 (Ccontext, Input, Process, Product)	스터플빔 (Stufflebeam)	의사결정 평가모형	프로그램, 프로젝트, 인력, 산출, 기관 및 평가 시스템의 평가를 안내하기 위한 포괄적인 프레임워크	• 상황(context) • 투입(input) • 과정(process) • 산출(product)	• 의사결정자에게 도움 • 의사결정 과정에 유용한 정보 제공 • 어떤 단계에서도 여러 상황에 대한 평가 가능 • 평가의 주된 목적은 입증(to prove)이 아닌 개선(to improve) • 의사결정자에게 집중 • 평가자는 정보만 제공 • 전 과정 실행에 대한 시간과 비용 많이 소모

출처: 학자들의 자료 재구성.

1) 커크패트릭 모형

1959년에 발표된 커크패트릭의 4단계 평가 모형은 교육 성과 평가의 근간이 되는 대표적인 모형이다. 이 모형은 교육 평가 관행의 초점을 결과로 옮겼고, 교육 평가의 사고와 실천 증진에 기여하였으며, 학습을 행동 및 후속 조치 결과로의 전환을 극대화하고, 교육 성과의 가치를 입증하였다. 또한, 그것은 평가를 위한 틀을 제공하고, 실용적이며, 간단하고, 이해하기 쉬어 가장 널리 활용되고 있다. 이 모형은 반응(Reaction), 학습(Learning), 행동(Behavior), 결과(Result)의 4단계 평가로 구성되며, 이를 자세히 살펴보면 다음과 같다(Alsalamah et al., 2021: 118-121; Kirkpatrick, 2006: 21-74).

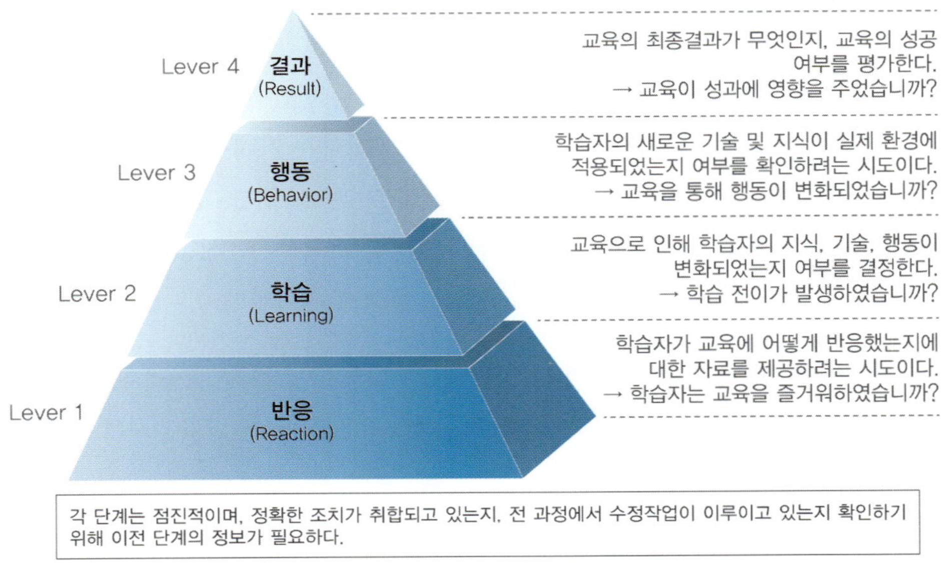

[그림 11-1] 커크패트릭 모형

① 1단계 반응평가(Reaction Evaluation)이다. 이 단계는 참가자가 교육 프로그램을 가치 있다고 생각했는지 여부에 대한 정보 제공으로 교육 프로그램에 대한 참가자의 의견, 느낌, 인상, 피드백 등과 교육 프로그램, 교강사, 수업 방법, 매체, 시설 등 만족도를 평가하는 가장 일반적인 방법으로 과정 중 및 종료 직후 설문지 등으로

평가한다.

② 2단계 학습평가(Learning Evaluation)이다. 이 단계는 프로그램 참여 결과로 참가자의 태도를 변화시키고, 지식을 심화시키며, 기술을 향상시키는 정도를 평가한다. 학습 평가는 학습에 대해 정량화할 수 있는 지표이며, 일반적으로 학습에 대한 성취도를 교육 전·후, 교육 중, 교육 후에 참가자의 자기 평가 등으로 평가한다.

③ 3단계 행동평가(Behaviour Evaluation)이다. 이 단계는 참가자가 지식과 기술을 작업 공간(workplace)으로 전이하는 방법을 평가한다. 긍정적인 행동 변화가 일어나지 않는 한 긍정적인 최종 결과는 기대할 수 없다. 따라서 프로그램에서 배운 지식, 기술 및 태도가 과제로 전이되었는지 여부를 아는 것이 중요하다. 이 단계에서의 평가는 정교하거나 과학적일 필요는 없지만 평가자는 적응도를 교육 전·후, 교육 후에 설문지, 인터뷰, 사전·사후 검사 등으로 평가한다.

④ 4단계 결과평가(Results Evaluation)이다. 이 단계는 전반적인 목표 달성 여부를 고려하며, 투자수익률(ROI, return on investment)보다는 기대수익률(ROE, return on expectations)을 의미한다. 이 단계에서의 평가는 비용 절감, 양과 질 향상 측면에서 교육이 조직에 미치는 기여도를 교육 후 설문조사, 심층 인터뷰(in-depth interviews), PGD(focus group discussion) 등으로 평가한다.

이상을 정리하면 커크패트릭 모형의 평가 목적은 다음과 같다(Kirkpatrick, 2006: 17).

첫째, 조직의 목적과 목표에 어떻게 기여하는지 보여 줌으로써 교육부서의 존재와 예산을 정당화한다.

둘째, 교육 프로그램의 지속 또는 중단 여부를 결정한다.

셋째, 향후 교육 프로그램을 개선하는 방법에 대한 정보를 얻는다.

또한, 커크패트릭 모형을 교육 환경에서 프로그램에 적용한 사례를 살펴보면 〈표 11-6〉과 같다.

〈표 11-6〉 커크패트릭 모형을 교육 프로그램에 적용한 사례

단계	아름다운 동행 리더 양성과정 교육	측정 도구
반응 (Reaction)	교수자, 교육 전달 및 교육 환경에 대한 학습자 반응 측정	교육 종료 직후 설문지
학습 (Learning)	학습자가 달성한 교육 결과의 직접적인 측정 (지식, 기술 및 태도)	교육 종료 직후 설문지
행동 (Behaviour)	교육 수료 후 학습자의 성과 변화 측정	개방형 및 폐쇄형 질문을 모두 포함한 설문지, 교육 프로그램 종료 후 학습자 및 관리자(supervisors)로부터 자료를 수집하기 위한 인터뷰 및 관찰
결과 (Results)	자기계발, 리더십 능력 개발, 교수자 연구에 미치는 영향 및 학습자 성취도에 미치는 영향 측정	교육 프로그램 종료 후 3개월 후에 실시되는 관리자 인터뷰

2) ROI 모형

오늘날 조직(또는 기관)은 비용을 절감하고, 조직에서 제공하는 프로그램 및 서비스의 질을 향상시킬 수 있는 독특하고 시기적절한 기회를 통해 효율성과 효과성을 향상시키고자 노력하기 때문에 평가는 특히 중요하다. 평가는 교육 프로그램에서 기대하는 목적 및 목표, 결과를 명확하게 확인하는 것으로 시작되며, 교육 평가는 교육이 산출하는 투자를 이해하는 방법 및 교육을 개선하는 데 필요한 정보를 제공하며, 측정할 적절한 결과를 확인하는 작업이 포함되므로 평가 없이는 교육이 개선의 이유였다는 것을 보여주기가 매우 어렵다. 그러므로 평가자는 교육 프로그램이 개발된 이유와 교육으로 인해 산출되어야 하는 학습자 성과 변화 및 개선에 대한 안내자가 되어야 하므로 ROI 평가는 평가자에게 유용해야 하고, 모형 · 공식 · 가정 및 이론은 일반적으로 받아들여지는 관행에 기초해야 하며, 과정은 정확한 가치(값)와 일관된 결과를 산출해야 한다. 따라서 프로그램에 참여하는 학습자의 만족은 지식 · 기술 · 태도의 변화로 성취도가 높아지고, 지식 · 기술 · 태도의 활용은 학습전이를 촉진하며, 업무성과 및 경영성과 지표의 향상으로 투자수익률(ROI)이 산출된다. 이러한 ROI 모형은 자료수집, 프로그램 효과 분리, 금전적 가치 전환, 투자수익률(ROI), 결과보고의 단계로 구성되며, 이를 자세히 살펴보면 다음

과 같다(Chmielewski et al., 2002: 228-233; Phillips, 1999: 40-43).

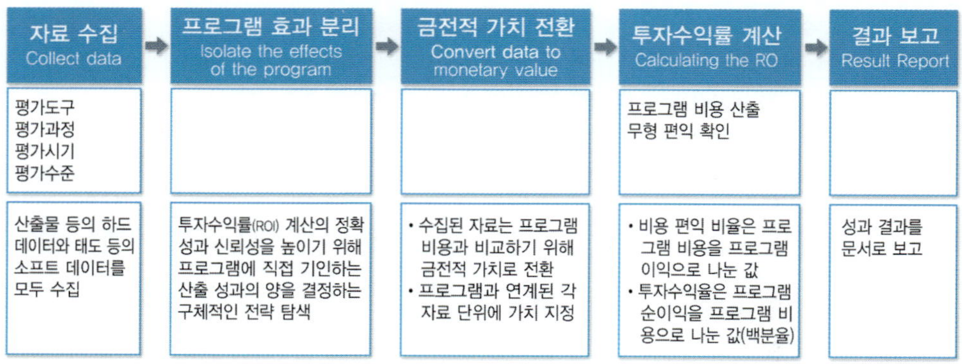

[그림 11-2] ROI 모형

① 1단계 자료수집(Collect data)이다. 이 단계는 ROI 과정의 핵심이다. 평가계획을 수립하기 전 먼저 평가 목적, 도구, 수준 및 시기를 고려해야 하는데 이는 건정한 평가를 위한 자료 수집 방법을 선택하고, 계획을 수립하는 데 핵심 요소이다. 이 단계에서는 하드 데이터(산출물, 품질, 비용 및 시간 등)와 소프트 데이터(업무 성향, 업무 환경 및 태도 등)를 모두 수집해야 하며, 다양한 방법을 사용하여 평가한다. 또한, 조직의 시간 및 예산의 제약 내에서 환경 및 특정 프로그램에 적합한 자료 및 수집 방법을 선택하는 것이 중요한 과제이다.

〈표 11-7〉 자료 수집 방법 및 ROI 평가 적용

방법(Method)	적용(Application)
설문조사 (Surveys)	• 프로그램의 다양한 측면을 얼마나 활용했는지 결정한다. • 반응은 종종 차등제(sliding scale)로 개발되며, 일반적으로 태도 자료(attitudinal data)를 나타낸다.
설문지(Questionnaires)	• 계획(initiatives) 및 프로그램의 특정 응용 프로그램을 탐색한다. • 다양한 유형의 개방형 및 강제 응답 질문에 대한 답변을 제공한다.
실무 관찰 (On–the–job observation)	• 실제 기술 적용 및 사용을 파일화(Captures)한다. • 관찰은 고객 서비스 계획(initiatives)에 특히 유용하며, 관찰자가 보이지 않거나 투명할 때 더 효과적이다.

방법(Method)	적용(Application)
프로그램 후 인터뷰 (Post-program interviews)	• 프로그램 효과의 정도를 결정한다. • 특정 응용 프로그램을 찾기 위한 탐색을 허용한다.
표적 그룹 (Focus groups)	• 직원의 프로그램 참여정도와 일상적인 운영에 미치는 영향 정도를 결정한다.
프로그램 과제 (Program Assignments)	• 프로그램의 구성 요소나 계획(initiatives)을 활용하여 일에 대한 과제를 완료한다.
실행 계획 (Action plans)	• 프로그램으로 개발되며 실무에서 실행된다. • 후속 조치는 프로그램 성공에 대한 증거를 제공한다.
성과 계약 (Performance Contracts)	• 직원, 관리자 및 임원 모두 프로그램의 특정 결과에 합의하는 방식으로 개발되었다.
사후관리(기간) (Follow-up Sessions)	• 평가 자료를 파일화(Captures)하고, 추가 학습 자료를 제공한다.
성과 모니터링 (Performance Monitoring)	• 각종 성과 기록, 자료 사용 및 개선여부 검토 시 유용하다.

② 2단계 프로그램 효과 분리(Isolate the effects of the program)이다. 이 단계는 프로그램이 시행된 후 성과 자료에 잠재적으로 영향을 미칠 수 있는 많은 요소가 있기 때문에 이 단계는 필수적이다. 대부분의 평가에서 종종 간과되는 문제는 인적 자원(HR) 프로그램의 효과를 분리하는 과정이므로 프로그램에 직접 원인이 되는 산출 성과의 양을 결정하는 특정 전략을 탐색하는 것은 중요하다. 구체적인 전략은 프로그램에 원인이 되는 개선 정도를 정확히 파악할 수 있으므로 ROI 계산의 정확성과 신뢰성은 향상된다.

③ 3단계 금전적 가치 전환(Convert data to monetary value)이다. 이 단계는 투자 수익률을 계산하기 위해 평가에서 수집된 자료를 프로그램 비용과 비교하기 위해 금전적 가치로 전환한다. 이를 위해서는 프로그램과 관련된 각 자료 단위에 가치를 부여해야 한다. 일반적으로 선택한 특정 전략이 자료 유형과 상황에 따라 달라지는 경우 자료를 금전적 가치로 전환하는 데 사용할 수 있는 전략이 있다. ROI 모형에서 이 단계는 인적 자원(HR; human resources) 기능의 금전적 이익을 결정하는 데 매우 중요하며 절대적으로 필요하다. 이 과정은 특히, 소프트 데이터의 경우 까다로울 수 있지만 적합한 전략을 사용하여 방법론적으로 접근하면 금전적

가치로의 전환이 가능할 수 있다.

④ 4단계 ROI(투자수익률) 계산(Calculating the ROI)이다. 이 단계에서는 먼저 프로그램 비용을 산출해야 하는데 비용-편익 분석(cost-benefit analysis)에 대한 방정식의 다른 부분이 프로그램 비용이다. 비용을 도표화하려면 ROI 계산을 위한 프로그램의 모든 관련 비용을 모니터링하거나 개발해야 하는데 이에 포함되어야 할 구성요소로는 프로그램 설계 및 개발 비용, 프로그램 조직 비용, 프로그램 실행 비용, 급여와 복리후생 비용, 프로그램 실행에 대한 직원 교육 비용, 프로그램을 용이하게 할 수 있는 계약자 비용, 프로그램 평가 비용, 관리 및 간접 비용, 요구 조사 및 평가와 관련된 특정 비용이 포함되지만 이에 국한되지 않는다.

ROI은 프로그램 이익과 비용을 사용하여 계산한다. 이익 및 비용 비율은 프로그램의 이익을 비용으로 나눈 값이며, 공식은 다음과 같다.

$$\underset{\text{benefit-cost ratio}}{\text{BCR}} = \frac{\text{프로그램 이익}}{\text{프로그램 비용}}$$

ROI은 순이익을 프로그램 비용으로 나눈 값을 사용한다. 순이익은 프로그램 이익에서 비용을 뺀 값이며, 공식은 다음과 같다.

$$\underset{\text{return on investment}}{\text{ROI(\%)}} = \frac{\text{프로그램 순이익}}{\text{프로그램 비용}} \times 100$$

계량화할 수 없는 긍정적인 이익을 무형의 이익이라고 하는데 대부분의 프로그램에는 유형적이고 금전적 이익 외에도 무형적인 비금전적 이익이 있다. ROI 계산은 하드 데이터와 소프트 데이터를 모두 금전적 가치로 전환하는 것을 기반으로 하기 때문에 금전적 가치로 전환되지 않는 기타 자료 항목이 확인된다. 이러한 무형의 이익에는 업무 만족도 증가, 조직 몰입도 증가, 팀워크 향상, 고객 서비스 향상, 불만 감소, 갈등 감소 등의 항목이 포함된다. 자료 분석 중에는 모든 자료를 금전적 가치로 전환하려는 시도가 이루어지는데 산출, 품질 및 시간 등과 같은 하드 데이터는 물론 소프트 데이터의 전환도 각 자료 항목에 대해 시도된다. 그러나 전환에 사용되는 과정이 너무 주관적이거나 부정확하며, 결과 값이 과정에서 신뢰를 잃는 경우, 자료는 적절한 설명과 함께 무형적 이익으로 나열된다.

⑤ 5단계 결과보고(Result Report)이다. 이 단계는 수립한 평가 계획을 실행하기 위해 체계적으로 측정한 프로그램의 평가결과를 보고하는 단계이다. 이제는 프로그램 관련자뿐 아니라 경영진 및 이해관계자도 프로그램 비용에 대한 비용－편익 및 비용 효율성 평가를 요구한다. 따라서 신중하게 계획하고, 방법론적인 절차를 통해 논리적이고 실용적인 분석으로 가치를 입증할 수 있는 결과 도출이 중요하다. 프로그램의 결과보고는 문서화하여 특정 양식에 의거하여 작성하기도 하지만 담당자 및 경영진, 이해관계자에 맞추어 다양한 방법으로 작성하여 보고된다.

이상을 정리하면 필립스의 평가 목적은 다음과 같다(Phillips, 1999: 40-43).

첫째, 프로그램이 목표를 달성하고 있는지 확인한다.

둘째, 프로그램의 강점과 약점을 파악한다.

셋째, 프로그램의 비용－편익 비율을 결정한다.

넷째, 향후 프로그램에 참여해야 할 사람을 결정한다.

다섯째, 프로그램의 혜택을 가장 많이 받은 참가자와 가장 적게 받은 참가자를 확인한다.

여섯째, 참가자들에게 제시할 주요 요점을 강화한다.

일곱째, 향후 프로그램 마케팅에 도움이 되는 자료를 수집한다.

여덟째, 프로그램이 적절한지 확인한다.

아홉째, 경영진이 의사 결정을 내리는 데 도움이 되는 데이터베이스를 구축한다.

3) CIPP 모형

1960년대 후반에 교육 및 학습 개선에 중점을 둔 프로그램에 대한 책임을 개선하고 향상시키는 데 도움을 주기 위해 개발된 CIPP 모형은 프로그램, 프로젝트, 인력, 산출, 기관 및 시스템의 평가를 지도하기 위한 포괄적인 프레임워크로 수년간 평가자와 대상자가 CIPP 모형을 적용하면서 배운 교훈을 종합한 것으로 널리 사용되고 있다. 이 모형은 평가자와 대상자 그룹이 공동의 평가에 활용할 수 있는 도구이고, 형성 평가와 총괄 평가 모두의 요구에 기여하도록 설계되었으며, 체크포인트(checkpoint)로는 건전하고 실용적인 평가를 시작하며, 실행할 수 있는 방향을 제공하고, 의사결정을 도와 평가 결과를 프로그램 개선 및 책임 과정에 적용하기 위한 방향을 제공한다. 또한, 이 모형의 핵심 개념인 상황(context), 투입(input), 과정(process), 산출(product) 평가의 약어인 CIPP 모형은 평가자가 네 가지 유형의 평가를 사용하여 중요한 기능을 수행한다. 이를 자세히 살펴보면 다음과 같다(Stufflebeam, 2000: 279-317; Kellaghan et al., 2003: 31-62).

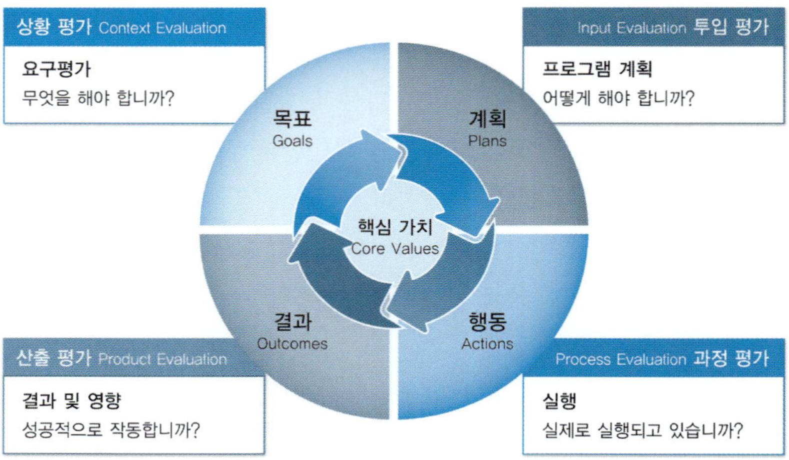

[그림 11-3] CIPP 모형

(1) 형성 평가와 총괄 평가

CIPP 모형은 형성 평가와 총괄 평가 모두의 요구에 충족하도록 설계되었다. CIPP 평가는 개선을 위해 정보 수집 및 보고를 주도적으로 수행할 때 형성적이며, 완료된 프로그램 활동 및 서비스의 성과를 되돌아보고 관련 정보의 가치 의미를 종합하고 요약하며 책임에 중점을 둘 때 총괄적이다. CIPP 모형의 핵심 요소인 상황, 투입, 과정 및 산출 평가에 대한 개선 및 형성, 책임 및 총괄적 역할의 관계는 〈표 11-8〉과 같다. 이는 평가자가 프로그램 및 서비스, 자료의 개발 및 개선을 안내하고, 책임에 대한 정보를 제공하기 위해 상황, 투입, 과정 및 산출 평가 모두를 사용하고 있음을 알 수 있다.

〈표 11-8〉 개선 및 책임에 대한 평가 유형의 관련성

분류	상황(Context)	투입(Input)	과정(Process)	산출(Product)
개선 및 형성 지향 (Improvement/ Formative orientation)	목적 선택 및 우선순위 지정에 대한 지침(guidance)	프로그램 및 서비스 전략 선택을 위한 지침	시행 지침	종료, 지속, 수정 및 설치에 대한 지침
		절차 설계, 일정 및 예산을 지정하기 위한 투입		
책임 및 총괄 지향 (Accountability/ Summative orientation)	평가된 요구, 기회 및 문제에 대한 기록과 함께 목적, 우선순위 및 선택 기준에 대한 기록	다른 대안보다 선택한 전략 및 설계에 대한 이유 기록	실제 과정 및 비용 기록	성과 기록, 요구 및 비용 대비 평가, 재생(recycling) 결정

(2) CIPP 모형의 평가 유형

① 상황 평가(Context Evaluation) 유형이다. 이 유형은 상황 및 환경 내에서 요구와 기회를 평가하는 데 도움이 되며, 목표 및 우선순위 결정에 대한 근거를 제공하고, 대상 집단의 요구 및 환경을 정의하며, 원하는 환경 및 실제 환경 조건을 설명하고, 문제 확인 및 해결 방안을 모색하며, 미충족 요구 및 미사용 기회를 확인한다. 이를 위해 문서 검토, 자료 분석 및 인터뷰 등을 활용한다. 따라서 평가자는 기존 기록을 조사하여 목표 집단에 대한 성과 양식과 배경 정보를 확인하고, 평가 전반에 걸쳐 평가 질문을 명확하게 하며, 자료를 지속적으로 수집, 정리, 분석하여 필요한 정보를 선택·종합적으로 관리하여 보고를 위한 최신 정보를 유지할 수 있어야 한다.

② 투입 평가(Input Evaluation) 유형이다. 이 유형은 프로그램의 목표를 달성하는 데 활용되는 자원을 결정하기 위한 정보를 제공하고, 자료 사용 방법을 결정하며, 목적 및 목표 달성을 위한 비용 효율성을 평가하고, 대안 전략 및 절차를 검토하며, 선택한 전략과 원하는 목적 간의 연계를 확인하여 질 높은 최적의 가치를 선택할 수 있도록 한다. 이를 위한 자원으로는 교수 학습 과정 시행에 필요한 인적 및 물적 자원, 인프라, 콘텐츠, 교육 과정 및 교육의 질을 평가하기 위한 내용을 포함

한다. 평가자는 먼저 지정된 요구와 목표를 충족하는 실행 상태를 검토하고, 정보의 저장 및 검색을 용이하게 하기 위한 파일을 설정하며, 정보를 사용하여 잠재적으로 수용 가능한 해결 방안을 모색한다.

③ 과정 평가(Process Evaluation) 유형이다. 이 유형은 계획의 실행과 과정의 문서화에 대한 지속적인 점검이며, 직원과 관리자가 계획한 대로, 계획한 활동을 일정대로, 효율적으로 수행하고 있는지 피드백을 제공하며, 직원이 계획을 수정 및 보완하고 개선하도록 적절하게 안내하고, 참가자가 자신의 역할을 수락하고 수행할 수 있는 정도를 주기적으로 평가하는 것을 목표로 한다. 과정 평가는 활동을 계획과 비교하고, 실행 중 발생할 수 있는 여러 가지 문제를 기술하며, 얼마나 잘 예측하고 해결하는지 평가하고, 그것을 노력비용(efforts' costs)으로 기록하고 분석해야 한다. 평가자는 어떻게 운영되고 있는지, 어떤 과정이 더 잘 실행되는지, 교육의 질을 유지하고 더 나은 역할을 수행할 책임이 있는지를 이해하기 위해 과정을 평가하고, 의사결정을 내린다.

④ 산출 평가(Product Evaluation) 유형이다. 이 유형은 기관(또는 조직)의 성과를 측정하고, 해석하며, 판단하는 것으로 프로그램의 결과와 효과를 확인하는 데 필요한 기술, 태도, 지식, 학습 및 능력을 포함한다. 평가자는 대상자의 요구 충족 정도, 변화 및 활용 정도를 확인하는데 성과에 대한 피드백은 활동 주기와 종료 시 모두 중요하다. 이 평가는 의도된 결과와 의도하지 않은 결과, 긍정적인 결과와 부정적인 결과를 평가해야 하며, 특히, 유해한 부작용에 주의해야 한다. 산출평가 결과 보고는 여러 단계에서 발생할 수 있지만 여기에는 개입이 목표한 요구를 해결하고 충족하는 정도를 표시하여야 한다.

〈표 11-9〉 CIPP 모형의 평가 유형

분류	목표(Objective)	방법(Method)	의사결정과의 관계 (Relation to Decision Making in the Improvement Process)
상황 평가 (Context Evaluation)	목표 모집단을 확인하고, 그들의 요구를 평가하며, 요구충족의 장애요인을 진단하고, 요구 해결을 위한 자료를 확인하고, 목적과 우선순위가 평가된 요구를 충분히 반영하는지 판단하고, 결과 판단을 위한 요구 기반 기준을 제공한다.	시스템 분석, 진단 평가, 체크리스트, 2차 자료 분석, 설문조사, 문서 및 문헌 검토, 청문회, 문제 중심 회의, 마을 회의, 인터뷰, 포커스 그룹, 델파이 기술, 기관 및 조직 프로필, 전문가 패널 현장 방문, 자문 그룹 및 기관, 프로그램 및 서비스 데이터베이스 등과 같은 방법을 사용한다.	목표 수혜자 집단, 목적 개선, 시간 및 자원의 예산 편성 우선순위, 결과를 판단하기 위해 서비스 할 대상을 결정하고 문서화한다.
투입 평가 (Input Evaluation)	시스템 역량, 대안 프로그램 전략, 선택한 전략 실행을 위한 절차 설계, 인력 배치 계획, 일정 및 예산을 확인하고 평가하며, 특정한 행동 방침을 추구하기 위한 사례를 문서화한다.	문헌 검색, 모범 프로그램 방문, 전문 컨설턴트, 팀 옹호, 패널 검토 및 파일럿 테스트 등의 방법을 사용하여 가능한 인적 및 물적 자원과 해결 전략을 재고하고 평가하며, 관련성, 타당성, 비용 및 경제성에 대한 작업 계획을 평가한다.	지원 출처, 해결 전략, 절차 설계, 인력 배치 계획, 일정 및 예산을 결정하고 문서화하기 위해, 즉 변화 활동을 구조화하고, 선택한 행동 방침과 실행을 판단하기 위한 기반을 제공한다.
과정 평가 (Process Evaluation)	작업계획서 또는 실행계획서 이행의 결함을 확인 또는 예측하고, 과정 관리를 위한 피드백을 제공하며, 실제 작업노력을 기록 및 판단한다.	참여 관찰자, 독립 관찰자, 인터뷰, 문서 검토, 프로젝트 리더 및 직원과의 주기적인 정보 교환 등의 방법을 사용하여 과정에 대한 모니터링 및 피드백을 제공하며 실제 과정을 기록한다.	작업 계획 및 활동의 실행 및 개선을 위해, 즉 과정 관리를 효과적으로 수행하고, 실행을 판단하며, 결과를 해석하고, 반복을 알리는 데 사용할 실제 과정의 기록을 제공한다.
산출 평가 (Product Evaluation)	결과에 대한 설명과 판단을 수집하고, 목적과 상황, 투입 및 과정 정보와 관련시키며, 그 장점과 가치를 해석한다.	의도한 결과와 의도하지 않은 결과를 측정하고, 이해 관계자로부터 결과에 대한 판단을 수집하고, 정성적 및 정량적 분석을 수행하며, 결과를 평가된 요구와 비교하고, 결과를 종합하여 최종 결론에 도달한다.	변화 활동을 계속, 종료, 수정 또는 재조명하기로 결정하고, 평가된 요구 및 목표와 비교하여 효과(의도된 것과 의도하지 않은 것, 긍정적인 것과 부정적인 것)의 명확한 기록을 제시하고 결과를 해석한다.

이상을 정리하면 스터플빔 평가의 핵심 주제는 다음과 같다(Stufflebeam, 2000: 58).

첫째, 평가는 어떤 것의 장점과 가치를 평가하는 것을 포함한다.

둘째, 평가의 가장 중요한 목적은 증명이 아니라 개선이다.

셋째, 평가는 개선을 안내하는 데 있어 사전 예방적이어야 하며, 책임보고서를 작성함에 있어 소급적이어야 한다.

넷째, 평가자는 목적, 전략, 계획, 활동 및 결과를 평가해야 한다.

다섯째, 평가는 건전하고, 명확한 가치에 근거해야 한다.

여섯째, 평가자는 학습자 및 기타 청중과 효과적으로 의사소통하고, 서비스를 제공하는 데 상호작용적이어야 한다.

일곱째, 평가 설계 및 보고는 학습자의 정보 요구를 충족시키기 위해 조정되어야 하는 지속적인 과정이다.

여덟째, 평가자는 평가를 손상시키거나 신용을 떨어뜨리려는 개인 또는 집단의 시도에 민감해야 하며, 적절하게 대응해야 한다.

아홉째, 프로그램의 성공은 대상 수혜자의 평가된 요구를 얼마나 잘 충족하는지에 따라 평가되어야 한다.

열째, 평가는 정량적 및 정성적 방법을 모두 포함하며, 관련 정보를 수집하기 위해 다양한 접근 방식을 채택해야 한다.

열한째, 어떤 방법을 사용하든 평가는 건전한 평가를 위한 적절한 기준을 충족해야 한다.

열두째, 평가 자체는 내부 및 외부 메타(meta) 평가를 통해 평가되어야 한다.

4. 프로그램 평가의 보고

프로그램 기획자는 분석 단계에서 수집된 자료를 해석하면서 프로그램의 가치와 유용성을 평가하는데 이 과정에는 다양한 정보를 수집하고 평가 질문에 대한 답을 제공하는 것이 포함된다. 이러한 질문과 평가는 평가 대상 프로그램과 향후 프로그램에 대한 결과, 권고 사항 및 제안을 위한 기초가 되므로 평가할 수 있는 명확한 기준을 개발하고 정량화하는 것은 매우 어렵지만 중요하다. 따라서 프로그램을 잘 운영하였더라도 적절한 측정 도구와 평가 결과를 기관(또는 조직) 및 이해당사자에게 적합한 보고서로 작성하지 못한다면 그 빛을 다하였다고 할 수 없다. 따라서 이 장에서는 측정 도구 선택 및 개발, 결과보고서 작성에 대해 살펴보고자 한다.

1) 프로그램 평가의 측정 도구

평가하고자 하는 대상이 결정되면 그에 사용할 측정 도구와 척도의 영향력을 평가해야 한다. 프로그램 및 서비스에 사용할 측정 도구를 선택했거나 고려 중인 잠재적 도구에 대한 타당성과 신뢰성을 확인해야 하고, 사용 가능한 척도가 없어 새롭게 개발할 경우에도 도구를 객관적으로 평가할 수 있어야 한다. 이제 우리는 거의 모든 것을 측정한다. 따라서 책임지고 진행 상황을 나타내기 위해서는 정확한 측정을 수행해야 하는데 이때 사용하는 도구는 주관적인 의견을 넘어 변화 및 개선의 정도를 논의할 수 있도록 객관적이고, 정확하며, 정량화할 수 있어야 한다(Royse et al., 2016: 315-319).

(1) 평가 도구 개발 시 고려사항

우리는 흔히 신뢰도와 타당도를 별개의 개념으로 생각하지만 경험적으로 볼 때 이 둘은 복잡하게 상호 연관되어 있다. 따라서 타당성이 있는 도구라면 일반적으로 적절한 신뢰성을 가지고 있다고 가정할 수 있다. 하지만 무엇보다 중요한 것은 신뢰할 수 있는 도구라고 하더라도 도구가 사용하려고 하는 프로그램 및 서비스의 목적에 적합하여야 한다는 것이다. 프로그램 평가를 위한 최상의 척도를 선택할 때 고려해야 할 사항은 다음과 같다.

첫째, 대상 집단과 관련이 있고, 적절하여야 한다. 도구는 평가 대상의 문제 및 요구, 목적 및 가치 등과 잘 일치하여야 한다.

둘째, 관리하기 용이하여야 한다. 지나치게 복잡한 도구나 복잡한 지침이 있는 도구는 다루기 어렵거나 균일하게 관리되지 않을 수 있다.

셋째, 유용하고 해석하기 쉬워야 한다. 평가자가 얻은 결과는 기관(또는 조직) 및 이해관계자에게 명확하고, 이해할 수 있어야 한다.

넷째, 결과가 유효하고 신뢰할 수 있어야 한다. 평가자는 원하는 결과의 점수 앞에서 흔들리기 쉬우므로 긍정적인 결과와 부정적인 결과 모두를 수용할 수 있어야 한다.

다섯째, 변화에 민감하여야 한다. 결과가 프로그램 및 서비스 그리고 참가자의 변화 및 개선을 보여 줄 수 있는지 이를 나타내는 데 어려움은 없는지 등에 민감하여야 한다.

여섯째, 비용이 상대적으로 저렴하여야 한다. 비용 고려 사항에는 도구 구입 및 활용, 조사 및 통계, 평가를 위한 직원 교육 등이 포함되어야 한다.

일곱째, 타당성, 신뢰성, 객관성을 갖추어야 한다. 좋은 평가 도구는 측정하고자 하는 검사내용을 충실하게 측정하고, 일관되게 측정하며, 평가자의 주관 개입을 배제 및 최소화하여야 한다.

(2) 좋은 평가 도구 개발

평가자는 좋은 평가 도구는 어떻게 구성되는가, 좋은 평가 도구는 어떻게 설계하여야 하는가, 평가 도구 설계 시 알아야 할 내용은 무엇인가에 대한 질문에 적합하도록 좋은 평가 도구를 선택하고 필요시 개발하여야 하는데 이때 고려해야 할 사항은 다음과 같다.

첫째, 프로그램을 평가하는 데 필요한 것이 정확하게 무엇인지 고려해야 하는데 일반적으로 지식, 문제 및 행동, 태도 및 신념, 견해 등이다.

둘째, 일부 사람들에게는 명백할 수 있지만, 평가자로서 여러 가지 방법으로 자료 수집 도구를 관리하고 선택할 수 있음을 언급할 가치가 있다.

셋째, 척도 및 설문지의 내용에 대한 결정이 내려지면 평가자는 사용가능한 항목 풀(items pool)을 생성하여야 한다.

넷째, 자료 수집 도구 개선은 설계 과정의 다음 단계이다. 도구가 완성되었다고 결론짓기 전에 질문 순서, 난이도, 개인 및 비공식 정보, 기억력, 길이 및 외관, 문화적 민감성 등을 고려하여야 한다.

(3) 평가 도구의 사례

좋은 도구를 개발하기 위해서는 도구를 구성하거나 설문지를 개발할 때 발생할 수 있는 오류에는 어떤 것이 있고, 잘못된 문법 및 오류를 어떻게 수정하는지에 대한 수없이 많은 방법이 있지만 평가자는 편집과 교정을 통해 가능한 명확하게 작성되었는지 확인하여야 한다.

〈표 11-10〉 프로그램 성과 설문지 예

프로그램 성과 조사 설문지

안녕하십니까?
본 기관에서 주관하는 교육에 항상 관심을 가지고 적극적으로 참여해 주심에 감사드립니다. 금번에 보다 알찬 교육의 발전을 위해 의견조사를 실시하게 되었습니다. 본 설문의 결과는 교육과정의 성과 및 교육효과 증대를 위한 개선 등 질 높은 교육과정 운영을 위한 자료로만 활용됩니다. 바쁘시더라도 각 문항마다 솔직하게 성의껏 응답하여 주시면 감사하겠습니다.

0000. 00. 00.
○○가정교육센터

Ⅰ. 다음은 프로그램에 대한 만족입니다. 각 문항의 해당란에 ∨표 해 주십시오.		① 매우 불만족	② 불만족	③ 보통	④ 만족	⑤ 매우 만족
1	귀하가 이수한 프로그램은 교육 참여 전 기대를 어느 정도 만족시켜 주었습니까?					
2	귀하는 프로그램 참여를 통해 계획했던 학습목표 수준을 어느 정도 달성하였습니까?					
3	귀하가 이수한 프로그램은 귀하의 자기 계발에 어느 정도 도움이 되었습니까?					

II. 다음은 프로그램 내용의 활용입니다. 각 문항의 해당란에 V표 해 주십시오.		① 매우 불만족	② 불만족	③ 보통	④ 만족	⑤ 매우 만족
1	귀하가 프로그램에서 배운 내용을 이수 후 업무에 적용하기 위해 어느 정도 노력하였습니까?					
2	귀하는 프로그램에서 습득한 내용을 실제 업무 수행에서 어느 정도 활용하고 있습니까?					
3	귀하는 프로그램에서 습득한 내용을 실제 업무에 활용하여 어느 정도 성과를 보고 있습니까?					

III. 다음은 프로그램의 성과입니다. 각 문항의 해당란에 V표 해 주십시오.		① 매우 불만족	② 불만족	③ 보통	④ 만족	⑤ 매우 만족
1	귀하의 업무수행능력은 교육 전과 비교하여 현재 어느 정도 향상되었다고 생각하십니까?					
2	귀하가 이수한 프로그램이 프로젝트에 실제 사용하고 있거나 업무향상에 도움이 되고 있다면 구체적인 내용을 기재해 주십시오.	(　)있다(기여한 내용) ______ (　)없다(2-1번으로)				
2-1	기여하지 못하였다면 그 이유가 무엇이라고 생각하는지 기재해 주십시오.	______				

IV. 다음은 기타사항입니다. 각 문항을 읽고 귀하의 의견을 기재하여 주십시오.

1. 귀하가 이수한 프로그램과 관련하여 건의사항이 있으시면 기재하여 주십시오.

______

2. 본 기관에 대한 건의사항이 있으시면 기재하여 주십시오.

______

질문에 성실히 응답해 주셔서 진심으로 감사드립니다.

〈표 11-11〉 프로그램 성과 인터뷰의 예

Ⅰ. 프로그램 전반

1. 프로그램 내용 중 업무수행에 도움이 되고 있는 내용은 무엇입니까?

___

2. 학습한 내용을 현업에 적용하는 빈도는 어느 정도입니까?

___

3. 프로그램 전과 후를 비교한다면, 다음 사항에 대한 변화정도를 말씀해 주십시오.

① 업무수행의 시간 절약: ___

② 업무지식의 증가: ___

③ 업무수행의 양적, 질적 증가: ___

Ⅱ. 현업 수행 효과

1. 프로그램 참여 후 본인의 업무수행에 변화가 있었습니까?

___

2. 변화에 대한 주변의 긍정적인 반응이 있었습니까?

___

3. 학습한 내용을 업무에 적용 시 어려움이나 장애요인이 있었습니까?

___

Ⅲ. 주변 환경 지원

1. 주변 환경이 학습한 내용을 업무 적용할 때 적극적으로 지원합니까?

___

2. 학습한 내용을 새롭게 시도를 할 때 동료들의 지원이 있습니까?

___

3. 학습 내용을 새로운 아이디어, 의견 등으로 제시할 때 주변 반응은 어떠했습니까?

___

4. 어려움 및 장애요인, 기타 건의사항이 있다면 무엇입니까?

___

2) 프로그램 평가의 결과 보고

연구 결과를 작성하는 것은 평가자에게 거의 항상 필요하지만 종종 지원을 받기 위한 제안서 및 보조금 신청서 등을 작성해야 한다. 평가 제안서는 신중하게 계획된 사업의 개요이다. 양질의 제안서는 평가 보고서를 작성할 때 도움이 되며, 평가자의 시간을 절약한다(Royse et al., 2016: 380-398; Fitzpatrick et al., 2011: 414-415).

(1) 평가 보고서의 구성 요소

프로그램 평가에 대한 결과 보고서를 작성하기 위해서는 많은 필수적인 요소들을 공유하는데 이러한 구성 요소는 [그림 11-4]와 같다.

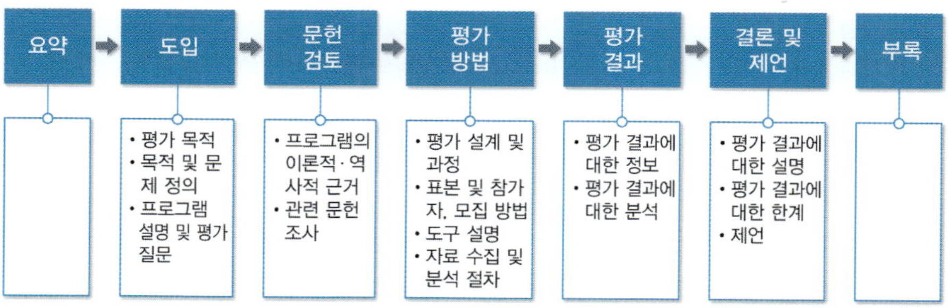

[그림 11-4] 평가 보고서의 구성 요소

첫째, 요약이다. 요약은 간략화된 평가 보고서이므로 동일한 제목을 사용하여 작성할 수 있다. 따라서 너무 복잡하지 않은 언어를 사용하며, 짧은 문장으로 작성하는 것을 목표로 한다. 때문에 요약은 일반적으로 짧고, 이해하는 데 많은 시간이 걸리지 않으며, 다른 전자 매체로의 전송에 도움이 된다.

둘째, 도입이다. 도입의 목적은 평가가 계획되거나 수행된 이유를 설명하는 것이다. 이것은 프로그램이나 목적 및 문제를 어떤 맥락이나 참조 틀(frame) 안에 배치함으로써 수행된다. 따라서 도입이 문제에 대한 맥락을 제공했으면, 평가에 대한 근거를 명확히 할 필요가 있다. 또한, 도입에서는 가능한 한 평가의 목적을 명시하여야 한다. 평가의 목적을 간결하게 기술할 수 없다면, 평가 보고서의 나머지 부분이 혼돈될 수 있다.

셋째, 문헌검토이다. 사회적 문제나 관심사가 변수로 설명되고 평가의 목적 및 근거가 명시되면 평가자는 관련 문헌을 검토할 준비가 된다. 따라서 문헌 검토의 목적은 기관(또는 조직) 및 이해관계자를 위해 문헌의 주요 평가 및 격차를 요약하는 것이다. 또한, 문헌 검토는 사회 문제에 대한 주요 이론적 설명이나 문제를 해결하기 위한 다양한 접근 방식의 이론적 모델을 확인할 수 있다.

넷째, 평가방법이다. 평가방법 부분에서는 평가가 어떻게 진행될지(제안) 또는 어떻게 진행되었는지(보고)에 대해 자세히 설명하며, 충분한 정보를 제공한다. 일반적으로 부제목과 세부 항목은 평가 방법의 다양한 구성 요소를 구별하는 데 사용된다. 평가 방법에서 자주 제시되는 첫 번째 정보는 참가자와 관련된 인구사회학적 정보 및 특성이며, 다음은 측정단계로 평가에 사용된 척도 및 도구에 대한 요약 정보 제공이다. 따라서 평가자는 수집된 자료가 적절하게 분석될 수 있는 유용한 정보를 산출할 수 있도록 평가 설계를 고려할 때 자료 분석을 계획해야 한다.

다섯째, 평가결과이다. 평가 보고서의 결과 단계에는 자료 수집 및 분석에서 도출된 내용이 포함된다. 여기는 이전에 제기된 질문에 대한 답변을 제공한다. 이 단계에서는 통계적으로 유의미한 차이, 사전 및 사후 평가 결과 등 사실만 제시한다. 평가자는 모든 평가 결과를 말하고 싶어 하는 경향이 있으므로 우선순위를 정하고, 관련이 적은 것을 삭제 · 축소 · 요약하며, 가장 중요하거나 큰 영향을 미치는 결과만을 결정해야 하는 것은 고통스러울 정도로 어렵다. 하지만, 평가 보고서를 읽는 기관(또는 조직) 및 이해관계자를 위해 글을 쓰고 대상자를 위해 강조할 가장 중요한 결과를 선택하는 것은 평가자의 책임이다.

여섯째, 결론 및 제언이다. 결론 단계에서 어떤 것이 지지되고 어떤 것이 지지되지 않았는지 명확하게 설명하며, 평가 목적과 관련하여 무엇을 도출했는지 기술한다. 기관(또는 조직) 및 이해관계자를 위해 도출된 것을 해석한다. 이 단계의 초점은 기관 및 이해관계자가 평가 결과를 이해하도록 돕는 데 있으며, 프로그램이나 기관 및 유사한 역량에 관련된 이들에게 제안될 수 있는 의미를 확인한다. 결과가 예상 또는 예상과 반대되는 경우 결과가 그렇게 된 이유에 대한 설명을 제공하며, 평가를 계획할 당시 명확하지 않은 편향의 원인이 있음을 발견한 경우 그 원인을 파악한다. 평가가 매뉴얼과 일치하는 방식으로 수행되지 않았거나 원래 제안된 대로 수행되지 않은 경우 평가의 주요 한계를 지적한다. 그러나 결론을 내리는 것이 중요하다. 프로그램이 설계된 대로 수행되었는가? 프로그램을 지속하여야 하는가? 학습자 및 이용자가 혜택을 받고 있는가? 이와 같은 질문에 대한 답변은 평가 보고서를 읽는 사람들에게 평가를 적절하고 흥미롭게 한다. 새로운 프로그램이나 개입의 혜택에 대해 논의할 때는 도출한 내용을 뛰어넘는 주장을 한다. 평가는 종종 단일 기관의 대상자 편의 표본에 의존하고, 동일한 문제를 가진 모든 대상의 더 많은 모집단에 일반화하는 것이 거의 불가능하다는 것을 기억하는 것이 도움이 된다.

일곱째, 부록이다. 평가 보고서에 연구 결과를 인용하는 경우, 참고문헌을 제공해야 한다. 부록은 일반적으로 긴 평가 보고서에서 발견되며, 평가 과정에서 사용된 도구 사본, 대상자 및 참가자에게 발송된 샘플 사본, 중요하지만 부피가 큰 표 및 그림, 너무 길어서 결과 단계에 포함할 수 없는 항목 등이 포함된다.

(2) 평가 보고서 작성 시 고려사항

평가자는 평가 결과를 전문적으로 작성하려는 경향이 있는데 평가 보고서는 평가자를 위해 작성하는 것이 아니라 기관(또는 조직) 및 이해관계자를 위해 작성하는 것이므로 보고서를 제출하는 입장에서, 보고서를 읽는 사람 입장을 고려하여야 한다. 평가 보고서 작성 시 고려해야 할 사항은 다음과 같다.

첫째, 청중, 즉 기관(또는 조직) 및 이해관계자를 고려해야 한다. 평가 보고서의 대상자는 대학 교수 및 학술적 전문가가 아닐 수도 있기 때문에 너무 기술적이거나 정교하지 않는 수준, 즉 최소한의 통계로 쉽게 읽고 이해할 수 있도록 작성하고, 필요에 따라 사진, 그래픽, 색상 등을 사용하여 대상자의 이해를 도우며, 그들이 보고서를 더 매력적으로 느낄 수 있도록 한다. 대상자가 전문가더라도 보고서는 체계적이고, 한 페이지에 너무 많은 문장 삽입을 자제하며, 띄어쓰기 · 글꼴 및 인쇄 품질 등이 읽거나 보는 데 편안한지 확인한다.

둘째, 합리성, 즉 모든 영역에서의 합리성을 고려해야 한다. 기관(또는 조직) 및 이해관계자 등이 평가 보고서를 공정하다고 생각하는가, 보고서에서 다룬 질문이 타당한 것인가, 결과가 사용된 절차에서 논리적이였는가, 편견 및 제한의 주원인을 파악하였는가, 만약 프로그램의 문제만 확인하고 긍정적인 특징이나 결과 중 어떤 것도 확인하지 않았다면 관련 대상자들은 평가가 공정하지 않다고 결론지을 수 있다. 합리성은 평가 보고서의 길이에도 적용되므로 너무 길면 보는 사람이 적고, 너무 짧으면 중요한 내용이 누락될 수 있으므로 대상자가 무엇을 원하는지 추측하는 것보다 이를 대표하는 여러 이해관계자와 초안을 시험하면 최종 보고서가 정확하게 잘 작성되었는지, 오류 및 오역은 없는지 등이 발견될 수 있는 장점이 있다.

(3) 평가 보고서 작성을 위한 체크리스트

평가 보고서를 작성할 때 모든 필수 요소가 포함되었는지 확인하기 위한 체크리스트는 〈표 11-12〉와 같다.

〈표 11-12〉 평가 보고서 작성을 위한 체크리스트

1. 도입부는 아래의 개념을 명확하게 제공합니까?
   ① 목적 및 문제
   ② 프로그램
   ② 평가 질문

II. 문헌 검토

1. 문헌 검토에는 아래의 내용을 기술합니까?
   ① 유사한 프로그램의 사전 평가 노력을 이해하기 위한 이론적 · 역사적 근거
   ② 관련 문헌 및 현재 문헌에 대한 조사

III. 평가 방법

1. 평가 방법은 아래의 내용을 기술합니까?
   ① 평가 설계 및 과정
   ② 표본 및 참가자, 모집 방법
   ③ 도구 설명
   ④ 자료 수집 및 분석 절차

VI. 평가 결과

1. 평가 결과에 아래의 내용이 포함됩니까?
   ① 명시된 문제 및 평가 질문의 목적과 관련된 자료

② 평가 결과에 대한 정보
③ 평가 결과에 대한 분석

Ⅴ. 결론 및 제언

1. 결론 및 제언에서 아래의 내용을 기술합니까?
   ① 평가의 주요 결과
   ② 평가 결과에 대한 설명
   ③ 평가 결과에 대한 한계
   ④ 제언

Ⅵ. 참고문헌 및 부록

1. 보고서 내용에 언급한 자료 및 평가에 사용된 도구 등이 포함됩니까?
   ① 참고문헌 제시
   ② 평가에 사용된 도구 및 양식 사본 등의 부록

Ⅶ. 전체 문서

① 보고서의 글 양식과 난이도가 청중에게 적절합니까?
② 보고서가 균형 있고 합리적으로 전달됩니까?
③ 평가의 신뢰성을 제공하기에 충분한 정도의 엄격함(rigor)이 있습니까?

(4) 평가 보고서의 활용

평가의 궁극적인 목표는 프로그램이 서비스 제공을 개선하는 데 도움을 주는 것이어야 한다. 그러나 보고서가 너무 기술적이거나 이해관계자가 이해하지 못하는 경우 평가의 잠재적 사용자는 프로그램을 개선하기 위해 보고서를 사용하지 않을 가능성이 높다. 결과적으로, 많은 시간, 비용 및 노력이 낭비될 수 있으므로 가능한 한 접근하기 쉽게 작성해야 한다.

평가 보고서가 사용될 가능성을 높이는 것과 관련된 네 가지 주요 쟁점은 다음과 같다.

첫째, 대상자와 이해관계자의 관심을 끌 수 있는 방식으로 보고서를 제시한다.

둘째, 담당자 및 정책 입안자의 요구 및 관심사를 통합할 수 있도록 한다.

셋째, 부정적인 결과를 성공적으로 처리한다.

넷째, 평가를 구축 과정으로 사용한다.

정리하기

평생교육 프로그램 평가는 프로그램의 가치 및 기준을 설정하고, 목적 달성을 위한 자료 수집 및 수행 여부를 결정하며, 프로그램의 효과성은 물론 긍정적 · 부정적 평가 결과를 통해 프로그램을 수정 및 보완, 축소 및 확대, 지속 및 중단 여부를 결정하고, 개발 및 필요한 대안을 모색하기 위해 계획 · 선택 · 비교 · 판단 · 검증 · 결정하는 모든 과정을 포함하는 종합적인 시스템이라고 정의할 수 있다.

프로그램 평가 절차는, 첫째, 평가 수준은 참가자 반응, 참가자의 지식 및 기술, 성과 결과, 기여이다. 둘째, 평가 과정은 평가 결정, 평가 보고서이다. 셋째, 책임은 교육 및 개발 부분 및 교육 연구 및 평가이다.

프로그램 평가 관련자는 평가 과정에서 직면할 수도 있는 다양한 문제를 예상하고, 이를 해결하기 위한 대안을 모색해야 하는데, 평가 시기로는 평가 전, 평가 중, 평가 후이다. 평가는 종종 다면적 노력이므로 평가 과정에서 하나 이상의 유형이 조합되어 사용될 수 있는데 프로그램 평가 유형으로는 평가 수준 유형, 목표 기반 유형이 있다.

커크패트릭의 4단계 평가 모형은 교육성과 평가의 근간이 되는 대표적인 모형으로 반응평가(Reaction Evaluation), 학습평가(Learning Evaluation), 행동평가(Behaviour Evaluation), 결과평가(Results Evaluation)로 구성된다. ROI 평가는 자료수집(Collect data) 단계, 프로그램 효과 분리(Isolate the effects of the program) 단계, 금전적 가치로 전환하는 금전적 가치 전환(Convert data to monetary value) 단계, 투자수익률(ROI) 계산(Calculating the ROI) 단계 및 결과보고의 단계로 구성된다. CIPP 모형은 프로그램, 프로젝트, 인력, 산출, 기관 및 시스템의 평가를 지도하기 위한 포괄적인 프레임워크로 형성 평가와 총괄 평가 모두의 요구에 충족하도록 설계되었다.

프로그램 평가에 대한 결과 보고서를 작성하기 위한 구성 요소는 요약, 도입, 문헌검토, 평가방법, 평가결과, 결론 및 제언, 부록이다. 또한, 평가 보고서 작성 시 고려사항은 청중과 합리성이다. 평가의 궁극적인 목표는 프로그램이 서비스 제공을 개선하는 데 도움을 주는 것이다. 그러나 보고서가 너무 기술적이거나 이해관계자가 이해하지 못하는 경우 평가의 잠재적 사용자는 프로그램을 개선하기 위해 보고서를 사용하지 않을 가능성이 높다. 결과적으로, 많은 시간, 비용 및 노력이 낭비될 수 있으므로 가능한 한 접근하기 쉽게 작성해야 한다.

연구문제

1. 프로그램 평가의 절차 중 평가 수준을 설명하여 보시오.

2. 평가 수준 유형과 목표 기반 유형을 설명하시오.

3. 커크패트릭 모형의 4단계를 설명하시오.

4. ROI 모형에서 자료 수집 방법 및 평가 적용을 설명하시오.

5. CIPP 모형의 4가지 평가유형을 설명하시오.

6. 평가 보고서의 구성 요소를 설명하시오.

PART 4

평생교육 프로그램 개발의 실제

Chapter 12

평생교육 프로그램 개발 사례

사례 I 프로그램 명: 도배실무기능인력양성사업

사례 I 은 OOO복지센터가 컨소시엄으로 수행한 사업으로 지역 내 실업계층과 취업취약계층 대상 기능 훈련 및 상담을 통한 일자리 창출의 필요성에 따라 현장에서 인정받는 자격증 취득 활성화 및 기능인력 양성으로 심각한 기능인력 부족현상 해소 및 지역경제 발전에 기여하고자, 청년 · 중장년층 및 경력단절여성 대상으로 건설현장 도배공 양성을 통한 틈새 일자리 창출을 목적으로 진행되었다.

※ 상기 사례는 원 자료이며, 개인정보, 형식 등에 따라 일부 수정 · 보완하였다.

지역 · 산업 맞춤형 일자리 창출 지원사업

도배실무기능인력양성사업

1. 프로그램의 필요성

1) 프로그램의 추진 배경

- 성북구는 서울 동북권에 위치하여 의정부 등 서울북부 외곽지역과 도심을 연결하는 부도심권으로 동북부 지역을 연결하는 관문에 위치하며, 주요 간선도로와 지하철 및 경전철이 지나는 교통의 결절지역이다.

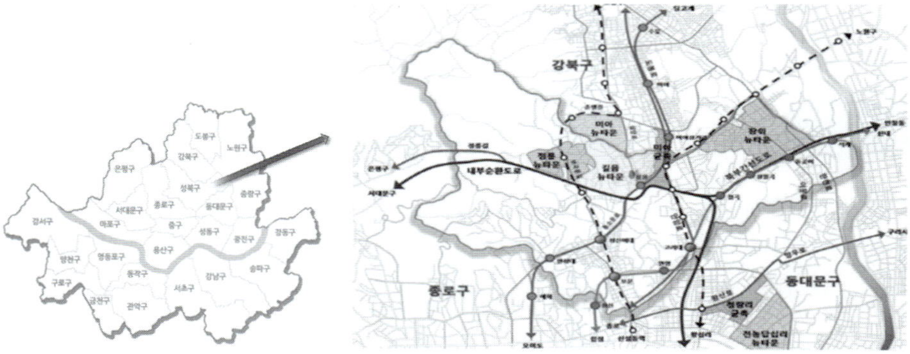

- 성북구는 고령화, 정보화 등 다양한 사회변화에 따라 도심 접근이 용이한 지역 내 주거지역개발사업에 따른 대규모 신규 아파트 건설, 도시재생사업, 노후주택개량 및 실내 인테리어 등 건축유지관리 서비스 업종의 일자리 수요가 증가하고 있다.

2) 프로그램의 필요성

- 젊은 인력이 부족한 산업현장과 건설 · 제조업의 고령화 가속화로 숙련인력의 고갈화가 지속되고 있다.
  - 건설근로자퇴직공제 통계연보(2018년 5월 기준)에 따르면, 전체 취업자 중 55~79세의 고령취업자 비중이 높아지고 있는데 이 중 특히, 건설업 부분에서 취업자 중 고령자 비중이 타 산업에 비해 높은 속도로 증가하고 있다.

- 건설기능인력의 경우, 50대 이상 건설기능인력 비중은 2011년 46.9%에서 2015년 52.2%로 증가해 전체의 절반 이상을 차지하고 있다.
- 이러한 현상은 건설기능인력의 일자리 창출뿐 아니라, 인력확보 유지의 필요성 부분에서도 크게 요청되고 있다.
- 부족한 건설현장 인력을 수급하기 위한 청년층 유입조건 확대와 타 업종에 종사 · 은퇴 · 전직 및 업종전환을 희망하는 중장년층에게 일자리를 위한 건설기능 습득의 기회 제공은 해결방안이 될 수 있다.

• 청년 · 중장년층 및 경력단절여성을 대상으로 건설현장 도배공 양성과정을 지원함으로써 노동시장의 틈새 일자리를 창출한다.
  - 건설현장인력 부족에 대응한 안정적 인력수급 대책으로 청년 · 장년층의 유입은 양질의 일자리 창출로 이어질 수 있다.
  - 인력부족으로 도배공 등의 임금수준이 꾸준히 상승하고 있어, 초급 수준의 기능 습득 후 현장 보조 근로를 통해 숙련도를 높인다면 준고령 연령대까지 근로가 가능할 수 있어 타 업종(단순노무, 서비스 등) 종사인력에 비해 높은 임금수준으로 지속적인 근로를 기대할 수 있다.

2. 요구조사

1) 환경분석

• 우리 지역은 서울시 전체 인구 감소율보다 높은 폭을 보이고 있는 지역으로 관내 실업계층과 취업 취약계층을 대상으로 하는 기능 훈련, 상담서비스 지원 등을 통한 일자리 창출이 매우 시급하다.
  - 지리적으로는 북한산 아래 위치하고 있고, 인구는 437,224명으로 서울시 인구의 4.47%를 차지하고 있으며, 전년대비 8,370명(△1.88%)이 감소하여, 서울시(0.99%)보다 감소율이 높다.

〈표 12-1〉 **성북구 인구 현황**

(2018.10.30. 기준)

구분	인구수(2017.10.)	인구수(2018.10.)	증감(증감율)
서울시	9,882,810	9,784,112	△98,698(0.99%)
성북구	445,594	437,224	△8,370(1.88%)

- 성북구사업체조사(2016)에 따르면 10인 미만 사업체 수는 23,150개소로 관내 사업체의 94.26%를 차지하며, 300인 이상 사업체는 18개소에 불가한 것으로 나타났다. 또한, 전국사업체조사(2015)에 따르면 전체산업 중 교육서비스업이 20.4%로 가장 높게 나타났다.
  - 소규모 사업체가 주를 이루고 있으며, 많은 문화공간과 전통적 산업인 섬유 · 봉제 · 의류산업체가 밀집되어 있다.
  - 생산적이고 질 좋은 사업장 부족 등으로 일자리 인프라가 부족하여 지속 가능한 일자리 창출이 어렵고 구인구직 미스매치 현상이 심화되고 있다.

〈표 12-2〉 **산업체 사업체 및 종사자 현황**

(단위: 개, %)

구분	전체 산업	교육 서비스업	도 · 소매업	숙박 · 음식점업	보건 · 사회 복지서비스	제조업	기타
사업체수	113,893	23,211	16,944	13,302	11,251	9,617	39,568
비율	100	20.4	14.9	11.7	9.9	8.4	43

2) 상황분석

- 젊은 인력이 부족한 산업현장, 특히 건설 · 제조업의 고령화 가속화로 숙련인력이 고갈되는 현상이 가속화되고 있다.
  - 통계청(2018년 5월 기준) 자료에 의하면 전체 취업자 중 55~79세의 고령취업자 비중이 높아지고 있는데 이는 특히 건설업 분야의 취업

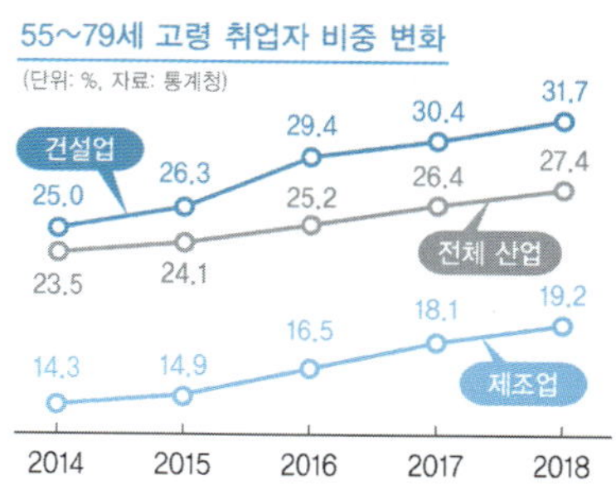

자 중 고령자 비중이 타 산업에 비해 높은 속도로 증가하고 있음을 알 수 있다.

- 건설근로자퇴직공제 통계연보(2015)에 따르면 건설기능인력의 경우, 50대 이상 건설기능인력 비중은 2011년 46.9%에서 2015년 52.2%로 증가해 전체의 절반 이상을 차지하고 있다.
- 이러한 현상은 건설기능인력 일자리 창출뿐만 아니라, 인력확보 유지를 위한 필요성 측면에서도 요청된다.
- 부족한 건설현장 인력 수급을 위한 청년층 유입조건 확대와 타 업종에 종사하거나 은퇴하여 업종전환을 희망하는 중장년층에게 일자리를 위한 건설기능 습득기회 제공이 대안으로 떠오르고 있다.

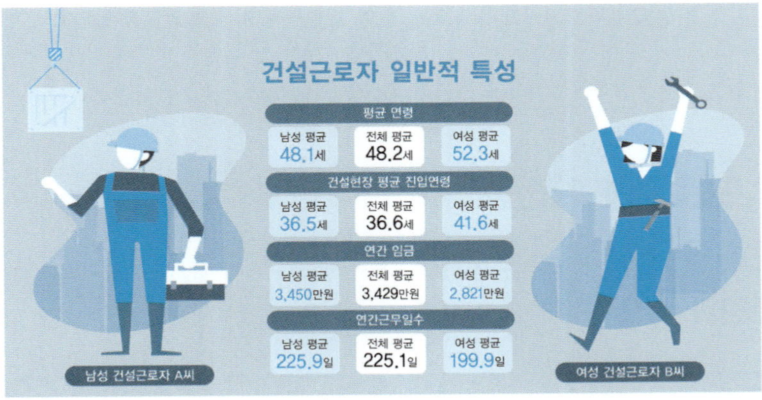

[그림 12-1] 건설근로자 일반적 특성

출처: 건설근로자공제회(2018). 2018 건설근로자 종합생활실태조사.

- 청년·중장년층 및 경력단절여성 등을 대상으로 건설현장 도배공 양성을 통한 노동시장의 틈새 일자리를 창출한다.
  - 건설현장인력 부족에 대응한 안정적 인력수급대책으로 청년·중장년층의 유입은 양질의 일자리 창출로 이어질 수 있다.
  - 인력부족으로 인해 도배공 등의 임금수준도 지속적으로 상승하고 있어, 초급수준의 기능습득 후 현장의 보조 근로를 통해 숙련도를 향상시킨다면 준고령의 연령

대까지 지속적인 근로가 가능하며, 타 업종(단순노무, 서비스 등) 종사인력보다 높은 수준의 임금을 기대할 수 있다.

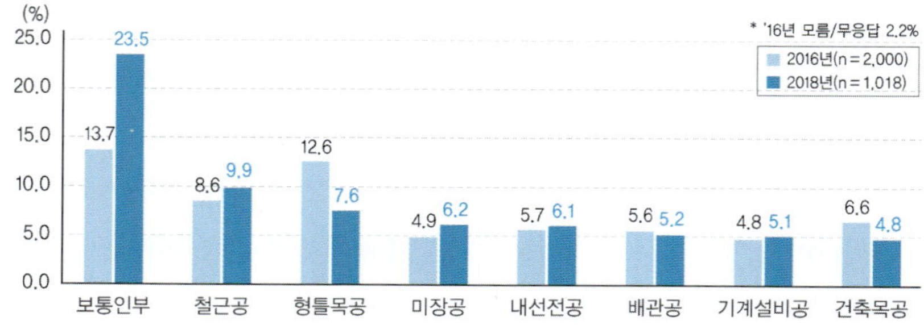

[그림 12-2] 주된 직종이나 주특기

출처: 건설근로자공제회(2018). 2018 건설근로자 종합생활실태조사.

3. 프로그램의 선정

1) 프로그램의 개요

<table>
<tr><th>분류</th><th colspan="2">내용</th></tr>
<tr><td>명칭</td><td colspan="2">도배실무기능인력양성과정</td></tr>
<tr><td>기간</td><td colspan="2">2019년 3월 ~ 2019년 12월(10월)</td></tr>
<tr><td>지역</td><td colspan="2">성북구 전 지역</td></tr>
<tr><td>인원</td><td colspan="2">20명(10명 × 2회)</td></tr>
<tr><td rowspan="2">대상</td><td colspan="2">청년실업자, 타 업종으로의 전직을 계획 중인 중장년층, 경력단절여성
관내 도배기능 기술을 취득한 후 취업과 창업하려는 실업자</td></tr>
<tr><td>우선선정순위</td><td>지역 내 거주자로 훈련의지와 취 · 창업목표가 뚜렷한 자 우선선발
취업취약계층(기초생활수급자, 탈북자 등) 우선 선발
면접에 의한 점수 반영 선발</td></tr>
</table>

2) 프로그램의 주요 내용

(1) 운영개요

- 목표 인원: 1기당 10명 총 20명(2회 운영)
  - 수료 인원: 90%
  - 취 · 창업 인원: 60%
- 과정 운영: 1일 3시간, 주 5일, 총 53일 172시간

과정	기간	목표(인원)			비고
		모집	수료	취 · 창업	
도배기능사 (2019-1기)	4~5월	10명	9명 (90% 이상)	6명 이상 (60% 이상)	도배기능사 국가기술자격증 취득
도배기능사 (2019-2기)	8~9월	10명	9명 (90% 이상)	6명 이상 (60% 이상)	

(2) 현장실습

- 관내 건축현장 현장 실습 및 협동조합 등과 협업
- 취약계층 도배봉사활동

(3) 취 · 창업 연계 및 사후관리

- 수료 후 지역 내 집수리 업체, 사회적 기업 등 취업연계 지원과 협동조합창업 설립 지원
- 건설근로자 취업지원사업 협약업체를 통한 취업알선

3) 프로그램의 목적 및 목표

(1) 프로그램의 목적

- 지역 내 실업계층과 취업취약계층 등을 대상으로 기능 훈련 및 상담을 통한 일자리 창출이다.

- 소규모 사업체가 주를 이루고 있으며, 많은 문화공간과 전통적 산업인 섬유 · 봉제 · 의류산업체가 밀집하고 있어 생산적이고 질 좋은 일자리가 부족하여 일자리 창출이 어렵고, 구인 · 구직 미스매치 현상이 심화되고 있다.

• 현장에서 인정받는 자격증 취득 활성화 및 기능인력 양성으로 심각한 기능인력 부족 현상을 해소하고, 지역경제 발전에의 기여이다.
  - 도배기능사 자격증은 다른 업종에 비해 보다 용이하게 기술취득 및 자격증 취득이 가능하며, 숙련공이 되는 기간이 비교적 짧아 일자리 연계와 도배업 진입이 용이하여, 전천후 일자리로 취업과 창업이 가능하다.
  - 강북지역 내 건설기능실무 기술을 취득하기 위한 훈련시설이 부족하므로 지역에서 필요한 인력수급의 해결과 도시재생사업 관련 인프라 기반 구축이다.

(2) 프로그램의 목표

① 정성적 목표

• 현장실무 위주 현장 맞춤형 교육으로 현장에 즉시 투입할 수 있는 인력 양성
• 실무 위주 교육을 통한 현장 즉시 투입 가능한 근로자 양성
• 고령사회 진입에 따른 장년층의 사회 경제적 변화에 대응할 수 있는 직업교육 및 재취업 지원

② 정량적 목표

구분		목표 인원	내용
교육 훈련 목표	교육 모집 인원	20명	(목표 인원 대비 100% 선발)
	교육 수료 인원	18명 이상	(모집 인원 대비 90% 이상)
	취업 목표	12명 이상	(교육 인원 대비 60% 이상)
부가 목표	만족도 · 간담회	교육만족도(설문조사) 90% 이상 취업연계 간담회 2회	
	자격증	100%(도배기능사 국가자격증 취득)	
	취업 지원 활동	2회 이상 취업알선	전담 직업상담사를 통한 적극적인 취업알선지원
	협동조합	1개	협동조합설립 지원
	도배 무료 봉사	10개소	자활지원센터 추천 진행

4) 프로그램의 추진 단계 및 일정

(1) 프로그램의 추진 단계

프로그램 홍보 및 교육생 모집	⇨	도배실무 기능교육	⇨	현장실습 및 무료 봉사도배지원	⇨	취업지원 및 사후관리

(2) 프로그램의 추진 일정

내용	일정									
	3월	4월	5월	6월	7월	8월	9월	10월	11월	12월
홍보 및 모집	●	●			●	●				
교육 실시		●	●			●	●			
참여자 간담회				●				●		
취업상담 · 지원				●	●	●	●	●	●	●
중간평가보고서					●					
최종사업결과보고										●

5) 프로그램의 대상자 선정

- 선발 전형: 서류 전형, 면접 전형
  - 선발 절차: 신청서 접수 → 서류 전형 → 면접 전형
  - 선발 기준

구분		적용 비율	구체적 기준
서류 심사 (30점)	지원서 등 서류	10%	지원서 구비사항 등
	청년층	10%	청년실업자 우대
	관련 자격증	10%	운전면허, 소방시설, 전기 등
면접 심사 (70점)	취업 의지	40%	중도포기 방지 및 취업에 대한 열의
	직업 의식	10%	직업가치, 마인드(취업유지 가능성) 등
	직무 적합성	20%	건강, 의사소통, 성향 등

6) 프로그램의 세부 추진과정

(1) 전체교육과정

과정	내용	시간	인원
오리엔테이션	교육 참여자 전원(1회)	1일(4시간)	총 20명 (10명×2기)
직업소양교육	자기소개, CS교육 등		
도배기능사 양성교육	현장 실무위주 교육으로 도배기능사 국가자격증 취득	40일(120시간)	
현장실습	취약계층 도배 봉사활동지원	10일(40시간)	
취업역량교육	구직서류작성법 및 면접요령	1일(4시간)	
	사회적 경제에 대한 이해	1일(4시간)	
	수료생 대상 만족도 조사 및 수료식		
총계		53일(172시간)	20명

(2) 세부교육과정

- 직업소양교육

과정명	내용	시간	인원
직업인 소양교육	자기소개, CS교육, 나의 인생 들여다보기	4시간	20명

- 도배기능사 양성훈련과정교육
  - 도배 실무기술 습득 및 국가기술자격증 취득

주차	과목명	내용	시간	비고
1	도배개요	오리엔테이션, 도배의 개요, 도배공구 및 부자재,풀 농도맞추기	15시간	기초기술
2	도배공법	공간초배, 보수초배, 정배, 밀착초배, 돌림초배, 정배 천장바르기	15시간	
3	시공계획	바탕처리, 벽재재단, 자수계산법, 실측법, 벽지물량산출, 평방미터계산법	15시간	
4	도배실무	풀칠 및 초배	30시간	전공기술
5				
6		정배, 고급도배 및 마감, 보양 및 청소	30시간	
7				
8		도배종합실습, 수료식	15시간	
총계			120시간	

• 취업역량교육

일자	내용	시간	비고
1일	구직서류 작성법 및 면접요령, 구직서류 작성 컨설팅	4시간	

• 현장실습교육

– 취약계층 주거환경개선 도배교체

사업명	내용	가구 수	비고
현장실습	관내 취약계층 대상 도배교체지원	20가구	10일

(3) 교육 기대효과

• 청년실업자 및 중장년 취약계층 등을 대상으로 교육훈련을 통해 직업인으로서의 의식 고취 및 기능향상으로 장기적 · 지속적인 일자리 제공으로 소득증대에 기여

• 전문자격증 취득을 통해 고용불안과 열악한 근로조건에 따르는 일용직이라는 낮은 직업의식을 바꾸고 건설기능인으로서 직업의식 함양과 견실한 시공에 대한 책임감 부여

• 현장 실무위주의 교육훈련을 통해 건설현장의 인력부족 문제를 해소하여 지역사회에 숙련기능공의 확대에 기여

• 현재 본 기관에서 건설공제회 위탁으로 실시 중인 건설근로자 취업지원센터와 연계하여 배출되는 훈련생들에게 전문직업상담사와의 취업상담과 구직활동을 시스템으로 연계할 수 있는 네트워크망을 갖추고 있어 적극적인 취업지원이 가능

7) 프로그램의 홍보

(1) 기관을 통한 홍보

기관	역할
성북구청	• 성북구청 일자리센터 구인 · 구직 신청자 DB활용 • 구직자 대상 문자 발송 등
(사)한국고용복지센터	• 건설근로자취업지원센터에 등록된 성북구 지역 내 거주 회원 대상홍보 모집 • 홈페이지 팝업 창을 이용한 프로그램 홍보 • 지역 내 유관기관, 지역신문 등 매체 활용 • 전단지, 포스터, 안내문 등 매체 홍보 현수막 게시 및 홍보배너 게시 등

(2) 매체를 통한 홍보

구분	내용
홈페이지	• 사)한국고용복지센터 & 성북구청 홈페이지 팝업 창 활용 • 협력기관, 유관기관 홈페이지, SNS(블로그, 카페, 페이스북 등)를 통한 모집 광고 및 홍보 등
언론매체	• 성북구청 소식지, 시 보도자료, 지역 신문 등 활용 • 보도자료 집중 배포 등
홍보물	• 일자리창출지원사업 홍보 브로슈어 제작/홍보 • 성북구청 관내 주민센터에 홍보물 배치 • 지역 내 인구밀집지역, 아파트 부근 현수막 홍보 등

(3) 홍보 사례

8) 프로그램의 평가 및 사후관리

(1) 평가 계획

- 현장 실무위주의 교육훈련 실시로 중도탈락방지, 기능사자격증 취득 및 교육만족도 제고
  - 참여기관 시설을 적극 활용한 현장 실무위주 교육 실시로 참여자 전원이 수료하고, 도배사기능사 자격증 100% 취득 목표
  - 수행기관과 교육생과의 유대관계 형성을 위한 간담회와 상담실 운영 등으로 애로사항, 건의사항, 불만사항 등을 수렴하여 적용 및 차기 사업진행에 반영
  - 과정별 만족도 조사를 실시하여 개인별 학습능력을 점검하고, 과제 및 평가를 통한 지속적인 훈련참여 동기 부여

(2) 평가 실시 결과

① 프로그램 운영 결과 잘된 점

- 건설기능인력양성을 위한 훈련시설이 부족한 서울북부 지역 내에서 타 업종으로 전환하려는 중장년 퇴직자 및 실업자 등에게 도배기술교육을 통해 취창업 기회를 확대시킴
- 한국고용복지센터가 위탁운영하는 건설근로자 취업지원센터와 연계하여 일손이 부족한 건설현장에 무료인력정보 및 취업기회 제공
- 현장실습과 봉사연계로 교육생들에게는 현장경험 제공과 취약계층 및 독거노인 등에게는 환경개선을 통한 사회통합 기여를 부여

② 프로그램 설문조사 결과

- 프로그램 만족도 조사결과 도배실무기능인력양성과정의 참여자들은 '만족한다'라고 응답한 평가가 높았으며, 타인에 과정의 추천 및 취업을 위한 기술습득 등에 많은 도움이 되었다고 응답함

- 일용직이라는 일자리 불안정성과 초보 기능공의 낮은 임금수준에 대한 우려가 높게 나타났음

프로그램 평가			교육과정 기여			
만족도 (17명)	교육 환경	교육 효과	만족도	기여도 (17명)	취업 도움	추천 여부
매우 불만족	3명 (17.6%)	0명 (0%)	0명 (0%)	전혀 도움안됨	0명 (0%)	0명 (0%)
불만족	3명 (17.6%)	0명 (0%)	0명 (0%)	도움안됨	0명 (0%)	0명 (0%)
보통	3명 (17.6%)	4명 (23.5%)	2명 (11.8%)	보통	0명 (0%)	2명 (11.8%)
만족	4명 (23.5%)	6명 (35.3%)	8명 (47.1%)	도움됨	7명 (41.2%)	4명 (23.5%)
매우만족	4명 (23.5%)	7명 (41.2%)	7명 (41.2%)	매우 도움됨	10명 (58.8%)	11명 (64.7%)

(3) 사후관리

- 적극적인 취업지원을 통한 취업률 제고와 사후관리
- 고용노동부 일자리창출사업 등 다년간 여러 사업운영을 통해 경험한 노하우와 건설근로자 취업지원사업을 바탕으로 One-Stop 취업지원시스템을 통한 취업지원 및 사후관리 서비스제공
  - 건설근로자 취업지원센터 및 현장실습연계 기업과 연계하여 수료생에게 최우선으로 취업알선
  - 취업상담 통한 취업계획수립과 현장적응도를 조사·분석하여 교육생 취업지원
  - 과정별 기수 모임(네이버 밴드 등)을 운영하여 수행기관과 지속적인 관계를 유지하고, 사후관리를 통한 취업 및 기타 창업지원을 위한 네트워크 구축
  - 기타 취업정보탐색, 서류작성 및 면접에 대한 추가 교육 실시

4. 프로그램의 자원 활용

1) 물적 자원

(1) 프로그램 수행 공간

- 총 면적: 전용면적 232.8㎡(약 70.5평)
- 세부시설 현황

구분	면적	용도	비고
사무공간	50㎡	사무업무 수행	전용
상담공간	10㎡	상담 공간 및 정보검색	전용
휴게공간	36㎡	교육생 및 방문고객 휴게공간	전용
직원휴게공간	10㎡	탕비실 겸 직원휴게공간	전용
강의실	72㎡	경비교육 진행(60명)	전용
강당	150㎡	경비교육 진행(100명)	공용

(2) 시설 장비 및 기자재 보유 현황

- 시설 장비 현황

시설명	장비명	단위	수량	주요 사양	구비여부
강의실	영상 장비 (빔프로젝트 등)	대	1	HITACHI cp-ex300	자체
	음향장비	대	1	ANAM INX-M7	자체
	교육용 책상 · 의자	개	20/60	GEOMOK FURNITURE	자체
	영상막(스크린 등)	set	1	화이트, 240x180㎝	자체
행정사무 공간	컴퓨터	대	6	-	자체
	복합기	대	1	samsung CLX-91x1	임대

• 기자재 보유 현황

시설명	서울안암센터(본사)	비고
책상 · 의자	20조 / 60석	
회의테이블	1	
책장 및 수납장	8 / 8	
컴퓨터(노트북 포함)	7	
복합기	1	렌탈
빔프로젝트	1	
전화 · 팩스	6 / 1	

2) 인적 자원

(1) 인력보유 현황

• 총 종사자 수(대표자 포함): 총 147명

• 사업본부 및 안암센터 인력: 총 14명

• 프로그램 수행 인력

담당분야	성명	최종학력	경력	직위	담당업무	자격증
총괄책임자	○○○	대졸	9년	부문장	사업총괄	직업상담사2급
사업담당	○○○	대졸	5년	팀장	사업관리	사회복지사2급
사업실무자	○○○	대졸	4년	사원	교육관리 취업상담 · 지원	직업상담사2급
회계	○○○	대졸	3년	사원	회계	컴퓨터 활용능력

(2) 프로그램 관련 네트워크 구축 현황(구인 · 구직DB)

구분	업체명	연락처	소재지	담당자 (대표자)	수요인력
1	○○○○○○ 사회적협동조합	070-0000-0000	본)서울시 구로구 지사)서울시 강북구	팀장○○○	2-5명
2	○○○○개발 주식회사	02-000-0000	서울시 중구	과장○○○	수시
3	○○인테리어	010-0000-0000	서울시 중구	-	1-2명
4	○○장식	010-0000-0000	서울시 성북구	-	1-2명
5	현장소장	010-0000-0000	-	○○○소장	연3-4명
6	현장소장	010-0000-0000	-	○○○반장	연3-4명
7	현장소장	010-0000-0000	다산지구	○○○반장	연3-4명
8	○○도배학원	010-0000-0000	서울시 강북구	원장○○○	-
9	○○서비스	010-0000-0000	서울시 서초구	○○○	1-2명
10	○○인테리어	070-0000-0000	경기도 김포시	○○○	1-2명
11	○○○○휴니즈	02-000-0000	서울시 노원구	○○○	1-2명
12	○○건설	031-000-0000	경기도 성남시	○○○	1-2명
13	○○이엔지	031-000-0000	경기도 성남시	○○○	1-2명
14	○○○○스트리트	02-000-0000	서울시 종로구	○○○	1-2명
15	○○○○홈데코	010-0000-0000	서울시 송파구	○○○	1-2명
16	○○기업	010-0000-0000	서울시 노원구	○○○	1-2명
17	○○○○씨아이	02-000-0000	서울시 노원구	○○○	1-2명
18	○○하우징	02-000-0000	서울시 구로구	○○○	1-2명
19	○○인테리어	02-000-0000	서울시 강북구	○○○	1-2명
20	○○도장	010-0000-0000	경기도 고양시	○○○	1-2명
21	○○로	010-0000-0000	서울시 마포구	○○○	1-2명
22	○○산업개발	031-000-0000	경기도 동두천시	○○○	1-2명
23	○○건설	031-000-0000	경기도 포천시	○○○	1-2명
24	○○인	010-5308-2867	경기도 남양주시	○○○	1-2명

3) 재정 자원

(1) 소요경비

• 총괄

항목	총계	국비	구비(지방비)
예산액(천원)	60,000	54,000	6,000
비율(%)	100	90	10

• 구성내역

(단위: 천원, %)

항목	금액			
	계	국비		구비(지방비)
계	60,000	54,000	100%	6,000
인건비	12,960	10,800	(20.00%)	2,160
직접사업비	36,530	36,530	(67.65%)	–
간접사업비	10,510	6,670	(12.35%)	3,840

(2) 세부 프로그램 예산서

항목	세부항목	총 소요예산	산출내역	비고
총사업비		60,000,000		
국비 총계 (90%)		54,000,000		
인건비 (20.00%)	소 계	10,800,000		
	보 수	10,800,000	2,160,000원×50%×10개월	
직접 사업비 (67.65%)	소 계	36,530,000		
	강사비	640,000	소양교육 80,000원×4시간×2기	
		12,000,000	도배기능사양성 50,000원×120시간×2기	
		640,000	취업역량교육 80,000원×4시간×2기 사회적경제교육 0원×4시간×2기	
	재료비	3,000,000	실습공구 120,000원×10명×2기=2,400,000원 부 자 재 30,000원×10명×2기= 600,000원	

<table>
<tr><th>항목</th><th>세부항목</th><th>총 소요예산</th><th>산출내역</th><th>비고</th></tr>
<tr><td rowspan="6"></td><td rowspan="5">연 계
활동비</td><td>400,000</td><td>간 담 회 200,000원×1회×2기</td><td></td></tr>
<tr><td>800,000</td><td>입/수료식 200,000원×2회×2기</td><td></td></tr>
<tr><td>8,072,000</td><td>취약계층 무료도배 403,600원×20가구</td><td></td></tr>
<tr><td>2,150,000</td><td>교육생 다과비 2,500원×43일×10명×2기</td><td></td></tr>
<tr><td>1,408,000</td><td>자격증 접수비 70,400원×10명×2기</td><td></td></tr>
<tr><td>실 비</td><td>7,420,000</td><td>식비 및 교통비 7,000원×10명×2기×53일</td><td></td></tr>
<tr><td rowspan="10">간접
사업비
(12.35%)</td><td>소 계</td><td>6,670,000</td><td></td><td></td></tr>
<tr><td>여 비</td><td>1,200,000</td><td>20,000원×6회×10개월</td><td></td></tr>
<tr><td rowspan="4">사 업
운영비</td><td>200,000</td><td>재해보험 10,000원×10인×2기</td><td></td></tr>
<tr><td>280,000</td><td>복사기 렌탈료 140,000원×20%×10개월</td><td></td></tr>
<tr><td>400,000</td><td>SMS문자발송비 200,000원×2회</td><td></td></tr>
<tr><td>1,000,000</td><td>공공요금 및 제세 100,000원×10개월</td><td></td></tr>
<tr><td rowspan="4">홍보비</td><td>2,400,000</td><td>현수막 60,000원×20개×2기</td><td></td></tr>
<tr><td>330,000</td><td>배너 66,000원×5개</td><td></td></tr>
<tr><td>360,000</td><td>전단지 150g아트지 2R×180,000원</td><td></td></tr>
<tr><td>500,000</td><td>생활정보지(벼룩시장 등) 500,000원</td><td></td></tr>
<tr><td>지방비
(10%)</td><td></td><td>6,000,000</td><td></td><td></td></tr>
<tr><td rowspan="2">인건비</td><td>소 계</td><td>2,160,000</td><td></td><td></td></tr>
<tr><td>보 수</td><td>2,160,000</td><td>4대보험료 및 퇴직금 10,800,000원×20%</td><td></td></tr>
<tr><td rowspan="5">간접
사업비</td><td>소 계</td><td>3,840,000</td><td></td><td></td></tr>
<tr><td rowspan="3">사 업
운영비</td><td>2,000,000</td><td>사무용집기 및 비품비 200,000원×10개월</td><td></td></tr>
<tr><td>240,000</td><td>인쇄 및 제본비 120,000원×2회</td><td></td></tr>
<tr><td>600,000</td><td>회계비용감사비 600,000원</td><td></td></tr>
<tr><td>홍보비</td><td>1,000,000</td><td>모집 · 홍보용품(물티슈 등) 1,000,000원</td><td></td></tr>
</table>

5. 프로그램의 관련 양식

1) 프로그램 참여 신청서 양식

접수번호	(기재하지 마세요)

2022년 지역·산업맞춤형 일자리창출 지원사업(성북구)

참여 신청서

<table>
<tr><td colspan="2">신청과정</td><td colspan="6"></td></tr>
<tr><td colspan="2" rowspan="3">사 진
(3cm×4cm)</td><td>성 명</td><td colspan="2"></td><td>주민등록
번호</td><td colspan="2">(만 세)</td></tr>
<tr><td>현주소</td><td colspan="5"></td></tr>
<tr><td>연락처</td><td colspan="2">(자택)
(H.P)</td><td>E-mail</td><td colspan="2"></td></tr>
<tr><td rowspan="4">학력사항
(최종)</td><td colspan="2">졸업년도</td><td colspan="2">(대)학교</td><td>전공</td><td colspan="2">졸업구분</td></tr>
<tr><td colspan="2"></td><td colspan="2"></td><td></td><td colspan="2">☐ 졸업예정 ☐ 졸업</td></tr>
<tr><td colspan="2"></td><td colspan="2"></td><td></td><td colspan="2">☐ 졸업예정 ☐ 졸업</td></tr>
<tr><td colspan="2"></td><td colspan="2"></td><td></td><td colspan="2">☐ 졸업예정 ☐ 졸업</td></tr>
<tr><td rowspan="2">경력사항</td><td colspan="4">(업체명)</td><td colspan="3">(근무기간: 년 월)</td></tr>
<tr><td colspan="4">(업체명)</td><td colspan="3">(근무기간: 년 월)</td></tr>
<tr><td rowspan="2">교육사항</td><td colspan="4">(과정명)</td><td colspan="3">(교육기관:)</td></tr>
<tr><td colspan="4">(과정명)</td><td colspan="3">(교육기관:)</td></tr>
<tr><td rowspan="6">자격사항</td><td colspan="3">자격증/면허증</td><td colspan="2">발급기관</td><td colspan="2">비고</td></tr>
<tr><td colspan="3"></td><td colspan="2"></td><td colspan="2"></td></tr>
<tr><td colspan="3"></td><td colspan="2"></td><td colspan="2"></td></tr>
<tr><td colspan="3"></td><td colspan="2"></td><td colspan="2"></td></tr>
<tr><td colspan="3"></td><td colspan="2"></td><td colspan="2"></td></tr>
<tr><td colspan="3"></td><td colspan="2"></td><td colspan="2"></td></tr>
<tr><td rowspan="2">이력사항</td><td>취업여부</td><td colspan="2">①취업 ②실업 ③취업경험없음</td><td colspan="2">재정일자리참여여부
(과거포함)</td><td colspan="2">① 여 ② 부</td></tr>
<tr><td>사업자등록</td><td colspan="2">① 유 ② 무</td><td colspan="2">구직등록여부</td><td colspan="2">① 여 ② 부</td></tr>
<tr><td>지원경로</td><td colspan="7">☐ 현수막 ☐ 전단지 ☐ 지인소개 ☐ 기타( )</td></tr>
</table>

2) 프로그램 참여 신청서 양식

선발 기준표

면접자:

구분		적용 비율	구체적 기준	점수
서류 심사 (30점)	지원서	10%	지원서 구비사항 검토 자격증 및 관련교육 수료자 우대	
	취약계층	10%	기초생활수급자, 청년층, 경력단절여성 우대	
	관련 자격증	10%	운전면허 등	
면접 (70점)	취업의지	30%	중도포기 방지 및 취업에 대한 열의	
	직업의식	10%	직업가치, 마인드(취업유지 가능성)	
	직무 적합성	30%	건강, 의사소통, 성향, 경력 등	

면접관 **직책:** **성명:** (서명)

3) 출석부 양식

출석부

연번	수행기관 인

기관명: **과정명:** **기간:**

번호	날짜	월 일		월 일		월 일		월 일		월 일		소정출석일	실제출석일	결석	지각	외출	조퇴	확인
	기관장 결 재																	
	확 인 (강사)	시작	종료	시작	종료	시작	종료	시작	종료	시작	종료							
1	훈련생 성 명																	
2																		

〈출석부 기재요령〉
1. 훈련생은 매일 처음시간과 훈련종료 후 및 매 출석부 마지막 확인란에 직접 자필서명한다.(사인불가)
2. 강사나 훈련책임자는 매일 첫시간 및 마지막시간에 출석확인하고 서명하되 결석(출석호명당시 부재중인 경우 포함)한 훈련생에 대해서는 ×표시하며, 지각자, 조퇴자에 대하여 지각, 조퇴를 명기하고 하단에는 그 시간을 4자리 숫자로 표시한다.
3. 훈련책임자(훈련기관장)은 매일 수업종료 후 최종 확인 결재한다.
4. 오 · 탈자 정정은 적색펜을 사용하여 두 줄로 정정하고 정정한 곳 옆에 정정자가 기명하고 날인한다.
5. 중도탈락자는 제적일로부터 적색펜으로 두 줄을 긋는다.

4) 훈련일지 양식

훈련 일지

훈련기관명:

훈련과정명:

결재			

훈 련 일: 2022년 월 일 요일 (일/ 일)

재적	명	출석	명	결석	명	지각	명	조퇴	명

훈련사항					
교시		훈련과목	담당교사	훈련내용	비고 (불참자 등)
1					
2					
3					
4					
5					
6					
7					
8					
지시사항					
특기사항	지각자				
	결석자				
	조퇴자				
	기타사항 (전달사항, 외출자 등)				

1. 상단의 재적, 출석, 결석, 지각, 조퇴는 훈련이 종료된 후 기재
2. 훈련과목 및 담당교사, 훈련내용 등은 실제 훈련한 내용을 기재하며, 훈련내용은 상세히 기재
3. 특기사항에 지각자는 1교시에 지각한 훈련생을 기재하며, 결석자는 최종결석자를 훈련종료 후에 기재하며, 조퇴자는 조퇴 후 바로 기재
4. 기타사항에는 훈련과 관련하여 필요한 사항을 기재하며, 훈련 중에 발생한 특이사항에 대하여 기재
5. 훈련일지는 매시간 훈련을 실시한 교사가 직접 작성하며, 한꺼번에 작성하거나, 미리 작성하여서는 안 됨

사례 Ⅱ 프로그램 명: 청도사(청년도전지원사업)

사례Ⅱ는 000 지자체청년복지센터가 수행한 사업으로 청년의 문제를 일자리에 한정하지 않고, 복지 문화 심리정서 측면을 통합적 지원함으로써 청년의 정책참여 기회보장, 자립기반 및 권익증진 발전을 도모하여 창조적인 청년의 삶을 구현하는 것을 목표로 지자체가 관련 유관기관과의 업무협약체결로 부모세대 및 지역사회를 통한 구직단념청년 발굴, 청년능력개발, 청년안정교육, 홍보활동 등 분절된 청년지원사업의 단일화를 추구하고 지자체 청년지원 정책에 활성화를 도모하고 있다.

※ 상기 사례는 원 자료이며, 개인정보, 형식 등에 따라 일부 수정 · 보완하였다.

천안시 청년도전 지원사업

청도사

1. 프로그램의 필요성

1) 프로그램의 추진 배경

- 천안은 충청남도의 동북부에 위치하고 있으며, 동은 충청북도의 청주시, 진천군과 접하고 있으며 서는 아산시와 남은 공주시, 세종특별자치시에 접하고, 북은 경기도 평택시, 안성시와 경계를 이루고 있는 교통 요충지이다.

• 천안은 서울 기점 83.6㎞(고속도로)에 위치한 국토의 중핵도시로서 수도권의 배후와 충남 서부지역 관문, 국 · 철도, 고속도로 · 도로 및 삼남 분기의 교통요충지로 자리하고 있으며, 시가지를 중심으로 남북으로는 경부선이 있으며 남서로는 장항선이 뻗쳐 있어서 서울, 진천, 아산, 공주, 평택, 대전 방향으로 사통팔달의 육로가 펼쳐져 있는 충남의 대표도시이다.

2) 프로그램의 필요성

• 청년(15~39세) 인구는 233,007명으로, 총 인구의 35.4%로 전체 연령 대상 중 청년 대상의 비율은 매우 높은 비율을 차지하고 있다(천안시 청년통계 보고서, 2021).

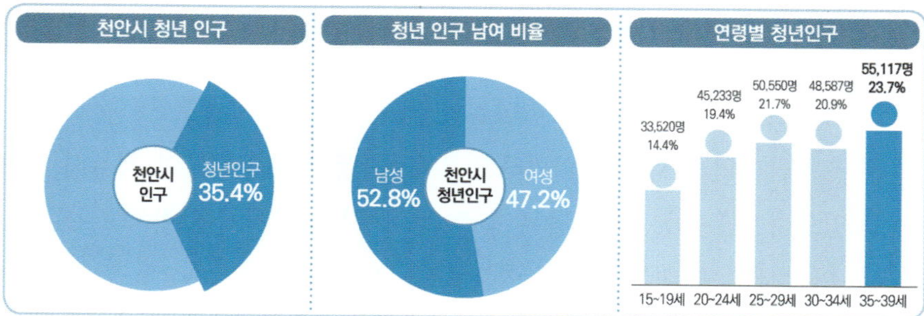

- 천안시 청년 인구 중 남성은 52.8%인 122,923명이고 여성은 47.2%인 110,084명으로 성비(여성 100명당 남성 수)는 111.7명이다.

- 청년인구 중 35~39세가 55,117명으로 가장 많았고, 25~29세, 50,550명, 30~34세, 48,587명, 20~24세 45,233명, 15~19세 33,520명 순으로 나타났으며, 지역별로는 동남구는 35~39세가 17,748명(22.1%), 서북구는 35~39세가 37,369명(24.5%)로 가장 높게 나타났다.

• 청년(15~39세)의 순이동(전입－전출)은 3,477명, 전입 전 거주지는 충청남도－경기도－서울특별시 순으로 나타났다.

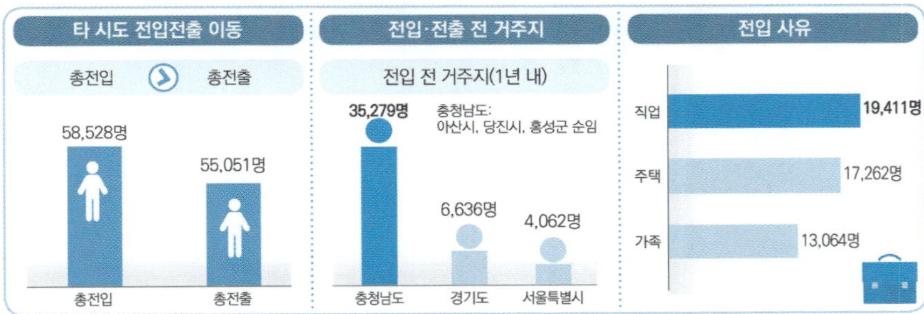

- 청년(15~39세)의 총전입은 58,528명, 총전출은 55,051명으로 3,477명이 순유입 되었다.
- 청년 순 이동자는 3,477명, 전입 연령별로는 25~29세가 17,241명으로 가장 많았고, 전입 전 거주지로는 충청남도(35,279명)－경기도(6,636명)－서울특별시(4,062명) 순으로 나타났으며, 전입 사유로는 직업이 19,411명으로 가장 높았고, 주택(17,262명)－가족(13,064명) 순으로 나타났다.

2. 요구조사

1) 환경분석

• 천안시 청년통계 보고서(2021)에 따르면, 천안시 총 인구는 657,775명으로 이 중 청

년(15~39세) 인구는 233,007명으로 총 인구의 35.4%를 차지하며, 청년인구 비율은 전국의 30.8%보다 4.6% 높으며, 충남의 28.5%보다 6.9%p 높다.

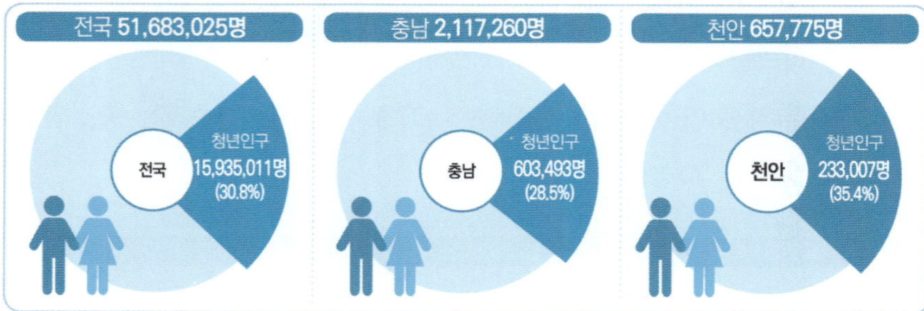

- 청년(15~39세)의 세대주는 89,937명이고, 세대주 비율은 38.6%, 세대구성별 청년인구는 2세대 141,657명이며, 1인 가구는 49,664명 순이다.

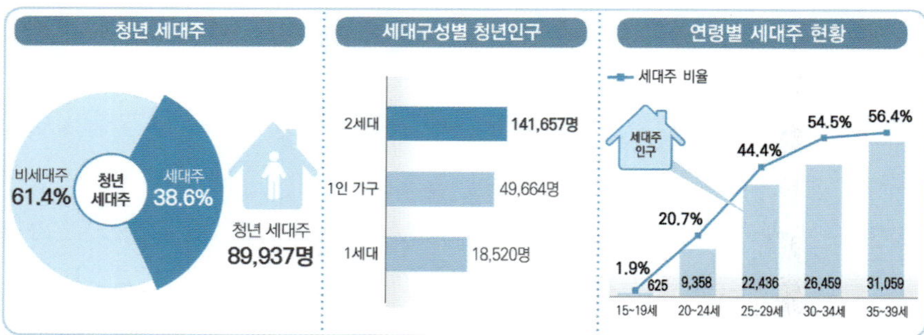

- 청년(15~39세)의 세대주는 89,937명, 비세대주 143,070명으로 세대주 비율은 38.6%이며, 세대구성별 청년인구는 2세대(141,657명)－1인가구(49,664명)－1세대(18,520명)－3세대(10,702명) 순으로 나타났다.
- 청년(15~39세)의 연령별 출산율을 살펴보면, 모(母)의 연령대별 천 명당 출산율은 30~34세(92.5명)－25~29세(47.6명)－35~39세(2명)－20~24세(8.9명) 순으로 나타나 천안시의 30~34세 연령별 출산율이 전국 78.9명보다 13.6명 높고, 충남 92.7명보다 0.2명 낮게 나타났다.

- 청년(15~39세)의 주택 소유자는 31,562명, 소유 주택수는 34,100호로 소유자 1인당 평균 소유주택수는 1.1호이다.

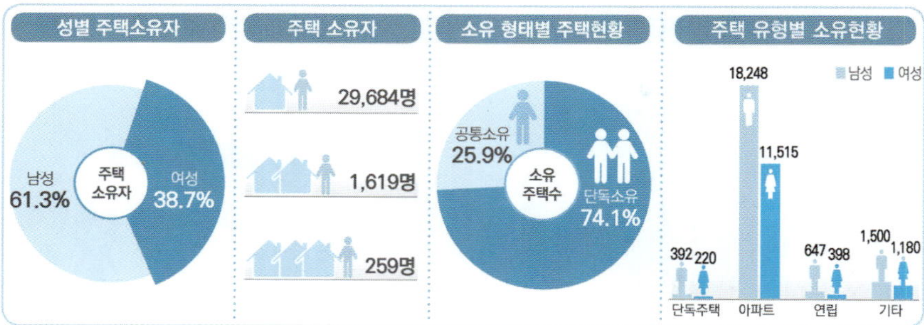

- 청년(15~39세)의 주택 소유자는 31,562명으로, 남성이(19,358명) 여성(12,204명)보다 높았으며, 주택 유형별 소유현황은 아파트(29,763호)−연립 및 다세대(1,045호)−단독주택(612호) 순으로 나타났다.

• 청년(15~39세)의 국민연금 가입자는 116,579명으로 사업장 가입자가 79,833명으로 가장 높았고, 지역가입자가 36,069명이며, 임의가입자가 677명 순으로 나타났다.

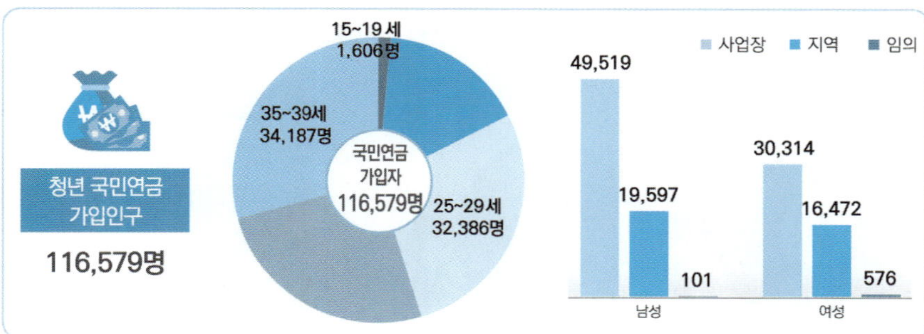

- 청년(15~39세)의 국민기초생활보장 수급인구는 3,276명이고 장애인 등록인구는 3,488명으로 나타났다.

ㄹ) 상황분석

• 청년(39세 이하)의 구직신청건은 27.374건, 여 15,711건 〉 남 11,663 건이며, 구직희망 월평균 임금은 200~250만원 미만이 가장 많았다.

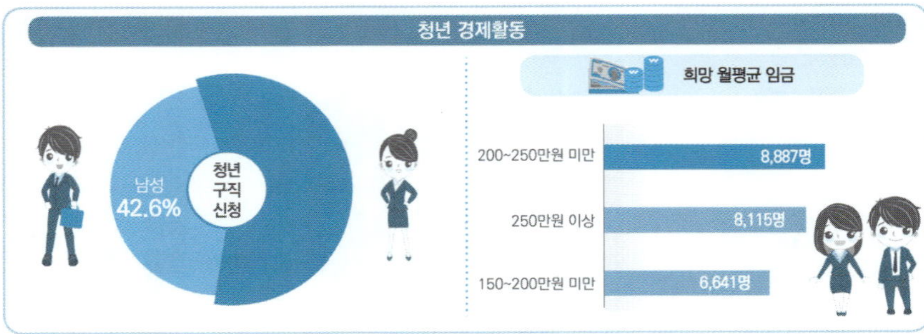

- 청년(39세 이하)의 구직신청 건수는 27.374명이고, 남성, 여성 모두 25~29세가 가장 많았으며, 구직희망 월평균 임금은 200~250만원 미만 8,887명, 250만원 이상 8,115명, 150~200만원 미만 6,641명 순으로 나타났다.

• 청년(39세 이하)의 고용보험 피보험자는 72,090명, 남 43,706명 〉 여 28,384명, 종사산업별 고용보험 가입현황은 제조업이 가장 높았다.

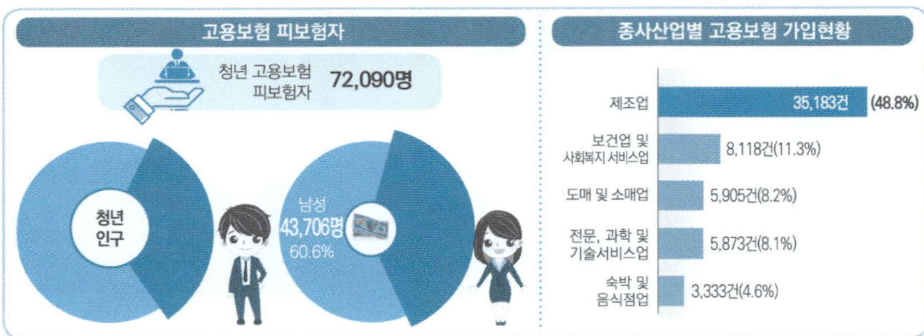

- 청년(39세 이하) 고용보험 피보험자 수는 72,090명으로 청년인구 대비 33.3%를 차지하였으며, 남성이 43,706명, 여성은 28,384명으로 남성이 여성보다 15,322명 더 많은 것으로 나타났다.
- 종사 산업별 고용보험 가입현황은 제조업 35,183건, 보건업 및 사회복지 서비스업 8,118건, 도매 및 소매업 5,905건, 전문, 과학 및 기술서비스업 5,873건, 숙박 및 음식점업 3.333건 순으로 나타났다.

• 천안시 청년통계 보고서(2021)에 따르면, 청년구직신청 건수는 4분기에 7,371건으로 가장 높았으며, 4분기 총 13,539건 중 54%가 청년구직신청자인 것으로 나타났다.

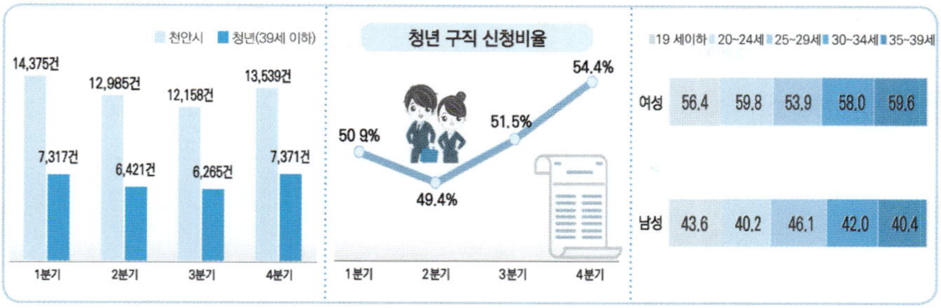

- 학력별 구직신청은 고졸 12,480건(45.6%), 대졸 7,947건(29.0%), 전문대졸 5,852건(21.4%), 중졸 이하 680건(2.5%), 대학원졸 415건(1.5%) 순으로 나타났으며, 성별 현황은 남성이 11,663건(42.6%), 여성이 15,711건(57.4%)으로 여성이 남성보다 4,048건 더 많았다.
- 고용보험 피보험자 수는 72,090명으로 청년인구(18~39세)의 216,665명의 33.3%를 차지하였고 성별 현황은 남성이 43,706명(60.6%), 여성이 28,384명(39.4%)으로 남성이 15.322명(21.2%) 더 많은 것으로 조사되었다.

3. 프로그램의 선정

1) 프로그램의 개요

분류	내용	
명칭	청도사	
기간	2022년 4월 ~ 2019년 12월(9월)	
지역	00시 전 지역	
인원	253명(23명 × 11회)	
대상	• 18~34세 구직 단념 청년 대상 – 구직 단념 청년(6개월간 취업, 직업훈련, 교육 미참여자)	
	지역특화 인정	지자체 특성에 맞게 30% 인정

2) 프로그램의 내용

(1) 프로그램의 추진 단계

1단계		2단계		3단계
프로그램 홍보 및 참여자 모집	⇨	밀착상담 기초 · 초기 · 중기상담	⇨	프로그램 운영: 자기탐색, 생활관리, 대인관계, 진로탐색, 동기부여, 구직기초 및 기술, 서비스연계 등
			⇨	비대면 서비스: 기초 · 수시상담, 팀빌딩, 직장생활에티켓, 진로탐색 및 컨설팅, 국민취업지원체제 안내 등

(2) 프로그램 주요 내용

구분		대상	주요 사업 내용	협력기관
일	청년능력개발지원사업 (취업패키지지원)	18~34세 청년	• 진로탐색 검사 및 해석상담 지원 • AI면접 및 이미지메이킹 지원 • 취업스타일링 지원(산업체 면접 청년대상 면접 헤어/메이크업 지원) • 자격증수험료 지원, 이력서 사진 촬영 지원, 면접 정장 대여	–
	청년능력개발지원사업 (취업스터디그룹지원)	대학생(3~4학년) 취업준비생	• 취업준비활동비 지원 • 오리엔테이션(사업안내 및 예산교육) 현장모니터링 • 스터디 특강(현장전문가 초빙 특강)	대학교 취업처 · 지원센터
	청년일자리네트워크구축	유관기관 MOU	청년지원사업 연계 및 홍보	유관기관 · 청년단체
삶	청년안정교육사업 (생활금융, 주거복지교육)	대학생	• 청년금융피해 예방교육(불법대출, 카드깡, 대포통장 등) • 청년주거피해방지 예방교육(주거임대차계약서실습, 전월세임대시 주의점)	청년안정교육 강사
	허심탄회(개인상담)	18~34세 청년	정신건강(우울, 불안), 학교부적응, 대인관계, 진로문제 등 상담지원	대학상담센터 유관기관
	청년자기개발프로그램	18~34세 청년	청년 다양한 자기개발프로그램 및 커뮤니티 지원	청년창업자연계
	청년JOB정책그룹운영	18~34세 청년	청년정책발굴/제안	–

구분		대상	주요 사업 내용	협력기관
문화	청년라이프코칭프로그램	18~34세 청년	청년1인가구 증가에 따른 건강관리 및 자산형성 교육 지원(청년건강케어, 청년경제특강)	–
	청년커뮤니티지원사업	18~34세 청년	다양한 목적(취미, 네트워크 등)의 청년 그룹을 위한 활동 지원	–
	청년의날 · 청년주간	18~34세 청년	• 청년의날 기념식 홍보(청년기본법 내 지정) • 청년문화축제 및 청년단체 활동 전개	–
	청년기자단	18~34세 청년	청년정책, 활동가, 단체, 본 센터 사업 등 다양한 청년정보 관련 기사 작성 및 배포	
	아웃리치	18~34세 청년	본 센터 홍보	유관기관

3) 프로그램의 목표

- 000청년복지센터는 청년의 문제를 일자리에 한정하지 않고, 복지 · 문화 · 심리정서 측면을 통합적 지원함으로써 청년의 정책참여 기회보장, 자립기반 및 권익증진 발전을 도모하여 창조적인 청년의 삶을 구현을 목표로 한다.
- 청년도전지원사업 운영의 활성화를 위해 천안시와 관련 유관기관(8개소) 업무협약을 체결하여 부모세대 및 지역사회를 통한 구직단념청년의 발굴 및 홍보활동을 전개하고, 분절된 청년지원사업의 단일화를 추구하며, 천안시 청년지원 정책에 활성화를 도모한다.

4) 프로그램의 운영 및 일정

(1) 프로그램의 운영

<table>
<tr><th rowspan="2">내용</th><th colspan="12">일정</th></tr>
<tr><th colspan="2">4월</th><th>5월</th><th>6월</th><th>7월</th><th colspan="2">8월</th><th>9월</th><th colspan="2">10월</th><th>11월</th><th>12월</th></tr>
<tr><td>00센터</td><td></td><td>●</td><td>●</td><td>●</td><td>●</td><td>●</td><td></td><td>●</td><td></td><td></td><td></td><td></td></tr>
<tr><td>00센터</td><td></td><td></td><td></td><td></td><td>●</td><td></td><td>●</td><td>●</td><td>●</td><td></td><td></td><td></td></tr>
<tr><td>온라인</td><td></td><td></td><td></td><td></td><td></td><td></td><td></td><td></td><td></td><td>●</td><td>●</td><td>●</td></tr>
</table>

(2) 프로그램의 일정표

구성	시간	1회	2회	3회	4회	5회	6회	7회	8회	9회	10회	11회
밀착상담	2시간	4/18 ~ 5/12	5/17 ~ 6/9	6/14 ~ 7/7	7/4 ~ 7/28	7/25 ~ 8/18	8/15 ~ 9/8	9/5 ~ 9/29	9/26 ~ 10/20	10/17 ~ 11/10	10/30 ~ 12/24	11/21 ~ 12/15
사례관리	4시간											
팀빌딩	13:00~15:00 2시간	4/19 (화)	5/17 (화)	6/14 (화)	7/5 (화)	7/26 (화)	8/16 (화)	9/6 (화)	9/27 (화)	10/18 (화)	11/1 (화)	11/22 (화)
생활금융교육	15:00~17:00 2시간											
셀프 리더십	13:00~17:00 4시간	4/21 (목)	5/19 (목)	6/16 (목)	7/7 (목)	7/28 (목)	8/18 (목)	9/8 (목)	9/29 (목)	10/20 (목)	11/3 (목)	11/24 (목)
직장생활 에티켓	13:00~17:00 4시간	4/26 (화)	5/24 (화)	6/21 (화)	7/12 (화)	8/2 (화)	8/23 (화)	9/13 (화)	10/4 (화)	10/25 (화)	11/8 (화)	11/29 (화)
진로탐색	13:00~17:00 4시간	4/28 (목)	5/26 (목)	6/23 (목)	7/14 (목)	8/4 (목)	8/25 (목)	9/15 (목)	10/6 (목)	10/27 (목)	11/10 (목)	12/1 (목)
자기설계	13:00~16:00 3시간	5/4 (화)	5/31(화)	6/28 (화)	7/17 (화)	8/9 (화)	8/30 (화)	9/20 (화)	10/11 (화)	11/1 (화)	11/15 (화)	12/6 (화)
취업 컨설팅	12:00~18:00 6시간	5/7 (토)	6/4 (토)	7/2 (토)	7/23 (토)	8/13 (토)	9/3 (토)	9/24 (토)	10/15 (토)	11/5 (토)	11/19 (토)	12/10 (토)
노동법 교육	13:00~15:00 2시간	5/10 (화)	6/7 (화)	7/5 (화)	7/26 (화)	8/16 (화)	9/6 (화)	9/27 (화)	10/18 (화)	11/8 (화)	11/22 (화)	12/13 (화)
면접 컨설팅	15:00~18:00 3시간											
협업 커뮤니티	13:00~16:00 3시간	5/12 (목)	6/9 (목)	7/7 (목)	7/28 (목)	8/18 (목)	9/8 (목)	9/29 (목)	10/20 (목)	11/10 (목)	11/24 (목)	12/15 (목)
국취안내	16:00~17:00 1시간											
총	40시간	00 센터	00 센터	00 센터	00 센터	00 센터	00 센터	00 센터	00 센터	온라인 운영		

5) 프로그램의 대상자 관리 및 운영

구분	내용	비고
전화	• 안내 • 상담예약 • 사후관리	• 09:00~18:00 운영
문자	• 부재중 안내 등	• 상시
카카오톡 비즈니스 채널	• 접수상담 안내 • 프로그램 일정 안내 • 사후관리 • 문의사항	• 24시간 운영 • 개인별 1:1 맞춤 관리
인스타그램, 페이스북	• 문의사항 • 안내	• 홍보, 이벤트 게시 • 개소 · 수료식 정보 제공
내방	• 밀착상담 • 사례관리 • 전문상담	• 9:00~18:00 운영 • 프로그램 정보 제공 • 진로검사 및 해석 제공 • 국민취업지원제도 연계 • 본 센터 개인상담 연계
워크넷 고용안정정보망	• 사업신청 • 참여신청자 관리	• 상시 신청 가능 • 처리 · 이수상태 관리

(1) 내용

- 참여자의 편의를 위해 전화 · 문자, 카카오톡 채널, SNS, 내방상담 등 다양한 관리시스템을 마련한다.
- 카카오톡 비즈니스 채널 추가를 안내하여 다양한 취업 관련 혜택 · 정보를 제공한다.

(2) 사전안내 및 지원

- 카카오톡 비즈니스 채널과 인스타그램을 통해 프로그램 내용, 이벤트 등을 제공한다.
- 고용안정정보망을 통해 신청내역을 확인, 참여자의 이수상태를 관리한다.

(3) 교육지원

- 프로그램 진행 1일 전 문자 · 전화, 당일 카카오톡 알림 등으로 편의성을 제공한다.
- 출결확인 및 당일 특이사항을 안내한다.
- 불참자는 전화 · 카카오톡으로 개별연락을 취하고, 이후 교육에 참석하도록 독려한다.

(4) 중도탈락 예방관리

- 강사 강의 만족도를 통한 강사 피드백을 실시하여 집중적으로 관리한다.
- 참여자가 이수할 수 있도록 전담인력(지정담당자)이 교육 전·후, 쉬는 시간 등을 활용하여 상담한다.
- 일상점검, 피드백을 통해 독려하고, 강의소감 및 불편사항 여부 등을 통해 만족도를 확인 및 실시한다.
- 밀착상담·사례관리 외 추가상담을 희망하는 경우 프로그램 중간 또는 종료 후 진행한다.

6) 프로그램의 세부 추진 내용

(1) 밀착상담

- 기초상담

구분	세부사항
목적	• 참여자 특성에 맞는 전담인력 배치 • 참여자 취업 동기 강화를 위한 맞춤형 진로 서비스 제공
프로그램 목표	• 청년도전지원사업 참여 구직 단념 청년 상담원 문답표를 통한 심리 내적·환경적 특성 탐색 및 프로그램 참여 의지 확인 • 참여자별 프로그램 참여 목표 설정
세부 프로그램	① 청년도전지원사업 참여 구직 단념 청년 상담원 문답 실시(1h) • 청년도전지원사업 참여 구직 단념 청년 상담원 문답표를 통한 참여 자격 확인 • 참여자의 생활환경 및 건강, 의사소통 등에서 전문기관 연계 필요성 판단 ② 청년도전지원사업 참여 목표 명료화(1h) • 프로그램 참여에 대한 기대, 의지 탐색 • 상담 신청서 작성을 통한 내담자 기초 정보 확인 • 참여자 진로 목표 파악 및 프로그램 참여 목표 설정 • 프로그램 운영 절차에 대한 세부 안내
평가방법	• 1:1 면담을 통한 참여자 프로그램 참여 목표의 진로 타당성, 현실적인 성취 가능성 평가 • 구직 단념 청년 상담원 문답표를 통한 참여자의 내적·환경적 요인 분석 후 구직노력 저해요인 탐색
기자재 및 공간	① 기자재 • 프로그램 참여 신청서 • 검사응답용 필기구 • 청년도전 지원사업 참여 구직 단념 청년 상담원 문답표 ② 공간 • 본 센터 상담이용 공간 4개실

• 초기상담

<table>
<tr><th>구분</th><th>세부사항</th></tr>
<tr><td>목적</td><td>• 참여자 상황에 맞는 정책 연계
• 참여자의 구직 단념을 유발하는 습관 탐색 및 관리</td></tr>
<tr><td>프로그램 목표</td><td>• 참여자의 심리적 · 경제적 · 환경적 상황 탐색 후 이에 맞는 정책프로그램 연계
• 평소 생활 습관 탐색 후 습관의 조절 혹은 생산적인 습관으로의 대체</td></tr>
<tr><td>세부 프로그램</td><td>① 참여자별 요인 탐색(30m)
• 사전에 실시했던 구직 단념 청년 문답표에서 나타난 교육이력, 구직욕구, 생활환경, 직업이력, 구직활동, 재량점수 분석
② 구직노력 저해요인 발견(1h)
• 참여자 심리 · 환경적 특성에 따른 실시검사 구분
<table>
<tr><th>구분</th><th>실시 검사</th></tr>
<tr><td>a. 심리 · 환경적 요인문제가 발견되는 참여자</td><td>• 다면적 인성검사(MMPI-2)를 통한 저해요인 탐색</td></tr>
<tr><td>b. 심리 · 환경적 요인문제가 발견되지 않은 참여자</td><td>• 워크넷(www.work.go.kr) 구직준비도 검사 후 참여자의 구직활동과 관련한 특성을 측정</td></tr>
<tr><td>c. 참여자 공통</td><td>• 진로결정자기효능감척도(CDMSES-SF) 실시 후 참여자의 구직노력, 자기효능감 등 평가</td></tr>
</table>
③ 생활습관 대체(30m)
• 1:1 면담을 통한 내담자의 생활습관 탐색 후 구직노력 저해를 유발하는 습관 탐색
• 참여자의 습관으로 인해 나타나는 부적 결과들을 안내 후 이를 대체할 생산적인 습관 탐색
④ 코로나-19 확산세 시 온라인 운영 방안
• 구글 폼을 활용한 온라인 검사 실시 후 전화상담 실시</td></tr>
<tr><td>평가방법</td><td>• 참여자별 재탐색된 진로목표 평가
• 미래 라이프스타일을 통한 진로목표에 대한 구체성 및 현실성 평가</td></tr>
<tr><td>기자재 및 공간</td><td>① 기자재
• 필기구
• 진로결정자기효능감 척도
• MMPI-A 검사지
• 워크넷(www.work.go.kr) 구직준비도 검사 활용
② 공간
• 본 센터 상담이용 공간 4개실</td></tr>
</table>

• 중기상담

<table>
<tr><th>구분</th><th>세부사항</th></tr>
<tr><td>목적</td><td>• 진로적성 · 흥미 정보 제공 후 진로목표 설정
• 참여자 구직 자신감 강화</td></tr>
<tr><td>프로그램 목표</td><td>• 초기상담에서 발견된 구직노력 저해요인의 해소
• 진로검사 실시 후 참여자별 진로적성 · 흥미 정보 제공
• 참여자의 진로 흥미와 적성 그리고 현실 가능성을 맞춘 진로목표 설정</td></tr>
<tr><td>세부
프로그램</td><td>① 구직노력 저해요인의 해소(30m)
• 참여자별 심리상담을 통한 구직노력 저해요인 해소 시도
• 참여자들의 비합리적인 사고, 비생산적 행동양식 탐색 후 생산적인 사고와 행동 양식으로 수정하도록 도움
② 진로검사 실시 및 해석상담 진행(1h)
• 참여자의 진로 적성 및 흥미를 탐색할 수 있도록 진로검사 서비스 제공
<table>
<tr><th>구분</th><th>내용</th></tr>
<tr><td>직업선호도검사 S형
(www.work.go.kr)</td><td>• 참여자의 좋아하는 활동, 직업흥미유형 및 선호하는 분야를 측정하여 유형에 맞는 직업정보들을 제공해 주는 검사
• 검사시간 약 25분 소요</td></tr>
<tr><td>U&I 진로탐색검사-온라인
(연우심리개발원)</td><td>• 참여자의 진로성격과 흥미를 고려하여 적성과 흥미를 잘 나타낼 수 있는 직업군을 제공해 주는 검사
• 참여자의 특성에 맞는 라이프스타일, 업무수행 방식을 부가적으로 제공해 진로목표를 설정할 수 있도록 도움
• 검사시간 약 30~40분 소요</td></tr>
</table>
③ 진로목표 및 준비계획 설정(30m)
• 진로검사 결과 및 참여자의 직업선호를 고려하여 진로목표 설정
• 워크넷(www.work.go.kr)을 통해 진로목표에 필요한 자격증 정보, 교육과정 등의 정보 탐색
• 진로목표 달성에 도움이 될 수 있도록 노동부 사업 국민취업지원제도에 대한 정보 제공
④ 코로나-19 확산세 시 온라인 운영 방안
• 구글 폼을 활용한 온라인 검사 실시 후 전화상담 실시</td></tr>
<tr><td>평가방법</td><td>• 1:1 직업상담을 통해 참여자의 진로 목표와 선호 진로 목표 비교 평가</td></tr>
<tr><td>기자재 및 공간</td><td>① 기자재
• 노트북(4대)
• 복합형 프린터(1개)
• 워크넷(www.work.go.kr) 직업선호도 S형 검사 활용
• U&I 진로탐색검사-온라인용
② 공간
• 본 센터 상담이용공간 4개실</td></tr>
</table>

(2) 사례관리

- 생활금융교육

<table>
<tr><th>구분</th><th>세부사항</th></tr>
<tr><td>목적</td><td>• 참여자 취업 후 안정적인 사회 적응을 도모하기 위한 생활금융교육</td></tr>
<tr><td>프로그램 목표</td><td>• 참여자의 생활금융교육(예방교육)을 통한 불법대출 피해방지 및 건강한 경제생활 지원
• 청년대상 금융피해소개 및 방지(내구제대출, 작업대출 등)</td></tr>
<tr><td>세부 프로그램</td><td>① 생활금융교육(2h)
• 금융 피해 종류와 이해
• 피싱(보이스, 스미싱, 메신저)
• 내구제 대출/작업 대출
• 금융피해 예방법
• 정부 및 지자체 청년생활금융지원사업 안내(청년희망키움 통장 등)
② 코로나-19 확산세 시 온라인 운영 방안
• ZOOM을 활용한 온라인 교육 실시</td></tr>
<tr><td>평가방법</td><td><table>
<tr><th>설문내용</th><th>매우 그렇지 않다</th><th>그렇지 않다</th><th>보통 이다</th><th>그렇다</th><th>매우 그렇다</th></tr>
<tr><td>1. 프로그램에 대해 전반적으로 만족하십니까?</td><td></td><td></td><td></td><td></td><td></td></tr>
<tr><td>2. 생활금융교육을 통해 이후 취업 시 도움이 될 것이라고 생각하십니까?</td><td></td><td></td><td></td><td></td><td></td></tr>
<tr><td>3. 강사(교수자)에 대해 만족하십니까?</td><td></td><td></td><td></td><td></td><td></td></tr>
<tr><td>4. 프로그램 운영 지원(장소, 시간, 자료집 등)에 대해 만족하십니까?</td><td></td><td></td><td></td><td></td><td></td></tr>
<tr><td>총계</td><td></td><td></td><td></td><td></td><td></td></tr>
</table></td></tr>
<tr><td>기자재 및 공간</td><td>① 기자재
• 노트북, 프리젠터 등
② 공간
• 본 센터 공유공간, 불당동</td></tr>
</table>

- 노동법교육

구분	세부사항
목적	• 참여자의 취업 후 안정적인 직장생활을 위한 노동법교육 (근로계약, 4대보험, 직장내괴롭힘 신고 등)
프로그램 목표	• 취업 후 임금 체불, 부당해고, 직장내 괴롭힘 등을 예방 및 신고 위한 교육 • 근로계약서 작성 방법 교육 및 실습 • 취업 후 받을 수 있는 제도 안내

<table>
<tr><th>구분</th><th>세부사항</th></tr>
<tr><td>세부 프로그램</td><td>① 최근 노동 이슈(2h)
• 임금 체불, 직장 내 괴롭힘 등 노동과 관련한 이슈(뉴스, SNS 확인)
• 노동 이슈에 관한 본인의 생각과 대처 방안 토론
② 근로계약서 작성 시 확인해야 할 필수 조건(1h)
• 근로계약서에서 확인해야 할 필수 조건 교육
• 근로계약서 작성 실습(고용노동부 표준안)
③ 코로나-19 확산세 시 온라인 운영 방안
• ZOOM을 활용한 온라인 교육 실시
• 본 센터 홈페이지를 통한 근로계약서 양식 공유 후 비대면 실습교육 진행</td></tr>
<tr><td>평가방법</td><td>
<table>
<tr><th>설문내용</th><th>매우 그렇지 않다</th><th>그렇지 않다</th><th>보통이다</th><th>그렇다</th><th>매우 그렇다</th></tr>
<tr><td>1. 프로그램에 대해 전반적으로 만족하십니까?</td><td></td><td></td><td></td><td></td><td></td></tr>
<tr><td>2. 노동법 교육을 통해 이후 취업 시 도움이 될 것이라고 생각하십니까?</td><td></td><td></td><td></td><td></td><td></td></tr>
<tr><td>3. 강사(교수자)에 대해 만족하십니까?</td><td></td><td></td><td></td><td></td><td></td></tr>
<tr><td>4. 프로그램 운영 지원(장소, 시간, 자료집 등)에 대해 만족하십니까?</td><td></td><td></td><td></td><td></td><td></td></tr>
<tr><td>총계</td><td></td><td></td><td></td><td></td><td></td></tr>
</table>
</td></tr>
<tr><td>기자재 및 공간</td><td>① 기자재
• 노트북, 프리젠터 등
• 표준근로계약서 (고용노동부)
② 공간
• 본 센터 공유공간, 불당동</td></tr>
</table>

• 서비스연계

구분	세부사항
목적	• 국민취업지원제도 참여율 증진 • 취업과 관련한 프로그램 소개를 통한 청년 정책 홍보
프로그램 목표	• 전문가의 국민취업지원제도 소개를 통한 참여율 증진 • 청년도전지원사업 이외의 프로그램 안내를 통한 청년 정책 홍보
세부 프로그램	① 국민취업지원제도 소개(30m) • 국민취업지원제도 유형 및 혜택 안내 ② 천안시 국민취업지원제도 기관 안내(10m) • 관내 국민취업지원제도 기관 리스트 제공 ③ 현장 접수(20m) • 국민취업지원제도 신청 희망자 현장 접수 실시

구분	세부사항
	④ 코로나-19 확산세 시 온라인 운영 방안 • ZOOM을 활용한 온라인 교육 실시
평가방법	• 국민취업지원제도 신청자 수
기자재 및 공간	① 기자재 • 노트북, 프리젠터 • 국민취업지원제도 팜플렛 ② 공간 • 본 센터 공유공간

(3) 자신감 회복

• 셀프 리더십

구분	세부사항
목적	• 자신의 성격적 특성에 대한 이해 증진 • 성격유형에 따른 직업적 강점 탐색
프로그램 목표	• 에니어그램을 통해 나의 성격적 특징 및 보완점을 탐색 • 자신의 성격유형별 직업적 강점을 확인
세부 프로그램	① 성격심리이해(2h) • 에니어그램 기본이해 • 에니어그램 성격유형검사 개별 실시 • 타 유형과 나와 다름에 대한 이해와 존중 • 업무현장에서 발휘될 수 있는 자신의 특성 탐색 후 셀프리더십 함양 ② 리더십 상자(1h) • 현재 지금 겪고 있는 문제를 적어 상자에 넣기 • 상자 안에 있는 다양한 문제 중 하나를 뽑은 후 자신의 유형 강점으로 이 문제를 어떻게 해결할 수 있을지 발표 ③ 리더십 증진(1h) • 유형별 강점, 약점을 활용한 취업 계획서 작성 • 9가지 유형별로 조를 만들어 자신의 취업 계획 발표 ④ 코로나-19 확산세 시 온라인 운영 방안 • 우편발송을 통한 에니어그램 검사 실시 후 화상채팅 프로그램 ZOOM을 활용한 온라인 교육 실시
평가방법	• 에니어그램 검사를 통해 참여자의 성격적 특성 평가
기자재 및 공간	① 기자재 • 노트북, 프리젠터 • 에니어그램 검사지 ② 공간 • 본 센터 공유공간

• 자기설계

<table>
<tr><th>구분</th><th>세부사항</th></tr>
<tr><td>목적</td><td>• 자기설계 프로그램 참여자 반별 커뮤니티 형성을 통한 청년 정보교류</td></tr>
<tr><td>프로그램 목표</td><td>• 4가지 분야의 체험 그룹을 운영하여 스트레스 완화 기회 제공
• 소규모 커뮤니티를 통한 참여자 간 대인관계 증진 및 정보교류</td></tr>
<tr><td>세부
프로그램</td><td>① 오리엔테이션 및 참여반 설정(30m)
• 메이크업, 독서 토론, 소품 제작 등 참여자들의 스트레스 완화에 도움이 되는 프로그램 설계
• 참여자 선호 분야 조사 후 그룹 설정 및 실시
② 자기설계 프로그램(2h 30m)
• 4가지 분야의 현업종사자 멘토링을 통한 프로그램 체험
• 소규모 프로그램을 통한 참여자 간 친밀감 형성 및 정보 교류의 장 형성
• 참여자들이 쉽게 배울 수 있는 프로그램으로 설계하여 스트레스 완화에 용이한 구조로 형성
③ 코로나-19 확산세 시 온라인 운영 방안
• DIY 키트 우편발송 후 ZOOM을 활용한 온라인 교육 실시</td></tr>
<tr><td>평가방법</td><td>
<table>
<tr><th>설문내용</th><th>매우 그렇지 않다</th><th>그렇지 않다</th><th>보통 이다</th><th>그렇다</th><th>매우 그렇다</th></tr>
<tr><td>1. 프로그램에 대해 전반적으로 만족하십니까?</td><td></td><td></td><td></td><td></td><td></td></tr>
<tr><td>2. 강사(교수자)에 대해 만족하십니까?</td><td></td><td></td><td></td><td></td><td></td></tr>
<tr><td>3. 프로그램 운영 지원(장소, 시간, 자료집 등)에 대해 만족하십니까?</td><td></td><td></td><td></td><td></td><td></td></tr>
<tr><td>총계</td><td></td><td></td><td></td><td></td><td></td></tr>
</table>
</td></tr>
<tr><td>기자재 및 공간</td><td>① 기자재
• 노트북, 프리젠터
② 공간
• 본 센터 공유공간</td></tr>
</table>

• 직장생활 에티켓

<table>
<tr><th>구분</th><th>세부사항</th></tr>
<tr><td>목적</td><td>• 관계의 주요 요소를 파악하고 자기표현을 통한 긍정적 관계 형성
• 의사소통 훈련을 통한 직장 내 원활한 의사소통 대비</td></tr>
<tr><td>프로그램 목표</td><td>• 대인관계에서의 의사소통의 변인을 파악하고 대응할 수 있도록 한다.
• 관계에서의 주요 변인인 공감과 소통의 과정을 이해하고 올바른 감정을 표현할 수 있도록 한다.
• 직무 스트레스 상황에서의 대처법 전달</td></tr>
<tr><td>세부 프로그램</td><td>① 대인관계의 주요 변인 탐색(1h)
• 내가 생각하는 대인관계에서의 주요 요소 정의하기
• 대인관계 의사소통에서 공감능력은 어떤 역할을 하는지 탐색하기
• 인터뷰 게임/마인드맵
② 직장생활 속 대인관계 인식하기(1h)
• 관계 속 공통점과 차이점 찾기
• 명확한 의사소통을 위한 방법 발표하기
③ 관계 속 공감과 소통 방해요인 분석하기(1h)
• 비합리적 사고를 발견하고 합리적 사고로 전환하기
• 부정적 감정을 긍정적 감정으로 승화하기
④ 직장 스트레스 대처하기(1h)
• 업무현장에서 발생될 수 있는 문제 상황 확인
• 각 상황에 대한 대처방안 교육
⑤ 코로나-19 확산 시 온라인 운영 방안
• ZOOM을 활용한 온라인 교육 실시</td></tr>
<tr><td>평가방법</td><td><table>
<tr><th>설문내용</th><th>매우 그렇지 않다</th><th>그렇지 않다</th><th>보통 이다</th><th>그렇다</th><th>매우 그렇다</th></tr>
<tr><td>1. 프로그램에 대해 전반적으로 만족하십니까?</td><td></td><td></td><td></td><td></td><td></td></tr>
<tr><td>2. 대인관계 교육을 통해 직장 내 의사소통에 도움이 될 것이라고 생각하십니까?</td><td></td><td></td><td></td><td></td><td></td></tr>
<tr><td>3. 강사(교수자)에 대해 만족하십니까?</td><td></td><td></td><td></td><td></td><td></td></tr>
<tr><td>4. 프로그램 운영 지원(장소, 시간, 자료집 등)에 대해 만족하십니까?</td><td></td><td></td><td></td><td></td><td></td></tr>
<tr><td>총계</td><td></td><td></td><td></td><td></td><td></td></tr>
</table></td></tr>
<tr><td>기자재 및 공간</td><td>① 기자재
• 노트북, 프리젠터
• 감정 카드, 욕구 카드
② 공간
• 본 센터 공유공간</td></tr>
</table>

(4) 진로탐색

• 팀빌딩

<table>
<tr><th>구분</th><th>세부사항</th></tr>
<tr><td>목적</td><td>• 구직 단념 청년을 위한 동기강화 및 커뮤니티 증진을 위한 참여활동
• 구직 단념 청년의 필요한 사회적 기술 훈련의 장 마련</td></tr>
<tr><td>프로그램 목표</td><td>• 성취경험을 제공하여 구직 단념 청년의 자아존중감 향상 및 동기 강화
• 팀빌딩을 통한 협동심, 의사소통 역량 훈련</td></tr>
<tr><td>세부 프로그램</td><td>① 진행자 소개 및 주의사항 전달(10m)
• 팀빌딩 강사의 자기소개 및 이력 안내
• 프로그램 과정 중 신체활동으로 생겨날 수 있는 안전사고 예방교육 실시
② 협동체조(30m)
• 신나는 분위기의 음악에 맞추어 협동체조 실시
• 인원수를 두 명, 네 명의 배수 단위로 늘려 가며 모둠 형성
• 깍지 끼고 일어나기, 등 맞대고 일어나기, 손풀기의 협동게임 진행
③ Paper king(40m)
• 그룹별 조장에게 A4용지 전달 후 나누어 카드 제작
• 조장을 제외하고 조원들이 움직이며, 가위바위보를 통해 다른 조의 카드를 뺏는 게임 진행
• 가위바위보 전 하이파이브와 자기소개를 필수로 하여 의사소통훈련의 장 마련
④ 팀빌딩(40m)
• 그룹 간 협동심을 증진하기 위한 팀빌딩 프로그램 실시
• 양손 잡고 일어나기 실시 후 2명, 4명, 8명 순으로 난이도 증가
• 8명 이후 손풀기 게임으로 전환
• 그룹원 간의 협동심을 증진하여 커뮤니티 기술 훈련의 장 마련
⑤ 코로나-19 확산 시 온라인 운영 방안
• ZOOM을 활용한 온라인 교육 실시</td></tr>
<tr><td>평가방법</td><td>
<table>
<tr><th>설문내용</th><th>매우 그렇지 않다</th><th>그렇지 않다</th><th>보통 이다</th><th>그렇다</th><th>매우 그렇다</th></tr>
<tr><td>1. 프로그램에 대해 전반적으로 만족하십니까?</td><td></td><td></td><td></td><td></td><td></td></tr>
<tr><td>2. 팀빌딩을 통해 이후 면접 시 도움이 될 것이라고 생각하십니까?</td><td></td><td></td><td></td><td></td><td></td></tr>
<tr><td>3. 강사(교수자)에 대해 만족하십니까?</td><td></td><td></td><td></td><td></td><td></td></tr>
<tr><td>4. 프로그램 운영 지원(장소, 시간, 자료집 등)에 대해 만족하십니까?</td><td></td><td></td><td></td><td></td><td></td></tr>
<tr><td>총계</td><td></td><td></td><td></td><td></td><td></td></tr>
</table>
</td></tr>
<tr><td>기자재 및 공간</td><td>① 기자재
• 노트북, 프리젠터 등
② 공간
• 본 센터 공유공간</td></tr>
</table>

• 진로탐색

<table>
<tr><th>구분</th><th>세부사항</th></tr>
<tr><td>목적</td><td>• 구직 단념 청년의 진로방향 설정을 위한 자기 탐색
• 참여자의 자기 탐색 기회 제공</td></tr>
<tr><td>프로그램 목표</td><td>• 진로 관련 검사를 통해 자기 탐색
• 진로 사고, 진로 성숙도, 진로 흥미 등을 탐색하여 진로 탐색에 기회 제공</td></tr>
<tr><td>세부 프로그램</td><td>① 진로사고 분석(1h)
• CTI 진로사고검사 프로파일 분석
• 현재 자신의 진로 계획과 실행에 어려움을 겪는 단계 확인 및 변화(워크시트 작성)
② 진로성숙도 분석(1h)
• U&I 진로탐색 검사의 진로성숙도 프로파일 분석
• 자신의 진로성숙도를 확인하고 보완점 작성(워크시트 작성)
③ 진로 적성 및 흥미 분석(1h)
• STRONG 직업흥미검사와 U&I 진로탐색 검사의 진로 흥미와 적성 분석
• 진로 적성과 흥미와 관련된 우선순위 작성(워크시트 작성)
④ ①②③ 종합 분석(1h)
• 3가지 활동을 종합한 나의 진로 사용 설명서 작성 후 발표
⑤ 코로나-19 확산세 시 온라인 운영 방안
• ZOOM을 활용한 온라인 프로그램 실시</td></tr>
<tr><td>평가방법</td><td><table>
<tr><th>설문내용</th><th>매우 그렇지 않다</th><th>그렇지 않다</th><th>보통이다</th><th>그렇다</th><th>매우 그렇다</th></tr>
<tr><td>1. 프로그램에 대해 전반적으로 만족하십니까?</td><td></td><td></td><td></td><td></td><td></td></tr>
<tr><td>2. 자기탐색을 통해 이후 면접 시 도움이 될 것이라고 생각하십니까?</td><td></td><td></td><td></td><td></td><td></td></tr>
<tr><td>3. 강사(교수자)에 대해 만족하십니까?</td><td></td><td></td><td></td><td></td><td></td></tr>
<tr><td>4. 프로그램 운영 지원(장소, 시간, 자료집 등)에 대해 만족하십니까?</td><td></td><td></td><td></td><td></td><td></td></tr>
<tr><td>총계</td><td></td><td></td><td></td><td></td><td></td></tr>
</table></td></tr>
<tr><td>기자재 및 공간</td><td>① 기자재
• CTI 진로사고 검사, U&I 진로탐색검사, STRONG 직업흥미 검사: 사전 온라인 검사 실시 후 프로파일 출력본
② 공간
• 본 센터 공유공간</td></tr>
</table>

• 취업역량

구분	세부사항
목적	• 구직기술 습득을 통한 진로 결정 자기효능감 강화 • 취업에 필요한 정보 습득
프로그램 목표	• 관심 산업, 기업 직무 설정을 통해 취업 동기 강화 • 정보수집, 정보분석, 실전 적용 등 단계적 구직스킬 지원
세부 프로그램	① 목표 설정을 위한 정보수집(1h) • 목표산업 결정(선호/성향/학점 중심) • 목표 산업에 맞는 기업 및 직무 정보 수집 ② 정보 분석(3h) • 산업 · 기업 · 직무 분석(특징, 현황, 태도 중심) • 워크시트 작성 ③ 실전 적용(1h) • 자소서 구조 잡기 • 작성을 위한 공식 만들기 • 자소서 작성(지원동기 중심) ④ 면접 컨설팅(1h) • 1분 자기소개서 작성 기초 • 면접 실전 감각을 높이는 루틴 만들기 • 면접 실습 ⑤ 코로나-19 확산세 시 온라인 운영 방안 • ZOOM을 활용한 온라인 교육 실시
평가방법	• 프로그램 참여에 대한 만족도 평가 • 전문가를 통한 자기소개서 평가 후 피드백 • 면접 실습 후 참여자의 자기 평가 및 전문가 피드백
기자재 및 공간	① 기자재 • 노트북 • 필기구 및 A4용지 250매, 칠판 ② 공간 • 본 센터 공유공간

• 면접컨설팅

<table>
<tr><th>구분</th><th>세부사항</th></tr>
<tr><td>목적</td><td>• 취업 주요 요소 중 하나인 면접 대비 이미지메이킹 전략 교육</td></tr>
<tr><td>프로그램 목표</td><td>• 기업 인재상에 적합한 이미지 전략 수립
• 실제 면접대비 헤어 및 메이크업 실습, 피드백으로 면접 경쟁력 강화
• 적합한 면접복장 확인을 통한 이미지 연출</td></tr>
<tr><td>세부 프로그램</td><td>① 컬러테라피(1h)
• 컬러테라피를 통한 자기 이해
• 자신의 강점, 약점을 이해하고 힐링컬러 찾기
• 기업의 이미지를 대표하는 호감 가는 첫인상 만들기
② 퍼스널컬러 교육(2h)
• 자신만의 퍼스널컬러 진단하기
• 힐링컬러를 활용한 이미지 연출
• 전문성을 높이는 스피치 기술(목소리톤, 발음교정)
• 면접관의 무릎을 치게 만드는 감탄의 1분 자기소개 스피치
③ 코로나-19 확산세 시 온라인 운영 방안
• ZOOM을 활용한 온라인 교육 실시</td></tr>
<tr><td>평가방법</td><td>
<table>
<tr><th>설문내용</th><th>매우 그렇지 않다</th><th>그렇지 않다</th><th>보통이다</th><th>그렇다</th><th>매우 그렇다</th></tr>
<tr><td>1. 프로그램에 대해 전반적으로 만족하십니까?</td><td></td><td></td><td></td><td></td><td></td></tr>
<tr><td>2. 면접컨설팅 교육을 통해 이후 면접 시 도움이 될 것이라고 생각하십니까?</td><td></td><td></td><td></td><td></td><td></td></tr>
<tr><td>3. 강사(교수자)에 대해 만족하십니까?</td><td></td><td></td><td></td><td></td><td></td></tr>
<tr><td>4. 프로그램 운영 지원(장소, 시간, 자료집 등)에 대해 만족하십니까?</td><td></td><td></td><td></td><td></td><td></td></tr>
<tr><td>총계</td><td></td><td></td><td></td><td></td><td></td></tr>
</table>
</td></tr>
<tr><td>기자재 및 공간</td><td>① 기자재
• 노트북
• 필기구 및 A4용지 250매, 칠판
② 공간
• 본 센터 공유공간</td></tr>
</table>

• 현업커뮤니티

<table>
<tr><th>구분</th><th>세부사항</th></tr>
<tr><td>목적</td><td>• 전문기술 습득을 제공하여 취업역량강화의 기회 제공
• 참여자의 자기효능감 향상을 위한 성취경험 제공</td></tr>
<tr><td>프로그램 목표</td><td>• 6가지 분야의 직무체험을 통한 취업역량 강화 기회 제공
• 청년 창업자 중심의 교육을 통한 참여자의 자기효능감 향상</td></tr>
<tr><td>세부 프로그램</td><td>① 오리엔테이션 및 참여반 설정(30m)
• 프로그램 진행 과정에 대한 세부안내 실시
• 희망 참여반 선정
② 자기설계 프로그램(2h 30m)
• 6가지 분야의 현업종사자 멘토링을 통한 프로그램 진행
• 참여자들이 쉽게 참여할 수 있는 프로그램을 설계하여 성취경험을 쌓기 용이한 구조로 설계
③ 코로나-19 확산세 시 온라인 운영 방안
• ZOOM을 활용한 온라인 교육 실시 및 프로그램 분야 축소</td></tr>
<tr><td>평가방법</td><td><table>
<tr><th>설문내용</th><th>매우 그렇지 않다</th><th>그렇지 않다</th><th>보통이다</th><th>그렇다</th><th>매우 그렇다</th></tr>
<tr><td>1. 프로그램에 대해 전반적으로 만족하십니까?</td><td></td><td></td><td></td><td></td><td></td></tr>
<tr><td>2. 강사(교수자)에 대해 만족하십니까?</td><td></td><td></td><td></td><td></td><td></td></tr>
<tr><td>3. 프로그램 운영 지원(장소, 시간, 자료집 등)에 대해 만족하십니까?</td><td></td><td></td><td></td><td></td><td></td></tr>
<tr><td>총계</td><td></td><td></td><td></td><td></td><td></td></tr>
</table></td></tr>
<tr><td>기자재 및 공간</td><td>① 공간
• 현업종사자 6인의 개인 사업장</td></tr>
</table>

7) 프로그램의 홍보 및 결과

(1) 온라인 홍보

홍보수단	내용
센터 공식 계정 인스타그램	청년도전지원사업 참여자 모집
센터 공식 계정 페이스북	
센터 공식 홈페이지 공지사항	

홍보수단	내용
센터 공식 홈페이지 팝업	
센터 공식 계정 카카오채널 유료 메시지	
센터 공식 계정 인스타그램	
센터 공식 계정 카카오채널 포스트	
센터 공식 계정 인스타그램	친구동행이벤트 참여자 모집 홍보
센터 공식 계정 페이스북	
센터 공식 홈페이지 공지사항	
센터 공식 계정 카카오채널 포스트	
센터 공식 계정 카카오채널 유료 메시지	
센터 공식 홈페이지 팝업	
센터 공식 네이버 블로그	
센터 공식 계정 카카오채널 포스트	
센터 공식 홈페이지 공지사항	추천인이벤트 웹자보 게시 및 참여자 모집 홍보
센터 공식 계정 카카오채널 포스트	
센터 공식 계정 인스타그램	
센터 공식 네이버 블로그	
센터 공식 계정 카카오 유료 메시지	추천인이벤트 카드뉴스 발송
센터 공식 유튜브	참여자 모집
센터 공식 계정 카카오채널 포스트	육아맘&파파 오전반 참여자 모집
센터 공식 계정 카카오채널 유료 메시지	
센터 공식 홈페이지 공지사항	
센터 공식 네이버 블로그	
센터 공식 계정 인스타그램	
센터 공식 네이버 블로그	청년도전지원사업 참여자 모집
센터 공식 계정 카카오 포스트	
센터 공식 홈페이지 공지사항	
센터 공식 네이버 블로그	
센터 공식 계정 카카오채널 유료 메시지	
센터 공식 계정 인스타그램	
센터 공식 계정 페이스북	
센터 공식 계정 인스타그램	청년도전지원사업 온라인강의 참여자 모집
센터 공식 네이버 블로그	
센터 공식 계정 카카오채널 유료 메시지	

(2) 공식채널 홍보

<table>
<tr><th>홍보수단</th><th>내용</th></tr>
<tr><td>지자제 홈페이지</td><td rowspan="4">청년도전지원사업 참여자 모집</td></tr>
<tr><td>지자제 청년포털</td></tr>
<tr><td>지자제 인스타그램</td></tr>
<tr><td>지자제 블로그</td></tr>
<tr><td>00신문</td><td>청년도전지원사업 참여자 모집 보도자료</td></tr>
<tr><td>지자제 홈페이지</td><td rowspan="3">청년도전지원사업 참여자 모집</td></tr>
<tr><td>지자제 페이스북</td></tr>
<tr><td>지자제 인스타그램</td></tr>
<tr><td>00일보</td><td rowspan="2">참여자 모집 보도자료</td></tr>
<tr><td>뉴스프리존</td></tr>
</table>

(3) 기타 홍보

<table>
<tr><th>홍보수단</th><th>내용</th></tr>
<tr><td>모든소식 블로그</td><td>청년도전지원사업 참여자 모집</td></tr>
<tr><td>대학 정보 어플</td><td>친구동행이벤트 참여자 모집</td></tr>
<tr><td>당근마켓</td><td rowspan="2">청년도전지원사업 참여자 모집</td></tr>
<tr><td>네이버카페</td></tr>
<tr><td>네이버 모든소식</td><td rowspan="4">추천인이벤트 웹자보 게시 및 참여자 모집 안내</td></tr>
<tr><td>네이버카페</td></tr>
<tr><td>대학 정보 어플 에브리타임</td></tr>
<tr><td>(인스타그램+페이스북)</td></tr>
<tr><td>네이버카페</td><td rowspan="2">육아맘&파파 오전반 참여자 모집</td></tr>
<tr><td>네이버카페(줌마렐라)</td></tr>
<tr><td>대학 정보 어플</td><td>추천인이벤트 웹자보 게시</td></tr>
<tr><td>당근마켓</td><td rowspan="3">청년도전지원사업 참여자 모집</td></tr>
<tr><td>네이버카페</td></tr>
<tr><td>00뉴스</td></tr>
<tr><td>네이버카페</td><td>청년도전지원사업 온라인강의 개설 홍보 및 참여자 모집</td></tr>
<tr><td>육교_외 9곳</td><td>본 사업 참여자 모집 현수막 게첨</td></tr>
</table>

(4) 홍보 실적

• 온라인 홍보

(단위: 명, %)

유입경로	경로 분류	인원수	
		명	%
센터 홈페이지	센터 공식 채널	30	15
센터 카카오톡	센터 공식 채널	28	14
지자체 홈페이지	지자체 공식 채널	28	14
네이버 카페	기타 SNS	25	12
인터넷	기타 SNS	19	9.4
센터 인스타그램	센터 공식 채널	16	7.9
유튜브	센터 공식 채널	12	5.9
문자	문자/공문 발송	12	5.9
지자체 인스타그램	지자체 공식 채널	8	4
워크넷	미분류	7	3.5
지자체 페이스북	지자체 공식 채널	6	3
지자체 블로그	지자체 공식 채널	5	2.5
기타	-	6	3
합계		202	100

• 오프라인 홍보

유입경로	경로 분류	인원수	
		명	%
아파트	주거 공간	162	44
지인 추천	미분류	98	26
도서관	지역 유관기관	20	5.4
현수막	현수막 게첩	19	5.1
행정복지센터	지역 자원	13	3.5
전단지	미분류	10	2.7
국민취업지원제도	지역 유관기관	8	2.2
축제	지역 유관기관	8	2.2
대학교 취업박람회	지역 유관기관	5	1.4
기타	-	27	7.4
합계		370	100

8) 프로그램의 평가 및 사후관리

(1) 프로그램 평가 및 결과

① 양적평가: 프로그램 만족도 조사

(단위: 점)

프로그램명		1회	2회	3회	4회	5회	6회	7회	8회	9회	10회	강의내용 만족	강사 만족
밀착 상담	기초상담	4.8	4.8	4.8	4.7	4.5	4.6	4.7	4.6	4.7	5.0	4.7	4.7
	수시상담 (초기)	4.8	4.8	4.8	4.7	4.5	4.6	4.7	4.6	4.7	5.0	4.7	4.7
	수시상담 (중기)	4.8	4.8	4.8	4.7	4.5	4.6	4.7	4.6	4.7	5.0	4.7	4.7
사례 관리	생활금융 교육	4.2	4.0	4.1	4.1	3.8	3.6	4.3	3.8	4.3	4.5	4.1	4.2
	노동법 교육	4.7	4.6	4.1	4.2	3.9	4.0	4.3	4.3	4.3	4.5	4.3	4.3
자신감 회복	셀프 리더십	4.6	4.6	4.3	4.5	4.4	4.4	4.4	4.6	4.3	4.7	4.5	4.5
	자기설계	4.7	4.7	4.6	4.8	4.5	4.8	4.4	4.5	4.2	4.7	4.6	4.6
	직장생활 에티켓	4.6	4.6	4.4	4.5	4.5	4.6	4.6	4.7	4.2	4.8	4.5	4.6
진로 탐색	진로목표 세우기	4.7	4.0	4.3	4.4	4.2	4.1	4.3	4.5	4.4	4.7	4.6	4.3
	직업정보 탐색	4.8	4.6	4.6	4.7	4.4	4.4	4.5	4.6	4.6	4.7	4.6	4.6
	팀빌딩	4.3	4.7	4.5	4.5	4.4	4.2	4.4	4.5	4.4	4.7	4.5	4.5
취업 역량 강화	채용 트렌드	4.8	4.6	4.6	4.7	4.4	4.4	4.5	4.6	4.6	4.7	4.6	4.6
	면접 컨설팅	4.7	4.7	4.6	4.5	4.2	4.3	4.4	4.5	4.5	4.6	4.5	4.6
지역 맞춤	협업커뮤니티	5.0	4.9	4.8	4.7	5.0	4.7	4.6	4.7	4.8	4.9	4.8	4.8
평균		4.7	4.6	4.5	4.5	4.4	4.4	4.5	4.5	4.4	4.7	4.6	4.6

- 밀착상담
  - 밀착상담 5점 만점에 4.7점으로 높은 만족도점수가 나타남.
  - 참여자 특성(나이, 성별, 지금 현재 상태)에 맞는 전담인력 배치 후 1:1 상담을 통해 심리적·환경적 특성 탐색 파악 및 프로그램 참여 의지 확인
  - 참여자 거주지와 가까운 대흥센터, 불당센터 중 선택하여 편리한 상담 진행
- 사례관리
  - 만족도점수 노동법교육(4.3점), 생활금융교육(4.1점) 높게 나타남.
  - 참여자의 취업 시 근로계약서 작성법 및 4대 보험, 직장 내 괴롭힘 지식습득 및 취업 후 실생활에 필요한 경제적인 정보획득으로 현실에서의 어려움 예방
- 자신감회복
  - 만족도 점수는 자기설계(4.6점), 셀프리더십(4.5점), 직장생활 에티켓(4.5점) 부분이 높게 나타났음.
  - 에니어그램 검사를 통해 자신의 성격적 특성에 대한 이해를 증진하고 소규모 커뮤니티를 형성하여 의사소통 훈련을 통한 직장 내 원활한 의사소통 대비
- 진로탐색
  - 만족도 점수는 직업정보탐색(4.6점), 팀빌딩(4.5점), 진로목표세우기(4.6점) 부분이 높게 나타났음.
  - 진로 관련 검사를 통한 진로성숙도를 분석한 후 그에 맞는 진로 정보를 수집하여 목표를 구체화함.
- 취업역량강화
  - 만족도점수 채용트랜드(4.5점), 면접컨설팅(4.6점) 높게 나타남.
  - 이력서 작성 및 면접 실전, 컬러테라피 적용 후 기업의 인재상에 적합하도록 이미지 전략을 수립하여 면접 경쟁력 강화함.
- 지역맞춤형 프로그램
  - 협업커뮤니티(4.8점)가 프로그램 중 가장 높은 만족도 점수를 보임.
  - 참여자 결과물을 통한 성취경험을 습득하여 자기효능감 및 자신감회복 증진

- 강사 만족도조사
  - 강사 만족도조사 평균이 4.6점으로 높게 나타남.
  - 모든 프로그램의 강사인 점수가 5점 만점에 4점대로 참여자의 선호도에 따른 각 프로그램으로 인해 다양하게 경험하여 취업역량강화에 용이함.

② 질적평가: 프로그램 만족도 조사

요인명	내용
평소 관심 있었던 체험형 프로그램	• 평소 궁금하고, 흥미로웠던 활동을 통해 힐링되고 즐거운 시간도 보낼 수 있었습니다. • 유용하고, 일상생활에서 배울 수 없는 것들을 배울 수 있어서 좋았다.
취업에 대한 자신감 상승 및 자존감 회복	• 40시간이 너무 빠르게 지나간 것 같아 아쉬움이 있었고 프로그램에 참여하면서 취업에 대한 자신감, 자존감이 많이 올라 좋았습니다. • 방황하고 혼란을 겪는 청년들에게 길잡이가 되어 주는 강의 내용들이 좋았습니다.
실질적인 취업정보에 도움	• 어떻게 취업을 하나 막막했지만 강의를 듣고 나서 어떻게 해야 하는지 알게 됨 • 직업정보탐색 및 채용트렌드, 노동법 등 취업에 필요한 부분들이라 정말 도움이 많이 되었어요.

- 체험형 프로그램
  - 7개의 클래스 중 참여자가 원하는 클래스를 경험하여 성취 경험을 획득한 것으로 보아 프로그램이 효과가 있는 것으로 나타남.
- 자신감 상승 및 자존감 회복
  - 프로그램을 통해 취업 정보를 습득하여 자신감을 회복하여 자긍심이 향상한 것으로 보아 프로그램이 참여자에게 효과가 있는 것으로 나타남.
- 실질적인 취업정보에 도움
  - 취업에 필요한 자소서 및 면접 준비를 구체적으로 배우는 과정을 통해 참여자에게 프로그램이 효과가 있는 것으로 나타남.

(2) 사후관리

- 국민취업지원제도 연계(참여 여부, 취업 여부 등 지속적인 사후 관리 포함)

- 인센티브–천안시 응원금(지역화폐) 사용처 및 사용방법 안내
- 본 센터 허심탄회(개인 심리상담) 연계
- 본 센터 취업지원패키지(AI모의면접, 면접 헤어 · 메이크업, 면접 정장, 자격증 응시료 등 지원)
- 본 센터 천안시 채용연계 프로그램 안내 및 연계
- 사업 만족도조사 실시 및 평가, 피드백 수렴 및 보완
- 지역사회 기업 채용공고 알림 및 추천서 제공

4. 프로그램의 자원 활용

1) 물적 자원

(1) 프로그램 수행 공간

- 총 면적: 전용면적 803.3㎡

OO센터	OO센터
306.05㎡	497.29㎡
사무실, 교육공간, 온라인 강의실, 상담실, 상담부스 등	사무실, 상담실, 미디어룸(강의실), 오프라운지, 갤러리 & 인터넷, 회의실 등
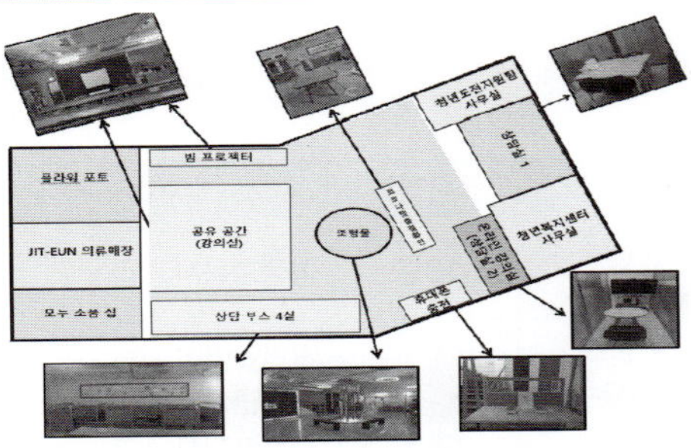	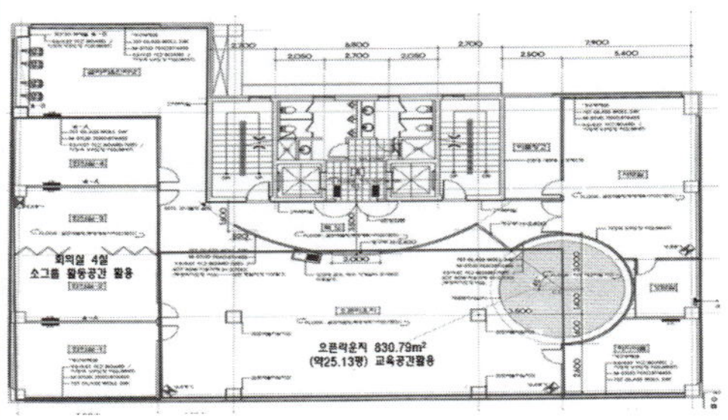

(2) 시설 장비 및 기자재 보유 현황

• 상담 장비 및 교육 장비

구분	항목	비고
상담 장비	U&I진로탐색검사	• 진로성숙도, 흥미, 성격 진단 활용 • 유형별 상담 개입방법 다양화
	MMPI-2	• 필요시 센터 내 상담프로그램 '허심탄회'와 연계 • 센터 내 MMPI-2해석 자격자 보유
	TCI검사	• 필요시 센터 내 상담프로그램 '허심탄회'와 연계 • 센터 내 TCI해석 자격자 보유
	웹캠	• 원격 상담 도구 보유
교육 장비	에니어그램	• 성격검사 도구- 자신감회복 프로그램 보조 도구
	직업흥미검사	• 진로검사 도구- 진로목표세우기 프로그램 보조 도구
	CTI진로사고검사	• 진로검사 도구- 진로목표세우기 프로그램 보조 도구
	감정/리멤버 카드	• 감정 코칭 도구- 직장생활에티켓 프로그램 보조 도구
	면접컨설팅 도구	• 퍼스널컬러 진단 컬러칩-면접컨설팅 프로그램 보조 도구

• 비대면 장비 현황

분류	내용
웹캠	• 비대면 강의 시 영상 및 소리 송출
AI면접기	• AI면접기 내 캠을 통해 비대면 강의 진행
노트북	• ZOOM을 통한 강의 진행 – 출석체크 및 강의 자료 공유
ZOOM 계정	• ZOOM을 통한 강의 진행 시 대비하여 계정 구비 • 2개의 유료 계정 구비하여 두 개의 온라인 회차 교차 진행

2) 인적 자원

(1) 프로그램 수행 인력

성명	직위	학력	수행업무(역할)	유관경력	자격
○○○	센터장	박사	청년도전지원사업 총괄운영 MOU, 지역사회연계홍보	10년	평생교육사 1급
○○○	팀장	박사	청년도전지원사업 관리 · 교육 슈퍼비전 사례관리, 홍보	8년	임상심리사 2급 청소년상담사 3급 사회복지사 1급 사회조사분석사 2급 직업재활사 2급

성명	직위	학력	수행업무(역할)	유관경력	자격
○○○	선임 매니저	석사	청년도전지원사업 전반운영 행정사무, 회계 강사 및 프로그램 관리	3년 7월	상담교육사 1급 상담심리지도사 1급
○○○	매니저	학사	청년도전지원사업 운영 프로그램 운영 보조	2년 2월	직업상담사 2급
○○○	매니저	학사	청년도전지원사업 운영 프로그램 운영 보조	6월	직업상담사 2급
○○○	매니저	학사	청년도전지원사업 운영 프로그램 운영 보조	6월	–

(2) 프로그램 강사 인력

성명	프로그램 명	관련 경력	자격증 및 성과
○○○	팀빌딩	7년	• 레크리에이션 1급 • 청소년지도사 2급 • 사회복지사 2급
○○○		원급	• 복지레크리에이션 1급 • 청소년지도사 3급 • 사회복지사 2급 • 심리상담사 2급
○○○	생활금융 교육	원급	• 3P 셀프리더십 코치과정 수료 • 국제코치연합 CAC 코치 인증 • 청년생활경제상담사양성과정 수료
○○○	셀프 리더십	12년	• 교육복지투자우선지역지원사업 교육인적자원부 장관 감사장 • 보건복지사이버평생교육원 표창장 외 다수
○○○	직장생활 에티켓	7년	• 정신보건임상심리사 2급
○○○		원급	• 버츄 프로젝트 퍼실리레이터 • 독서심리상담사 1급 • CS강사 2급
○○○		원급	• 강점 디브리퍼 • 심리상담사 1급 • 인지행동심리상담사 1급 • 미술심리상담사 1급
○○○	진로 목표 세우기	7년	• 사회복지사 2급 • 전문상담사 2급 • 청소년상담사 2급 • 임상심리사 2급

<table>
<tr><th>성명</th><th>프로그램 명</th><th>관련 경력</th><th>자격증 및 성과</th></tr>
<tr><td>○○○</td><td rowspan="2"></td><td>원급</td><td>• 사회조사분석사 2급
• 청소년상담사 2급</td></tr>
<tr><td>○○○</td><td>원급</td><td>• 직업상담사 2급
• 임상심리사 2급</td></tr>
<tr><td>○○○</td><td>자기설계
(비즈니스 플래너)</td><td>원급</td><td>• 충남청년멘토육성지원단 백석대 산학협력단 강사
• 천안시2030청년복지센터 청년기자단 1기</td></tr>
<tr><td>○○○</td><td>자기설계
(디자이너)</td><td>원급</td><td>• 초보 그림책 작가를 위한 칼럼 기고</td></tr>
<tr><td>○○○</td><td>자기설계
(메이크업 아티스트)</td><td>원급</td><td>• 미용사 면허증</td></tr>
<tr><td>○○○</td><td>직업정보탐색 &
채용트렌드</td><td>원급</td><td>• '18년~'19년 성공취업자수 누적 72명(SK하이닉스 등)
• '19년 전국 대학일자리센터 취업우수사례 선정(한국고용정보원)</td></tr>
<tr><td>○○○</td><td>노동법교육</td><td>7년</td><td>• 공인노무사 자격증</td></tr>
<tr><td>○○○</td><td rowspan="3">면접 컨설팅</td><td>5년</td><td>• 퍼스널컬러전문가 1급
• 퍼스널컬러 전문강사</td></tr>
<tr><td>○○○</td><td>원급</td><td>• 퍼스널컬러전문가 1급
• 퍼스널컬러 전문강사</td></tr>
<tr><td>○○○</td><td>원급</td><td>• 퍼스널컬러전문가 1급
• 퍼스널컬러 전문강사</td></tr>
<tr><td>○○○</td><td rowspan="8">협업 커뮤니티</td><td rowspan="8">원급</td><td>• 레진전문가 2급</td></tr>
<tr><td>○○○</td><td>• 한국수태쉬아트연구회 마블플루이드아트자격증 외 다수</td></tr>
<tr><td>○○○</td><td>• 빈티지페인팅
• 방과후지도사 1급
• 색채심리상담사 1급
• 도우아트지도사</td></tr>
<tr><td>○○○</td><td>• 양모펠트 강사
• 니들펠트 강사
• 자연염색공예지도사 3급
• 전통섬유그림</td></tr>
<tr><td>○○○</td><td>• 타로 1급
• 타로 마스터
• 에니어그램
• 점성학 심리치료사 2급</td></tr>
<tr><td>○○○</td><td>• 꼬다리 꼬마김밥 대표</td></tr>
<tr><td>○○○</td><td>• 수공예지도사
• 캔들크래프트 강사</td></tr>
</table>

3) 재정자원

(1) 소요경비

• 총괄

항목	총계	국비	구비(지방비)
예산액(천원)	400,000	300,000	100,000
비율(%)	100	75	25

• 구성내역

(단위: 천원, %)

<table>
<tr><th rowspan="2">항목</th><th colspan="4">금액</th></tr>
<tr><th>계</th><th colspan="2">국비</th><th>구비(지방비)</th></tr>
<tr><td>계</td><td>400,000</td><td>300,000</td><td>100</td><td>100,000</td></tr>
<tr><td>인건비</td><td>100,000</td><td>100,000</td><td>33.3</td><td>–</td></tr>
<tr><td>직접사업비</td><td>90,340</td><td>90,340</td><td>30.1</td><td>–</td></tr>
<tr><td>간접사업비</td><td>209,660</td><td>109,660</td><td>36.6</td><td>100,000</td></tr>
</table>

(2) 세부 프로그램 예산서

(단위: 천원)

<table>
<tr><th colspan="2">항목</th><th colspan="2">세부항목</th><th>총소요예산</th><th>산출내역</th><th>비고</th></tr>
<tr><td colspan="2">총사업비</td><td colspan="2"></td><td>400,000</td><td></td><td></td></tr>
<tr><td colspan="2">국비 총계</td><td colspan="2"></td><td>300,000</td><td></td><td></td></tr>
<tr><td rowspan="10">국비</td><td rowspan="8">인건비</td><td colspan="2">소계</td><td>100,000</td><td></td><td></td></tr>
<tr><td rowspan="3">선임 매니저</td><td>기본급</td><td>30,000</td><td></td><td></td></tr>
<tr><td>연가보상</td><td>500</td><td>100천원×1명×5개월=500천원</td><td></td></tr>
<tr><td>4대보험료</td><td>2,376</td><td>국민연금, 건강보험, 장기요양보험, 고용보험, 산재보험</td><td></td></tr>
<tr><td rowspan="3">매니저</td><td>기본급</td><td>58,450</td><td>2,165천원×3명×9개월=58,450천원</td><td></td></tr>
<tr><td>연가보상</td><td>2,100</td><td>140천원×3명×5개월=2,100천원</td><td></td></tr>
<tr><td>4대보험료</td><td>6,574</td><td>국민연금, 건강보험, 장기요양보험, 고용보험, 산재보험</td><td></td></tr>
<tr><td rowspan="2">직접 사업비</td><td colspan="2">소계</td><td>90,340</td><td></td><td></td></tr>
<tr><td>사례 관리</td><td>생활금융-강사비</td><td>2,640</td><td>120천원×1명×2시간×11회=2,640천원</td><td></td></tr>
</table>

항목		세부항목		총소요예산	산출내역	비고
			노동법–강사비	2,640	120천원×1명×2시간×11회=2,640천원	
			셀프리더십–강사비	6,600	150천원×1명×4시간×11회=6,600천원	
			셀프리더십–검사지	1,500	6천원×250부=1,500천원	
		자신감 회복	자기설계–오프라인 강사비	9,600	100천원×4명×3시간×8회=9,600천원	
			자기설계–온라인 강사비	3,600	100천원×4명×3시간×3회=3,600천원	
			직장생활 에티켓–강사비	5,280	120천원×1명×4시간×11회=5,280천원	
			직장생활 에티켓–보조강사비	8,800	100천원×2명×4시간×11회=8,800천원	
		진로 탐색	팀빌딩–강사비	2,640	120천원×1명×2시간×11회=2,640천원	
			팀빌딩–보조강사비	2,200	100천원×1명×2시간×11회=2,200천원	
			진로탐색–강사비	5,280	120천원×1명×4시간×11회=5,280천원	
			진로탐색–보조강사비	4,400	100천원×1명×4시간×11회=4,400천원	
		취업 역량	취업역량–강사비	6,600	100천원×1명×6시간×11회=6,600천원	
			면접컨설팅–강사비	3,960	120천원×1명×3시간×11회=3,960천원	
			면접컨설팅–보조강사비	6,600	100천원×2명×3시간×11회=6,600천원	
		지역 맞춤	협업커뮤니티–온라인 강사비	14,400	100천원×6명×3시간×8회=14,400천원	
			협업커뮤니티–오프라인 강사비	3,600	100천원×4시간×3시간×3회=3,600천원	
	간접 사업비	소계		59,660	59,660	
		회계정산		1,000	1,000천원×1식=1,000천원	
		자료집 제작		30,000	1,20천원×250부=30,000천원	
		출장 여비		3,960	10천원×4명×9개월×11회=3,960천원	
		홍보비		24,700	24,700천원×1식=24,700천원	
	인센티브	소계		50,000		
		구직 단념 청년		50,000	200천원×250명=50,000천원	
지방비		소계		100,000		
		교육수료이수금		50,000	200천원×250명=50,000천원	
		자료집 배송비		2,250	9,000원×250명=2,250,000천원	
		홍보비(게시판)		30,000	30,000천원×1회=30,000천원	
		복합기		4,000	400천원×1대×10개월=4,000천원	
		데스크탑(렌탈)		4,000	100천원×4대×10개월=4,000천원	
		노트북(렌탈)		6,000	150천원×4대×10개월=6,000천원	
		인터넷 장비 구입		1,000	1,000천원×1식=1,000천원	
		사무용품		2,750	2,750천원×1식=2,750천원	

5. 프로그램의 관련 교보재(敎補材) 및 양식

1) 프로그램 교재 및 교구: 진로목표세우기 프로그램

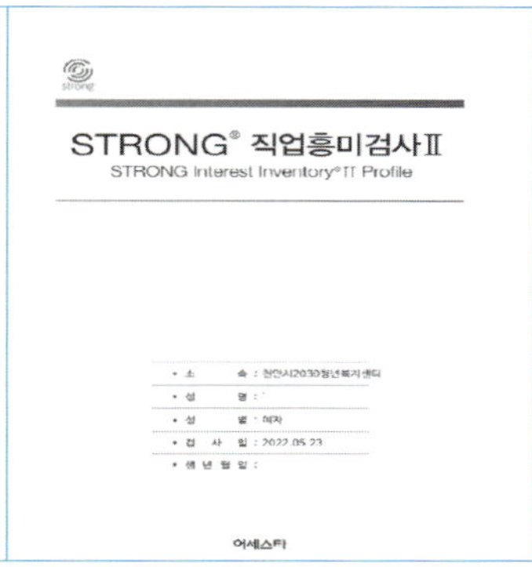

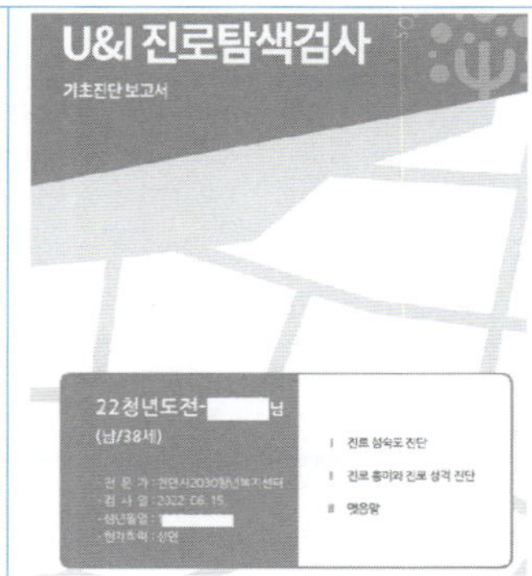

2) 커뮤니티 사례

협업 커뮤니티 (7개클래스 中 택1)		
꼬다리 꼬마김밥	다양한 먹거리와 함께하는 행복한 먹거리 체험 1인가구용 간편식 요리(카나페, 쏘야, 제육볶음, 감자볶음, 어묵볶음, 감자전, 신명요리 등)	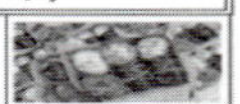
[illegible]	레진을 활용한 플루이드 아트 체험 크림푸어링 기법, 셀푸어링 기법, [illegible] 기법으로 캔버스에 자유롭게 표현	
달빛공작소	꽃과 식물을 활용한 인테리어 소품 제작 PVC풍선을 활용하여 조화, 컨페티, 캔디 등 다양한 소재를 넣어 [illegible] 만들고, 풍선 안에 조화, 실크플라워를 활용하여 버블플라워 제작	
[illegible]	타로카드를 활용한 내 안의 내면 분석 그림카드, 글자카드 이야기 나누기 컬러로 보는 나, 내 성격카드와 수호 알아보기 원소, 별자리 알아보고 별자리자료 그리기	
모두소품집	잃어버린 나만의 빛을 찾는 '썬캐처' 만들기 비즈와 크리스탈을 조합하여 나무를, 메탈링 썬캐처 만들기 와이어를 사용하여 라인으로 이미지 표현하기	
[illegible]	양모펠트를 활용한 간단한 바느질 공예 체험 양모 키링 만들기, [illegible] ([illegible])	
수수아트 팩토리	수제 천연샴푸 만들기 체험 천연성분재료 넣어 만든 환경과 우리 건강을 위한 천연[illegible]샴푸만들기	

자기설계 (3개 분야 中 택1) 3가지 분야의 현업종사자 멘토링을 통한 프로그램 체험		
디자이너	디자인 플랫폼 <미리캔버스>로 나만의 포트폴리오 제작 누구나 쉽게 접근 가능한 무료 디자인 툴 프로그램을 활용하여 포트폴리오, 카드뉴스, PPT 등을 전문가처럼 디자인하기	
메이크업 아티스트	활용도 높은 취업메이크업으로 면접관 사로잡기! 전문 메이크업 아티스트의 컨설팅을 통해 부담스럽지 않고 깔끔한 면접 메이크업 노하우 제공! 깔끔하지만 강렬한 첫인상으로 취업에 성공해보자!	
비즈니스 플래너	'나를 위한 맞춤형 플래너' 우선순위와 워라밸을 추구하는 취업준비생과 직장인을 위한 효율적인 시간관리 연습	

3) 프로그램 운영일지 양식

(1면)

청년도전지원사업 프로그램 운영 일지

참여자 인적사항					
성명		생년월일		참여일 이수일 탈락일	
참여기간		모듈수	개	이수시간	시간
이수여부		프로그램수	개		

프로그램 참여현황					
공식 프로그램 참여 이력			1:1 상담 등 생활관리		
프로그램	참여일자	인정시간	상담내용	상담일자	상담시간
팀 빌딩	22.04.19	2/2H	기초상담	22.04.26	2/2H
자기설계	22.04.19	3/3H	수시상담	22.05.03	2/2H
셀프리더십	22.04.21	4/4H	수시상담	22.05.09	2/2H
직장생활에티켓	22.04.26	4/4H			
진로목표세우기	22.04.28	4/4H			
생활금융교육	22.05.03	2/2H			
직업정보탐색	22.05.07	2/2H			
채용트렌드	22.05.07	4/4H			
노동법교육	22.05.10	2/2H			
면접컨설팅	22.05.10	3/3H			
현업커뮤니티	22.05.12	3/3H			
국취안내	22.05.12	1/1H			
합계	12회	34시간	합계	3회	6시간

담당		팀장		센터장	
박혜민		양현일		최진근	

* 일지는 참여자별로 관리 후 최종 이수 또는 중단 처리시 내부결재必

(2면)

사후관리 사항					
관리시점별	상담일자	상담자	상담방법	상담내용 및 처리결과	비고
이수 후 1개월					
이수 후 2개월					
이수 후 3개월					

4) 출석부 양식

2022년 회차 청년도전지원사업

프로그램 명: 담당자:

일 시: 년 월 일(요일) : ~ : 장 소:

연번	성명	서명	연번	성명	서명
1			11		
2			12		
3			13		
4			14		
5			15		
6			16		
7			17		
8			18		
9			19		
10			20		

5) 상담일지 양식

청년도전지원사업 상담 회기 보고서

기본정보

내 담 자		상 담 자	
상담일자		상담시간	

상담기록

회기
내담자 진술문제 및 상황
내담자 평가
회기 내 개입(주요 상담 주제)

Chapter 13

평생교육 프로그램 개발 과제 및 전망

학습목표

1. 평생교육 프로그램 개발자의 역할을 이해하고 설명할 수 있다.
2. 평생교육 프로그램 개발의 과제를 이해하고 설명할 수 있다.
2. 평생교육 프로그램 개발의 전망을 이해하고 설명할 수 있다.

1. 평생교육 프로그램 개발자의 역할

1) 평생교육 프로그램 개발자의 역량

평생교육 현장에서 프로그램 및 서비스를 수행하고 있는 프로그램 개발자에게 요구되는 임무는 매우 다양하며, 조직(또는 기관)에서는 개발자에게 급변하는 사회에 지식기반 사회에서의 혁신, 성과 및 변화를 기대한다. 이러한 상황 및 환경, 끊임없이 변화하는 요구에서 경쟁우위를 가지고 지속적으로 성장하고 발전할 수 있는 중요한 요인 중 하나는 프로그램 및 서비스를 담당하고 있는 개발자의 임무와 역량이다.

프로그램 개발자의 역량을 살펴보면, 슈미딩거 등(Schmiedinger et al., 2005)은 인적 역량(human competence)을 복잡한 네트워크로서 자체 조직화된 전문적 · 방법론적 · 사회적 · 개인적 역량이며, 평생 발전을 통해 형성되는 것이라 하였고, 미라빌레(Mirabile, 1997)는 역량을 높은 수준의 성취와 연관이 되어 있는 지식, 기술, 능력, 또는 특성으로 정의하였으며, 듀보이스(Dubois, 1993)는 역량을 다양한 상황에서 개인에게 주어진 과제를 효과적이고 성공적으로 수행하기 위해 필요한 지식, 기술, 태도의 집합체로 정의하였다.

이상의 역량에 대한 개념을 정리하면, 개인 역량(individual competence)은 프로그램 개발자가 다양한 상황에서 프로그램을 개발할 때 성공여부의 원인이 되고, 효과적인 프로그램이라는 성과를 도출해 내기 위해 필요한 개인적인 특성으로 지속가능한 지식(Knowledge), 기술(Skill), 태도(Attitude) 등의 통합체이며, 프로그램 개발자가 최소한으로 갖추어야 할 역량을 핵심 역량(core competence)이라고 정의할 수 있다.

이러한 개념을 토대로 프로그램 개발자는, 첫째, 조직의 학습기능 효과성 및 효율성을 성찰 · 평가하고, 둘째, 기관 · 기업 · 지역사회 등의 요구와 개별 학습자의 요구에 부합하는 학습 체계를 구축하며, 셋째, 공식적 · 비공식적 학습이 생활환경 및 노동현장에 적용될 수 있도록 하는 적시형 학습(just in time learning)과 일터 중심의 학습(workflow learning)을 창출하고, 넷째, 학습 방안(solution)뿐만 아니라 비학습 방안을 적극적으로 활용하며, 다섯째, 지식기반사회에서의 다양한 기술을 교육에 적극 활용 및 적용할 수 있는 능력을 향상시키고, 여섯째, 학습 · 비학습 방안 결과를 분석 및 평가하여 프로그램 개발 및 조직 내외부에 적극적으로 반영할 수 있도록 의사소통할 수 있어야 한다.

〈표 13-1〉 평생교육 프로그램 개발자의 역량

구분	역량			핵심역량		
역량군	역량	하위요소	내용	역량	하위요소	내용
가치	기본 소양	직업윤리	평생교육 이해, 책무성, 사명감, 청렴, 소명의식 등	기본 소양	직업윤리	교육적 가치관 및 사명감, 책무성 및 청렴, 소명의식 및 직업윤리, 평생교육 이해, 프로그램 개발자로서의 신념 등
		개방성	다양한 영역 및 연구에 대한 수용		연구윤리	과학적 연구, 부정행위 및 생명윤리에 대한 이해
		교육비전	사회 및 국가 발전 및 교육에 대한 비전		교육비전	조직 및 기관, 정책 및 제도와 교육에 대한 비전

<table>
<tr><th>구분</th><th colspan="3">역량</th><th colspan="3">핵심역량</th></tr>
<tr><th>역량군</th><th>역량</th><th>하위요소</th><th>내용</th><th>역량</th><th>하위요소</th><th>내용</th></tr>
<tr><td rowspan="5">업무</td><td rowspan="3">전문성</td><td>교육 전문성</td><td>평생교육 프로그램 개발자로서의 전문성</td><td rowspan="3">전문성</td><td>프로그램 개발</td><td>교육 현안 및 이슈 파악, 여러 분야 및 영역과의 융복합, 다양한 변화에의 대처능력, 프로그램 설계</td></tr>
<tr><td rowspan="2">업무수행</td><td rowspan="2">업무 관련 전문지식, 기술, 행동 등</td><td>프로그램 실행·평가</td><td>프로그램 운영 및 평가, 현장중심 실무능력 및 대안 제시, 평가·피드백·사후관리, 수시로 발생하는 문제 및 요구 대응, 결과보고서 등</td></tr>
<tr><td>문제해결</td><td>환경 및 상황 판단, 효과적인 문제해결 및 의사결정, 사람 간·조직 간·이해관계자 간 문제해결 및 해결방안 제시</td></tr>
<tr><td rowspan="2">학습자 이해</td><td>학습자 이해</td><td>생애단계별 학습자 이해 및 동기 부여 등</td><td rowspan="2">논리적 사고</td><td>정보 구조화</td><td>정보 수집·분석·분류·보관·활용, 다양한 결과 예측, 정보화 활용능력 등</td></tr>
<tr><td>전략적 사고</td><td>요구 조사 및 분석, 정보 수집 및 관리, 자원확보 및 활용, 우선순위 결정 등</td><td>분석·활용</td><td>프로그램 개발에 필요한 정보 및 자원 활용, 목적 및 목표에 적합한 결과물 도출 등</td></tr>
<tr><td rowspan="3">관계</td><td rowspan="3">의사소통</td><td>갈등관리</td><td>학습자 및 조직, 관련 이해관계자 간 갈등관리 등</td><td rowspan="3">의사소통</td><td>연구중재</td><td>제반 지식 및 필요성 파악, 자원의 적재적소 활용, 이해하기 쉬운 방법으로 결과물 도출 등</td></tr>
<tr><td>상호작용</td><td>학습자-조직, 학습자-교수자 등 관련 이해관계자 간의 수직·수평적 의사소통 등</td><td>조정·통합</td><td>학습자 및 조직 등 이해관계자의 의견 수렴·조정·통합·관리, 교육의 적용가능성 등</td></tr>
<tr><td>협력촉진</td><td>구성원 간 팀워크, 조직 및 이해관계자와의 네트워크 등</td><td>네트워킹</td><td>국내외 관련 분야 및 영역 연구 및 자원체계 수립</td></tr>
<tr><td rowspan="5">발전</td><td>자기계발</td><td>자기이해</td><td>프로그램 개발자로서의 삶, 꿈, 목표 성찰</td><td>자기계발</td><td>자기발전</td><td>프로그램 개발자로서의 지속적인 연구 및 교육, 자기주도적 학습, 지속적인 교육 경험 등</td></tr>
<tr><td rowspan="4">경영·행정</td><td rowspan="2">행정</td><td rowspan="2">조직 운영 및 관리, 인적·물적 자원 확보 및 관리, 자료 및 정보 관리, 시설 및 환경 관리 등</td><td rowspan="2">리더십</td><td>변화선도</td><td>연구 및 프로그램 운영 결과의 장단점 및 파급효과 고려, 다양한 조직 및 이해관계자 간 협력 및 협상, 글로벌 리더십 등</td></tr>
<tr><td>결과지향</td><td>실행우선순위 결정, 성과달성, 학습자 지향성, 판단력, 책임성 등</td></tr>
<tr><td rowspan="2">리더십</td><td rowspan="2">조직 및 기관의 목적 및 목표, 방향 제시, 동기 유발, 변화 선도 등</td><td rowspan="2">경영·행정</td><td>경영</td><td>비전 및 목표 설정, 방향 제시, 성과관리 및 인센티브 제공, 세계정세 및 산업변화 인지, 위기대응 및 조직관리 능력 등</td></tr>
<tr><td>행정</td><td>예결산 관리, 시설관리, 자격 및 인증관리, 인적·물적 자원 확보 및 관리, 마케팅, 현장실무 및 응용능력, 상담 및 컨설팅 등</td></tr>
</table>

2) 평생교육 프로그램 개발자의 역할

평생교육 프로그램 개발자에게 요구되는 다양한 역할 중 경쟁우위를 가지고 성장과 발전을 지속할 수 있도록 부여된 중요한 역할은 무엇인가, 프로그램 개발자가 프로그램을 수행할 때 조직의 방향, 목표 추구 및 실현을 위해 기본적으로 수행해야 할 필수적인 역할은 무엇인가는 개발자에게 어렵지만 중요하다. 따라서 프로그램 개발자가 학습자 및 조직이 추구하는 다양한 요구와 변화 추구를 효과적으로 수행하기 위해 다양한 역할이 요구된다.

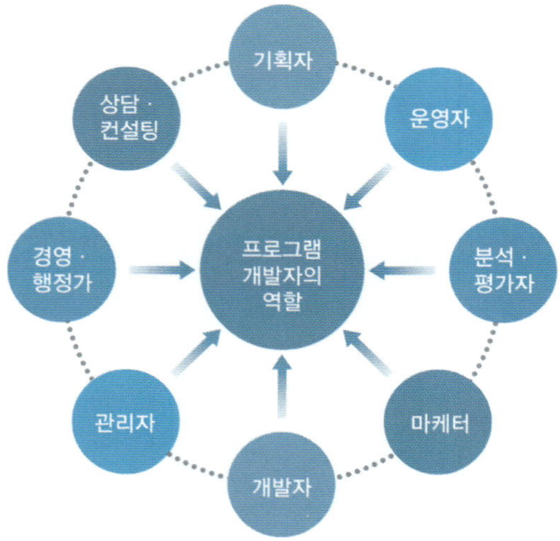

[그림 13-1] 프로그램 개발자의 역할

〈표 13-2〉 평생교육 프로그램 개발자의 역할 정의

분류		내용
기획자	정의	개발하고자 하는 프로그램의 전반적인 과정을 효율적으로 수행하고자 수집-분석-설계-실행-평가의 일련의 과정을 체계적으로 기획하는 것을 의미한다.
	역할	정보 및 아이디어 수집, 문헌 및 자료 검토, 잠재적 학습자, 문제 및 요구분석, 목적 및 목표 설정, 우선순위 설정, 목적 및 목표 개발, 예산 수립, 마케팅 계획, 프로그램 실행 및 평가 계획 등이다.
운영자	정의	개발된 프로그램을 설계과정에 따라 교육 시작부터 종료까지의 전 과정을 효과적으로 수행하고 지원하는 것을 의미한다.

분류		내용
	역할	전문지식 및 차별화된 교수기법, 학습자의 동기 유발 및 학습 촉진, 교수업무 실행을 위한 교수 · 학습 내용 · 매체 · 자료의 제작 및 활용, 사람 · 조직 · 환경 등으로 인한 문제 및 요구에 대한 신속한 대응, 효율적인 의사소통 및 평가 등이다.
분석 · 평가자	정의	개발된 프로그램을 평가하기 위한 기술 · 방법의 선정부터 계획된 평가 수행의 일련의 과정을 통하여 그 결과 및 대안을 보고서로 작성하는 것을 의미한다.
	역할	수집된 자료 및 정보 분석, 인적 · 물적 자원의 분석, 평가 기술 · 방법의 선택 및 설계, 계획된 평가 수행, 프로그램의 가치 여부 결정, 평가보고서 작성 및 보고 등이다.
마케터	정의	개발된 프로그램뿐 아니라 조직의 다양한 활동과 서비스를 체계적이고 전문적으로 홍보할 수 있도록 전략을 수립하고, 다양한 활동상황에 대한 모니터링(monitoring) 및 직 · 간접적으로 홍보하는 것을 의미한다.
	역할	홍보방법 및 매체선정과 활용, 홍보물 제작 및 배포, 홍보전략 수립 및 구체적인 기술, 전략 실행을 위한 활동 · 예산 · 지원사항 등 모색, 마케팅 활동에 대한 모니터링(monitoring), 투자수익률 측정 및 적절한 시정조치 방안 등이다.
개발자	정의	프로그램 개발을 위한 최적의 대안을 선택하는데 객관적인 이론 및 자료를 제시하고, 목적 및 목표에 적합한 성과가 도출되었는지에 대해 입증하는 것을 의미한다.
	역할	환경과 노동시장에서 요구하는 융복합적인 프로그램 개발, 이론 및 증거에 기반한 프로그램 개발, 개인 및 조직의 역량 개발, 인적 · 물적 자원 개발, 결과 및 성과에 대한 보상체계 개발, 인증 프로그램 개발, 프로그램 보급 및 저작권 보호 방안 개발, 이러한 도구 및 방안에 대한 주기적인 갱신(updating) 등이다.
관리자	정의	프로그램 및 조직 운영을 위해 요구되는 제 요소를 효과적이고 효율적으로 관리하고, 계획된 결과를 도출하기 위해 종합적으로 수행하는 것을 의미한다.
	역할	정보 및 자료의 수집 · 분석 · 보관 · 관리, 구축된 정보 및 자료를 즉시 활용할 수 있는 시스템 구축, 인적 · 물적 자원 pool 구축 및 지원, 교수자 · 학습자 등 인적관리, 시설 · 기자재 등 시설관리, 홈페이지 · 마케팅 등 홍보관리, 학습자의 학습 및 자격 관리, 조직의 인 · 지정 관리, 예산 편성 및 집행 등 예결산 관리 등이다.
경영 · 행정가	정의	조직의 비전 및 목표 설정과 방향 제시부터 학습자 · 교수자 · 직원 및 이해관계자에 대한 관리, 끊임없이 변화하는 사회 · 기업 · 조직과의 협업 및 협상에 이르기까지 전체적인 역할을 수행하는 것을 의미한다.
	역할	교육적 가치관 및 사명감, 핵심인력 유치 및 유지, 위험 · 위기대응 및 대처능력, 창의적이고 긍정적인 사고 증진, 산 · 관 · 학 네트워킹, 자원봉사자 발굴 및 관리, 직업윤리, 문제해결 및 대인관계능력, 현장실무 및 응용능력, 공동체의식 및 의사소통능력, 글로벌 리더십 등이다.
상담 · 컨설팅	정의	학습자의 생애단계별 학습상담 및 정보제공에서 조직 · 지역사회의 평생교육 자문 및 컨설팅에 이르기까지 평생학습사업에 대하여 상담 및 컨설팅하는 것을 의미한다.
	역할	학습상담 및 정보제공, 진로 상담 및 설계, 교육 및 자격 안내 및 설계, 자원봉사 및 취 · 창업 연계, 관련 조직 및 지역사회에 평생교육 프로그램 및 서비스 전파, 기업 및 조직의 평생학습사업에 대한 전문적인 자문 및 컨설팅 등이다.

2. 평생교육 프로그램 개발의 과제

1) 평생교육의 동향

(1) 국제기구의 평생교육 동향

가) 유엔교육과학문화기구(UNESCO)

(가) UNESCO의 이해

UNESCO(United Nation Educational, Scientific, and Cultural Organization, 국제연합교육과학문화기구)는 교육, 문화, 과학 등 지적 활동분야에서의 국제협력을 촉진함으로써 인류 발전과 세계평화를 증진시키기 위해 설립된 유엔전문기구이다.

〈표 13-3〉 UNESCO 성인교육 주요 보고서

분류	평생교육	교육	제도
랑그랑 보고서	평생교육 개념 도입	아동교육이나 청소년교육에 머물지 않고 성인교육으로 진전	기존의 제도화된 공식적 교육의 단순한 연장이 아니라 확장적이면서도 통합적인 사고
포레 보고서	기존의 교육체제와 구조를 평생교육체제로 개편	• 탈제도화하는 교육과 탈학교화하는 사회에 대한 논의 • 교육은 더 이상 학습자에 초점을 맞추지 않고, 학습자로부터 진행	• 공통의 소망, 각각의 문제, 동일한 운명을 향해 나아가는 국제공동체로서의 존재 인정 • 민주주의에 대한 신념 • 인간의 완전한 자아실현 • 포괄적 평생학습을 통한 사회발전과 완전한 인간으로서의 성숙
다베 보고서	랑그랑과 포레 등의 기반 위에 평생교육 이념에 따라 학교의 교과과정 재구조화	서로 다른 교육 단계의 수직적 접합과 서로 다른 교육 측면의 수평적 통합	개념 특성을 나열하는 수준에 머물지 않고, 개념 특성들이 서로 어떻게 관련되어 있는지 분석
들로르 보고서	교육이 모든 사람에게 유용해야 한다는 공공선(a public good) 입장 유지	• 평생교육 자체가 전혀 새로운 통찰 • 최선의 대안은 학습하는 방법을 학습하는(learn how to learn) 것	• 더불어 살아가기 위한 학습(learning to live together) • 알기 위한 학습(learning to know) • 행동하기 위한 학습(learning to do) • 존재를 위한 학습(learning to be)

출처: 연구자들의 자료 재구성.

(나) UNESCO의 주요 사업

① UNESCO 평생학습연구소(UIL)

- UIL(UNESCO Institute for Lifelong Learning, UNESCO 평생학습연구소)는 처음 UNESCO 교육연구소(UIE, UNESCO Institute for Education)로 1952년 전쟁 후 독일 교육 시스템을 개편하고자 설립되었다.
- UIL는 1960년대 동서간의 교육협력을 도모하였고, 1970년대는 제3국가들의 학습의 필요성과 평생학습에 대한 관심 증가로 역할이 점차 확대되었다.

㉮ UNESCO 평생학습연구소의 평생교육 사업

- UIL은 UNESCO의 평생교육 관심을 반영하여 평생학습 확산 및 지원을 위한 다양한 사업과 활동을 지속적으로 추진해 오고 있다.
- UIL의 주요 활동으로는 정책 연구 · 조사 활동, 세계성인교육회의(CONFINTEA), 모든 이를 위한 교육(EFA)사업, 문해교육사업(LIFE), UN 문해의 해 10년(UNLD)사업, UN의 지속가능발전을 위한 10년 교육(DESD)사업, 새천년개발목표(MDGs) 등이 있다.

② 세계성인교육회의(CONFINTEA)

CONFINTEA(Conférence Internationale sur l'éducation des Adultes, International Conference on Adult Education, 세계성인교육회의)는 성인학습과 무형식교육의 국제적 수준을 점검하고 발전방향을 설정하는 국제 화합의 장이다.

〈표 13-4〉 CONFINTEA 개요

회의(년도/장소)	시대적 배경	의의	주제
제1차 (1949년/덴마크, 엘리노어)	제2차 세계대전 직후 전쟁 경험과 사회적 여망	성인교육 분야의 세계적인 결속과 국제협력의 계기 마련	성인교육
제2차 (1960년/캐나다, 몬트리올)	탈식민화	정책목표로서 평생교육 이념의 강력한 대두	변화하는 세계에서의 성인교육
제3차 (1972년/일본, 도쿄)	냉전(제3세계 등장)	회원국의 성인교육 관계 법규 제정 · 정비와 각종 성인교육활동 보급	통합된 평생교육 체제 속에서의 교육기회 확대

회의(년도/장소)	시대적 배경	의의	주제
제4차 (1985년/ 프랑스, 파리)	경제 상황의 악화	'학습권' 선언 채택	성인교육의 발전을 위한 국제적 · 지역적 협력증진 방안
제5차 (1997년/ 독일, 함부르크)	글로벌화	교육권과 학습권	성인학습: 21세기 지역변화와 권력 강화
제6차 (2009년/ 브라질, 벨렘)	지식사회와 지식기반 경제	• 세계적 경제위기 극복과 지속가능 발전을 위한 각국 평생학습 정책 동향 공유 • 글로벌 교육문제와 도전 과제 해결에 있어 평생 학습의 중요한 역할 인식을 위한 BFA(Belém Framework for Action) 채택	실현가능한 미래를 위한 삶과 학습: 성인학습의 힘
제7차 (2022년/ 모로코, 마라케시)	COVID 19로 인해 증가하는 자금 격차와 SDG 달성 지연 가능성	• 평생 학습 관점과 교육의 틀 내에서 효과적인 성인 학습 및 교육 정책 검토 • BFA(제6차 CONFINTEA, 2009)를 대체하는 성인 학습 및 교육에 대한 새로운 조치 프레임워크 개발	지속 가능한 개발을 위한 성인 학습 및 교육: 변혁적 의제

출처: 연구자들의 자료 재구성.

나) 경제협력개발기구(OECD)

(가) OECD의 이해

OECD(Organization for Economic Co-operation and Development, 경제협력개발기구)는 제2차 세계대전 이후 경제의 재건을 위해 경제발전과 세계무역 촉진을 위하여 발족하였으며 더 나은 삶을 위한 더 나은 정책을 수립하기 위해 노력하는 국제기구다.

(나) OECD의 주요 사업

OECD의 평생교육전략은 평생성과 연계성 강화를 위한 시스템 구축을 전제로 요람에서 무덤까지의 전 생애과정으로서의 교육, 모든 교육기관에서의 통합적 교육 연계 전환 시스템, 다양한 교육 인프라 구축과 네트워크 등을 순환적으로 연계하기 위한 유기적인 연계 전환 네트워크 시스템 구축을 강조한다. OECD의 평생교육은 한국의 평생교육정책에 지대한 영향을 미쳤으며, 한국 정부가 지식기반사회에 대응하기 위한 전반적인 교육 개혁 전략 구상과 추진 과정에도 주요 준거자료로서 중요하게 활용하고 있다.

① OECD의 순환교육

OECD가 정의한 순환교육(Recurrent education)의 개념은 의무교육 및 기초교육 이후 교육을 대상으로 하는 포괄적 교육전략으로 개인의 생애 유형에 따라 교육－일－여가－은퇴 후 활동이 상호 교차 및 순환되어지는 교육활동이다.

OECD의 순환교육 보고서에 포함된 순환교육의 성공적 추진을 위한 정책내용은 다음과 같다.

- 고용주와 노동조합은 교육, 노동, 사회복지 정책의 조정과 자문활동에 활발하게 참여한다.
- 순환교육을 위한 재정지원 시스템을 구축한다.
- 16세에서 19세 청소년 집단에게 교육과 직업(일) 중 선택할 수 있는 권한을 제공함으로써 교육 당국자들이 청소년들의 직업선택 책무를 감면해 준다.
- 교육기회와 고용차별 철폐 그리고 경험과 경력을 인정해 주는 교육 및 훈련기관의 입학정책을 수정한다.
- 유능한 교수진과 실용적인 교육훈련 프로그램 운영을 통하여 새로운 고객을 만족시킬 수 있는 인프라를 구축한다.

〈표 13-5〉 OECD 순환교육과 UNESCO 평생교육 비교

분류	UNESCO 평생교육	OECD 순환교육
등장 배경	UNESCO 본부 차원의 핵심 안건	교육연구혁신센터의 장기 프로젝트
개념	• 교육시스템의 전반적 조직 구축 • 수직 · 수평적 통합으로 각 구성요소 발전의 기본 원리	• 의무교육 및 기초교육 이후 교육을 대상으로 하는 포괄적 교육전략 • 개인의 생애 유형에 따른 교육－일－여가－은퇴 후 활동 상호 교차 및 순환되는 교육활동
비전	• 학습사회 실현 • 지덕체(智德體)를 갖춘 완전한 인간인 평생 학습자	• 노동시장 변화에 따른 직업적 재적응과 생산성 제고를 이루는 산업민주주의 실현 • 고용가능성 제고 및 생산적 근로자

분류	UNESCO 평생교육	OECD 순환교육
대상	기초교육, 고등교육, 성인교육 포괄	교육 초기교육 이후의 교육
전략	• 선지자적 비전 제시: 평생학습의 존재 가치를 의미하는 사명 선언문 역할	• 구체적, 실용적 정책 전략: 평생교육 실행 위한 전략 제시 • 포괄적 전략: 초기교육 이후 모든 교육과 경제, 사회, 노동시장의 정책 연계

출처: 연구자들의 자료 재구성.

(2) 한국의 평생교육 동향

가) 평생교육진흥기본계획

(가) 제4차 평생교육진흥기본계획의 이해

한국은 「헌법」 제31조와 「평생교육법」 제9조에 의거하여 평생교육정책의 청사진으로서 '평생교육진흥기본계획'을 수립하고 중·장기 정책목표 및 기본방향을 제시하고 있다. 제4차 평생교육진흥기본계획은 개인과 사회가 함께 성장하는 지속가능한 평생학습사회 실현이라는 비전으로 평생교육의 중요성을 일자리 및 성장잠재력 확충 등 성장을 위한 가장 효율적 투자, 양극화 해소를 위한 가장 효과적인 복지 정책, 국민의 학습의 기본권을 보장하고 삶의 만족도 제고로 설명하고 있다.

(나) 제4차 평생교육진흥기본계획의 추진전략

기본계획의 추진전략(4P 전략)은 향후 5년간 평생교육 정책의 계획 수립 및 설계, 추진, 환류의 모든 과정에 내실 있게 반영된다.

첫째, 사람(People)으로 이는 학습자 중심으로의 패러다임 전환이며, 평생학습 정책 패러다임을 프로그램에서 사람(학습자)으로의 전환이다.

둘째, 참여(Participation)로 이는 지속적이고 자발적인 참여 확대이며, 학습의 지속성, 자발성 등을 함양하기 위한 정책수단의 마련이다.

셋째, 번영(Prosperity)으로 이는 개인과 사회의 동반 번영 지원이며, 개인과 사회의 번영을 위한 인적자본 투자 관점으로의 접근이다.

넷째, 협력(Partnership)으로 기관 및 제도 간 연계·협력 강화이며, 기관 간 네트워크 구축, 제도 간 연계를 전제로 정책 설계 및 추진이다.

〈표 13-6〉 평생교육진흥기본계획의 평생교육 정책목표

분류	방향	내용
제1차 평생교육진흥기본계획 (2002~2006년)	평생교육을 체계적으로 진흥할 수 있는 토대 마련	• 평행학습기회의 확대 • 지역의 평생학습 문화 정착 • 취약계층을 위한 평생학습 지원 • 평생학습의 기반을 강화 • 직장의 학습조직화
제2차 평생교육진흥기본계획 (2007~2012년)	평생학습 사회를 실현할 수 있는 토대 마련	• 국가 경쟁력을 높이는 창조적인 근로자 양성 • 평생학습을 통하여 관용과 포용 • 평생학습의 기반을 구축
제3차 평생교육진흥기본계획 (2013~2017년)	모든 국민이 행복한 창조학습사회를 구현할 수 있는 토대 마련	• 창조학습을 주도하는 국민 • 평생 동안 일할 수 있는 사회 건설 • 지역 안에서 함께 학습하는 지역공동체
제4차 평생교육진흥기본계획 (2018~2022년)	미래 평생교육의 청사진 제시	• 학습자(사람) 중심으로의 패러다임 전환 • 지속적이고 자발적인 참여 확대 • 개인과 사회의 동반 번영 지원 • 기관 및 제도 간 연계·협력 강화
제5차 평생교육진흥기본계획 (2023~2027년)	디지털 대전환, 초고령사회 등 시대적 변화에 대비한 평생학습 대전환	• 국민의 시각에서 실질적인 권리로 보장 • 지자체·대학 중심의 평생학습 정책 확대·강화 • 평생학습을 위한 국가-지자체-민간 협력체계 구축

나) 평생교육과 열린 학습

(가) 열린 학습체제의 이해

고령화·저출산으로 기대수명이 점차 증가함에 따라 평생학습을 통한 자기역량 강화 및 자기계발에 대한 인식이 중요해짐에 따라 개인과 사회가 함께 지속적으로 성장하기 위해 전 생애에 걸친 평생학습, 지속가능한 평생학습사회 실현을 위한 열린학습체제를 위해 새로운 학습체제를 열어 나가고 있다. 따라서 열린 학습은 언제, 어디서나, 누구나 원하면 학습공동체 안에서 다양한 환경과 자유롭게 상호작용하고, 자기주도적으로 학습하며, 적극적으로 참여할 수 있도록 역동적인 상호작용과 학습 동기를 유발할 수 있는 학습체제여야 한다.

- 전통적인 학교 교육의 닫힌 교육에서 벗어난 교육공간의 다양화이다.
- 학습 과정 및 방법, 교수 방법 및 매체, 학습환경의 다양화이다.

- 학습자 중심의 실제적이고 독창적이며, 창의적이고 유연한 교육이다.
- 학습자의 풍부한 경험과 다양한 변화, 시간과 공간에 열린 학습이다.
- 학습자－학습－지식－기술－삶－일－일터가 연계되고 순환되는 학습이다.

(나) 열린 학습체제의 주요 사업

① 학점은행제

학점은행제는 학교에서뿐만 아니라 학교 밖에서 이루어지는 학습자의 다양한 형태의 학습 및 자격을 학점으로 인정받을 수 있도록 하고, 학점이 누적되어 일정 기준을 충족하면 전문대학 및 대학과 동등한 학위취득을 가능하게 함으로써 궁극적으로는 평생학습사회, 열린 학습사회를 구현하는 데 목적이 있다.

- 학점은행제는 평가인정학습과정, 학점인정대상학교, 시간제등록, 독학학위제, 국가자격 및 공인 민간자격 취득, 국가무형문화재 보유자 및 전수교육 등 고등교육 수준에 해당하는 다양한 학습경험을 학점으로 인정하는 제도이다.
- 학점은행제의 학위 수여는 표준교육과정에서 정한 학위 종류와 전공에 따라 이루어진다. 표준교육과정은 법률의 규정에 따라 학위의 종류에 따른 전공, 교양과목 및 전공별 전공과목과 해당 학점, 전공별 학위 수여 요건 등을 제시하며, 노동시장 등 사회적 요구와의 부합성, 학문적 타당성과 현실성, 교육과정 구성의 적합성 등을 고려하여 교육부 장관이 고시하고 있다.
- 학점은행제 학습자는 2021년 기준으로 등록 누적 수는 약 201만 명으로 1998년 제도 도입 이래 매우 괄목할 만한 양적 성장을 이루었으며, 인정된 학점은 약 1,000만여 학점으로 이 중에서 평가인정 학습과정이 72.6%로 가장 큰 비중을 차지하며, 학점인정대상학교(19.4%), 자격 취득(5.7%), 시간제등록(1.0%), 독학학위제(1.3%) 등의 순으로 나타났다.
- 학점은행제 교육훈련기관은 2021년 기준으로 총 433개이며, 기관 유형별 현황은 대학 부설 평생교육원이 122개(28.2%)로 가장 많았으며, 평생교육시설(103개, 23.8%), 전문대학 부설 평생교육원(72개, 16.6%), 인정직업훈련원(66개, 15.2%) 등의 순으로 나타났다.

② 한국형 온라인 공개강좌(K-MOOC)

한국형 온라인 공개강좌(K-MOOC: Korean Massive Open Online Course)는 대학의 우수 강좌를 언제, 어디서나, 누구나 무료로 수강할 수 있는 서비스로, 고도화된 온라인 플랫폼에서 상호작용 등 의미 있는 학습을 경험할 수 있도록 2015년부터 서비스를 시작하였다.

- K-MOOC는 지속적인 성장을 통하여 평생학습 기반을 조성하고자 하였으며 특히 코로나 팬데믹이라는 유례없는 상황 속에서 국민의 비대면 학습 수요에 대응하는 대표 교육 플랫폼으로 성장하였다.
- 2015년 서비스 시작 이후 K-MOOC 강좌의 정책적 확대, 학습자 중심의 서비스 개선, 학습 결과의 활용 확대 등을 통하여 국민 누구나 시·공간의 제약 없이 원하는 강좌를 수강할 수 있도록 지원하였다.
- 세계적 MOOC 플랫폼인 코세라(coursera)와 업무 협약을 체결하여 4차 산업혁명(인공지능, 데이터과학 분야 등) 관련 강좌(20개) 및 최신 글로벌 인기 강좌(50개)를 포함한 우수 강좌 총 70개를 한국어로 번역하여 제공하고, 이 외에도 다양한 학습지원 서비스를 제공하였다.

③ 국가평생학습포털 '늘배움'

국가평생학습포털 늘배움(www.lifelongedu.go.kr)은 분산된 평생교육 정보와 교육 자료를 하나의 집약적인 네트워킹 체제로 구축하여, 국민에게 고도화된 온라인 학습서비스를 제공하는 평생교육종합정보시스템이다.

- 2013년에 '100세 시대 국가 평생학습체제 구축'이 국정과제로 채택되고, 그 실천 계획으로 온라인 평생학습 지원체제 구축 사업(2013)이 수립되면서 본격적으로 시작되었다
- 전국 17개 시·도 평생교육진흥원의 다모아 평생교육정보망과 연계되었으며, 2014년부터 공개학습 동영상을 연계하기 위해 공공기관, 민간기관 등 다양한 기관과 네트워킹하여 양질의 다양한 온라인 교육콘텐츠를 제공하고 있다.
- 늘배움은 로그인 없이도 다양한 학습정보에 접근이 가능하나, 학습 이력 관리 등을

위해서는 별도의 로그인이 필요하다.

2) 평생교육 프로그램 개발의 과제

(1) 대전환 시대의 지속가능한 교육

가) 대전환 시대

대전환 시대의 대표적인 키워드는 디지털 전환, 에너지 전환, 그린 전환, 경제 전환 등 매우 다양하다. 이는 팬데믹(pandemic), 브렉시트(Brexit), 리쇼어링(Reshoring), 탈세계화(脫世界化) 등으로 글로벌 사회의 다양한 영역에 불확실성을 점점 더 가속화하고 있으며, 저출산과 고령화는 이러한 불확실성에 불안과 위기를 더해 일상생활은 물론 우리의 삶을 빠르게 바꾸면서 지속적인 변화와 혁신을 요구하고 있다. 대전환 시대에서 미래가 요구하는 변화와 혁신은 삶의 모든 영역에서 기회와 소외라는 양면성을 지니며, 모든 영역에서 끊임없이 요구하는 변화와 혁신은 전면적인 교육 시스템의 재구조화를 강제하고 있다.

대전환 시대에서 교육은 제도 및 정책, 자본 및 자원, 프로그램 등이 공진화(共進化, Coevolution)해서 지속될 수 있으므로 지속가능한 교육은 정치 · 경제 · 사회 · 문화의 통합적 관점으로 폭넓게 접근하여야 한다. 따라서 프로그램 개발은 초연결－융복합－예측으로 몰입과 여유, 공간과 호흡이 있는 학습이고, 창의성과 다양성의 조화로 미래를 열어 가는 방향을 제시하며, 경제적 · 사회적 가치와 학습자 개인의 가치를 동시에 창출할 수 있도록 민첩(Agility)하고, 유연(flexibility)하며, 순환(circularity)적이어야 한다. 또한, 지속가능한 교육(Sustainable Education)을 통해 지속가능한 기능(Sustainable Function) 및 역량을 향상시키며, 지속가능한 공동체(Sustainable Community)로 동반 성장(Rising Together)하는 프로그램으로 개발하여야 한다.

나) 지속가능한 교육생태계

이제는 대전환 시대이다. 대전환 시대는 국가적 차원에서 소수의 엘리트나 대량의 인적 자원 양성을 위한 교육적 소임의 변화를 의미한다. 이제는 교육의 의미를 되찾고 본질을 회복해야 할 때이다. 따라서 교육의 진정한 의미는, 교육정책이 우선적으로 실현해야 하는 정책, 즉 '행복한 학습', '즐거운 학습터', '교육이 행복한 학습자', '지도가 행복한 교수자', 더 나아가 조직 및 지역사회 모두가 행복하고 즐거운 학습공동체, 모두가 함께하는 교육공동체, 모두가 더불어 성장할 수 있는 교육생태계의 변화이다. 이는 UNESCO의 '모두를 위한 교육(The Education for All movement)' 정책의 지속가능한 교육과도 그 뜻을 같이한다고 볼 수 있다.

교육생태계의 변화란 학습자가 학습의 의미와 가치를 발견하고, 교육을 통해 학습자의 핵심역량을 발견·증진하며, 지식정보사회에서 요구하는 인재상으로의 변화이고, 다양한 분야와의 창의적인 융복합이다. 따라서 프로그램 개발은 학습자와 교사가 상호작용하고, 학습자와 조직 및 지역사회가 상호작용하며, 학습자와 환경이 상호작용하여야 한다. 또한, 교육과 자격이 상호작용하고, 교육과 일터가 상호작용하며, 교육과 미래가 상호작용하여야 한다. 그러므로 변화된 교육생태계에서의 교육은 성장을 위한 구속이자 미래를 여는 열쇠이며, 나를 만들기 위한 세상과의 접속이자 우리를 설계하기 위한 청사진이어야 한다.

(2) 열린 학습과 평생교육

평생교육은 저출산·고령화 사회에서 노인 개인에게는 리커런스 교육(Recurrence education)으로 새로운 가능성과 기회를 통한 자아실현을, 조직에는 재교육과 교육 확충으로 인재 육성을, 일터에는 재훈련된 우수한 노동력 확보 및 인재 영입을, 국가에는 고령층의 적극적인 사회참여로 부양 부담 감소 및 경제성장의 긍정적인 효과라는 사회실현의 핵심적인 역할을 담당하고 있어 사회·경제·문화 전반에 걸쳐 평생교육의 중요성은 더욱 부각받고 있다. 이러한 사회에서 미래의 평생교육은 열린 학습을 지향하여야 한다. 열린 학습은 노인뿐 아니라 원하면 누구든지, 언제, 어디서나, 무엇이든, 다양한 방법으로, 자유롭게, 교수자이면서 학습자로, 학습자이면서 교수자로, 학습을 주고받으며 공유할 수 있는 학습사회 실현이다. 이는 UNESCO의 '서로 다른 교육 단계의 수직적 접합과 서로 다른 교육 측면의 수평적 통합'이라는 포괄적이고 지속적인 평생교육과도 그 뜻을 같이한다고 볼 수 있다.

미래의 평생교육은 학습자 중심의 열린 학습체제로의 변화를 보다 적극적으로 지향하여야 한다. 지속가능한 열린 학습을 위해서 개인은 주도적으로 참여하고, 조직 및 기관은 평생교육의 범위를 확장하여 대상을 넓히며, 국가는 대상과 영역을 제한하는 정책과 제도를 넘어 국민의 기본권으로서의 평생교육과 공공재로서의 교육으로 제공하여야 한다. 따라서 열린 학습체제의 프로그램 개발은 학습이 이루어지는 사람-공간-제도-정책, 학습이 형성되는 형식-방법-과정-시스템, 학습이 목표하는 교육-자격-직업-여가를 잇는 학습 네트워크를 넘어 진정한 의미에서의 창의적인 융복합이어야 한다.

(3) 평생교육과 직업교육

4차 산업혁명, 지식기반사회, 대전환 시대가 중요하게 말하고 있는 많은 이슈 중 가장 두드러진 키워드는 '일'과 '변화'일 것이다. 이 둘을 합치면 '직업 세계의 변화'이다. 이를 조금 더 확장하면 교육-자격-일이 연계되고, 교육-기업-노동시장이 연결되며, 다양한 분야와의 융합이고, 새로운 것에 대한 창의성과 시도가 가능한 교육생태계의 변화이다. 그렇다면 빠르게 변화하는 직업 세계에서 새롭게 도래된 100세 시대의 생애주기에 맞는 좋은 일, 좋은 직업은 어떤 것인가, 그 좋은 직업을 위한 교육은 어떤 모습이여야 하는가? 빠르게 변화하는 사회에서 좋은 일을 갖기 위해 선행되어야 할 전제조건은 대학이나 졸업장이 아닌 좋은 일을 수행할 수 있는 기초능력이나 직무수행능력이다. 변화된 미래 인재상에서 요구하는 역량은 좋은 직업이 요구하는 전문적 지식, 좋은 일을 수행할 수 있는 기술, 그 직무를 수행하기 위한 기본적인 소양이다. 이는 UNESCO의 '평생교육 자체가 전혀 새로운 통찰이며 최선의 대안은 학습하는 방법을 학습하는(learn how to learn) 것'과도 그 뜻을 같이한다고 볼 수 있다.

평생교육에서 직업교육은 변화하는 직업 세계를 예측하고, 변화된 직업이 요구하는 교육과정을 개발·운영하여 변화된 미래 인재상, 즉 직업 세계의 변화와 미래사회가 요구하는 능력 있는 직업인을 육성할 수 있어야 한다. 따라서 평생교육에서 직업교육 프로그램은 좋은 일을 성공적으로 수행할 수 있도록 배우는 교육에서 현장에 적용하는 교육으로, 이해하는 교육에서 할 수 있는 교육으로, 학교의 닫힌 교육에서 다양한 공간으로의 열린 교육으로, 반복적 교육에서 창의적인 교육으로, 종료되는 교육에서 피드백과 평가로 검증 · 분석하여 순환되는 교육으로, 다양한 영역의 학문적 융합뿐 아니라 교육, 제도 및 정책, 사람 및 공간과의 융복합 그리고 학습자와 함께 설계하는 프로그램이어야 한다.

(4) 대전환 시대의 평생교육 프로그램 개발

가) 대전환 시대 미래형 인재의 핵심 역량

대전환 시대에 대두되는 키워드는 디지털 전환, 에너지 전환, 그린 전환, 경제 전환 등 매우 다양하지만 이 중 가장 중요하게 대두되는 키워드는 디지털 전환이다. 디지털 전환은 디지털 대전환이라 명명될 정도로 현재와 미래의 교육－자격－일－일터－여가는 물론 사람의 전 생애 주기에 대격변을 일으키고 있으며 그 변화는 지금도 지속되고 있다. 디지털 대전환은 사람과 공간의 연결, 현실 세계와 가상 세계의 연계, 정치 · 경제 · 사회 · 문화의 통합적 접근으로 사람－기업 및 조직－노동시장 및 고용시장 전반에 끊임없는 변화와 지속적인 혁신을 요구한다. 이러한 현상은 디지털 문해력과 평생교육의 중요성으로 전 생애 단계별 교육과정에 기초교육, 공통교육, 필수교육 등 그 이름은 상이하지만 상호작용하며 주요교육으로 자리하고 있다. 또한, 디지털 문해력을 위한 기초역량의 토대를 구축하고, 그 위에 다양성, 평등성, 포용성, 수월성, 포용성, 혁신성을 증진하며, 미래의 직업에 필요한 실무교육과 훈련으로 디지털 문해력을 구축한다. 이를 위해 프로그램 개발자는 대전환 시대에 불확실한 미래를 예측하여 변화와 혁신을 주도하고, 교육이 일터에 활용 가능한 기능과 기술일 수 있도록 역량 있는 핵심 인재로서의 소명을 온전히 감당할 수 있어야 한다.

세계경제포럼(2016)은 21세기 미래 인재의 핵심 역량을 창의성(Creativity), 협업 능력(Collaboration), 의사소통 능력(Communication skill), 비판적 사고 능력(Critical Thingking) 등 4C로 정의하였으고, 골린고프 등(Golinkoff et al., 2018)은 저서에서 콘텐츠(Contents), 자신감(Confidence) 등 두 가지 역량을 추가하여 6C로 정의하였으나, 대전환 시대의 지속가능한 교육을 위해 융복합(Convergence), 변화(change) 등 두 가지 역량을 추가하여 8C로 정의하고자 한다.

〈표 13-7〉 대전환 시대 미래형 인재의 핵심 역량

구분	내용
협업 (Collaboration)	모든 역량의 기초이자 가장 핵심적인 능력이다. 오늘날 기업에서 가장 중요하게 요구하는 역량 중 하나로 팀워크나 자기 관리 능력 등의 협업 능력을 키울 수 있는 중요한 역량이다.
의사소통 (Communication Skill)	모든 생활에 가장 중요하고 필요한 능력이다. 협업을 촉진시키는 동시에 협력을 기반으로 구축되며, 기업에서 요구하는 미래의 인재상 중 중요하게 평가되는 핵심 역량이다.
비판적 사고 (Critical Thinking)	세계시민이 갖추어야 할 역량(SDGs) 중 핵심 역량이다. 특정 사실을 검증하고 자신의 견해를 갖추는 능력으로 디지털 대전환의 빅데이터 및 급변하는 정보화시대에 꼭 필요한 역량이다.
창의성 (Creativity)	창의적 사고는 비판적 사고에서 탄생되며 그 위에서 기능할 수 있다. 창의성은 새로운 것을 생각하고, 조합하며, 실행하는 능력으로 교육과 일터를 연계하고, 자격과 일을 연결하며, 현재와 미래에 중요하게 필요한 역량이다.
콘텐츠 (Contents)	지식 습득과 관련되어 있으며, 학습 민첩성을 기르고 창의적인 사고와 더 깊이 사고하는 능력을 습득하고 경험하여야 한다. 디지털 대전환 시대에 각종 유무선 통신망을 통해 제공 및 활용되는 다양한 정보와 그 내용물을 포함하며 실무에 필수적인 역량이다.
자신감 (Confidence)	자신감은 의지와 끈기로 구성되며, 인내심과 자신감을 기르면 쉽게 포기하지 않고 극복하고, 사람을 감동시키며, 주어진 일의 능력으로 감당할 수 있다. 대전환 시대의 위기와 혼란을 극복하고 긍정적인 변화와 성장을 이끌어 낼 수 있는 중요한 역량이다.
융복합 (Convergence)	학제-영역-사람-산업 간 탈경계 및 통합, 다양한 영역의 축적된 지식 및 기술을 다재다능한 활용으로 효율성을 극대화하는 능력이다. 대전환 시대의 커지는 불확실성을 극복하고 가치를 창출할 수 있는 핵심 역량이다.
변화 (Change)	개인-조직-제도-정책-사회 등 다양한 변화형태를 긍정적인 방향으로 이끌기 위해 재교육(Recycling)하고 재교육(Reskilling)하여 존속, 혁신, 성장, 발전시키는 능력이다. 대전환 시대의 대격변에 대응할 수 있도록 변화를 촉진하고 선도하며 혁신하고 창출할 수 있는 중요한 역량이다.

나) 대전환 시대의 평생교육 프로그램 개발

대전환 시대의 교육은 지식 습득 및 전달을 넘어 다양한 학습방법으로 즐거움을 경험하고 그 지식을 활용하는 근본적인 변화로서의 패러다임 전환이다. 디지털 대전환에서는 AI(인공지능)을 통해 자기학습이 가능하다. 머신러닝(Machine learning) 및 딥러닝(Deep learning)을 통한 학습 위에 삶에서 경험하는 여러 문제 및 요구, 일터에서 발생하는 다양한 문제 및 요구 등을 창의적이고 독창적인 상상으로 문제해결 방법을 도출하고 제안한다. 문제해결 과정에서는 삶의 경험에서 축적한 경험과 지혜를 학습으로 축적한 지식 및 기술로 다양하게 융복합하면서 통찰력과 창의력을 향상하고, 문제해결 과정에서 여러 모양의 지식·기술·행동, 사람·공간·제도·사회 등과 상호작용하면서 협업, 소통, 공감 역량을 길러 주며, 문제해결 과정에서 다양한 환경 및 상황을 고려하고 합의하면서 인지적 역량을 증진한다. 따라서 대전환 시대의 평생교육 프로그램 개발자는 미래를 예측하고, 응용하며, 활용하여 선순환적이고 긍정적인 방향으로 함께 성장할 수 있는 프로그램을 개발할 수 있어야 한다.

[그림 13-2] 대전환 시대의 평생교육 프로그램 개발

〈표 13-8〉 대전환 시대의 평생교육 프로그램 개발 방향

분류	체제 (System)	공간 (Place)	사회 (Society)	교수 · 학습 (Teaching–learning method)	개발자 역량 (Competence)
교육과정 (Curriculum)	• 실생활에 활용할 수 있는 지식 및 기술 제시 • 교육–자격–일–여가를 연계할 수 있는 기준 및 수준 제시	학교–기관–지역사회 등 다양한 시설을 평생학습 공간으로 재구조화 및 운영	학교–기관–기업–지역사회가 함께하는 지역사회 기반으로 조성 및 운영	체제–공간–학습, 사람–방법–내용에 따른 맞춤형 교수 · 학습으로 지원 및 활용	기본소양, 전문성, 학습자 이해, 논리적 사고, 의사소통, 자기계발, 리더십, 콘텐츠, 자신감 등
교육평가 (Evaluation)	• 교육과 일상생활, 교육과 일터의 활용 여부 • 제시된 교육 기준 및 수준의 다양한 분석 및 평가	학습자의 학습 즐거움 및 활용, 학습시설 및 공간의 다양한 활용으로 학습 개선 · 촉진 및 활성화	개인–조직–기업–지역사회가 동반성장하는 학습 및 인증 다양화	• 교육 투입(input)–산출(output) 과정 분석 및 평가 • 개인–조직–사회의 성장 및 활용 평가	프로그램 개발 · 실행 · 평가, 정보 구조화, 분석 및 활용 등
교육방향 (Directions)	비판적이고 창의적이며 자기주도적인 학습자 중심	탈형식–탈시설–탈경계의 학습 설계 및 실천	초지능–초연결–초융합으로 학습환경 조성 및 학습공동체	탈형식–탈시설–탈경계, 초지능–초연결–초융합으로 학습자 및 교수자의 역량 강화	직업윤리, 교육 비전, 전략적 사고, 조정 및 통합 등
교육지향 (Intention)	계획에서 예측으로	학습자 동원에서 개별 행복으로	종합교육에서 통합교육으로	전문가 초점에서 학습자 초점 설계로	목적 및 목표, 상호작용, 네트워킹, 변화 선도, 비판적 및 창의적 사고 등
교육조직 (Organization)	STEAM교육*	파편화 (Fragmentation)	동반성장(同伴成長)	민첩성(Agility)	경영 및 행정, 리더십, 조정 · 통합 · 협업, 문제 및 갈등관리, 융복합, 디지털 역량 등
	열린학습체제	다양화(diversification)	공공선(公共善)	유연성(flexibility)	
	전문기술교육	활용화(utilization)	학습생태계	순환성(circularity)	
–	지속가능한 교육 (Sustainable Education)	지속가능한 공동체 (Sustainable Community)	지속가능한 미래 (Sustainable Future)	지속가능한 기능 (Sustainable Function)	–

* STEAM교육은 창의융합인재교육으로 과학(Science), 기술(Technology), 공학(Engineering), 인문 · 예술(Arts), 수학(Mathematics)이다.

3. 평생교육 프로그램 개발의 전망

1) 대전환 시대의 지속가능한 교육

(1) 교육 패러다임 전환

대전환 시대에서 교육이란 무엇인가, 그 교육이 의미하는 가치는 무엇인가, 급격하게 변화하는 사회에서 미래예측은 무엇을 의미하는가 등 프로그램 개발자는 이러한 상황과 변화에 끊임없이 질문하고, 쏟아지는 정보홍수 속에서 비판적 사고로 옳고 그름을 분별하여 학습–일–여가에서 즐거움을 찾고, 가치를 부여할 수 있어야 한다. 따라서 개발자는 지식, 자격, 기술, 경험 등을 행동으로 실행하고, 이를 일상생활과 일터에 활용하며, 주도적으로 행동하여 사람–조직–기업–사회 속에서 책임과 가치, 일과 삶의 균형 및 통합을 이룰 수 있도록 프로그램을 개발·운영하여야 한다.

대전환 시대는 공간 및 환경, 동물 및 상황 등 특정 대상뿐 아니라 정치·경제·사회·문화의 급격한 변화와 팬데믹 등으로 인한 일상생활과 일터의 변화로 인하여 다양한 영역에서 접촉 포비아(phobia)가 번지고 있는 양상을 보이고 있다. 또한, 저출산·고령화에 따른 인구감소 및 인구구조 변화, 직업 및 밸류 체인(value chain)의 변화 등은 교육의 패러다임 전환을 강력하게 요구하고 있다.

대전환 시대의 교육 패러다임 전환은 다음과 같다.

첫째, 학습자가 주체가 되는 평생교육, 지역사회가 주체가 되는 평생교육정책으로의 전환이다. 개발자는 학습자–조직–문화–풍토를 기반으로 시대의 변화와 혁신을 선도할 수 있는 학습자, 그런 학습자를 중심으로 변화와 통합을 선도할 수 있는 지역사회, 이런 학습자와 지역사회를 기반으로 평생학습사회 실현을 위한 학습생태계를 조성할 수 있어야 한다.

둘째, 대상–영역–지역 간 학습 격차는 물론 디지털 격차 해소를 넘어 레벨링업(leveling up)을 위한 유연하고 지속적이며 자율적인 학습체계 구축이다. 개발자는 학습이 사람–영역–지역, 가족–여가–일–일터에서 사람중심으로, 사람주도적으로 함께 동반성장할 수 있도록 학습이 일과 삶의 조화(Work-Life Balance)를 이루면서 동시에 변화와 혁신을 선도할 수 있어야 한다.

셋째, 학습-계획 및 운영-정책 등에 대한 성과 검증 및 반영체계 구축과 증거 기반 모니터링 및 평가시스템 구축으로 즐거움과 만족감, 균형과 조화, 공감과 소통 등 다양한 가치를 부여할 수 있는 학습환경으로서의 교육 어메니티(amenity) 조성이다.

넷째, 사람-조직-기업-사회가 요구하고 필요로 하며 역할을 수행할 수 있으며, 사람-조직-기업-사회의 요구에 부응할 수 있는 역량 있는 인재 육성이다. 개발자는 조직-기업-사회 및 양적-질적 수요와 공급의 불일치를 해소하고 일상생활 및 일터와 연계된 기초역량교육과 전문기술교육을 제시할 수 있어야 한다.

다섯째, 대전환 시대에서 평생교육은 알파와 오메가(Alpha and Omega)이다. 개발자는 사람-조직-기업-사회의 요구 및 문제를 분석 및 평가하고, 미래를 예측하여 프로그램을 개발 · 운영하여 개선하고 재설계하는 과정에서 경험하는 긍정적이고 부정적인 결과 및 성과 모두를 다각도로 이해 · 분석 · 수용할 수 있는 역량을 지속적으로 증진할 수 있는 전문가이어야 한다.

(2) 하이브리드(Hybrid) 인재

하드 스킬(hard skill)은 정량화 및 수치화하기 용이한 객관적인 스킬이며, 교육과 훈련을 통해 개발 · 습득 · 향상할 수 있는 스킬로 학위 · 자격 · 데이터 분석, 컴퓨터 프로그래밍, 기계 작동, 마케팅, 기술 및 숙련도 등이다. 소프트 스킬(Soft Skill)은 정량화하기 다소 어려운 주관적인 스킬이며, 타인과 함께하는 관계나 상호작용하는 과정을 통해 개발 · 습득 · 향상할 수 있는 스킬로 동기부여, 협업, 비판적 · 창의적 · 전략적 사고, 혁신, 대인관계 및 문제해결 능력, 팀워크, 소통, 유연성, 리더십, 직업윤리 등이다.

이러한 차이점에도 불구하고 교육과 일터에서 이 두 스킬은 어느 스킬이 더 중요하고 덜 중요하지 않다. 두 가지 스킬은 서로 매우 다른 스킬이지만, 교육 및 훈련에 두 스킬을 조화롭게 접목한 프로그램을 개발하지 못한다면 교육의 목적 및 목표에 적합한 결과를 산출하기 어렵고, 일터에서 요구하는 효율적인 성과를 창출하기 어렵다. 직업을 예로 들면, 하드 스킬(hard skill)은 직무 수행을 위한 구체적인 지식 및 기술이고 소프트 스킬(Soft Skill)은 실무 수행을 위해 필요한 지식 및 기술이라고 할 수 있다. 대전환 시대의 노동시장은 불확실한 미래를 극복하기 위한 역량 · 기술 · 다양성 · 협업 등 하드 스킬(hard skill)과 소프트 스킬(Soft Skill)를 넘어 이 두 가지가 조화롭게 균형 이룬 하이브리드 스킬(Hybrid Skill), 즉 하이브리드 인재를 요구하고 있다. 여기서 제안한 8C는 다른 이론이나 모델에서 제시한 역량과 다를 수 있지만, 프로그램 개발자에게 이론과 실천, 학습장과 현장, 교육과 일터의 연계와 교육－삶－여가－일터, 개인－조직－기업－사회의 다양한 문제 및 요구를 해결하고 그 대안을 도출 및 제안하는 데 도움이 될 것이다. 하지만, 8C 역량을 통한 커리어(Career)를 한번 습득 · 개발 · 보유하였다 하여 그 경력이 모든 영역에 완전한 기술 및 지식으로, 한번의 경력이 영원한 경력으로 기능할 수 없는 가변성을 지니고 있다. 따라서 프로그램 개발자는 끊임없는 변화에 지속적으로 대응할 수 있는 8C를 프로그램 개발에 적용 및 활용하여 학습자 초점에서 무엇을, 어떻게, 어떤 방법으로 지원할 수 있는지, 다양한 상황과 맥락을 고려하고 미래를 예측하여 지속가능한 교육 및 프로그램을 개발 및 제공할 수 있어야 한다.

2) 대전환 시대의 지속가능한 기능

(1) 열린 학습체제

대전환 시대에서 교육은 더 이상 학교, 평생교육시설 등 교육기관 중심의 정형화된 교육지원을 지양하고, 급변하는 사회와 디지털 전환 등으로 빠르게 변하는 경제 · 문화 · 사회 · 제도 그리고 사람－조직－기업－사회의 다양한 문제 및 요구를 충족시키기 위해서는 열린학습을 지향하여야 한다. 이는 사람－영역－지역 간 학습 및 디지털 문해력(Digital Literacy)의 격차를 해소할 수 있는 교육생태계를 조성하여야 함을 의미한다. 교육생태계는 학습이 이루어지는 모든 환경 및 상황에서 교육 내용이 삶과 일터에 공유되고, 자격과 기술이 실무에 활용 가능하며, 학습 및 일 경험이 경력과 연륜이 되어 실제 현장에서 지식을 지혜로, 자격을 기술로, 소통을 협업으로, 이론을 숙련으로 전환할 수 있도록 비판적이고 창의적인 사고로 넘쳐나는 정보와 지식을 취사선택(取捨選擇)할 수 있어야 한다.

대전환 시대의 열린 학습체제는 다음과 같다.

첫째, 학습자 개인의 흥미와 관심, 학습동기를 유발할 수 있는 맞춤형 지원 시스템 강화이다. 개발자는 학습자 개인이 주도적으로 다양한 문제 및 요구 해결을 위해 내용 및 방법, 매체 및 전략, 디지털 기술 등을 적용·활용·행동할 수 있도록 프로그램을 개발하여야 한다.

둘째, 조직은 교육 내용을 기업 및 지역사회와 공유하고, 학습자의 학습경험을 일상생활과 일터에 적용하며, 교육－자격－경력이 순환되어야 한다. 개발자는 대전환 시대의 끊임없는 변화와 디지털 전환 시대의 빠른 요구에 맞도록 온라인－오프라인 학습환경을 조성하여 소외되는 사람－공간－지역 없이 원하면 언제, 어디서나 필요한 학습이 가능하도록 사람－조직－사회는 학습공동체에서 자율적이고 주도적으로 결정할 수 있도록 프로그램을 개발하여야 한다.

셋째, 국가는 개인－조직－기업－지역사회가 협업과 혁신을 주도하고, 정보와 기술을 공유하여야 한다. 개발자는 학제－영역－조직 간 융복합 및 소통으로 동반성장과 가치를 창출할 수 있도록 도전－시험－실패－성공에 훈련되고, 학습자는 교육생태계에서 원하는 교육을 원하는 환경에서 보다 쉽게 접근할 수 있도록 학습문화 조성 및 정책과 제도를 수립하여야 한다.

넷째, 평생교육을 통해 학습자의 생애주기별 맞춤형 학습·진로·직업설계를 지원하고, 교육시설 및 기업은 물리적 공간과 사이버 공간을 학습공간으로 확장 및 재조명해야 한다. 개발자는 지속가능한 교육을 위해 효율적이고 혁신적인 디지털 기술·콘텐츠·프레임워크를 개발·통합·지원하여 교육－삶, 교육－일터의 연계시스템을 활용할 수 있는 열린 학습체제를 구축하여야 한다.

다섯째, 열린 학습체제에서 사람－공간－제도－정책은 다양하게 혁신하고, 형식－방법－과정－시스템은 다각화를 모색하며, 교육－자격－직업－여가는 창의적으로 융복합하여야 한다. 개발자는 공공의 가치 추구를 위해 탈형식－탈시설－탈경계, 초지능－초연결－초융합으로 열린 학습체제에서는 학습을 열고, 시설을 모으며, 공간을 연결하고,

콘텐츠를 융합하며, 기술과 지식을 혁신하여야 한다. 또한, 지속가능한 열린 학습을 위해 러케이션(learning and vacation)과 워케이션(work and vacation) 같은 보다 도전적이고 적극적인 방안을 다양하게 모색하여야 한다.

(2) 다중 문해력(Multiliteracies)

대전환 시대에는 지식, 정보, 기술, 상황, 환경 및 맥락을 이해하고, 교육 내용 및 방법, 매체 및 전략, 디지털 기술 등을 적용하고 활용하여 올바르게 이를 전달하기 위한 문해력 교육이 점점 더 중요해지고 있다.

문해교육은 일상생활을 영위하는데 필요한 문자해득(文字解得)능력을 포함한 사회적 · 문화적으로 요청되는 기초생활능력 등을 갖출 수 있도록 하는 조직화된 교육이다(「평생교육법」 제2조 3항).

문해력(literacy)은 읽고, 쓰고, 계산하는 능력을 넘어 디지털(digital) · 미디어(media) · 직업(job) 기술 등을 포함하며 대전환 시대에서 문해력은 그 자체가 확장되고 진화하고 있다. 또한, 문해력은 점점 더 디지털화되고, 텍스트(text)를 매개로 하며, 정보가 풍부하고, 빠르게 변화하는 세상에서 확인, 이해, 해석, 창조 및 의사소통하는 능력으로 지속가능한 발전을 촉진하고, 노동시장에 참여기회를 높이며, 삶의 기회를 확대한다. 그리고, 디지털 문해력(digital literacy)은 고용, 양질의 일자리 및 기업가 정신을 위해 디지털 기술을 통해 안전하고 적절하게 정보에 접근(access)하고, 관리하며, 이해하고, 통합하며, 소통(communicate)하고, 평가하며, 창조할 수 있는 능력으로 비판적 사고력을 채택하고, 허위 정보 등에 직면하여 회복력을 구축하며, 컴퓨터 · ICT · 정보 · 미디어 등의 활용능력과 같은 기술 및 활용능력을 포함하는 의미이다(https://www.unesco.org).

문해력은 대전환 시대에서 점점 더 확장되고 진화하는 디지털(digital) · 미디어(media) · 직업(job) 기술 등과, 점점 더 빠르게 변화하는 다양한 매체, 지식 및 정보로 인해 새로운 접근 방식으로서의 다중 문해력(Multiliteracies)이 제시되었다. 다중 문해력(Multiliteracies)은 새로운 문화 · 제도 · 사회 맥락 및 환경을 설명하기 위한 통신 채널(Communication channels)과 미디어(media), 문화 및 언어의 다양성에 대한 중요성으로 전통적인 문해교육의 범주를 확대하고 보완하였다. 따라서, 주체가 얼마나 많은 기관과 효과를 설계하는

지를 나타내는 전이성(Transitivity)과 창의성 및 과정(process)으로서의 문화 메커니즘(mechanisms)을 강조하는 혼존성(Hybridity)과 상호텍스트성(Intertextuality)은 다양한 의미를 설명하는 데 도움이 된다. 또한, 카즈덴 등(Cazden et al., 1996)은 이를 교육하기 위해 네 가지 요소, 즉 학습자의 실생활을 기반으로 한 상황별 설계 및 설계 경험인 상황별 실습 및 현장 직무(Situated Practice), 학습자가 직접 설계의 명시적인 메타언어(metalanguages)를 형성할 수 있도록 하는 명백한 교육인 명시적 교육(Overt Instruction), 사회적 맥락 및 목적과 의미를 연관시키는 비판적 사고의 구성인 비판적 시각(Critical Framing), 학습자가 한 맥락에서 다른 맥락으로 의미의 설계를 전달하고 재창조하는 변화된 실습인 혁신적인 실습 및 실무(Transformed Practice)를 제시하였다. 설계는 개발자가 자신의 활동을 지속적으로 재설계할 수 있도록 하기 위해 필요로 하는 창의적 능력 및 역량과 연결되며, 학습 및 효율성, 협업 및 상호관계, 몰입 및 혁신적인 실무가 학습자, 환경, 기술, 맥락 및 환경의 복잡한 시스템 설계의 결과라는 사고와 재설계 및 변화하는 자원의 창의적이고 혁신적인 적용 및 활용으로 간주한다(Cazden et al., 1996: 74, 88)

따라서, 프로그램 개발자는 지속가능한 미래를 설계하는 사람으로서 어렵고 고통스럽더라도 학습자의 주체성과 사회·문화적 역동성을 회복하고, 의미 있고 사용가능한 설계로 재창조 및 재설계하며, 사람-공간-문화-사회를 비판적 사고를 통해 창의적이고 포용적으로 혁신할 수 있는 책임 있는 창조자로서 프로그램을 개발 및 제공할 수 있어야 한다.

3) 대전환 시대의 지속가능한 미래

(1) 직업교육의 변화

대전환 시대의 끊임없는 변화는 불확실한 미래뿐 아니라 급격하게 변화하고 있는 노동시장과 빠르게 소멸하고 생성되는 직업은 지속적으로 직업교육의 변화를 요구한다. 이전에 소수 집단에게만 보장되었던 교육기회는 사회가 변화되면서 점차적으로 그 대상이 확대되면서 기존의 교육환경 및 교육체계는 위협을 받게 되고, 과잉교육(over-education)이라는 사회문제로 대두되었다. 이러한 현상은 교육과 삶, 교육과 일, 교육과 일터 등의 관계로 확대되었고, 학교교육-정규교육-직무교육-현장훈련이 상호연계되어 '해야 하는 것'에서 '할 수 있는 것'을 가르치고, '배우는 공간'에서 '해 보는 공간'으로 전환되고 있기 때문에 생산성을 높이고 역량을 증진하며, 사회적 및 경제적 가치를 향상시키는 직업교육으로 패러다임이 전환되어야 있다. 따라서, 직업교육을 위한 기본 질문, 즉 '일터(고용주)에서 필요로 하는 인재는 어떤 역량과 태도를 갖추어야 하는가, 일상생활에서 삶의 질을 높이고 자아실현 및 워라벨(Work-life balance)을 보장하기 위해 필요한 학습은 무엇인가'로 질문의 초점을 전환한다면 지속가능한 직업교육 및 직무 개발에 전환점이 될 수 있다.

대전환 시대의 지속가능한 직업교육의 방향은 다음과 같다.

첫째, 지속적으로 변화하는 미래의 직업은 어떤 인재를 요구할까? 대전환 시대에 살고 있는 우리가 속한 가정-일터-사회의 변화는 끊임없이 우리에게 다른 이와 다른 것, 새롭고 혁신적인 것, 비판적이고 창의적인 것으로 가정-일터-사회를 리드(lead)할 요구할 것이다. 이러한 요구는 미래가 요구하는 역량을 갖춘 인재상이 된다. 즉, 모든 경계가 무너진 빅블러(Big Blur) 및 디지털 시대에 지식·기술·자격, 협업·혁신·소통을 효율적으로 융복합·활용할 수 있는 하이브리드(Hybrid)형 인재이다.

둘째, 지속적으로 변화하는 미래의 직업은 어떤 역량을 요구할까? 불확실하고 불투명한 대전환 시대의 직업은 빠르게 쇠퇴하고, 수많은 직업이 소멸하고 있다. 이러한 현상은 사람을, 조직을, 기업을, 사회를 흔들고 있지만 다른 측면으로는 그것이 직업을 새롭게 생성하고, 변화시키며, 성장시키고 있다. 이러한 현상은 지속가능한 미래 직업인이 갖추어야 할 역량이 된다. 즉, 수없이 사라지고 생성되는 변화의 시대에서 사회적 가치와 경제적 가치를 동시에 실천하고, 개인-일터-사회 등 이해관계자의 공동 가치 창출을 위해 인적·물적·지적 자원을 창의적으로 융복합하고 주도적으로 혁신하여 효과적으로 기여할 수 있는 역량을 갖도록 해야 한다.

셋째, 지속적으로 변화하는 미래의 직업은 어떤 교육을 요구할까? 대전환 시대는 불확실한 미래에 저출산 · 고령화 현상이 더해져 인구감소 및 인구구조 변화, 교육참여자 급감에 따른 일터의 우수 인재 미충원 및 지역 소멸 위기 등 정치 · 경제 · 사회 · 문화 전반에 심각한 문제가 대두되고 있다. 이러한 현상은 지속가능한 직업교육을 위한 학습생태계를 구축하고 있다. 즉, 기초 지식 및 기초 역량교육을 위한 STEAM교육, 창의적인 사고와 다양한 문제 및 요구 해결을 위한 열린 학습체제, 대전환 시대를 이끌 경쟁력 있는 전문가로서의 전문기술교육, 교육－조직－일터가 연계 · 공유하는 교육 설계로 프로그램을 고도화하여야 한다.

넷째, 지속적으로 변화하는 미래의 직업은 어떤 역할을 요구할까? 끊임없이 변화하는 미래의 직업은 패러다임의 전환으로 지식 · 기술 · 역량에 학습경험과 직업경력을 연계할 수 있도록 학습－기술－자격－경력을 교육－평가－인증체계와 녹아들도록 탈형식－탈시설－탈경계, 초지식－초연결－초융합으로 프로그램을 개발－개선－재설계하고 있다. 이러한 현상은 지속가능한 미래 직업이 담당해야 할 역할이 된다. 즉, 프로그램 설계를 계획에서 예측으로, 종합교육에서 융복합교육으로, 전문가 초점에서 학습자 초점으로, 공급자 중심 인재 양성교육에서 수요자 중심 인재 양성 교육으로의 전환을 꾀하여 지속가능한 미래 직업의 방향성을 제시할 수 있는 역할이 요구된다.

다섯째, 지속적으로 변화하는 미래의 직업은 어떤 성과를 요구할까? 급격하게 변화하고 있는 대전환 시대는 AI(인공지능), 디지털 및 기술혁신으로 직업세계가 변화 및 소멸되고 있다는 불안과 디지털 및 기술혁신으로 AI(인공지능)가 하지 못하는 새로운 직업세계를 창출 및 생성할 수 있다는 희망을 동시에 제공한다. 이러한 현상은 지속가능한 미래 직업이 도출해야 할 성과가 된다. 즉, 초지식－초연결－초융합으로 공공선(公共善) 및 사회적 책무를 추구하는 교육으로 전환하고, 저출산 · 고령화 시대에 다양한 직무를 창출하고 고령화에 적합한 직무를 다양하게 개발 · 운영하여 지역 소멸 위기 및 부족한 인재공급의 대안으로 모두가 함께 동반성장할 수 있는 지속가능한 미래를 위한 공동체를 구축이 요구된다.

(2) 미래형 평생교육 프로그램 개발

대전환 시대의 프로그램 개발자는 지속적으로 8C를 향상시키고, 끊임없이 미래를 예측하여 사람-조직-사회의 환경 및 맥락을 고려하여 개발한 프로그램 및 서비스에 이야기를 담아야 한다. 아무리 좋은 프로그램 및 서비스라도 그 속에 사람의 이야기가 없다면, 공동체의 이야기가 담겨지지 않는다면 사람 간, 조직 간 긍정적인 관계 형성은 물론 추구하는 성과를 효율적이고 효과적으로 도출하기 어렵다.

대전환 시대의 개발자는 더 많은 학습과 교육으로 지속적으로 8C를 향상하고 다양한 대상과 환경 및 맥락을 분석·평가한 후 이야기 있는 미래를 예측하여 프로그램 및 서비스를 개발한다. 개발한 프로그램은 분석-설계-실행-평가-피드백을 통해 다중 문해력을 담아 프로그램을 개선한다. 개선한 프로그램은 분석-설계-실행-평가-피드백을 통해 융복합하여 프로그램을 재설계한다. 따라서 미래형 프로그램은 [그림 13-3]과 같이 분석을 통해 미래를 예측하여 스토리텔링(Storytelling)을 담은 프로그램을 개발하고, 이를 실행한 후 평가 및 피드백에 다중 문해력(Multiliteracies)을 담아 프로그램을 개선하며, 개선된 프로그램을 실행한 후 평가 및 피드백에 융복합(Convergence)을 담아 프로그램을 재설계한다. 이때 모든 과정에서는 사전·중간·사후(Pre, Intermediate and Post) 분석 및 평가(Analysis and Evaluation)가 진행되며, 그 결과 및 성과를 적용하고 활용하여 효율적이고 효과적인 결과 및 성과 도출을 위한 지속가능한 평생교육 프로그램으로 완성한다.

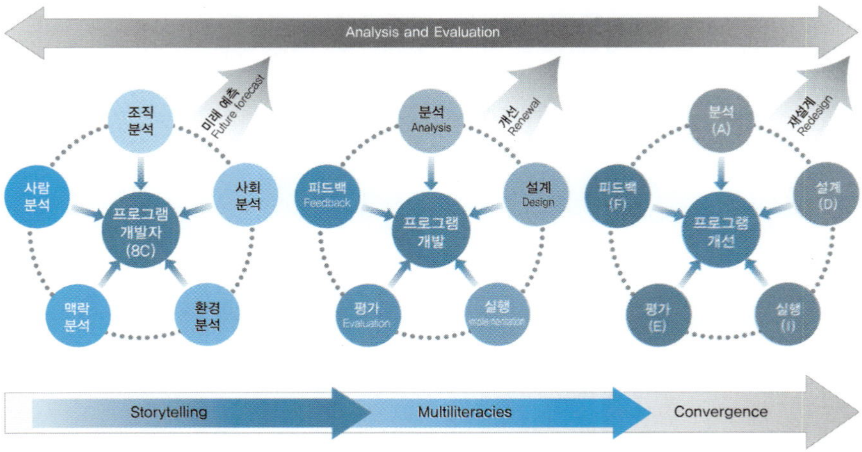

[그림 13-3] 미래형 평생교육 프로그램 개발 모형

정리하기

평생교육 현장에서 프로그램 및 서비스를 수행하고 있는 프로그램 개발자에게 요구되는 임무는 매우 다양하며, 조직(또는 기관)에서는 개발자에게 급변하는 사회에 지식기반사회에서의 혁신, 성과 및 변화를 기대한다. 이러한 상황 및 환경, 끊임없이 변화하는 요구에서 경쟁우위를 가지고 지속적으로 성장하고 발전할 수 있는 중요한 요인 중 하나는 프로그램 및 서비스를 담당하고 있는 개발자의 역량과 역할이다. 평생교육 프로그램 개발자의 역할로는 기획자, 운영자, 분석 · 평가자, 마케터, 개발자, 관리자, 경영 · 행정가, 상담 · 컨설팅이다.

평생교육 프로그램 개발의 과제는 대전환 시대의 지속가능한 교육, 열린 학습, 직업교육이다. 대전환 시대의 교육은 지식 습득 및 전달을 넘어 다양한 학습방법으로 즐거움을 경험하고 그 지식을 활용하는 근본적인 변화로서의 패러다임 전환이며, 프로그램 개발자는 미래를 예측하고, 응용하며, 활용하여 선순환적이고 긍정적인 방향으로 함께 성장할 수 있는 프로그램을 개발할 수 있어야 한다.

평생교육 프로그램 개발의 전망은 교육 패러다임 전환과 하이브리드(Hybrid) 인재로서의 대전환 시대의 지속가능한 교육, 열린 학습체제와 다중 문해력(Multiliteracies)으로서의 대전환 시대의 지속가능한 기능, 직업교육의 변화와 미래형 평생교육 프로그램 개발 모형의 대전환 시대의 지속가능한 미래이다.

미래형 평생교육 프로그램 개발 모형은 분석을 통해 미래를 예측하여 스토리텔링(Storytelling)을 담은 프로그램을 개발하고, 이를 실행한 후 평가 및 피드백에 다중 문해력(Multiliteracies)을 담아 프로그램을 개선하며, 개선된 프로그램을 실행한 후 평가 및 피드백에 융복합(Convergence)을 담아 프로그램을 재설계한다. 이때 모든 과정에서는 사전 · 중간 · 사후(Pre, Intermediate and Post) 분석 및 평가(Analysis and Evaluation)가 진행되며, 그 결과 및 성과를 적용하고 활용하여 효율적이고 효과적인 결과 및 성과 도출을 위한 지속가능한 평생교육 프로그램으로 완성한다.

연구문제

1. 평생교육 프로그램 개발자의 역할을 설명하여 보시오.

2. 평생교육 프로그램 개발의 과제를 설명하여 보시오.

3. 평생교육 프로그램 개발의 전망 세 가지를 설명하여 보시오.

4. 미래형 평생교육 프로그램 개발 모형을 설명하여 보시오.

참고문헌

교육부(2013). **평생교육진흥기본계획(안).**

교육부(2018). **제4차 평생교육진흥기본계획.**

교육부, 국가평생교육진흥원(2022). **2021 평생교육백서.**

교육시설 등의 안전 및 유지관리 등에 관한 법률(법률 제18635호, 2021. 12. 28., 시행 2022. 6. 29.).

권두승, 조아미(2012). **성인학습 및 상담.** 경기: 교육과학사.

김남수, 류기덕, 박철민, 이승준, 진석범(2020). **사회복지 행정론.** 경기: 공동체.

김석우, 최태진, 박상욱(2015). **교육연구방법론.** 서울: 학지사.

김신복(2004). **발전기획론.** 서울: 박영사.

김용현, 김종표(2015). **평생교육론.** 경기: 양서원.

김종서, 김신일, 한숭희, 강대중(2000). **평생교육개론.** 경기: 교육과학사.

김종표, 홍미경(2019). **인적자원개발론.** 경기: 양서원.

김진화(2003). **평생교육 프로그램 개발론.** 서울: 교육과학사.

김창걸(1993). **교육행정학신론.** 서울: 형설출판사.

김한별(2014). **평생교육론.** 서울: 학지사.

김한별, 박소연, 유기웅(2010). **프로그램 개발 및 평가.** 경기: 양서원.

남정걸(2006). **교육행정 및 교육경영.** 서울: 교육과학사.

박경호(2014). **기독교 평생교육론.** 서울: 기독교문서선교회.

성낙돈, 김창엽(2011). **평생교육 프로그램 개발론.** 서울: 청목출판사.

신용주(2018). **평생교육 프로그램 개발론.** 서울: 학지사.

오세덕, 이명재, 강제상, 임영제(2008). **행정관리론.** 서울: 대영문화사.

윤정일, 송기창, 조동섭, 김병주(2015). **교육행정학원론.** 서울: 학지사.

이용교, 임형택(2010). **교육 복지론.** 경기: 집문당.

장덕호, 김성기, 유기웅, 윤철수(2015). **교육복지론.** 서울: 박영story.

차갑부(2016). **평생교육론.** 경기: 교육과학사.

평생교육법 시행령(대통령령 제32528호, 시행 2022. 3. 8.).

평생교육법(법률 제18195호, 2021. 6. 8. 일부개정, 시행 2021. 12. 9.).

평생교육진흥원(2009). **평생교육 프로그램 분류체계 연구.** 서울: 평생교육진흥원.

하상균(2005). **행정학원론.** 서울: 대영문화사.

한숭희(2010). **평생학습사회연구.** 경기: 교육과학사.

홍미경(2018). 경력단절여성의 평생학습 참여동기가 고용가능성에 미치는 영향과 경력설계의 매개효과. 백석대학교 기독교전문대학원 박사학위논문.

황성철(2017). **사회복지 프로그램 개발과 평가**. 경기: 공동체.

Allen, W. C. (2006). Overview and evolution of the ADDIE training system. *Advances in Developing Human Resources, 8*(4), 430-441.

Alsalamah, A., & Callinan, C. (2021). Adaptation of Kirkpatrick's four-level model of training criteria to evaluate training programmes for head teachers. *Education Sciences, 11*(3), 116-140.

Bloom, B. S. (Ed.)(1956). *Taxonomy of educational objectives: the classification of educational goals.* NY: D. McKay.

Boone, E. J., Safrit R. D., & Jones J. (2002). *Developing Programs in Adult Education: A conceptual programming model* (2nd ed). IL: Waveland Press.

Boyle, P. G. (1981). *Planning better programs.* NY: McGraw-Hill.

Bradshaw, J. R. (1972). Taxonomy of social need. Retrieved from http://eprints.whiterose.ac.uk/118357/

Buchem, I., & Hamelmann, H. (2010). Microlearning: a strategy for ongoing professional development. *eLearning Papers, 21*(7), 1-15.

Caffarella, R. S. (2002). *Planning programs for adult learners: A practical guide for educators, trainers and staff developers* (2nd Edition). CA: Jossey-Bass.

Caffarella, R. S., & Daffron, S. R. (2013). *Planning programs for adult learners: a practical guide* (3rd ed.). CA: Jossey-Bass.

Cazden, C., Cope, B., Fairclough, N., Gee, J., Kalantzis, M., Kress, G., & Nakata, M. (1996). A pedagogy of multiliteracies: Designing social futures. *Harvard educational review, 66*(1), 60-92.

Cervero, R. & Wilson, A. (1994). *Planning responsibly for adult education.* CA: Jossey-Bass Publishers.

Chmielewski, T. L., & Phillips, J. J. (2002). Measuring return-on-investment in government: Issues and procedures. *Public Personnel Management, 31*(2), 225-237.

COUNCIL, O. E. (1970). Permanent education.

Deepak, R. K. A., & Jeyakumar, S. (2019). *Marketing management.* New Delhi: Educreation Publishing.

Faure, E. (1972). *Learning to be: The world of education today and tomorrow.* Paris: Unesco.

Fitzpatrick, J. L., Sanders, J. R., & Worthen, B. R. (2011). *Program evaluation: Alternative approach and practical guidelines* (4th ed.). NJ: Pearson Education.

Freire, P. (2000). *Pedagogy of the oppressed.* NY: Continuum International Publishing Group.

Gagné, R. M. (1977). *The Conditions of learning* (3d ed.), NY: Holt, Rinehart and Winston.

Houle, C. O. (1996). *The Design of Education* (2nd ed.). CA: Jossey-Bass.

Ingram, J. B. (1979). *Curriculum integration and lifelong education: A contribution to the improvement of school curricula.* NY: Pergamon Press and the Unesco Institute for Education.

Jarvis, P. (2010). *Adult education and lifelong learning: theory and practice* (4th ed.). NY: Routledge.

Kallen, D., & Bengtsson, J. (1973). *Recurrent Education: A Strategy for Lifelong Learning.* Paris: OECD.

Kellaghan, T., & Stufflebeam, D. L. (2003). *International handbook of educational evaluation.* MA: Kluwer Academic.

Keller, J. M., & Kopp, T. W. (2018). An application of the ARCS model of motivational design. Instructional Theories in Action. Routledge, 289-320.

Kettner, P. M., Moroney, R. M., & Martin, L. L. (2017). *Designing and managing programs: an effectiveness-based approach* (5th ed.). CA: SAGE.

Kirkpatrick, D. L. (2006). *Evaluating training Programs: The Four Levels* (3rd ed.). CA: Berrett-Koehler Publisher.

Knowles, M. S. (1975). *Self-directed learning: A guide for learners and teachers.* NY: Cambridge.

Knowles, M. S. (1980). *The modern practice of adult education: from pedagogy to andragogy* (revised and updated). NJ: Cambridge Adult Education.

Knowles, M. S. (1990). *The adult learner: A neglected species* (4th ed.). Houston, TX: Gulf. Publishing Company.

Kolb, D. A. (1984). *Experiential learning: experience as the source of learning and development.* Upper Saddle River, NJ: Prentice-Hall.

Kotler, P. (1972). A generic concept of marketing. *Journal of marketing, 36*(2), 46-54.

Kotler, P., & Armstrong, G. (2010). *Principles of Marketing* (13th ed.). NJ: Pearson Prentice Hall.

Kowalski, T. J. (1988). *The organization and planning of adult education.* Albany, NY: SUNY Press.

Kraus, S., Harms, R., & Fink, M. (2010). Entrepreneurial marketing: moving beyond marketing in new ventures. *International Journal of Entrepreneurship and Innovation Management, 11*(1), 19-34.

Langenbach, M. (1993). *Curriculum models in adult education.* FL: Krieger Publishing Company.

Lengrand, P. (1975). *An introduction to lifelong education.* Paris: United Nations Educational. Scientific and Cultural Organization.

Mager, R. F. (1997). *Preparing instructional objectives: a critical tool in the development of effective instruction* (3rd ed.). GA: Center for Effective Performance.

Maslow, A. H. (1987). *Motivation and personality* (3rd ed). NY: Harper and Row.

McClendon, B. W., & Catanese, A. J. (1996). P*lanners on Planning: Leading Planners Offer Real-Life Lessons on What Works, What Doesn't, and Why.* San Francisco, Calif.: Jossey-Bass.

McLeod, S. A. (2018). Maslow' hierarchy of needs, Retrieved from https://www.simplypsychology.org/maslow.htm

Norton, R. E. (1997). *DACUM Handbook: Leadership Training Series No. 67.* (2nd). US: ERIC.

Peters, T. J. & Waterman, R. H. (1982). *In Search of Excellence: Lessons from America's Best-Run Companies.* New York: Harper & Row.

Phillips, J. J. (1999). *Handbook of training evaluation and measurement methods* (2nd ed.). London: Gulf Publishing Company.

Rinne, R. (1998). From Labour to learn: the limits of labour society and the possibilities of learning society. *International Journal of Lifelong Education, 17*(2), 108-120.

Royse, D., Thyer, B. A., & Padgett, D. K. (2016). *Program evaluation: An introduction to an evidence-based approach* (6th ed.). MA: Cengage Learning.

Rubenson, K. (2011). *Adult learning and education.* MA: Academic Press.

Simerly, R. G., & Associates. (1989). *Handbook of Marketing for Continuing Education.* CA: Jossey-Bass.

Simon, H. A., Smithburg, D. W., & Thompson, V. A. (1968). *Public Administration.* NY: Knopf.

Stufflebeam, D. L. (2000). *The CIPP model for evaluation. In Evaluation models.* NY: Springer, Dordrecht.

Tyler, R. W. (2013). *Basic principles of curriculum and instruction.* Chicago, IL: The University of Chicago Press.

Waterston, A. (1965). *Development Planning: Lessons of Experience.* Baltimore, MD: The Johns Hopkins Press.

Worthen, B. R., Walberg, H., & Haertel, G. (1997). *Program evaluation. Alternative approaches and practical guidelines, The international encyclopedia of educational evaluation.* Toronto, ON: Pergamon Press.

https://cva-acfp.org

https://www.instructionaldesign.org

https://www.kirkpatrick.co.kr

https://www.personio.com

https://www.unesco.org

찾아보기

저자 소개

■ 홍미경(洪美京)

백석대학교 박사(평생교육 · HRD 전공)
서울여자대학교 석사(사회복지 전공)
현. 하랑 평생교육 · 경력개발연구소 소장
한국기술교육대학교(능력개발원 강사), 행복가정재단, 한국경력개발협회 이사 등
전. 강남구여성능력개발센터, 중구여성플라자(여성새로일하기센터) 관장 등
백석대학교, 순천향대학교, 고려사이버대학교 등 강의
인적자원개발론, 직업상담사(2급 필기) 등
평생교육사(2), 사회복지사(1), 정신보건사회복지사(2), 커리어 컨설턴트(2), 선발면접어세서(SIA) 등
hmk06234@naver.com

■ 이추강(李秋江)

백석대학교 박사(평생교육 · HRD 전공)
백석대학교 석사(코칭심리학 전공)
현. 만나라이프코칭연구소 소장
백석문화대학교(외래교수), 서초구자원봉사센터(팀장), 한국평생교육HRD학회(이사), 등
전. 백석코칭심리연구소(상임이사), 청소년교육전략21(교육위원), 건국대학교 아동교육아카데미(자문위원) 등
가천대학교, 아름다운학교 운동본부, (사)사랑의 책나누기운동본부 등 강의
학습참여동기가 서번트 리더십에 미치는 영향과 공동체 의식의 매개 효과에 관한 연구 등
평생교육사(2), 교원자격증(2), 심리상담사(1), PTSD심리상담사(2), 인성지도사(2), 진로코칭(2) 등
leecg0621@hanmail.net

■ 김종표(金鍾杓)

한양대학교 박사(교육공학 · 평생교육 · HRD 전공)
연세대학교 석사(인적자원개발 전공)
현. 한국 평생교육HRD연구원 원장
한국평생교육HRD학회(회장), 한국산업교육학회(고문) 등
전. 백석대학교 교육대학원(원장), 평생교육원(원장), 대학원(평생교육HRD) 교수 등
한국평생교육총연합회(12대 회장), 국가평생교육진흥원(이사) 등
평생교육방법론, 기업교육론, 평생교육론, NCS기반 교수법, 명강의실전교수법 등
평생교육사(2), 교원자격증(2), 경영지도사(1) 등
jp153@bu.ac.kr

평생교육 프로그램 개발론

1판 1쇄 인쇄 — 2023년 8월 7일
1판 1쇄 발행 — 2023년 8월 10일

저　　자 - 홍미경 이추강 김종표
발 행 인 - 강철원
발 행 처 - 양성원
주　　소 - 경기도 파주시 검산로 173번길 29-12
전　　화 - 031-946-3861(代)
팩　　스 - 031-946-3864
이 메 일 - tnwpub@naver.com
홈페이지 - tnwpub.co.kr
출판등록 - 2015년 8월 31일 제 2015-000211 호

ISBN 979-11-6126-534-6

정가 23,000원